V&R unipress

V&R unipress

Ursula Eva Wiese

Arbeitszeitgestaltung in der stationären Altenpflege

Mit 101 Abbildungen

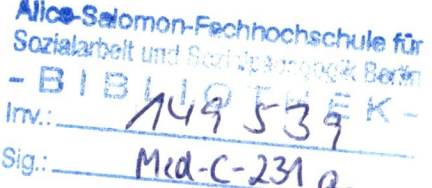

V&R unipress

Gefördert durch die Arbeitsgruppe Innovative Projekte beim Ministerium für Wissenschaft und Kultur des Landes Niedersachsen (AGIP).

Bibliografische Information der Deutschen Nationalbibliothek

Die Deutsche Nationalbibliothek verzeichnet diese Publikation in der Deutschen Nationalbibliografie; detaillierte bibliografische Daten sind im Internet über http://dnb.d-nb.de abrufbar.

ISBN 978-3-89971-372-5

© 2007, V&R unipress in Göttingen / www.vr-unipress.de

Alle Rechte vorbehalten. Das Werk und seine Teile sind urheberrechtlich geschützt. Jede Verwertung in anderen als den gesetzlich zugelassenen Fällen bedarf der vorherigen schriftlichen Einwilligung des Verlages. Hinweis zu § 52a UrhG: Weder das Werk noch seine Teile dürfen ohne vorherige schriftliche Einwilligung des Verlages öffentlich zugänglich gemacht werden. Dies gilt auch bei einer entsprechenden Nutzung für Lehr- und Unterrichtszwecke. Printed in Germany.

Gedruckt auf alterungsbeständigem Papier.

Vorwort

Arbeitszeitgestaltung in der stationären Altenpflege

Mit der vorliegenden Studie wird erstmals ein Einblick in die Struktur der Arbeitszeit- und Dienstplangestaltung ermöglicht, die auf empirischen Daten gründet. Die Untersuchung besteht auf der Basis einer quantitativen und einer qualitativen Datenerhebung und Auswertung am Beispiel des Bundeslandes Niedersachsen.

Die Arbeitszeit- und Dienstplangestaltung in der stationären Altenpflege besitzt eine fundamentale Bedeutung: Eine Rund-um-die-Uhr-Versorgung pflegebedürftiger Menschen ist sicherzustellen. Bislang bestanden in der Altenpflege keine detaillierten Erkenntnisse zur Praxis der Ausgestaltung von Arbeitszeit/Dienstplanung. Die vorliegende Studie trägt dazu bei, dieses Manko zu beheben und die Organisationsentwicklung zu erleichtern. Durch den vorgegebenen finanziellen und zeitlichen Rahmen ist die Untersuchung auf niedersächsische Pflegeheime konzentriert worden.

Die Ausgangsbasis für die Untersuchung bilden Rechtsvorschriften, insbesondere Gesetze, Tarifverträge, Arbeitsvertragsrichtlinien, die mit ihren Regelungsinhalten unmittelbar oder mittelbar die Arbeitszeitgestaltung determinieren.

Ein Schwerpunkt der Studie liegt darin, die gegenwärtige Praxis der Planung, Ausgestaltung und Verteilung der Arbeitszeiten sowie Formen der Flexibilisierung anhand der bestehenden Rechtsvorgaben zu erschließen. Dies gelang mit Hilfe des gewählten Forschungsdesigns in ausgewählten Praxiseinrichtungen. Die detaillierte Analyse zu den Arbeitszeitstrukturen brachte eine Transparenz in den Personalstrukturen, den Planungsgrundlagen, (Teilzeit-)Beschäftigungsformen, angewandten Arbeitszeitmodellen und dem Einsatz flexibilisierter Arbeitszeitformen hervor.

Aufbauend auf den vorliegenden Ergebnissen sind gezielte Vorschläge für ein zu nutzendes Entwicklungspotenzial in der Arbeitszeit- und Dienstplangestaltung sowie für die Organisationsentwicklung in der stationären Altenpflege entwickelt worden.

Mein Dank gilt allen Mitwirkenden, insbesondere den teilnehmenden Einrichtungen und den Kooperationspartnern für ihre Offenheit und Unterstützung, ohne die diese Studie nicht möglich gewesen wäre. Danken möchte ich der AGIP und der Fakultät Wirtschafts- und Sozialwissenschaften der Fachhochschule Osnabrück für die Förderung des Projektes.

März, 2007
Ursula Eva Wiese
U.Wiese@fh-osnabrueck.de

Inhalt

ABBKÜRZUNGEN 15

TABELLEN 19

ABBILDUNGEN 23

KAPITEL 1: EINFÜHRUNG 27

1	Themeneinführung und Projektbeschreibung 27
2	Rechtliche Regelungsbereiche 28
2.1	Arbeitsrechtliche Regelungen 28
2.2	Spezifische Arbeitszeitregelungen 29
2.3	Sozialrechtliche Versorgungsziele des Pflegeversicherungsgesetzes und Heimgesetzes 32
2.4	Qualitative Aspekte der Arbeitszeitgestaltung 32
2.5	Fazit 35
3	Stand der Forschung 36
4	Aufbau der Untersuchung 40
5	Rechtliche Rahmenbedingungen zur Arbeitszeitgestaltung 41
5.1	Rechtsquellen: Gesetze, Tarifverträge und kirchliche Arbeitsvertragsrichtlinien (AVR) 41
5.2	Inhaltliche Bestimmungen zur Arbeitszeitorganisation 46
5.2.1	Eckpunkte der Arbeitszeit 46
5.2.2	Ruhepausen 48
5.2.3	Ruhezeit 49
5.2.4	Nachtarbeit 50
5.2.5	Wochenenddienste/Sonn- und Feiertagsruhe 51
5.2.6	Überstunden und Mehrarbeit 52
5.2.7	Schichtarbeit 54
5.2.8	Teilzeitbeschäftigung 54
5.2.9	Arbeitszeitkonten 56

Inhalt

KAPITEL 2: DIENSTPLANUNG IN DEN KOOPERATIONSEINRICHTUNGEN 61

1	Charakterisierung der kooperierenden Einrichtungen	61
2	Arbeitszeitorganisation und Dienstplangestaltung	68
3	Ergebnisse der Dienstplananalysen	74
3.1	Dienstpläne für das Pflegepersonal	74
3.2	Dienstpläne für das hauswirtschaftliche Personal	83
3.3	Plus- und Minusstunden der Beschäftigten	86
3.4	Pausen und Ruhezeiten	88

KAPITEL 3: QUALITATIVE ERHEBUNG 91

1	Interviewanalysen	91
1.1	Vorgehensweise	91
1.2	Vollzeit- und Teilzeitkräfte	91
1.2.1	Entwicklungen in den Beschäftigungsstrukturen	91
1.2.2	Arbeitszeitvolumen bei Teilzeitbeschäftigung	93
1.2.3	Einsatzplanung für Teilzeitkräfte	95
1.3	EDV-gestützte Dienstplangestaltung	96
1.3.1	Stand der Umsetzung	96
1.3.2	Änderungsaufwand und Zugriffsrechte	97
1.3.3	Entlastung der Leitungskräfte	97
1.3.4	Transparenz und Sicherheit für Mitarbeiter	98
1.4	Vorgang der Dienstplanerstellung	99
1.4.1	Eckpunkte der Dienstplanung	99
1.4.2	Problemsituationen und -zeiten	100
1.4.3	Einsatzplanung der Nachtwachen	102
1.5	Mitarbeiterorientierung – Wünsche des Personals	103
1.6	Bewohnerorientierung – Wünsche der Bewohner	104
1.7	Mehrarbeit, Überstunden und Dienstvereinbarung	105
1.7.1	Begriffsverwendung	105
1.7.2	Bedeutungszuwachs von Überstunden	105
1.7.3	Dienstliche Vereinbarungen zur Arbeitszeit	107
1.8	Soziale Betreuung der Bewohnerschaft (inkl. Betreuung demenzerkrankter Bewohner)	108
1.8.1	Organisation der sozialen Betreuung	108
1.8.2	Entlastung der Pflege- und Hauswirtschaftskräfte	110
1.8.3	Betreuung demenziell erkrankter Bewohner	110

1.9	Schnittstellenmanagement: Hauswirtschaft/Pflege/Soziale Betreuung	112
1.9.1	Trennung von Hauswirtschaft und Pflege	112
1.9.2	Zusammenarbeit der Pflegeteams	114
1.9.3	Zusammenarbeit: Hauswirtschaft und Betreuungsdienste	115
1.9.4	Zusammenarbeit von Betreuungsdienst und Pflege	115
1.9.5	Perspektiven der Leitenden und Zwischenergebnisse zur Dienstplanung	116

KAPITEL 4: QUANTITATIVE BEFRAGUNG VON NIEDERSÄCHSISCHEN PFLEGEHEIMEN ... 119

1	Methodik	119
1.1	Hypothesenbildung	119
1.2	Design: Datenerhebung mittels Fragebogen	121
1.3	Stichprobenplan	122
1.3.1	Grundgesamtheit	122
1.3.2	Stichprobe	123
1.4	Durchführung von Expertenpanels	126
1.5	Feldzugang	127
1.6	Rücklaufquote	127
2	Darstellung der Einzelergebnisse aus der schriftlichen Befragung	128
2.1	Arbeitszeitmodelle im Pflegedienstplan	129
2.1.1	Private Träger	129
2.1.2	Freie gemeinnützige Träger	131
2.1.3	Öffentliche Träger	132
2.1.4	Einrichtungen mit bis zu 50 Dauerpflegeplätzen	134
2.1.5	Einrichtungen mit 51 bis 100 Dauerpflegeplätzen	135
2.1.6	Einrichtungen mit 101 und mehr Dauerpflegeplätzen	137
2.1.7	Gesamtauswertung	139
2.2	Planungskriterien bei Schichtdiensten im Pflegebereich	140
2.2.1	Private Träger	140
2.2.2	Freie gemeinnützige Träger	141
2.2.3	Öffentliche Träger	141
2.2.4	Einrichtungen mit bis zu 50 Dauerpflegeplätzen	141
2.2.5	Einrichtungen mit 51 bis 100 Dauerpflegeplätzen	141
2.2.6	Einrichtungen mit 101 und mehr Dauerpflegeplätzen	142
2.2.7	Gesamtauswertung	142
2.3	Angewandte Pflegesysteme	143
2.3.1	Private Träger	143

2.3.2	Freie gemeinnützige Träger	145
2.3.3	Öffentliche Träger	147
2.3.4	Einrichtungen mit bis zu 50 Dauerpflegeplätzen	148
2.3.5	Einrichtungen mit 51 bis 100 Dauerpflegeplätzen	149
2.3.6	Einrichtungen mit 101 und mehr Dauerpflegeplätzen	151
2.3.7	Gesamtauswertung	152
2.4	Einsatzplanung von Pflegefachkräften	154
2.4.1	Private Träger	155
2.4.2	Freie gemeinnützige Träger	156
2.4.3	Öffentliche Träger	158
2.4.4	Einrichtungen mit bis zu 50 Dauerpflegeplätzen	158
2.4.5	Einrichtungen mit 51 bis 100 Dauerpflegeplätzen	160
2.4.6	Einrichtungen mit 101 und mehr Dauerpflegeplätze	161
2.4.7	Gesamtauswertung	162
2.5	Auftragsvergabe (Ausgliederung) hauswirtschaftlicher Dienstleistungen	164
2.5.1	Private Träger	164
2.5.2	Freie gemeinnützige Träger	165
2.5.3	Öffentliche Träger	166
2.5.4	Einrichtungen mit bis zu 50 Dauerpflegeplätzen	167
2.5.5	Einrichtungen mit 51 bis 100 Dauerpflegeplätzen	168
2.5.6	Einrichtungen mit 101 und mehr Dauerpflegeplätzen	169
2.5.7	Gesamtauswertung	170
2.6	Organisatorische Zuordnung des hauswirtschaftlichen Personals	171
2.6.1	Private Träger	171
2.6.2	Freie gemeinnützige Träger	172
2.6.3	Öffentliche Träger	173
2.6.4	Einrichtungen mit bis zu 50 Dauerpflegeplätzen	173
2.6.5	Einrichtungen mit 51 bis 100 Dauerpflegeplätzen	174
2.6.6	Einrichtungen mit 101 und mehr Dauerpflegeplätzen	174
2.6.7	Gesamtauswertung	175
2.7	Arbeitszeitmodelle in der hauswirtschaftlichen Dienstplanung	176
2.7.1	Private Träger	176
2.7.2	Freie gemeinnützige Träger	177
2.7.3	Öffentliche Träger	177
2.7.4	Einrichtungen mit bis zu 50 Dauerpflegeplätzen	178
2.7.5	Einrichtungen mit 51 bis 100 Dauerpflegeplätzen	179
2.7.6	Einrichtungen mit 101 und mehr Dauerpflegeplätzen	180
2.7.7	Gesamtauswertung	181
2.8	Gestaltung der Schichtdienste in der Hauswirtschaft	182

2.8.1	Private Träger	182
2.8.2	Freie gemeinnützige Träger	182
2.8.3	Öffentliche Träger	183
2.8.4	Einrichtungen mit bis zu 50 Dauerpflegeplätzen	183
2.8.5	Einrichtungen mit 51 bis 100 Dauerpflegeplätzen	183
2.8.6	Einrichtungen mit 101 und mehr Dauerpflegeplätzen	183
2.8.7	Gesamtauswertung	184
2.9	Abweichende Arbeitszeiten bei vorhandenen Gruppen für demenziell erkrankte Bewohner	184
2.9.1	Private Träger	184
2.9.2	Freie gemeinnützige Träger	185
2.9.3	Öffentliche Träger	185
2.9.4	Einrichtungen mit bis zu 50 Dauerpflegeplätzen	185
2.9.5	Einrichtungen mit 51 bis 100 Dauerpflegeplätzen	186
2.9.6	Einrichtungen mit 101 und mehr Dauerpflegeplätzen	186
2.9.7	Gesamtauswertung	186
2.10	Angaben zum Personal und zu den arbeitsrechtlichen Rahmenbedingungen	186
2.10.1	Private Träger	186
2.10.2	Freie gemeinnützige Träger	188
2.10.3	Öffentliche Träger	189
2.10.4	Einrichtungen mit bis zu 50 Dauerpflegeplätzen	190
2.10.5	Einrichtungen mit 51 bis 100 Dauerpflegeplätzen	191
2.10.6	Einrichtungen mit 101 und mehr Dauerpflegeplätzen	192
2.10.7	Gesamtauswertung	193
2.11	Teilzeitbeschäftigung	195
2.11.1	Private Träger	195
2.11.2	Freie gemeinnützige Träger	198
2.11.3	Öffentliche Träger	201
2.11.4	Einrichtungen mit bis zu 50 Dauerpflegeplätzen	202
2.11.5	Einrichtungen mit 51 bis 100 Dauerpflegeplätzen	205
2.11.6	Einrichtungen mit 101 und mehr Dauerpflegeplätzen	208
2.11.7	Gesamtauswertung	210
2.12	Fachkräfte	213
2.12.1	Private Träger	213
2.12.2	Freie gemeinnützige Träger	215
2.12.3	Öffentliche Träger	217
2.12.4	Einrichtungen mit bis zu 50 Dauerpflegeplätzen	218
2.12.5	Einrichtungen mit 51 bis 100 Dauerpflegeplätzen	220
2.12.6	Einrichtungen mit 101 und mehr Dauerpflegeplätzen	222
2.12.7	Gesamtauswertung	224
2.13	Arbeitszeitkonten	226
2.13.1	Private Träger	226
2.13.2.	Freie gemeinnützige Träger	229

2.13.3	Öffentliche Träger	231
2.13.4	Einrichtungen mit bis zu 50 Dauerpflegeplätzen	232
2.13.5	Einrichtungen mit 51 bis 100 Dauerpflegeplätzen	235
2.13.6	Einrichtungen mit 101 und mehr Dauerpflegeplätzen	237
2.13.7	Gesamtauswertung	239
2.14	Einführungszeitpunkt der aktuellen Arbeitszeit- und Dienstplangestaltung sowie mögliche Änderungsplanungen	241
2.14.1	Private Träger	241
2.14.2	Freie gemeinnützige Träger	241
2.14.3	Öffentliche Träger	242
2.14.4	Einrichtungen mit bis zu 50 Dauerpflegeplätzen	242
2.14.5	Einrichtungen mit 51 bis 100 Dauerpflegeplätzen	242
2.14.6	Einrichtungen mit 101 und mehr Dauerpflegeplätzen	242
2.14.7	Gesamtauswertung	243
3	Zusammenfassende Darstellung der Ergebnisse	244
3.1	Forschungsdesign und Stichprobe	244
3.2	Rahmenbedingungen – Tarifvertrag, AVR, Arbeitszeitkonten	245
3.3	Arbeitszeit- und Dienstplangestaltung im Bereich der Pflege	251
3.3.1	Arbeitszeitumfang von Pflege-(fach)kräften	251
3.3.2	Arbeitszeitmodelle im Pflegedienstplan	253
3.3.3	Im Dienstplan zu berücksichtigende Arbeitsorganisation der Pflege	255
3.4	Arbeitszeit- und Dienstplangestaltung im Bereich der Hauswirtschaft	256
3.4.1	Ausgegliederte Dienstleistungen/Bereiche der Hauswirtschaft	256
3.4.2	Arbeitszeitumfang bei Hauswirtschafts-(fach)kräften	256
3.4.3	(Arbeits-)Organisation im Bereich der Hauswirtschaft	258
3.4.4	Arbeitszeitmodelle in Dienstplänen der Hauswirtschaft	258
3.5	Beschäftigungsstrukturen im Aufgabenbereich »Soziale Betreuung«	259
4	Interpretation der Ergebnisse	261
4.1	Hypothesenbestätigung und -verwerfung	261
4.2	Ausgewählte Vergleiche	263
4.2.1	Vergleich der Pflegeheime nach Kapazitätsgrößenklassen	264
4.2.1.1	Beschäftigungsumfang von Pflegekräften	264
4.2.1.2	Arbeitszeitmodelle im Pflegedienstplan	267
4.2.1.3	Vergleich Arbeitszeitmodelle	267
4.2.2	Vergleich der Pflegeheime nach Trägerschaften	268

4.2.2.1	Arbeitszeitumfang von Pflegekräften	268
4.2.2.2	Arbeitszeitmodelle im Pflegedienstplan	271
4.2.2.3	Vergleich der Arbeitszeitmodelle	272
5	Datenqualität der Studie	272
5.1	Verteilung nach Trägerschaft	272
5.2	Verteilung nach Kapazitätsgrößenklassen	273
5.3	Verteilung nach Trägerschaften und deren Kapazitätsgrößenklassen	274

KAPITEL 5: RESÜMEE UND ENTWICKLUNGSPOTENZIALE 275

1	Festgestellte Arbeitszeitstrukturen	275
2	Wochenenddienste	278
3	Ständige Nachtwachen	279
4	Integration Hauswirtschaft und Pflege	280
5	Umsetzung einer Dienstvereinbarung	283
6	Soziale Betreuung	285
7	Zuständigkeit der Planung	287

LITERATUR 289

ANHANG 1:
ANGABEN ZUR TEILZEITBESCHÄFTIGUNG IN DEN
KOOPERATIONSEINRICHTUNGEN 299

ANHANG 2:
QUANTITATIVE BEFRAGUNG NIEDERSÄCHSISCHER PFLEGEHEIME 303

Abkürzungen

+	und
%	Prozent
§	Paragraph
..	Pause
[...]	Textauslassung
[Wort]	Textergänzung
a. a. O.	am angegebenen Ort
Abb.	Abbildung
Abs.	Absatz
a. F.	alte Fassung
ArbZG	Arbeitszeitgesetz
ARK	Arbeitsrechtliche Kommission
ARRGD	Arbeitsrechtsregelungsgesetz Diakonie
Art.	Artikel
AT	Allgemeiner Teil
AVR	Arbeitsvertragsrichtlinien
AVR-C	Richtlinien für Arbeitsverträge in den Einrichtungen des Deutschen Caritasverbandes
AVR.DW.EKD	Arbeitsvertragsrichtlinien des Diakonischen Werkes der Evangelischen Kirche in Deutschland
AVR-modern/ AVR-K	Arbeitsvertragsrichtlinien der Konföderation evangelischer Kirchen in Niedersachsen für Einrichtungen, die sich dem ARRGD angeschlossen haben
AWO	Arbeiterwohlfahrt
AZM	Arbeitszeitmodelle
BAG	Bundesarbeitsgericht
BAnz.	Bundesanzeiger
BAT	Bundes-Angestelltentarifvertrag
BauA	Bundesanstalt für Arbeitsschutz und Arbeitsmedizin
Bd.	Band
Beschl. v.	Beschluss vom
best.	bestimmt
Bew.	Bewohner
BGBl.	Bundesgesetzblatt Teil I
BGW	Berufsgenossenschaft für Gesundheitsdienst und Wohlfahrtspflege

BMFSJ	Bundesministerium für Familie, Senioren, Frauen und Jugend
BMG	Bundesministerium für Gesundheit
BMT	Bundesmanteltarif
BR-Drucks.	Deutscher Bundesrat – Drucksache
BSD	Begleitender Sozialer Dienst
BT-Drucks.	Deutscher Bundestag – Drucksache
BT-K	Besonderer Teil Krankenhäuser
BUrlG	Bundesurlaubsgesetz
BVerfG	Bundesverfassungsgericht
BZA	Bundesverband Zeitarbeit Personal-Dienstleistungen e.V.
ca.	zirka
CDU	Christlich Demokratische Union Deutschlands
D.	Dienst
DAK	Deutsche Angestellten Krankenkasse
DHV	Deutscher Handels- und Industrieangestellten-Verband im CGB
d. J.	des Jahres
DRK	Deutsches Rotes Kreuz e.V.
DW	Diakonisches Werk
d.Verf.	der Verfasser
EDV	elektronische Datenverarbeitung
EKD	Evangelische Kirche in Deutschland
etc.	et cetera
EU	Europäische Union
e. V.	eingetragener Verein
ev.	evangelisch
F.	Frühdienst
f.	fortlaufend
ff.	fortlaufend folgend
f. gem.	freie gemeinnützige
FK	Fachkraft
GG	Grundgesetz
ggf.	gegebenenfalls
GVBl	Gesetz- und Verordnungsblatt Teil 1
HeimG	Heimgesetz
HeimPersV	Heimpersonalverordnung
Hess.	Hessisch

Abkürzungen

HL	Heimleitung
Hg.	Herausgeber
HW	Hauswirtschaft
HWL	Hauswirtschaftsleitung
IAB	Institut für Arbeitsmarkt- und Berufsforschung
i. d. F.	in der Fassung
i. d. R.	in der Regel
inkl.	inklusive
i. S. d.	im Sinne des
i. S. v.	im Sinne von
i. V. m.	in Verbindung mit
JArbSchG	Jugendarbeitschutzgesetz
KAPOVAZ	kapazitätsorientierte variable Arbeitszeit
KAT	Kirchenangestelltentarifvertrag
KF	Kirchliche Fassung
KTD	Kirchlicher Tarifvertrag Diakonie
LASI	Länderausschuss für Arbeitsschutz und Arbeitssicherheit
LBK	Landesbetrieb Krankenhäuser Hamburg
LQV	Leistungs- und Qualitätsvereinbarung
MA	Mitarbeiter/in
max.	maximal
MDK	Medizinischer Dienst der Krankenversicherung
MDS	Medizinischer Dienst der Spitzenverbände der Krankenkassen e. V.
mind.	mindestens
MuSchG	Mutterschutzgesetz
m. w. N.	mit weiteren Nachweisen
Nds.	Niedersächsisch
NdsPflegeG	Niedersächsisches Pflegegesetz
NEK	Nordelbische Kirche
n. F.	neue Fassung
Nr.	Nummer
NRW	Nordrhein-Westfalen
ö.	öffentliche
PA	Pflegeassistent
PDL	Pflegedienstleitung

Abkürzungen

Pfk	Pflegekraft
PflEG	Pflegeleistungsergänzungsgesetz
PQsG	Gesetz zur Qualitätssicherung und zur Stärkung des Verbraucherschutzes in der Pflege
pr.	private
S.	Seite / Spätdienst
SGB	Sozialgesetzbuch
SGB XI	Sozialgesetzbuch – Soziale Pflegeversicherung
sog.	so genannt
Std.	Stunde
Tab.	Tabelle
TV	Tarifvertrag
TVöD	Tarifvertrag für den öffentlichen Dienst
TZ	Teilzeitbeschäftigte
TzBfG	Teilzeit- und Befristungsgesetz
u. a.	und andere, unter anderem
u. ä.	und ähnliches
u. s. w.	und so weiter
u. U.	unter Umständen
v.	von
ver.di	Vereinte Dienstleistungsgewerkschaft
vgl.	vergleiche
WBL	Wohnbereichsleitung
WRK	Verfassung der Weimarer Republik
wtl.	wöchentlich
Z.	Zeile
z. B.	zum Beispiel
ZfSH/SGB	Zeitschrift für Sozialhilfe und Sozialgesetzbuch
Ziff.	Ziffer
z. T.	zum Teil

Tabellen

Tabelle 2-1: Dienstzeiten des Pflegepersonals 75
Tabelle 2-2: Max. Plus- und Minusstunden in den Einrichtungen
im Mai 2004 87
Tabelle 2-3: Höchstgrenzen bei Arbeitszeitkonten und erhobener Ist-Stand 87
Tabelle 2-4: Anzurechnende Arbeitszeit im Nachtdienst 88
Tabelle 2-5: Kürzeste dienstplanmäßige Ruhezeit im Bereich der Pflege 89

Tabelle 3-1: Anzahl der geführten Interviews 91
Tabelle 3-2: Pflegekräfte in Vollzeitbeschäftigung unterteilt nach
Qualifikation 95

Tabelle 4-1: Fragebogendesign 122
Tabelle 4-2: Vgl. Niedersächsische Pflegestatistik 2003 123
Tabelle 4-3: Erstellte Datenbank, Stand Mai 2005. 124
Tabelle 4-4: Stichprobenziehung nach Trägerschaft 125
Tabelle 4-5: Rücklaufquote 128
Tabelle 4-6: Arbeitszeitstrukturen in der Pflege – private Träger 129
Tabelle 4-7: Beschäftigung von ständigen Nachtwachen – private Träger. 130
Tabelle 4-8: Arbeitszeitstrukturen in der Pflege –
freie gemeinnützige Träger 131
Tabelle 4-9: Beschäftigung von ständigen Nachtwachen –
freie gemeinnützige Träger 132

Tabelle 4-10: Arbeitszeitstrukturen in der Pflege – öffentliche Träger 133
Tabelle 4-11: Beschäftigung von ständigen Nachtwachen –
öffentliche Träger 134
Tabelle 4-12: Arbeitszeitstrukturen – Einrichtungen mit bis zu 50 Plätzen 134
Tabelle 4-13: Beschäftigung von ständigen Nachtwachen –
Einrichtungen mit bis zu 50 Plätzen 135
Tabelle 4-14: Arbeitszeitstrukturen –
Einrichtungen mit 51 bis 100 Plätzen 136
Tabelle 4-15: Beschäftigung von ständigen Nachtwachen –
Einrichtungen mit 51 bis 100 Plätzen 137
Tabelle 4-16: Arbeitszeitstrukturen – Einrichtungen mit 101 und mehr
Plätzen 137
Tabelle 4-17: Beschäftigung von ständigen Nachtwachen –
Einrichtungen mit 101 und mehr Plätzen 138
Tabelle 4-18: Arbeitszeitstrukturen in der Pflege – Gesamt 139
Tabelle 3-19: Beschäftigung von ständigen Nachtwachen – Gesamt 140
Tabelle 4-20: Pflegesysteme – private Träger 144

Tabelle 4-21: Pflegesysteme – freie gemeinnützige Träger 146
Tabelle 4-22: Pflegesysteme – öffentlich-rechtliche Träger 147
Tabelle 4-23: Pflegesysteme – Einrichtungen mit bis zu 50 Plätzen 149
Tabelle 4-24: Pflegesysteme – Einrichtungen mit 51 bis 100 Plätzen 151
Tabelle 4-25: Pflegesysteme – Einrichtungen mit 101 und mehr Plätzen ... 152
Tabelle 4-26: Besetzung der Dienste mit Pflegefachkräften –
  private Träger 155
Tabelle 4-27: Abweichende Antworten zu den Fragen Nr. 8 und 9 –
  private Trägerform 156
Tabelle 4-28: Besetzung mit Pflegefachkräften – freie gemeinnützige
  Trägerform 156
Tabelle 4-29: Abweichende Antworten zu den Fragen 8 und 9 –
  freie gemeinnützige Träger 157
Tabelle 4-30: Besetzung mit Pflegefachkräften – öffentliche Träger 158
Tabelle 4-31: Abweichende Antworten zu den Fragen 8 und 9 –
  öffentliche Träger 158
Tabelle 4-32: Besetzung mit Pflegefachkräften – bis 50 Plätze 159
Tabelle 4-33: Abweichende Antworten zu den Fragen Nr. 8 und Nr. 9 –
  Einrichtungen mit bis zu 50 Plätzen 160
Tabelle 4-34: Besetzung mit Pflegefachkräften –
  Einrichtungen mit 51 bis 100 Plätzen 160
Tabelle 4-35: Abweichende Antworten zu den Fragen Nr. 8 und Nr. 9 –
  Einrichtungen mit 51 bis 100 Plätzen 160
Tabelle 4-36: Besetzung mit Pflegefachkräften –
  Einrichtungen mit 101 und mehr Plätzen 161
Tabelle 4-37: Abweichende Antworten zu den Fragen Nr. 8 und Nr. 9 –
  Einrichtungen mit 101 und mehr Plätzen 162
Tabelle 4-38: Vorhandensein von Pflegefachkräften – Gesamt 162
Tabelle 4-39: Abweichende Antworten zu den Fragen Nr. 8 und Nr. 9 –
  Gesamt 163
Tabelle 4-40: Auftragsvergabe hauswirtschaftlicher Aufgaben –
  private Träger 164
Tabelle 4-41: Auftragsvergabe Hauswirtschaft –
  freie gemeinnützige Träger 166
Tabelle 4-42: Auftragsvergabe Hauswirtschaft – öffentliche Träger 166
Tabelle 4-43: Auftragsvergabe Hauswirtschaft –
  Einrichtungen mit bis zu 50 Plätzen 167
Tabelle 4-44: Auftragsvergabe Hauswirtschaft –
  Einrichtungen mit 51 bis 100 Plätzen 168
Tabelle 4-45: Auftragsvergabe Hauswirtschaft – Einrichtungen mit
  101 und mehr Plätzen 169
Tabelle 4-46: Auftragsvergabe Hauswirtschaft – Gesamt 170
Tabelle 4-47: Arbeitszeitstrukturen Hauswirtschaft – private Träger 176
Tabelle 4-48: Arbeitszeitstrukturen Hauswirtschaft –
  freie gemeinnützige Träger 177
Tabelle 4-49: Arbeitszeitstrukturen Hauswirtschaft – öffentliche Träger ... 178

Tabelle 4-50: Arbeitszeitstrukturen Hauswirtschaft –
Einrichtungen mit bis zu 50 Plätzen 179
Tabelle 4-51: Arbeitszeitstrukturen Hauswirtschaft –
Einrichtungen mit 51 bis 100 Plätzen 179
Tabelle 4-52: Arbeitszeitstrukturen Hauswirtschaft –
Einrichtungen mit 101 und mehr Plätzen 180
Tabelle 4-53: Arbeitszeitstrukturen Hauswirtschaft – Gesamt 181
Tabelle 4-54: Wochenarbeitszeiten – private Träger 187
Tabelle 4-55: Tarifverträge – private Träger 187
Tabelle 4-56: Wochenarbeitszeiten – freie gemeinnützige Träger 188
Tabelle 4-57: Verbindliche Quellen – freie gemeinnützige Träger 189
Tabelle 4-58: Wochenarbeitszeiten – Einrichtungen mit bis zu 50 Plätzen 190
Tabelle 4-59: Tarifverträge/AVR – Einrichtungen mit bis zu 50 Plätzen... 191
Tabelle 4-60: Wochenarbeitszeiten –
Einrichtungen mit 51 bis 100 Plätzen 191
Tabelle 4-61: Tarifverträge/AVR –
Einrichtungen mit 51 bis 100 Plätzen 192
Tabelle 4-62: Wochenarbeitszeiten –
Einrichtungen mit 101 und mehr Plätzen 193
Tabelle 4-63: Tarifverträge/AVR –
Einrichtungen mit 101 und mehr Plätzen 193
Tabelle 4-64: Wochenarbeitszeiten – Gesamt 194
Tabelle 4-65: Tarifverträge/AVR – Gesamt 194
Tabelle 4-66: Teilzeitbeschäftigung – private Träger 195
Tabelle 4-67: Beschäftigungsumfang von Teilzeitbeschäftigten –
private Träger 197
Tabelle 4-68: Teilzeitbeschäftigung – freie gemeinnützige Träger 198
Tabelle 4-69: Beschäftigungsumfang von Teilzeitbeschäftigten –
freie gemeinnützige Träger 200
Tabelle 4-70: Teilzeitbeschäftigung – öffentliche Träger 201
Tabelle 4-71: Teilzeitbeschäftigung –
Einrichtungen mit bis zu 50 Plätzen 202
Tabelle 4-72: Beschäftigungsumfang von Teilzeitbeschäftigten –
bis zu 50 Plätzen 204
Tabelle 4-73: Teilzeitbeschäftigung –
Einrichtungen mit 51 bis 100 Plätzen 205
Tabelle 4-74: Beschäftigungsumfang von Teilzeitbeschäftigten –
Einrichtungen mit 51 bis 100 Plätzen 207
Tabelle 4-75: Teilzeitbeschäftigung –
Einrichtungen mit 101 und mehr Plätze 208
Tabelle 4-76: Teilzeitbeschäftigtenquote –
Einrichtungen mit 101 und mehr Plätzen 209
Tabelle 4-77: Beschäftigungsumfang von Teilzeitbeschäftigten –
Einrichtungen mit 101 und mehr Plätzen 209
Tabelle 4-78: Teilzeitbeschäftigung – Gesamt 210
Tabelle 4-79: Beschäftigungsumfang von Teilzeitbeschäftigten – Gesamt 213

Tabelle 4-80: Fachkräfte – private Träger 214
Tabelle 4-81: Beschäftigungsumfang von Fachkräften – private Träger 215
Tabelle 4-82: Fachkräfte – freie gemeinnützige Träger 216
Tabelle 4-83: Beschäftigungsumfang von Fachkräften –
freie gemeinnützige Träger 217
Tabelle 4-84: Fachkräfte – öffentliche Träger 218
Tabelle 4-85: Fachkräfte – Einrichtungen mit bis zu 50 Plätzen 219
Tabelle 4-86: Beschäftigungsumfang von Fachkräften –
Einrichtungen mit bis zu 50 Plätzen 220
Tabelle 4-87: Fachkräfte – Einrichtungen mit 51 bis 100 Plätzen 221
Tabelle 4-88: Beschäftigungsumfang von Fachkräften –
Einrichtungen mit 51 bis 100 Plätzen 222
Tabelle 4-89: Fachkräfte – Einrichtungen mit 101 und mehr Plätzen 223
Tabelle 4-90: Beschäftigungsumfang von Fachkräften –
Einrichtungen mit 101 und mehr Plätzen 224
Tabelle 4-91: Fachkräfte – Gesamt 225
Tabelle 4-92: Beschäftigungsumfang von Fachkräften – Gesamt 226
Tabelle 4-93: Arbeitszeitkonten – private Träge 227
Tabelle 4-94: Arbeitszeitkonten – freie gemeinnützige Träger 229
Tabelle 4-95: Arbeitszeitkonten – öffentliche Träger 231
Tabelle 4-96: Arbeitszeitkonten – Einrichtungen mit bis zu 50 Plätzen 233
Tabelle 4-97: Arbeitszeitkonten – Einrichtungen mit 51 bis 100 Plätzen ... 235
Tabelle 4-98: Arbeitszeitkonten – Einrichtungen mit 101 und
mehr Plätzen 237
Tabelle 4-99: Arbeitszeitkonten – Gesamt 239
Tabelle 4-100: Arbeitszeitumfang – Pflege 252

Tabelle 4-101: Beschäftigungsumfang von Pflegefachkräften 253
Tabelle 4-102: Arbeitszeitumfang – Hauswirtschaft 257
Tabelle 4-103: Arbeitszeitumfang von Hauswirtschaftsfachkräften 257
Tabelle 4-104: Arbeitszeitumfang – Betreuung 260
Tabelle 4-105: Arbeitszeitumfang bei Betreuungsfachkräften 260
Tabelle 4-106: Zeitlicher Beschäftigungsumfang Pflege-(fach)kräfte 261
Tabelle 4-107: Vergleich Arbeitszeitmodelle – Kapazitätsgrößenklasse 267

Abbildungen

Abbildung 1-1: Einflussfaktoren auf die Arbeitszeit- und Dienstplangestaltung ... 36
Abbildung 1-2: Gesetzliche Regelungen zum Arbeitschutz ... 42
Abbildung 1-3: Rechtsquellen zur regelmäßigen Arbeitszeit ... 48
Abbildung 1-4: Bestimmung der Nachtarbeit ... 51
Abbildung 1-5: Regelungsmöglichkeiten ... 58

Abbildung 2-1: Träger der Kooperationseinrichtungen ... 61
Abbildung 2-2: Größe der kooperierenden Einrichtungen nach Bettenzahl . 63
Abbildung 2-3: Größe der Einrichtungen im Landkreis Osnabrück 2000 ... 63
Abbildung 2-4: Quote der Fachkräfte in den Versorgungsbereichen ... 66
Abbildung 2-5: Beispiel: Fachkräfte im Bereich der Pflege in den Kooperationseinrichtungen ... 67
Abbildung 2-6: Quote der Teilzeitbeschäftigten in den Versorgungsbereichen ... 68
Abbildung 2-7: Teambildungen in Pflegeeinrichtungen ... 69
Abbildung 2-8: Arbeitszeitkonten mit Grenzwerten ... 72
Abbildung 2-9: Klassifikationen von Pflegesystemen ... 73
Abbildung 2-10: Grundstrukturen bei den Dienstplänen ... 77
Abbildung 2-11: Arbeitszyklus einer Vollzeitkraft I ... 77
Abbildung 2-12: Beispiel zur Dienstplanung für eine Pflegekraft in Vollzeit vom 3. bis 16. Mai ... 78
Abbildung 2-13: Arbeitszyklus einer Vollzeitkraft II ... 79
Abbildung 2-14: Auszug aus einem Arbeitsablaufplan für den Spätdienst .. 81
Abbildung 2-15: Geleisteter Dienst einer Vollzeitpflegekraft vom 5. bis 18. April ... 81
Abbildung 2-16: Ausschnitt: Tourenplanung FD-Dienst WB 4 ... 82
Abbildung 2-17: Grundstrukturen eines HW-Dienstplanes für den Aufgabenbereich der Reinigung ... 84
Abbildung 2-18: Beispiel Rotationsdienst ... 85
Abbildung 2-19: Beispiel HW-Dienstplanung ... 86

Abbildung 4-1: Stichprobenaufteilung ... 126
Abbildung 4-2: Nennungen Frage 3 – Private Träger ... 130
Abbildung 4-3: Nennungen Frage 3 – freie gemeinnützige Träger ... 132
Abbildung 4-4: Nennungen Frage 3 – öffentliche Träger ... 133
Abbildung 4-5: Nennungen Frage 3 – bis 50 Plätze ... 135
Abbildung 4-6: Nennungen Frage 3 – 51 bis 100 Plätze ... 136
Abbildung 4-7: Nennungen Frage 3 – 101 und mehr Plätze ... 138
Abbildung 4-8: Nennungen Frage 3 – Gesamt ... 139

Abbildung 4-9: Planungskriterien von Schichtdiensten 142
Abbildung 4-10: Angewandte Pflegesysteme – private Träger 143
Abbildung 4-11: Funktionspflege –private Träger.. 144
Abbildung 4-12: Angewandte Pflegesysteme –
 freie gemeinnützige Träger... 145
Abbildung 4-13: Funktionspflege – freie gemeinnützige Träger 146
Abbildung 4-14: Angewandte Pflegesysteme – öffentliche Träger 147
Abbildung 4-15: Angewandte Pflegesysteme – bis 50 Plätze 148
Abbildung 4-16: Funktionspflege – bis 50 Plätze 148
Abbildung 4-17: Angewandte Pflegesysteme – 51 bis 100 Plätze 150
Abbildung 4-18: Funktionspflege – 51 bis 100 Plätze 150
Abbildung 4-19: Angewandte Pflegesysteme – 101 und mehr Plätze 151
Abbildung 4-20: Funktionspflege – 101 und mehr Plätze.......................... 152
Abbildung 4-21: Angewandte Pflegesysteme – Gesamt 153
Abbildung 4-22: Funktionspflege – Gesamt 153
Abbildung 4-23: Nennungen Frage 10 – private Träger 165
Abbildung 4-24: Nennungen Frage 10 – freie gemeinnützige Träger......... 166
Abbildung 4-25: Nennungen Frage 10 – öffentliche Träger 167
Abbildung 4-26: Nennungen Frage 10 –
 Einrichtungen mit bis zu 50 Plätzen 168
Abbildung 4-27: Nennungen Frage 10 –
 Einrichtungen mit 51 bis 100 Plätzen.............................. 169
Abbildung 4-28: Nennungen Frage 10 –
 Einrichtungen mit 101 und mehr Plätzen 170
Abbildung 4-29: Nennungen Frage 10 – Gesamt...................................... 171
Abbildung 4-30: Nennungen Frage 13 – private Träger 176
Abbildung 4-31: Nennungen Frage 13 – freie gemeinnützige Träger......... 177
Abbildung 4-32: Nennungen Frage 13 – öffentliche Träger 178
Abbildung 4-33: Nennungen Frage 13 –
 Einrichtungen mit bis zu 50 Plätzen 179
Abbildung 4-34: Nennungen Frage 13 –
 Einrichtungen mit 51 bis 100 Plätzen.............................. 180
Abbildung 4-35: Nennungen Frage 13 –
 Einrichtungen mit 101 und mehr Plätzen 181
Abbildung 4-36: Nennungen Frage 13 – Gesamt...................................... 182
Abbildung 4-37: Eigenschaften von Schichtdiensten HW 184
Abbildung 4-38: TZ-Quote Pflege – private Träger 196
Abbildung 4-39: TZ-Quote Hauswirtschaft – private Träger..................... 196
Abbildung 4-40: TZ-Quote soziale Betreuung – private Träger 197
Abbildung 4-41: TZ-Quote Pflege – freie gemeinnützige Träger............... 199
Abbildung 4-42: TZ-Quote Hauswirtschaft – freie Träger 199
Abbildung 4-43: TZ-Quote soziale Betreuung – freie Träger.................... 200
Abbildung 4-44: TZ-Quote Pflege – bis 50 Plätze 203
Abbildung 4-45: TZ-Quote Hauswirtschaft – bis 50 Plätze 203
Abbildung 4-46: TZ-Quote Pflege – 51 bis 100 Plätze 205
Abbildung 4-47: TZ-Quote Hauswirtschaft – 51 bis 100 Plätze 206

Abbildung 4-48: TZ-Quote soziale Betreuung – 51 bis 100 Plätze 207
Abbildung 4-49: TZ-Quote Pflege – Gesamt... 211
Abbildung 4-50: TZ-Quote Hauswirtschaft – Gesamt................................ 212
Abbildung 4-51: TZ-Quote soziale Betreuung – Gesamt.......................... 212
Abbildung 4-52: Fachkraftquote – private Träger..................................... 214
Abbildung 4-53: Fachkraftquote – freie Träger... 216
Abbildung 4-54: Fachkraftquote – bis 50 Plätze....................................... 219
Abbildung 4-55: Fachkraftquote – 51 bis 100 Plätze................................ 221
Abbildung 4-56: Fachkraftquote –101 und mehr Plätze 223
Abbildung 4-57: Fachkraftquote –Gesamt.. 225
Abbildung 4-58: Einführungszeitpunkt der aktuellen Arbeitszeit- und
  Dienstplangestaltung 244
Abbildung 4-59: Tarifverträge... 246
Abbildung 4-60: Vorhandene Arbeitszeitkonten 248
Abbildung 4-61: Arbeitszeitumfang Pflegekräfte...................................... 252
Abbildung 4-62: Arbeitszeitmodelle in der Pflege 254
Abbildung 4-63: Arbeitszeitmodelle – Hauswirtschaft.............................. 258
Abbildung 4-64: Abweichende Arbeitszeiten in Dementengruppen 259
Abbildung 4-65: Vergleich I TZ – Quote Pflege....................................... 264
Abbildung 4-66: Vergleich I Arbeitszeitumfang – Pflegekräfte 265
Abbildung 4-67: Vergleich I Pflegefachkraftquote.................................... 265
Abbildung 4-68: Vergleich I Arbeitszeitumfang Pflege-(fach)kräfte 266
Abbildung 4-69: Vergleich I Arbeitszeitmodelle Pflege 267
Abbildung 4-70: Vergleich II TZ-Quote Pflege... 269
Abbildung 4-71: Vergleich – Zeitlicher Beschäftigungsumfang
  Pflegekräfte 269
Abbildung 4-72: Vergleich II Pflegefachkraftquote 270
Abbildung 4-73: Vergleich II Beschäftigungsumfang
  Pflege-(fach)kraftquote 271
Abbildung 4-74: Vergleich II Arbeitszeitmodelle Pflege 272
Abbildung 4-75: Datenqualität Trägerschaft 272
Abbildung 4-76: Datenqualität Kapazitätsgrößenklassen 273
Abbildung 4-77: Datenqualität Trägerschaft / Kapazitätsgrößenklassen.... 274

Kapitel 1: Einführung

1 Themeneinführung und Projektbeschreibung

Die Arbeitszeitorganisation und die damit verbundene Dienstplangestaltung für das Personal hat in Gesundheitseinrichtungen fundamentale Bedeutung. Denn ohne sie ließe sich weder ein systematischer Betriebsablauf noch eine Rund-um-die-Uhr-Versorgung pflegebedürftiger und kranker Menschen gewährleisten. Die Arbeitszeitorganisation vollzieht sich dabei auch immer in einem Spannungsfeld: Zum einen geht es darum, mit dem vorhandenen Personalbestand eine an den Bedürfnissen der Bewohner orientierte Versorgung und Betreuung sicherzustellen. Dies verlangt im Besonderen eine Organisation der Arbeitszeit nach den Bedürfnissen der Heimbewohner. Zugleich muss es Ziel jeder stationären Altenpflegeeinrichtung sein, auf einen ökonomisch sinnvollen und ressourcenschonenden Einsatz des Personals zu achten und möglichst auch Interessen der Mitarbeiter in der Einsatzplanung zu berücksichtigen.[1] Dies erfordert häufig eine Reformierung der internen Organisationsstruktur und Prozesse. Mit Blick auf die personellen Ressourcen geht es darum, die Arbeitszeitorganisation und die Dienstplangestaltung den veränderten Bedingungen und rechtlichen Vorgaben anzupassen.

Der Gesetzgeber hat durch das *Arbeitszeitgesetz*[2] und das *Pflegeversicherungsgesetz*[3] unterschiedliche Gesetzeswerke mit verschiedenen Zielsetzungen und Zielgruppen (Arbeitnehmer, Pflegebedürftige) geschaffen. Die Umsetzung und Ausgestaltung der rechtlichen Vorgaben für die Arbeitszeitorganisation obliegt dabei dem Verantwortungsbereich der Einrichtungsträger.

Für die Arbeitszeitorganisation im Gesundheitsbereich hat das seit 1994 bestehende Arbeitszeitgesetz zentrale Regelungen gesetzt. Deren Vorgaben mussten bis 1996 in allen Einrichtungen des Gesundheitswesens für das Personal umgesetzt werden. Über das Tarifsystem sind ergänzende bzw. abweichende Regelungen möglich. Für die Kirchen und Religionsgemeinschaften sind ebenfalls abweichende Regelungen gemäß § 7 Abs. 4 ArbZG möglich.

---

1 Vgl. auch Wiese (Hg.), Soziale Sicherung im Spannungsfeld von Recht, Pflege und Ökonomie, Tagungsbericht, 2003.
2 Arbeitszeitgesetz vom 6. Juni 1994 (BGBl. I S. 1170), zuletzt geändert durch Art. 5 Fünftes Gesetz zur Änderung des Dritten Buches Sozialgesetzbuch und and. Gesetze vom 22.12.2005, BGBl. I S. 3676.
3 Sozialgesetzbuch (SGB) Elftes Buch (XI), Soziale Pflegeversicherung, vom 26. 5.1994 (BGBl. I S. 1014, zuletzt geändert durch Art. 3b Zweites Gesetz zur Änderung des SeemannsG u. a., BGBl. I S. 1530.

Zur Gestaltung der Arbeitszeitmodelle bestehen zudem weitere Gesetze, die flexible Beschäftigungsformen gestatten. Zeitgleich in die Phase des In-Kraft-Tretens des Arbeitszeitgesetzes und dessen Wirksamwerden für den Gesundheitsbereich fiel die ab 1995 stufenweise Umsetzung des Pflegeversicherungsgesetzes (SGB XI). Das SGB XI, das von Pflegeeinrichtungen in qualitativer Hinsicht eine patienten- und bewohnerorientierte Versorgung fordert, verlangt zusätzlich eine zeitliche Ausrichtung der Versorgungsstrukturen an den Bedürfnissen der Bewohner.

Weitergehende Maßstäbe zur Erreichung jener bedarfs- und bewohnerorientierten Ziele haben das Pflege-Qualitätssicherungsgesetz und das Heimgesetz[4] geschaffen.

Die Arbeitsorganisation vollzieht sich somit im Regelungsbereich arbeitsrechtlicher und sozialrechtlicher Gesetze, die in ihren Regelungssystemen auch unterschiedliche Zielsetzungen verfolgen. Im Folgenden werden die verschiedenen Regelungsbereiche und deren Zielsetzungen und Anforderungen entwickelt.

2 Rechtliche Regelungsbereiche

2.1 Arbeitsrechtliche Regelungen

Neben dem bereits genannten Arbeitszeitgesetz von 1994[5], dessen Regelungswerk auf eine Verbesserung der Arbeitsbedingungen und der Stärkung des Gesundheitsschutzes der Beschäftigten gerichtet ist, besteht seit 2001 das Teilzeit- und Befristungsgesetz.[6] Dieses Arbeitsgesetz regelt den Rechtsanspruch auf Teilzeitbeschäftigung und die Voraussetzungen für eine Befristung von Arbeitsverhältnissen. Weitere Gesetzesregelungen im TzBfG enthalten Vorgaben zu Teilzeitformen, wie jene der Arbeit auf Abruf,[7] der Arbeits-

---

4 Gesetz zur Qualitätssicherung und zur Stärkung des Verbraucherschutzes in der Pflege (Pflege-Qualitätssicherungsgesetz – PQsG) vom 9. September 2001 (BGBl. I S. 2320), geändert durch Artikel 4 des Pflege-leistungsergänzungsgesetzes (PflEG) vom 14. Dezember 2001 (BGBl. I Nr. 70 S. 3728, 3733). Heimgesetz v. 5.11.2001 (BGBl. I S. 2970 ff.), i.d.F. v. 23.7.2002, BGBl. I S. 2850.

5 Arbeitszeitgesetz vom 6. Juni 1994 (BGBl. I S. 1170), zuletzt geändert durch Art. 5 Fünftes Gesetz zur Änderung des Dritten Buches Sozialgesetzbuch und anderer Gesetze vom 22.12.2005, BGBl. I S. 3676.

6 Gesetz über Teilzeitarbeit und befristete Arbeitsverträge (Teilzeit- und Befristungsgesetz) vom 21. Dezember 2000, BGBl. I S. 1966.

7 Vgl. § 12 des Teilzeit- und Befristungsgesetzes vom 21. Dezember 2000, BGBl. I S. 1966, zuletzt geändert durch Art. 2 Gesetz zu Reformen am Arbeitsmarkt v. 24.12.2003, BGBl. I S. 3002.

platzteilung.⁸ Weitere im Rahmen der Arbeitszeitgestaltung zu berücksichtigenden Gesetze betreffen z. B. den Teilzeitanspruch während der Elternzeit⁹, die Altersteilzeit¹⁰ und die Umsetzung von Leiharbeitsverhältnissen.¹¹ Andere Gesetzesnormen wie das Mutterschutzgesetz¹² oder das Jugendarbeitsschutzgesetz¹³ treffen ebenfalls spezifische Bestimmungen zur Arbeitszeitgestaltung.

Die Arbeitszeitgestaltung ist zudem durch zahlreiche Tarifregelungen bzw. in konfessionell getragenen Einrichtungen durch kirchliche Regelungen, insbesondere durch die Richtlinien für Arbeitsverträge (AVR) festgelegt.¹⁴ Das Arbeitszeitgesetz ermöglicht über Öffnungsklauseln in § 7 und § 12 ArbZG abweichende Regelungen im Tarifvertrag oder aufgrund eines Tarifvertrages abweichende Betriebsvereinbarungen zu treffen. Für die Kirchen und öffentlich-rechtliche Religionsgemeinschaften finden die Regelungen gemäß § 7 Abs. 4 ArbZG entsprechende Anwendung.

2.2 Spezifische Arbeitszeitregelungen

Die spezifischen, auf Arbeitszeitvorgaben gerichteten Gesetzesregelungen folgen überwiegend den Intentionen des Gesundheitsschutzes. So erfolgte die Reformierung des *Arbeitszeitgesetzes* mit dem Ziel, eine Verbesserung der Arbeitsbedingungen und die *Stärkung des Gesundheitsschutzes* der Beschäftigten zu erreichen. Mit Bestimmungen unter anderem zur gesetzlichen Höchstarbeitszeit, zu Ruhezeiten und zu den Pausenansprüchen sowie zur

---

8 § 13 des Teilzeit- und Befristungsgesetzes vom 21. Dezember 2000, BGBl. I S. 1966, zuletzt geändert durch Art. 2 Gesetz zu Reformen am Arbeitsmarkt v. 24.12.2003, BGBl. I S. 3002.
9 Vgl. das Gesetz zum Erziehungsgeld und zur Elternzeit (Bundeserziehungsgeldgesetz – BErzGG) in der Fassung der Bekanntmachung vom 9.2.2004, BGBl. I S. 206, zuletzt geändert durch Art. 2 Tagesbetreuungsausbaugesetz v. 27.12.2004, BGBl. I 3852.
10 Altersteilzeitgesetz vom 23. Juli 1996, BGBl. I S. 1078, zuletzt geändert durch Art. 14 Gesetz zur Intensivierung der Bekämpfung der Schwarzarbeit und damit zusammenhängender Steuerhinterziehung vom 23.7.2004, BGBl. I 1842.
11 Gesetz zur Regelung der gewerbsmäßigen Arbeitnehmerüberlassung (Arbeitnehmerüberlassungsgesetz – AÜG) vom 3. Februar 1995, BGBl. I S. 158, zuletzt geändert durch Art. 6 Nr. 4 Gesetz zur Änderung des Aufenthaltsgesetzes und weitere Gesetze v. 14.3.2005, BGBl. I S. 721.
12 Gesetz zum Schutze der erwerbstätigen Mutter (Mutterschutzgesetz – MuSchG) in der Fassung vom 20. Juni 2002, BGBl. I S. 2318, zuletzt geändert durch Beschluss des BVerfG v. 18.11.2003, BGBl. 2004 S. 69.
13 Gesetz zum Schutze der arbeitenden Jugend (Jugendarbeitsschutzgesetz – JArbSchG) vom 12. April 1976, BGBl. I S. 965, zuletzt geändert durch Art. 7d Bürokratieabbau- und Deregulierungsgesetz v. 21.6.2005, BGBl. I S. 1666.
14 Zu den kollektiven Rechtsquellen in kirchlichen Arbeitsverhältnissen vgl. Richardi, Arbeitsrecht in der Kirche, 2000.

Nacht- und Schichtarbeit wurde der Gesundheitsschutz für die Beschäftigten verbessert. Aufgrund der Einbeziehung des Pflegepersonals in den Anwendungsbereich des Gesetzes müssen diese Regelungen auch bei der Arbeitszeit- und Dienstplangestaltung in Pflegeeinrichtungen berücksichtigt werden.[15] Schutzregelungen werden ebenso mit anderen Gesetzesregelungen, insbesondere den Regelungen zur Teilzeitbeschäftigung und dem Mutterschutzgesetz, verfolgt.

Eine weitere mit der Reformierung des Arbeitszeitgesetzes zentrale Zielsetzung war, die Regelungen zur Arbeitszeit *zukunftsorientiert für flexible und individuelle Arbeitszeitmodelle* zu verbessern.[16] Daher wurden in dem Arbeitszeitgesetz lediglich Rahmenbedingungen für flexible Arbeitszeiten geschaffen. Deren Ausgestaltung in flexible Beschäftigungsformen, wie zum Beispiel Arbeitszeitkonten, wurde den einzelnen Unternehmen überlassen. Für die verantwortlichen Leitungskräfte in den stationären Pflegeeinrichtungen wurden somit ebenso wie für andere Wirtschaftsbereiche Schutzregelungen, aber auch Gestaltungsspielräume bei der Arbeitszeitorganisation gesetzt, deren Einhaltung und Umsetzung im Verantwortungsbereich der Einrichtung liegt.

Inwiefern im vollstationären Pflegebereich *flexible Arbeitszeitmodelle* bzw. Änderungen der Dienstplangestaltung, etwa unter Einsatz flexibler Beschäftigungsformen Eingang gefunden haben, ist bislang nicht erforscht. Dies überrascht umso mehr, als für den vollstationären Pflegebereich eine erhebliche Belastungssituation für das Personal konstatiert wird. In jüngster Zeit wird deshalb vor zunehmenden Fluktuationstendenzen beim Personal und einem drohenden Personal- und damit Pflegenotstand gewarnt, wenn sich die Arbeitsbedingungen in den Altenpflegeheimen nicht ändern sollten.[17] Neue Konzepte werden sowohl in der Qualifikation des Personals, den veränderten

---

15 Diese Regelungen gelten seit dem Inkrafttreten ab dem 1.7.1994. § 26 des Arbeitszeitgesetzes sah in der Übergangsregelung die Anwendung der Ruheregelung gemäß § 5 ArbzG ab dem 1. Januar 1996 vor.
16 Zur Entwicklung vgl. Buschoff, Die Flexibilisierung der Arbeitszeit in der Bundesrepublik Deutschland. In: Aus Politik und Zeitgeschichte, Bd. 14–15/2000, S. 32–38.
17 Bundesministerium für Familie, Senioren, Frauen und Jugend (Hg.), Vierter Bericht zur Lage der älteren Generation in der Bundesrepublik Deutschland: Risiken, Lebensqualität und Versorgung Hochaltriger – unter besonderer Berücksichtigung demenzieller Erkrankungen, 2002, S. 262. Vgl. auch die Große Anfrage der Fraktion der CDU vom 6. März 2002 und die Antwort der Landesregierung vom 17. April 2002, Niedersächsischer Landtag 14. Wahlperiode, Drucksache 14/3311. Aus dem Schrifttum: Zimber, Arbeitsbelastung und Beanspruchung in der Altenpflege. In: Zimber/Weyerer (Hg.), Arbeitsbelastung in der Altenpflege, S. 170, insbesondere 179. Deutsches Institut für angewandte Pflegeforschung e.V., Pflege vor dem Kollaps? Perspektiven 2/2002.

Wohnstrukturen als auch in den Personalstrukturen für erforderlich gehalten, um eine Überlastung in der stationären Altenpflege zu verhindern.[18]

Hinweise aus der Praxis lassen jedoch den Schluss zu, dass das Thema der Entwicklung der *Arbeitszeitorganisation vom Leitungsmanagement häufig vernachlässigt* wird. Entsprechende Erkenntnisse aus vorangegangenen Untersuchungen belegen, dass viele Träger von Pflegeeinrichtungen in starkem Maße damit beschäftigt sind, sich den ökonomischen und strukturellen Erfordernissen der Pflegeversicherung anzupassen und eine wirtschaftliche Stabilität ihrer Einrichtung zu sichern. Die hier typischerweise eingesetzten Instrumente sind Personalabbau, insbesondere von qualifiziertem Fachpersonal, und Personalumschichtung durch Einstellungen von nicht examinierten Kräften.[19] Eine Vernachlässigung der Arbeitszeitorganisation unter Beibehaltung traditioneller Personaleinsatzpläne trägt angesichts der Veränderungen in den Pflege- und Betreuungsbedarfen der Bewohner zu einer weiteren Arbeitsbelastung für das Personal und zu Versorgungsdefiziten bei den Bewohnern bei. Starre Dienst- und Schichtzeiten oder eine ungünstige Verteilung der Schichtdienste sowie eine geringe Akzeptanz unterschiedlicher Teilzeitbeschäftigungen können zusätzliche Belastungsfaktoren für die Beschäftigten sein.[20]

Eine stärkere Beachtung der Arbeits- und Dienstplangestaltung und die verstärkte Nutzung rechtlich möglicher Gestaltungsräume für flexible Arbeitszeitformen können dagegen der Sicherung der Personalstruktur dienen und zur Verbesserung der Versorgungssituation in der stationären Pflege beitragen. Eine Arbeitszeitplanung, die zudem an Belastungszeiten orientiert ist, einen optimalen Einsatz des Personals bezweckt und – soweit möglich – unter Beachtung der Interessenlagen der Mitarbeiter gestaltet wird, dient der Entlastung des Personals und der Organisationsentwicklung.

---

18 So bereits eine Erkenntnis der IAB Studie zu Beginn der 90er Jahre: Bundesministerium für Arbeit und Sozialordnung (Hg.), Arbeitsmarkt für Pflegeberufe. Forschungsbericht 239, 1994, S. 162.
Aus aktueller Sicht: Bundesministerium für Familie, Senioren, Frauen und Jugend (Hg.), Vierter Bericht zur Lage der älteren Generation – Risiken, Lebensqualität und Versorgung Hochaltriger – unter besonderer Berücksichtigung demenzieller Erkrankungen, 2002, S. 262. Oelke/Menke, Qualifizierung des Personals, S. 79 ff. In: Igl/Schiemann/Klose (Hg.): Qualität der Pflege. Robert Bosch Stiftung (Hg.): Pflege neu denken. Zur Zukunft der Pflegeausbildung, 2000; Zimber, Arbeitsbelastung und Beanspruchung in der Altenpflege. In: Zimber/Weyerer (Hg.), Arbeitsbelastung in der Altenpflege, S. 170, insbesondere 179, auf den Zusammenhang zwischen Arbeitsbelastungen und organisatorischen Mängeln verweisend.
19 Vgl. Wiese, Pflegeversicherung und Pflegepraxis. Auswirkungen rechtlicher Regularien auf die Pflege, Pflegequalität und Qualitätssicherung, 2004.
20 Bundesministerium für Arbeit und Sozialordnung (Hg.), Arbeitsmarkt für Pflegeberufe. Forschungsbericht 239, 1994, S. 162.

2.3 Sozialrechtliche Versorgungsziele des Pflegeversicherungsgesetzes und Heimgesetzes

Das Thema der Arbeitszeitorganisation gewinnt zunehmend auch unter dem Gesichtspunkt der Qualitätsentwicklung der Pflege an Bedeutung.

Maßgebenden Anteil hieran hat das *Pflegeversicherungsgesetz*. Ebenso hat auch die Weiterentwicklung der *Heimgesetzgebung mit der Heimpersonalverordnung* Maßstäbe gesetzt, die dazu beitragen, dass in den Altenpflegeheimen bei der Arbeitszeitgestaltung der bedürfnis- und patientenorientierten Pflege mehr Gewicht beigemessen werden muss. Zwar enthalten die Gesetzesregelungen keine expliziten Vorgaben zur Arbeitszeit- und Dienstplangestaltung in den Pflegeeinrichtungen, doch ergeben sich aus zahlreichen *verpflichtenden Qualitätsanforderungen an die Pflege und Versorgung* diesen innewohnende verbindliche Anforderungen an die Arbeitszeitgestaltung. Dies gilt insbesondere für den stationären Pflegebereich, der eine Rund-um-die-Uhr-Versorgung der Bewohner gewährleisten muss.

2.4 Qualitative Aspekte der Arbeitszeitgestaltung

Pflegeversicherungsgesetz

Zentrale *Anforderungen* an die Gestaltung der Arbeits- und Dienstzeiten in Pflegeheimen erwachsen *aus Qualitätsanforderungen*, die im Pflegeversicherungsgesetz[21] und vor allem in den gemäß § 80 SGB XI zu vereinbarenden Grundsätzen und Maßstäben für die Qualität und die Qualitätssicherung (sog. Qualitätsvereinbarungen) bestehen. Für die vollstationäre Pflege kommen »Gemeinsame Grundsätze und Maßstäbe zur Qualität und Qualitätssicherung einschließlich des Verfahrens zur Durchführung von Qualitätsprüfungen nach § 80 SGB XI in der seit dem 7. März 1996 geltenden Fassung zur Anwendung.[22]

Das Pflegeversicherungsgesetz zielt dort mit seinen festgeschriebenen Leistungen darauf ab, Pflegebedürftigen ein möglichst selbstbestimmtes Leben zu ermöglichen; Pflegeeinrichtungen müssen eine humane und aktivierende Pflege leisten.[23] Sie sind verpflichtet, eine entsprechend den Zielsetzungen und den Qualitätsanforderungen gesicherte Pflegequalität zu gewähr-

---

21 Pflegeversicherungsgesetz vom 26. Mai 1994, BGBl. I S. 1014, zuletzt geändert durch Art. 3 b Zweites Gesetz zur Änderung d. SeemannsG u. a., BGBl. I S. 1530.
22 Bekanntmachung am 21. 10. 1996, Bundesanzeiger 1996 Nr. 213, S. 12041.
23 Vgl. im Weiteren: Wiese; Pflegeversicherung und Pflegepraxis. Auswirkungen rechtsverbindlicher Regularien auf die Pflege, die Pflegequalität und die Qualitätssicherung – Erkenntnisse einer rechtstatsächlichen Studie zur Aufschließung eines Regulierungsphänomens in der Pflege. ZfSB/SGB 2002, S. 669 ff.; Vgl. Wiese, Pflegeversicherung und Pflegepraxis. Auswirkungen rechtlicher Regularien auf die Pflege, Pflegequalität und Qualitätssicherung, 2004.

leisten.[24] Pflegeheime stehen damit in der Pflicht, ihren Bewohnern nach wissenschaftlichem Stand *Pflege, Versorgung und Betreuung zu gewähren* (vgl. § 11 SGB XI, § 1 HeimG). Eine inhaltliche Konkretisierung haben diese Vorgaben in den so genannten Qualitätsrichtlinien erfahren. Danach sind Pflegeheime verpflichtet, eine *»an einer menschenwürdigen Lebensqualität und Zufriedenheit« der Bewohner orientierte Pflege und Betreuung zu leisten, die Tages- und Nachtstrukturierung bewohnerorientiert auszurichten, eine bedarfsgerechte und flexible, an Veränderungen der Pflegesituation angepasste Pflege und Versorgung zu gewähren und Essenszeiten flexibel zu gestalten.*[25]

Im Rahmen der Ergebnisqualität hat unter 3.3. der Qualitätsrichtlinie die Berücksichtigung der individuellen Bedürfnisse besondere Berücksichtigung erfahren. Die Beachtung der individuellen Wünsche und Bedürfnisse des Bewohners ist zentraler Teil der Ergebnisprüfung und Gegenstand der Dokumentation und Erörterung mit den Beteiligten. Diese Auszüge aus den Qualitätsvereinbarungen belegen den an die Adresse der Heimträger gerichteten Anspruch.

In den Qualitätsvereinbarungen nach § 80 SGB XI werden wesentliche Ziele für stationäre Pflegeeinrichtungen bestimmt, u. a.:[26]
– Für eine bewohnerorientierte Leistungs- und Versorgungsstruktur zu sorgen
– Die Sicherstellung der Pflege und Versorgung
– Gewährleistung einer menschenwürdigen Lebensqualität der Heimbewohner
– Schaffung einer Vertrauensbeziehung zwischen den Bewohnern und den Pflegenden.

Dies intendiert neben einer angemessenen fachlichen personellen Besetzung vor allem eine Arbeitszeitorganisation, die an den Bedürfnissen und Aktivitäten der Bewohner orientiert ist und hier flexible Anpassungen ermöglicht.

Weitergehende Regelungen der Qualitätsvereinbarungen nennen als Instrumente zur Zielerreichung »Teambildung« und »Dienstplanung«. Jedoch fehlt es an Konkretisierungen dieser Instrumente. So werden beispielsweise zur Größe und Besetzung der Pflegeteams keine Vorgaben gemacht.

Mit dem Qualitätssicherungsgesetz vom 9. September 2001[27] hat die Optimierung der *Arbeitszeitorganisation* noch einen weiteren Bedeutungszu-

---

24 Vgl. Wiese, Rechtliche Qualitätsvorgaben in der stationären Altenpflege, 2005, S. 2 ff.
25 Gemeinsame Grundsätze und Maßstäbe zur Qualität und Qualitätssicherung einschließlich des Verfahrens zur Durchführung von Qualitätsprüfungen nach § 80 SGB XI in vollstationären Pflegeeinrichtungen unter 1.1. und 3.1.5, Stand 31.10.1996. Ähnlich die Überarbeitung vom 16.12.2003.
26 Vg. unter 1.1 der Qualitätsvereinbarung nach § 80 SGB XI.

wachs erhalten. Mit dem Gesetz wurden neue Instrumente, wie z. B. der ab 2004 verpflichtende Abschluss *von Leistungs- und Qualitätsvereinbarungen (LQV)* gemäß § 80a SGB XI, für die stationären Einrichtungen verpflichtend. In den Leistungs- und Qualitätsvereinbarungen werden neben den Leistungen und Kriterien der Versorgungsqualität auch zusätzliche Betreuungsaufwendungen und Aufwandszeiten, insbesondere für demenziell erkrankte Heimbewohner, festgelegt, die dann als Verhandlungskriterium in die Vergütungsvereinbarung mit einfließen können.[28] Ebenso soll die personelle Ausstattung der einzelnen Pflegeheime in der einzelnen Vergütungsvereinbarung berücksichtigen werden.[29]

Für Heimträger folgt daraus, dass bei der Ermittlung der Personalstruktur und der Umsetzung bewohnerorientierter Konzepte vor allem auch kostenorientiert kalkuliert werden muss. Mit Blick auf den in der Regel größten Kostenfaktor, das Personal, zwingen ökonomische Gesichtspunkte daher auch zu einer *effizienten Personaleinsatzplanung.* Im Weiteren soll die Erteilung von Leistungs- und Qualitätsnachweisen gemäß § 113 SGB XI[30] künftig auch die *Prüfung der Dienstpläne* der jeweiligen Einrichtung umfassen. Geprüft werden sollen unter anderem die Nachvollziehbarkeit der Eintragungen zum Zeitraum der Planung, die Einsatzzeit, die Qualifikation und die Regelzeiten. Auch sieht der zum Prüfverfahren gemäß § 118 Abs. 2 SGB XI verfasste Entwurf einer Prüfhilfe vor, dass zu überprüfen ist, ob »die individuellen Wünsche der Pflegebedürftigen bei der Dienstplangestaltung berücksichtigt werden«.[31] Darin wird deutlich, dass innerhalb der Qualitätsprüfungen auch

---

27 Gesetz zur Qualitätssicherung und zur Stärkung des Verbraucherschutzes in der Pflege (Pflege-Qualitätssicherungsgesetz – PQsG) vom 9. September 2001 (BGBl. I S. 2320), geändert durch Artikel 4 des Pflegeleistungsergänzungsgesetzes (PflEG) vom 14. Dezember 2001 (BGBl. I Nr. 70, S. 3728, 3733).

28 So die Erläuterungen zu Absatz 2 des Entwurfs eines Gesetzes zur Qualitätssicherung und zur Stärkung des Verbraucherschutzes in der Pflege, Anlage 1 zu Nummer 9 (§ 80a SGB XI). Zur Umsetzung vgl. Wiese, Rechtliche Aspekte der neuen am 1.1.2002 in Kraft getretenen Gesetzesregelungen. In: »Soziale Sicherung im Spannungsfeld von Recht, Pflege und Ökonomie«. Tagungsband zur Fachtagung am 19. 9. 2002. Workshop: Neue Rahmenbedingungen der Pflegeversicherung unter rechtlichen und pflegerischen Aspekten – Was bringen die neuen Gesetzesregelungen? 2003; vgl. Wiese, Rechtliche Qualitätsvorgaben in der stationären Altenpflege, 2005, S. 46.

29 Vgl. § 80a Abs. 2 Ziffer 3 mit Absatz 3 SGB XI. Zur Umsetzung werden landesweite Personalrichtwerte zur Ermittlung des Personalbedarfs entsprechend § 75 III SGB XI erarbeitet.

30 Stand nach dem PQsG vom 9. September 2001, BGBl. I S. 2320 mit Wirkung zum 1. 1. 2002.

31 Prüfhilfe zur Durchführung von Qualitätsprüfungen und Prüfungen zur Erteilung von Leistungs- und Qualitätsnachweisen nach der Pflege-Prüfverordnung. Anlage zu § 7 I Pflegeprüfverordnung. Bundestags-Drucksache 588/02. Der Entwurf wur-

die Arbeitszeitorganisation und die Ausgestaltung der Dienstpläne der Kontrolle unterliegen.

Heimgesetz

Das Heimrecht enthält ebenso wie die Pflegeversicherung (SGB XI) keine expliziten Normen zur Arbeitszeitorganisation. Im Vordergrund stehen Aspekte der Personalbesetzung und der Qualifikation des Personals. Typisch dafür ist die Regelung des § 5 der Heimpersonalverordnung[32] zur Fachkraftquote. Danach muss bei mehr als vier pflegebedürftigen Bewohnern mindestens jeder zweite weitere Beschäftigte eine Fachkraft sein.

Qualitative Vorgaben wirken sich allerdings auch hier auf die Dienstplangestaltung aus. Beispielsweise muss in Altenpflegeheimen nachts mindestens eine Fachkraft ständig anwesend sein.[33] Ebenso verlangt das Anfang 2002 in Kraft getretene »Dritte Gesetz zur Änderung des Heimgesetzes«[34] in § 13 I Ziffer 3 HeimG von den Heimträgern, dass Dienstpläne aufgezeichnet und aufbewahrt werden. Diese Regelung soll Kontrollen ermöglichen und Aufschluss über den tatsächlichen Einsatz der Mitarbeiter geben. Zum Schutz der Bewohner werden Träger somit verpflichtet, Einblick in die Dienstplanbesetzung und Dienstplangestaltung zu geben.

2.5 Fazit

Die Übersicht zu den unterschiedlichen Gesetzesregelungen und deren Inhalte, die in den Einrichtungen der Altenpflege direkt oder indirekt die Arbeitszeitorganisation und Dienstplanung beeinflussen, belegt, dass sich vor allem seit Mitte der neunziger Jahre grundlegende Änderungen in den rechtlichen Zielsetzungen und Anforderungen der Arbeitszeitgestaltung ergeben haben. Danach ist davon auszugehen, dass sich die Arbeitszeitgestaltung in Altenpflegeheimen in einem Spannungsfeld arbeitsrechtlicher Regelungen, qualitativer pflegeversicherungsrechtlicher Vorgaben sowie ökonomischer Zwänge bewegt.

---

de im September 2002 verabschiedet, scheiterte letztlich aber im Bundesrat. Vgl. zur Prüfhilfe unter C. III 6 des Erhebungsbogens »zur Durchführung von Qualitätsprüfungen und Prüfungen zur Erteilung von Leistungs- und Qualitätsnachweisen in zugelassenen stationären Einrichtungen« nach der Pflege-Prüfverordnung, ebenfalls abgedruckt in BT-Drucksache 588/02.

32 Verordnung über personelle Anforderungen für Heime (Heimpersonalverordnung-HeimPersV) vom 19. Juli 1993, BGBl. I S. 1205, Stand vom 22.6.1998, BGBl. I S. 1506.
33 Vgl. § 5 I HeimPersV.
34 Drittes Gesetz zur Änderung des Heimgesetzes vom 5. November 2001, BGBl. I 2001 S. 2960.

Kapitel 1: Einführung

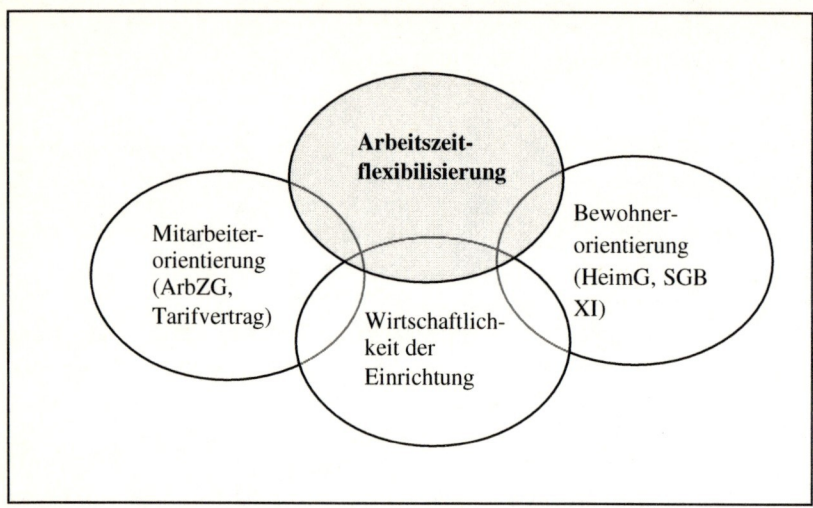

Abbildung 1-1: Einflussfaktoren auf die Arbeitszeit- und Dienstplangestaltung

3 Stand der Forschung

Zur Arbeitszeit- und Dienstplangestaltung in Einrichtungen des Gesundheitswesens sind in der jüngsten Vergangenheit unterschiedliche Studien und Untersuchungen erschienen. Zentrale Untersuchungsgegenstände bezogen sich auf die Institution Krankenhaus, die Berufssituation der Pflege und auf gesetzliche Einflüsse auf die Arbeits- und Beschäftigtenstruktur.

Im klinischen Bereich stehen die ärztlichen Dienste in Krankenhäusern und hier insbesondere der Einsatz von Ruf- und Bereitschaftsdienst und deren Vereinbarkeit mit dem Arbeitszeitgesetz im Zentrum von Studien.[35] Zum Beispiel entwickelte der Länderausschuss für Arbeitsschutz und Sicherheitstechnik für den ärztlichen Dienst in Krankenhäusern alternative und gesetzeskonforme Arbeitszeitmodelle. Arbeitszeiten des Pflegedienstes im Krankenhaus werden darin nicht thematisiert.[36] Vor dem Hintergrund der EuGH-Rechtsprechung und der Rechtsprechung des Bundesarbeitsgerichts, die den Bereitschaftsdienst als Arbeitszeit anerkannt haben, wurden von dem Deutschen Krankenhausinstitut im Auftrag der Deutschen Krankenhausgesellschaft die Auswirkungen alternativer Arbeitszeitmodelle im Krankenhaus

---

35 Vgl. hierzu exemplarisch: Ministerium für Arbeit, Soziales, Familie und Gesundheit Rheinland-Pfalz, Abschlussbericht: Landesprojekt Arbeitszeit in Krankenhäusern, 2002; Hessisches Sozialministerium, Arbeitsplatz Krankenhaus, 2003; Deutsches Krankenhausinstitut e.V., Auswirkungen alternativer Arbeitszeitmodelle, 2004; LASI, Arbeitszeitgestaltung in Krankenhäusern, 2. Auflage, 2005.
36 Vgl. LASI, Arbeitszeitgestaltung in Krankenhäusern, 2. Auflage, 2005, S. 22 ff.

untersucht. Grundlage bildeten die unterschiedlichen LASI-Modelle, wobei der Schwerpunkt bei den Berufsgruppen mit hohem Bereitschaftsdienstanteil lag. Im Fokus stand weitgehend der ärztliche Dienst.[37]

Einen weiteren Untersuchungsgegenstand bildete der Schwerpunkt »Beschäftigungswirksame und sozialverträgliche Arbeitszeitmodelle im Krankenhaus«. Hierbei wurden Arbeitszeitmodelle unter Einbezug des ärztlichen Dienstes und anderer Berufsgruppen mit hohem Bereitschaftsdienstanteil entwickelt. Dienstzeiten der Pflege wurden unter dem Aspekt Kernarbeitszeit und Teilzeitarbeit thematisiert.[38]

Vergleichbare Studien für die stationäre Altenpflege sind bislang nicht veröffentlicht. Lediglich in einigen Fachzeitschriften sind einzelne Aufsätze zu Arbeitszeitmodellen in der stationären Altenpflege publiziert.[39]

In der Literatur finden sich zahlreiche Veröffentlichungen, in denen die *Arbeitsbedingungen in der Altenpflege* thematisiert werden.[40] In den Studien werden jedoch überwiegend *Aspekte der Arbeitsbelastung*, zum Beispiel aufgrund körperlicher und psychischer Belastungen Pflegender, oder Defizite in der Altenpflege, zum Beispiel aufgrund mangelnder Qualifikation und beruflicher Entwicklungsmöglichkeiten, und ungünstiger Arbeitszeiten, beleuchtet.[41]

In anderen Studien werden die *Arbeitsbedingungen und Belastungsfaktoren* in der stationären Altenpflege mit Bezug auf die Einführung der Pflegeversicherung untersucht. Dort stehen allerdings ausschließlich Arbeitsbelastungen Pflegender, die psychologische Beanspruchung von Pflegenden[42] oder Themen

---

37 Vgl. Deutsches Krankenhausinstitut e.V., Auswirkungen alternativer Arbeitszeitmodelle, 2004, S. 19 ff.
38 Vgl. Ministerium für Frauen, Jugend, Familie und Gesundheit des Landes Nordrhein-Westfalen, Beschäftigungswirksame und sozialverträgliche Arbeitszeitmodelle im Krankenhaus, Band 1, 2000, S. 51 ff.
39 Vgl. Voß/Heitmann, Jeder kommt zur rechten Zeit. In: Altenheim 2003, Heft 8, S. 18 ff.; Wipp, Dienstplan-Projekt der AWO Baden, Die Einsatzplanung optimal gestalten. In: Altenheim 2005, Heft 4, S. 48 ff.
40 Abhandlungen ausschließlich zum ambulanten Pflegebereich werden mit Blick auf das Thema weggelassen.
41 Zum Themenbereich der Schlüsselqualifikation vgl. z. B. Meifort (Hg.), Schlüsselqualifikationen für gesundheits- und sozialpflegerische Berufe. 1991. Zur Situation der Pflegeberufe: Landenberger, Innovatoren des Gesundheitssystems. 1998. Zum Wachstumsmarkt Pflege: Sachverständigenrat für die Konzertierte Aktion im Gesundheitswesen. Sondergutachten 1997. Gesundheitswesen in Deutschland. Kostenfaktor und Zukunftsbranche. Band II: Fortschritt und Wachstumsmärkte, Finanzierung und Vergütung, S. 175 ff. Zu den Wirkungen der Pflegeversicherung, der Qualifikationsstruktur des Personals und Personalproblemen der Einrichtungen vgl. Schneekloth, Wirkungen der Pflegeversicherung. Forschungsprojekt im Auftrag des BMG, 2000, S. 162 ff., insbesondere S. 166, 171 f.
42 Zimber/Weyerer, Stress in der stationären Altenpflege, Arbeitsbedingungen und Arbeitsbelastungen in Heimen, 1998.

der Versorgungs- und Arbeitssituation[43] sowie der Arbeitsbedingungen und deren Wirkungen auf die Gesundheit Pflegender[44] im Zentrum der Untersuchungen. Lediglich in einer aus dem Jahre 2001 stammenden Studie der Berufsgenossenschaft für Gesundheitsdienst und Wohlfahrtspflege wird zum Abbau der hohen Arbeitsbelastung die Empfehlung ausgesprochen, die Dienstzeiten des Personals zu überprüfen und mögliche Gestaltungsspielräume auszuschöpfen.[45] Eine Analyse der Arbeitszeitgestaltung liegt dieser Empfehlung nicht zugrunde. Eine weitere aus dem Jahre 1998 stammende Untersuchung der Arbeitsschutzverwaltung des Landes Nordrhein-Westfalen widmete sich den Arbeitszeiten im Gesundheitswesen.[46] Allerdings hat diese die Überprüfung der Einhaltung von Arbeitszeitbestimmungen in den verschiedenen Gesundheitseinrichtungen und für deren Beschäftigten zum Schwerpunkt.

Unter den Aspekten des *Arbeitsschutzes und der Arbeitsmedizin* wurden in den Jahren 2003 bis 2005 Untersuchungsergebnisse veröffentlicht, die Zusammenhänge zwischen den Arbeitsbedingungen und der Gesundheit von Pflegekräften aufdeckten.[47] Der BGW-DAK Gesundheitsreport 2003 hob als Fazit eine Zunahme der Arbeitsbelastung in der Pflege hervor und empfahl unter anderem eine Verbesserung der Arbeitszeiten.[48] Ebenso liegen Studien vor, die sich mit den Gesundheitsbelastungen der Schichtarbeit befasst haben.[49]

Weitere Untersuchungen richteten sich auf die *Personalentwicklung*. Untersuchungsgegenstände waren die Arbeitsorganisation und die Arbeitsabläufe, die Zusammenhänge zwischen der Arbeitszeit und der Berufszufriedenheit von Pflegekräften sowie Ursachen für den Berufsausstieg von Pflegekräf-

---

43 Zimber/Weyer (Hg.), Arbeitsbelastung in der Altenpflege, Schriftenreihe Organisation und Medizin, Göttingen, 1999. Eine Übersicht zu weiteren empirischen Arbeiten zum Themenbereich der Arbeitsbelastung und Beanspruchung in der Altenpflege enthält S. 174 f.
44 Berufsgenossenschaft für Gesundheitsdienst und Wohlfahrtspflege. Gesundheitsreport Altenpflege. Arbeitsbedingungen und Gesundheit von Pflegekräften in der stationären Altenpflege, 2003.
45 Berufsgenossenschaft für Gesundheitsdienst und Wohlfahrtspflege. Gesundheitsreport Altenpflege. Arbeitsbedingungen und Gesundheit von Pflegekräften in der stationären Altenpflege, 2003, S. 51 f.
46 Landesanstalt für Arbeitsschutz NRW (Hg.), Arbeitszeiten im Gesundheitswesen, S. 2 ff.
47 Siehe hierzu z. B. BGW-DAK Gesundheitsreport 2003 Altenpflege; Glaser, Höge, Probleme und Lösungen in der Pflege aus Sicht der Arbeits- und Gesundheitswissenschaften, 2005.
48 Vgl. BGW-DAK Gesundheitsreport 2003 Altenpflege, S. 49–51.
49 Vgl. hierzu Beermann, Leitfaden zur Einführung und Gestaltung von Nacht- und Schichtarbeit, 1997; Europäische Stiftung zur Verbesserung der Lebens- und Arbeitsbedingungen, Schichtarbeit und Gesundheit, 2000; Wolke, Gesündere und leistungsfördernde Arbeitsbedingungen in der stationären Altenpflege, in: Pflegemagazin 2005.

ten.[50] Die Ergebnisse der Studien zur Arbeitsorganisation belegen zentrale Probleme durch Arbeitsbelastungen aufgrund fehlender Personalabdeckung, der Belastung durch Überstunden und eine mangelnde Koordination in den Arbeitsabläufen.[51] Andere Untersuchungen zur Personalstruktur, den Arbeitsbedingungen und zur Arbeitszufriedenheit in der stationären Altenpflege kommen zu dem Schluss, dass in der Pflegeorganisation mehr Gestaltungsraum für eigenverantwortliche Arbeiten geschaffen werden müsse. Eine Feststellung geht dahin, dass die Dienstplanung zu verbessern sei.[52] Ebenso wurden Zusammenhänge zwischen dem Berufsausstieg bzw. der Absicht zum Berufsausstieg und der Arbeitsorganisation in Pflegeeinrichtungen untersucht und im Ergebnis Änderungsbedarfe hin zu einer stärkeren Mitarbeiterorientierung konstatiert.[53]

Neben den genannten Veröffentlichungen kann noch auf vereinzelte Studien und Analysen verwiesen werden, die im Schwerpunkt die *Auswirkungen verschiedener Arbeits- und Sozialgesetze* analysieren. Sie behandeln zum Beispiel Entwicklungen zum Teilzeit- und Befristungsgesetz,[54] zum Arbeitszeitgesetz[55] sowie zum SGB XI.[56] Auch wurden verschiedene Erhebungen zur Erfassung neuer Arbeitszeitmodelle in den unterschiedlichsten Wirtschaftsbe-

---

50 Vgl. hierzu z. B. Deutsches Institut für angewandte Pflegeforschung e.V., Pflege-Thermometer 2003; Hillebrand, in: Niedersächsische Akademie für Fachberufe im Gesundheitswesen e.V., Ressourcenfördernde Personalentwicklung und Optimierung der Organisationsstrukturen in Einrichtungen der stationären Altenpflege, 2004; Forschungsgesellschaft für Gerontologie e.V., Stationäre Altenpflege, 2004; Bundesanstalt für Arbeitsschutz und Arbeitsmedizin (Hg.), Berufsausstieg beim Pflegepersonal, 2005.
51 Vgl. hierzu z. B. Deutsches Institut für angewandte Pflegeforschung e.V., Pflege-Thermometer 2003; Hillebrand, in: Niedersächsische Akademie für Fachberufe im Gesundheitswesen e.V., Ressourcenfördernde Personalentwicklung und Optimierung der Organisationsstrukturen in Einrichtungen der stationären Altenpflege, 2004, S. 20, 35; Forschungsgesellschaft für Gerontologie e.V., Stationäre Altenpflege, 2004, S. 100 f., 152.
52 Forschungsgesellschaft für Gerontologie e.V., Stationäre Altenpflege, 2004, S. 18 f.
53 Vgl. Bundesanstalt für Arbeitsschutz und Arbeitsmedizin (Hg.), Berufsausstieg beim Pflegepersonal, 2005, S. 93.
54 Vgl. IAB Kurzbericht, Ausgabe Nr. 18 / 20.12.2004.
55 Vgl. Ministerium für Arbeit, Soziales und Stadtentwicklung, Kultur und Sport des Landes Nordrhein-Westfalen, Arbeitszeitmodelle in Umsetzung des Arbeitszeitgesetzes als Beispiele moderner Arbeitsorganisation, 2000.
56 Vgl. Wiese, Pflegeversicherung und Pflegepraxis. Auswirkungen rechtlicher Regularien auf die Pflege, Pflegequalität und Qualitätssicherung, 2004.

reichen durchgeführt.[57] Die Erkenntnisse dieser Studien lieferten Hinweise für die Untersuchung der Arbeitszeitgestaltung in der stationären Altenpflege.

Zeitschriftenveröffentlichungen zum Themenfeld der Arbeitsorganisation und Dienstplangestaltung in der stationären Altenpflege beinhalten regelmäßig Beschreibungen über praktizierte Verfahren und Einzeldarstellungen von Einrichtungen.[58] Andere Modellbeschreibungen betreffen wiederum den Krankenhausbereich.[59] Einige Veröffentlichungen in Fachzeitschriften thematisieren Erfahrungen mit Arbeitszeitkontenmodellen im Pflegebereich. Hierbei geht es um die Abwägung der Vor- und Nachteile dieser flexibilisierten Arbeitsformen.[60]

Zum Stand der Arbeitszeitorganisation und Dienstplanung in der stationären Altenpflege liegen bislang keine wissenschaftlichen Erkenntnisse vor. Aspekte der Arbeitszeitorganisation und der Dienstplanung werden allenfalls am Rande thematisiert. Auch wurden die praktizierten Arbeitszeitmodelle in diesem Arbeitsbereich bislang nicht erhoben. Andere Untersuchungen zur Situation des Personals wurden auf die Berufsgruppe der Pflegekräfte reduziert. Das hauswirtschaftliche Personal und das Personal für die soziale Betreuung wurde dabei nicht berücksichtigt. Die hier dargestellte Untersuchung liefert einen Beitrag zur Schließung dieser Lücke, indem sie für das Land Niedersachsen detaillierte Erkenntnisse über die gegenwärtigen in der stationären Altenpflege bestehenden Arbeitszeitstrukturen des Personaleinsatzes und die relevanten Planungsgrundlagen sowie die Umsetzung rechtlich möglicher Arbeitszeitformen liefert. Darauf aufbauend werden Entwicklungspotenziale zu Veränderungen in der Arbeitsorganisation aufgezeigt.

4 Aufbau der Untersuchung

Der Aufbau des Berichts folgt der Entwicklung der Fragestellung, indem zunächst im nachfolgenden Abschnitt ein Überblick über die zentralen rechtlichen Rahmenbedingungen der Arbeitszeitgestaltung gegeben wird, die im

---

57 Vgl. Ministerium für Arbeit und Soziales, Qualifikation und Technologie des Landes Nordrhein-Westfalen, Arbeits- und Betriebszeiten flexibel gestalten, 2000; Deutscher Industrie- und Handelskammertag, Individuell und flexibel, 2004.
58 Baumgart/Dinse, Mehr Flexibilität bei der Arbeitszeit. Dienstplangestaltung nach Maß, in: Altenheim 1997, Heft 10, S. 24 ff.; Paetzold, Kein Traum – die 35 Stunden Woche, Heim+Pflege 2000, S. 194 ff.; Bender/Trapp, Flexibel, effizient und mitarbeiterfreundlich. Erlösorientierte Einsatzplanung und flexible Arbeitszeitmodelle sinnvoll kombiniert. In: Altenheim 1999, Heft 10, S. 22.
59 Vgl. z. B. LBK (Hg.), Panda (Prozessorientierte Arbeitsorganisation/Neue Dienst- und Arbeitszeitmodelle), Abschied vom Bereitschaftsdienst, 2003; Liekenbrock, Flexible Arbeitszeiten in der Praxis, S. 820.
60 Nickels, Mit der Stunde wuchern, in: Altenheim 2001, Heft 7, S. 26.

Rahmen des Projektes für die Erfassung der Arbeitszeitorganisation und für die Ergebnisdiskussion relevant sind.

Im *zweiten Kapitel* erfolgt die Darstellung von Einzelanalysen der Arbeitszeitstrukturen in Altenpflegeheimen, die als Kooperationspartner einen unmittelbaren Einblick in ihre Dienstpläne, Arbeitsabläufe und die grundlegenden Strukturdaten gewährten.

Im *dritten Kapitel* werden die Ergebnisse einer qualitativen Studie durch Experteninterviews mit Heim-, Pflege- und Hauswirtschaftsleitungen dargelegt.

Das *vierte Kapitel* enthält die auf den Erkenntnissen der Einzelanalysen und der qualitativen Erhebung aufbauende quantitative Erhebung und deren Ergebnisse. Eine zusammenfassende Darstellung der Ergebnisse und deren Interpretation runden das Kapitel ab.

Das *fünfte Kapitel* beinhaltet das Resümee und die Entwicklungspotenziale für Verbesserungen der Arbeitszeit- und Dienstplangestaltung.

5 Rechtliche Rahmenbedingungen zur Arbeitszeitgestaltung

5.1 Rechtsquellen: Gesetze, Tarifverträge und kirchliche Arbeitsvertragsrichtlinien (AVR)

Die Arbeitszeitgestaltung in Gesundheits- und Pflegeeinrichtungen wird durch eine Vielzahl von Rechtsquellen gesteuert. Neben *Gesetzesvorschriften* nehmen vor allem normative Regelungen in *Tarifverträgen und Richtlinien für Arbeitsverträge der kirchlichen Vereinigungen (AVR)* Einfluss auf die Gestaltung der Arbeitszeitorganisation. Diese Rechtsquellen finden jeweils abhängig von der Trägerschaft bzw. der Tarifbindung der Einrichtung Anwendung.

Alle Rechtsquellen detailliert darzustellen, ist hier nicht das Ziel; vielmehr werden im Folgenden nur die zentralen Rechtsquellen dargelegt. Im Anschluss daran werden die rechtlichen Regelungsinhalte entwickelt, soweit sie in der Altenpflege von Bedeutung sind. Eine vollständige Detailübersicht zu den Regelungsinhalten ist nicht beabsichtigt; vielmehr wird auf rechtliche Inhalte eingegangen, die für die Nachvollziehbarkeit der Ergebnisdarstellungen und für das im 5. Kapitel erfolgende Resümee sowie die Entwicklungspotenziale grundlegend sind. Ebenso wird nicht auf Rechtsquellen eingegangen, die in der Altenpflege bislang keine Relevanz haben. Dazu zählen u. a. die Vorschriften zum Bereitschaftsdienst und zur Rufbereitschaft.

Den Ausgangspunkt der Betrachtung bildet das *Arbeitszeitgesetz*.[61] Es dient, wie bereits dargestellt wurde, dem Arbeitnehmerschutz.[62] Gemäß § 1

---

61 Arbeitszeitgesetz vom 6.6.1994, zuletzt geändert durch Art. 5 Fünftes Gesetz zur Änderung des Dritten Buches Sozialgesetzbuch und and. Gesetze vom 22.12.2005, BGBl. I S. 3676.
62 Siehe unter Gliederungspunkt 1 und 2 in diesem Kapitel.

ArbZG ist es Ziel des Gesetzes, die Sicherheit und den Gesundheitsschutz der Arbeitnehmer bei der Arbeitszeitgestaltung zu gewährleisten und die Rahmenbedingungen für flexible Arbeitszeiten zu verbessern sowie den Sonntag und die staatlich anerkannten Feiertage als Tage der Arbeitsruhe für Arbeitnehmer zu schützen.

Regelungsschwerpunkte beziehen sich u. a. auf die Dauer der zulässigen Arbeitszeit durch Beschränkung der zulässigen Höchstarbeitszeit auf zehn Stunden gemäß § 3 ArbZG und den Ausgleichszeitraum zur Erreichung einer durchschnittlichen Arbeitszeit von acht Stunden werktäglich. Weitere Bestimmungen betreffen die arbeitsfreien Zeiten, u. a. die Pausen, die Ruhezeiten sowie die Sonn- und Feiertagsruhe und Optionen zu zahlreichen zulässigen Abweichungen. Insbesondere in §§ 7 und 12 ArbZG wird durch *Tariföffnungsklauseln* die Möglichkeit eröffnet, in einem Tarifvertrag oder auf Grund eines Tarifvertrages in einer Betriebs- oder Dienstvereinbarung vom Gesetz abweichende Regelungen zu treffen. Entsprechende Regelungsmöglichkeiten bestehen auch für die Kirchen und sonstigen Religionsgemeinschaften.

Zusätzlich zum Arbeitszeitgesetz bestehen ergänzende Schutzgesetze, die vom Arbeitgeber bei der Arbeitszeitgestaltung und der Einsatzplanung zu beachten sind. Dazu gibt die nachfolgende Tabelle einen Überblick über die wesentlichen Arbeitnehmerschutzregelungen:

ArbZG	*JArbSchG*	*MuSchG*
§ 3: Regelmäßige Arbeitszeit	§ 8: Dauer der Arbeitszeit	§ 8: Mehrarbeit, Nacht- und Sonntagsarbeit
§ 4: Ruhepausen	§ 11: Ruhepausen	
§ 5: Ruhezeit	§ 13: Tägliche Freizeit	
§ 6: Nacht und Schichtarbeit	§ 14: Nachtruhe	
§ 9: Sonn- und Feiertagsruhe	§ 15: Fünf-Tage-Woche	
§ 10: Sonn- und Feiertagsbeschäftigung	§ 16: Samstagsruhe	
§ 11: Ausgleich von Sonn- und Feiertagsbeschäftigung	§ 17: Sonntagsruhe	
§ 14: Außergewöhnliche Fälle	§ 18: Feiertagsruhe	
§§ 7, 12: Abweichende Regelungen (Tariföffnungsklauseln)	§ 19: Urlaubsanspruch	

Abbildung 1-2: Gesetzliche Regelungen zum Arbeitschutz

5 Rechtliche Rahmenbedingungen zur Arbeitszeitgestaltung

Tarifverträge

Zum Zeitpunkt der quantitativen Erhebungsphase des Projektes galt im *öffentlichen Dienst* einheitlich der *BAT*. Diesem Tarifvertrag unterlagen auch die Pflegeeinrichtungen, die in öffentlich-rechtlicher Trägerschaft standen und für die eine Tarifbindung bestand. Der BAT enthält in § 15 BAT und der SR 2a BAT[63] zentrale Regelungen zur Arbeitszeit, die hier eingeschränkt nach ihrer Bedeutung für stationäre Pflegeheime skizziert werden:
§ 15 enthält folgende zentrale Vorgaben zur regelmäßigen Arbeitszeit:
– 38,5 Std./wtl. bei einem Ausgleichszeitraum von 26 Wochen;
– Verlängerung der regelmäßigen Arbeitszeit auf bis zu 12 Std./tgl. (60 Std./wtl.) bei Bereitschaftsdienst;
– bei erforderlichen Vor- und Abschlussarbeiten Verlängerung der regelmäßigen Arbeitszeit auf bis zu 10 Std./tgl. (50 Std./wtl.);
– dienstplanmäßige bzw. betriebsübliche Festlegung der Arbeitszeit in Betrieben mit Sonntags-, Feiertags-, Wechselschicht-, Schicht- oder Nachtarbeit;
– Bei Sonn- und Feiertagsarbeit sollen zwei Sonntage arbeitsfrei sein. Ausgleich durch zusammenhängende Freizeit an einem Werktag innerhalb von zwei Wochen;
– Pflicht des AN zum Bereitschaftsdienst/zur Rufbereitschaft auf Anordnung des AG;
– Arbeitszeit beginnt und endet an der Arbeitsstelle;
– Nachtarbeit: 20.00–6.00 Uhr.

Der BAT wurde am 1.10.2005 durch den *TVöD* für die Beschäftigten des Bundes und der Kommunen abgelöst. Der neue Tarifvertrag gilt allerdings nicht für alle Beschäftigten des öffentlichen Dienstes, da zum Beispiel für die Beschäftigten der Länder mit der Tarifgemeinschaft deutscher Länder keine Einigung über die Arbeitszeit und die Jahressonderzahlungen erzielt werden konnte.[64] Hier gilt seit 01.11.2006 der TV-L. Für *Gesundheits- und Pflegeeinrichtungen in kommunaler Trägerschaft* und mit Tarifbindung gelten allerdings seit Oktober 2005 auch die Neuerungen in den Arbeitszeitregelungen, die auf

---

63 Auf die Sonderregelungen für Angestellte in Kranken-, Heil-, Pflege- und Entbindungsanstalten sowie in sonstigen Anstalten und Heimen, in denen die betreuten Personen in ärztlicher Behandlung stehen, kann hier nur hingewiesen werden. Vgl. Anlage SR 2a BAT.
64 Ebenfalls nicht einbezogen werden konnte die Vertretung der Ärzteschaft, der Marburger Bund. Vgl. zur Problematik u. a. Tamm, TVöD und BAT, Was hat sich geändert und was bleibt? Personalvertretung 2006, S. 44 ff. Siehe hierzu auch die Ausführungen des Bundesministeriums für Inneres in www.bmi.bund.de; Tarifgemeinschaft deutscher Länder in www.tdl.bayern.de oder Vereinte Dienstleistungsgewerkschaft (ver.di) in www.verdi.de [02.12.05].

mehr Flexibilität zielen.[65] Auf eine Auflistung der Neuregelungen wird verzichtet, da sie erst nach Abschluss der Erhebungsphase wirksam wurden. Hervorzuheben ist vor allem im Vorgriff auf das am Ende des Projektberichts getroffene Resümee und die aufgezeigten Entwicklungspotentiale, dass der TVöD durch flexiblere Arbeitszeitregelungen, insbesondere durch weitreichende Regelungsmöglichkeiten in Dienst- und Betriebsvereinbarungen durch Öffnungsklauseln zur Heraufsetzung des wöchentlichen Arbeitszeitvolumens auf über 38,5 Stunden und die Schaffung von Arbeitszeitkorridoren und Arbeitszeitkonten, auch für Einrichtungen der Altenpflege erweiterte Gestaltungsräume in der Arbeitszeit- und Dienstplangestaltung schafft.

Im Bereich der *Wohlfahrtsverbände* wurden von den Trägern zum Teil neue Tarifverträge geschlossen, die ebenfalls der Zielsetzung der Arbeitszeitflexibilisierung dienten. Seit 2005 findet für Einrichtungen der Arbeiterwohlfahrt übergangsweise ein Tarifvertrag auf der Grundlage des BMT-AWO II Anwendung.[66] Ebenso findet in Einrichtungen des Deutschen Roten Kreuzes übergangsweise ein Tarifvertrag Anwendung, der bis zur Vereinbarung eines neuen DRK-Tarifvertrags Geltung haben soll.[67] Einige Landestarifgemeinschaften des DRK haben bereits mit dem Deutschen Handels- und Industrieangestellten-Verband (DHV) Tarifverträge abgeschlossen.[68]

Pflegeheime in *privater Trägerschaft* sind frei darin, ob sie Tarifverträge, zum Beispiel als Haustarif abschließen.[69] Soweit dies nicht geschieht, gelten für sie die Arbeitszeitregelungen des Arbeitszeitgesetzes.

Arbeitsvertragsrichtlinien (AVR)

Für die *Kirchen und öffentlich-rechtlichen Religionsgemeinschaften* wird in §§ 7 und 12 ArbZG die Möglichkeit eröffnet, abweichende Regelungen zum Arbeitszeitgesetz analog den Tariföffnungsklauseln in ihren Richtlinien für *Arbeitsverträge (AVR)* zu regeln. Obwohl die AVR der kirchlichen Einrichtungen ihrer Rechtsnatur nach nicht Tarifverträge sind, werden in analo-

---

65 Vgl. Pressemitteilung des Bundesministeriums des Inneren vom 09.02.2005. In: http://www.bmi.bund.de/cln_012/nn_122688/Internet/Content/Nachrichten/Archiv/ Pressemitteilungen/2005/02/Schily__Tarifverhandlungen.html [02.12.2005].
66 Vgl. Pressemitteilung der AWO, in: http://www.awo.org/pub/awomag/2005–02/ 0205_09.html/view [02.12.2005].
67 http://gesundheit-soziales.verdi.de/publikationen/tarif-infos/data/drk_will _aus_tarifautomatik_aussteigen [02.12.2005].
68 Siehe hierzu die Pressemitteilung des DHV, in: http://dhv-cgb.de/dhv_data/tarif/ tarifinfo/gesundheitswesen/drk/2004/1401.html [02.12.2005]. Siehe hierzu auch die Pressemitteilung von Verdi Potsdam-Nordwestbrandenburg in: http://www.verdi-potsdam.de/fb03_drk_29_11_02.shtml [02.12.2005].
69 Als Beispiel zu nennen ist der Tarifabschluss zwischen ver.di und Pro Seniore, vgl. www.verdi.de [25.12.2006].

ger Anwendung zu denAriföffnungsklauseln kircheneigene Regelungen eröffnet. Dieses ist in vielfältiger Weise geschehen.

Die im Folgenden aufgelisteten *kirchlichen Rechtsregelungen* verdeutlichen die Vielzahl der unterschiedlichen Quellen. Die Inhalte der Arbeitszeitregelungen werden im nachfolgenden Abschnitt dargelegt:
- In Einrichtungen der Caritas gelten bundeseinheitlich die Arbeitsvertragsrichtlinien des deutschen Caritasverbandes (AVR-Caritas).
- In Einrichtungen der *Evangelischen Kirche und Diakonie* bzw. der evangelischen Kirche gelten unterschiedliche Arbeitsvertragsrichtlinien (AVR); zum Teil sind mit der Gewerkschaft ver.di Tarifverträge geschlossen worden.[70] Zum Beispiel finden folgende AVR bzw. Tarifverträge in den Einrichtungen der ev. Kirche und der Diakonie Anwendung:
  - Arbeitsvertragsrichtlinien des Diakonischen Werkes der Evangelischen Kirche in Deutschland (AVR.DW.EKD), AVR.DW.EKD Fassung Ost, Fassung Württemberg, Fassung Thüringen,
  - Arbeitsvertragsrichtlinien der Konföderation evangelischer Kirchen in Niedersachsen für Einrichtungen, die sich dem ARRGD angeschlossen haben (AVR-K),
  - BAT Kirchliche Fassung (BAT KF) für Mitarbeiter der Ev. Landeskirche Kurhessen-Waldeck sowie AVR.DW.EKD Fassung Kurhessen-Waldeck für diakonische Mitarbeiter,
  - Kirchlicher Tarifvertrag Diakonie (KTD) sowie Kirchenangestelltentarifvertrag der Nordelbischen Kirche (KAT-NEK).

Der BAT-KF ist ein Tarifvertrag im Sinne des Tarifvertragsgesetzes. Die ev. Kirche Kurhessen-Waldeck hat den BAT in einer modifizierten Fassung übernommen.[71] Bei dem KTD und KAT-NEK handelt es sich jeweils um kirchliche Verträge.

Für das *Land Niedersachsen* finden seit dem 01.01.2004 die *AVR-K Anwendung*. Die Arbeitsvertragsrichtlinien werden zum Teil als *AVR-modern* bezeichnet.[72] Ebenso wie mit dem TVöD wurden auch in den AVR-K erweiterte Arbeitszeitregelungen, wie zum Beispiel Arbeitszeitkontenregelungen, zur Flexibilisierung der Arbeitszeit aufgenommen, die den kirchlich getragenen Einrichtungen mehr Gestaltungsmöglichkeiten eröffnen.

Im Rahmen der Projektdurchführung zeigte sich, dass vor allem die kirchlichen Richtlinien zur Arbeitszeitorganisation große Bedeutung hatten, da im Vergleich zu den öffentlichen Trägern die überwiegende Zahl der Pflegeein-

---

70 Vgl. Deinert, Neugestaltung der Arbeitsvertragsgrundlagen in Einrichtungen der evangelischen Kirche über den dritten Weg, 2005, S. 15.
71 Siehe hierzu http://www.agmav-kw.de/ [02.12.2005].
72 Siehe hierzu das Anschreiben der ARK der Diakonie in Niedersachsen vom 17.11.2003, in: http://www.ag-mav.de/cweb/cgi-bin-noauth/cache/VAL_BLOB/3145/3145/3804/Anschreiben%20zu%20avr-mod.pdf [02.12.2003].

richtungen sich in freier Trägerschaft befindet. Die größte Gruppe allerdings bilden die privaten Träger. Dagegen sind öffentlich-rechtliche Trägerschaften in der stationären Altenpflege zahlenmäßig nachrangig.

Insgesamt waren mit Blick auf die unterschiedlichen Trägerschaften neben dem BAT und dem TVöD auch kirchliche Arbeitsvertragsrichtlinien, wie die AVR-K der Diakonie und AVR-Caritas, und (Haus-)Tarife privater Träger zu berücksichtigen.[73]

Im folgenden Abschnitt werden zur Erleichterung der Nachvollziehbarkeit der Ergebnisse des quantitativen Teils unterschiedliche Regelungsinhalte dargestellt. Die Darstellung konzentriert sich dabei auf die Regelungen des Arbeitszeitgesetzes sowie die Tarifverträge und AVR, die im Rahmen des Projektes für die Erfassung der Arbeitszeitorganisation und für die Ergebnisanalyse von Bedeutung waren.

5.2 Inhaltliche Bestimmungen zur Arbeitszeitorganisation

5.2.1 Eckpunkte der Arbeitszeit

Für die Planung der Arbeitsorganisation ist die Länge der Arbeitszeit eine wesentliche Grundlage. Regelungsinhalte zur *regelmäßigen Arbeitszeit* und zur Berechnung der Höchstarbeitszeit finden sich im Arbeitszeitgesetz, in Tarifverträgen bzw. in den Arbeitsvertragsrichtlinien.

Gemäß *§ 3 ArbZG* dürfen Arbeitnehmer an Werktagen bis zu acht Stunden beschäftigt werden. Dabei ist eine maximale Obergrenze von zehn Stunden einzuhalten. Diese Zeit darf verlängert werden, wenn innerhalb von sechs Monaten oder 24 Wochen der Durchschnitt von acht Stunden täglich nicht überschritten wird. Bei einer sechs bzw. sieben-Tage-Woche kann folglich die wöchentlich höchstzulässige Arbeitszeit bis zu 48 Stunden[74] betragen bzw. bei einer täglichen Verlängerung der Arbeitszeit bis zu 60 Stunden. Diese Verlängerung ist innerhalb des genannten Ausgleichszeitraums auf einen Durchschnitt von 48 Stunden zu begrenzen. Gemäß § 7 Abs. 1 Nr. 1 ArbZG kann in einem Tarifvertrag ein anderer Ausgleichszeitraum festgelegt werden.

Die regelmäßige Arbeitszeit definiert den wöchentlichen Arbeitszeitumfang. In den Rechtsquellen ist die regelmäßige wöchentliche Arbeitszeit unterschiedlich geregelt:

---

[73] Zum Teil entsprechen die Arbeitsvertragslinien inhaltlich den Tarifregelungen des BAT, vgl. Scheffer, Mayer, Kommentar zu den AVR, Einleitung, S. 24. Einige Bistümer haben bereits die Übernahme des TVöD für ihre Beschäftigten beschlossen, siehe hierzu ver.di, Sonderausgabe Arbeitsplatz Kirche vom 16. Dezember 2005, S. 2.

[74] Die EU-Richtlinie 93/104 sieht eine wöchentliche Höchstarbeitszeit von 48 Stunden pro Sieben-Tage-Zeitraum vor.

Im *Geltungsbereich des BAT* beträgt die regelmäßige Arbeitszeit ausschließlich der Pausen durchschnittlich 38,5 Stunden wöchentlich. Für die Berechnung des Durchschnitts der regelmäßigen wöchentlichen Arbeitszeit ist in der Regel ein Ausgleichszeitraum von 26 Wochen zugrunde zu legen.

Der seit Oktober 2005 vor allem in öffentlich-rechtlichen Einrichtungen geltende *TVöD* enthält in § 6 Abs. 1 für das Tarifgebiet West die Regelung,[75] dass die regelmäßige Arbeitszeit ausschließlich der Pausen 38,5 Stunden wöchentlich umfasst. Grundlage ist hier die Fünf-Tage-Woche. Es besteht eine Öffnungsklausel, nach der eine regelmäßige Arbeitszeit ausschließlich der Pausen von bis zu 40 Stunden wöchentlich vereinbart werden kann. § 6 Abs. 2 TVöD bestimmt als Ausgleichzeitraum für die Berechnung einen Zeitraum von bis zu einem Jahr. Für Beschäftigte, die ständig Wechselschicht- oder Schichtarbeit zu leisten haben, kann der Ausgleichszeitraum über ein Jahr hinausgehen.

In § 1 Abs. 1 Anlage 5 *AVR-Caritas* wird eine werktägliche Arbeitszeit von 8 bzw. bis zu 10 Stunden bestimmt, wenn innerhalb von 13 Wochen durchschnittlich acht Stunden werktäglich nicht überschritten werden. Die wöchentliche Arbeitszeit beträgt 38,5 Stunden. Für die Berechnung des Durchschnitts der wöchentlichen Arbeitszeit ist in der Regel ein Zeitraum von 13 Wochen zugrunde zu legen. Der Ausgleichszeitraum für die werktägliche sowie für die wöchentliche Arbeitszeit kann durch Dienstvereinbarung auf bis zu 52 Wochen ausgeweitet werden.

In § 9 Abs. 1 AVR-K ist eine regelmäßige Arbeitszeit ausschließlich der Pausen von 38,5 Stunden wöchentlich festgelegt. Gemäß § 11 Abs. 1 AVR-K muss die regelmäßige wöchentliche Arbeitszeit im Durchschnitt von bis zu acht Wochen erreicht werden, soweit nicht eine Vereinbarung zur gleitenden Arbeitszeit oder zur Bereitstellung eines Arbeitszeitbudgets oder zur Führung von Arbeitszeitkonten getroffen wurde. Im Weiteren sieht § 11 Abs. 2 AVR-K die Möglichkeit vor, durch eine Dienstvereinbarung die regelmäßige wöchentliche Arbeitszeit auf 40 Stunden (40-Stunden-Woche) festzulegen. Die Differenz von 1,5 Stunden wöchentlich muss durch Freizeitausgleich in ganzen Arbeitstagen erfolgen.

---

75 Da das Projekt die Arbeitszeitgestaltung in niedersächsischen Pflegeeinrichtungen umfasste, wird im Folgenden nur auf die Regelungen für das Tarifgebiet West abgestellt.

Kapitel 1: Einführung

	ArbZG	*BAT*	*TVöD*	*AVR-Caritas*	*AVR-K*
Wöchentliche Arbeitszeit	werktäglich acht Stunden, maximal 48 Stunden, bei Einhaltung des Ausgleichszeitraumes bis zu 60 Stunden	38,5 Stunden nebst spezieller Erweiterungsgründe, z. B. durch Arbeitsbereitschaft	38,5 Stunden, aufgrund Öffnungsklausel bis zu 40 Stunden	38,5 Stunden, bei Einhaltung des Ausgleichszeitraumes bis zu 60 Stunden	38,5 Stunden; bei Anfall regelmäßiger Arbeitsbereitschaft von mind. zwei Std. arbeitstäglich, Erweiterung bis zu 10 Stunden täglich möglich
Ausgleichs Zeitraum	Sechs Monate oder 24 Wochen	in der Regel 26 Wochen	Bis zu einem Jahr; bei Wechselschicht- oder Schichtarbeit über ein Jahr hinaus	13 Wochen; bei Dienstvereinbarung bis zu 52 Wochen	Acht Wochen

Abbildung 1-3: Rechtsquellen zur regelmäßigen Arbeitszeit

5.2.2 Ruhepausen

Die Ruhepausen sind Arbeitsunterbrechungen und müssen folglich von der Arbeitszeit umschlossen sein. Die Regelungen zu den Ruhepausen sind zwar nicht explizit in den Erhebungen thematisiert worden, doch haben sie Bedeutung für die Planung der Länge der Arbeitszeit und der Dienstzeiten.

Gemäß § 4 ArbZG ist die Arbeit durch im Voraus feststehende Ruhepausen zu unterbrechen. Diese betragen:
– bei einer Arbeitszeit von mehr als sechs bis zu neun Stunden mindestens 30 Minuten
– bei einer Arbeitszeit von mehr als neun Stunden 45 Minuten.

Allerdings können die Ruhepausen in Zeitabschnitten von mindestens 15 Minuten aufgeteilt werden. Länger als sechs Stunden hintereinander dürfen Arbeitnehmer jedoch nicht ohne eine Ruhepause beschäftigt werden. Die Ruhepausen gelten nicht als Arbeitszeit und verlängern die Anwesenheitszeit, aber nicht die Arbeitszeit.

Auf der *tariflichen Regelungsebene* bestehen keine grundlegenden Abweichungen zur Pausenregelung des Arbeitszeitgesetzes.

Der BAT enthält für die planmäßigen Dienstzeiten keine gesonderte Pausenregelung, so dass die Pausenregelung des Arbeitszeitgesetzes Anwendung findet. § 16a Abs. 1 BAT regelt für unplanmäßige Verlängerungen der täglichen Arbeitszeit die Pausen, die hier aber nicht bedeutsam sind.

Auch der TVöD enthält keine Pausenregelung, so dass § 4 ArbZG zur Anwendung kommt. Für Beschäftigte, die in Wechselschichtarbeit in Pflegeheimen tätig sind, werden die Pausen gemäß § 48 TVöD-BT-K nicht in die Arbeitszeit eingerechnet.

In den *AVR-Caritas* gelten für die Ruhepausen die gleichen Inhalte wie im Arbeitszeitgesetz. Die AVR-Caritas sieht darüber hinaus ebenfalls Regelungen für Kurzpausen in Dienstvereinbarungen vor.[76] Auch kann die Lage und Dauer der Pausen unter Berücksichtigung des Wohls der Bewohner festgelegt werden.[77]

Die *AVR-K enthält in § 14 Abs. 2 eine Sonderregelung.* Danach kann durch eine Dienstvereinbarung festgelegt werden, dass die Ruhepausen durch *bezahlte Kurzpausen* von mindestens 10 Minuten Dauer gewährt werden. Die Zeit der Kurzpause wird als geleistete Arbeitszeit gerechnet.

5.2.3 Ruhezeit

Ein weiterer bei der Dienstplanung zu beachtender Regelungsbereich sind die Ruhezeiten der Beschäftigten bis zum nächsten Diensteinsatz.

Arbeitnehmer müssen gemäß § 5 Abs. 1 ArbZG nach Beendigung der täglichen Arbeitszeit eine ununterbrochene Ruhezeit von *mindestens elf Stunden* haben. In Krankenhäusern und anderen Einrichtungen zur Behandlung, Pflege und Betreuung von Personen kann die Dauer der Ruhezeit um bis zu eine Stunde verkürzt werden, wenn jede Verkürzung der Ruhezeit innerhalb eines Kalendermonats oder innerhalb von vier Wochen durch Verlängerung einer anderen Ruhezeit auf mindestens zwölf Stunden ausgeglichen wird.

Die *Tarifverträge* (BAT und TVöD) sehen keine Abweichungen vor. In den AVR werden Verkürzungen der Ruhezeit eröffnet, allerdings mit unterschiedlichen Kürzungszeiten und Ausgleichszeiträumen. Die Regelungen der *AVR-Caritas* sehen in § 1 Abs. 10 Anlage 5 Kürzungen der Ruhezeit vor. Die Ruhezeit kann auf neun Stunden verkürzt werden, wenn die Art der Arbeit dies erfordert und die Kürzung der Ruhezeit innerhalb von dreizehn Wochen ausgeglichen wird.

Ebenso regelt § 15 Abs. 3 *AVR-K*, dass durch eine Dienstvereinbarung eine Verringerung der Ruhezeiten um höchstens zwei Stunden, höchstens

---

[76] § 1 Abs. 7 der Anlage 5 i. V. m. § 9a der AVR-AT. Die Regelung ist zeitlich begrenzt.
[77] Vgl. Anlage 5 § 1 Abs. 7 b i. V. m. § 9a AVR-AT.

zweimal in zwei Wochen, vereinbart werden kann. Jede Verkürzung von Ruhezeiten muss gemäß § 15 Abs. 5 AVR-K in einem Ausgleichszeitraum von acht Wochen durch eine entsprechende Verlängerung einer anderen Ruhezeit ausgeglichen werden.

5.2.4 Nachtarbeit

Für die Planung der Arbeitszeitorganisation in Pflegeheimen ist die Nachtzeit ein Bereich, der unterschiedlich gestaltet werden kann und deshalb auch hinsichtlich der Ergebnisse und der Veränderungsmöglichkeiten von Bedeutung ist. Deshalb werden diese rechtlichen Vorschriften näher dargelegt.

Das *Arbeitszeitgesetz* legt in § 2 Abs. 3 zunächst verbindlich die Nachtzeit fest. Danach erfasst sie die Zeit von 23.00 Uhr bis 6.00 Uhr. Nachtarbeit ist gemäß § 2 Abs. 4 ArbZG jede Arbeit, die mehr als zwei Stunden der Nachtzeit umfasst. Die werktägliche Arbeitszeit eines Nachtarbeitnehmers darf gemäß § 6 Abs. 2 ArbG acht Stunden nicht überschreiten. Auch hier gilt eine Ausnahmeregelung. Danach darf die Nachtarbeit bis zu zehn Stunden betragen, wenn innerhalb eines Kalendermonats oder eines Zeitraums von vier Wochen im Durchschnitt acht Stunden werktäglich nicht überschritten werden. Der Ausgleichszeitraum ist im Vergleich zum Tagdienst verkürzt.

Hinzu tritt, dass die Arbeitszeit nach den *gesicherten arbeitswissenschaftlichen Erkenntnissen über die menschengerechte Gestaltung der Arbeit* festgelegt werden muss, § 6 Abs. 1 ArbZG.[78] Außerdem sind dem Nachtarbeitnehmer für die geleisteten Arbeitsstunden eine *angemessene Zahl bezahlter freier Tage oder ein angemessener Zuschlag auf* das Bruttoarbeitsentgelt zu zahlen. Abweichende Tarifregelungen sind aufgrund § 7 ArbZG möglich.

Die *einschlägigen Tarifverträge und AVR* unterscheiden sich von der Gesetzesregelung im Arbeitszeitgesetz u. a. in der Zeitfestlegung für die Nachtarbeit und in den Zusatzleistungen, insbesondere durch den Zusatzurlaub.

Im *BAT wird in § 15 Abs. 8 die Nachtarbeit* auf die Zeit zwischen 20.00 und 6.00 Uhr festgelegt. Der Zuschlag beträgt gemäß § 35 Abs. 1 Buchstabe e BAT 1,28 Euro je Stunde. Schließlich sieht § 48a Abs. 3 BAT vor, dass den Nachtwachen je nach den geleisteten Nachtarbeitsstunden im Kalenderjahr ein (bei 110 Stunden) bis zu vier Zusatzurlaubstage (bei 450 Stunden) zu gewähren sind.[79]

---

78 Vgl. zu den gesicherten arbeitswissenschaftlichen Erkenntnissen beispielhaft die Handlungsempfehlungen von Beermann, Leitfaden zur Einführung und Gestaltung von Nacht- und Schichtarbeit, 2004.

79 Ausgenommen sind Nachtarbeitsstunden, die in Zeiträumen erbracht werden, für die Zusatzurlaub für Wechselschicht oder Schichtarbeit zusteht. Weitere Zusatzregelungen finden sich in Nr. 5 Abs. 2 SR 2a BAT zu Einschränkungen im Umfang des Nachtdienstes.

Im *TVöD* wird in § 7 Abs. 5 die Nachtarbeit auf die Arbeitszeit zwischen 21.00 und 6.00 Uhr festgelegt. Für die Nachtarbeit erhalten Beschäftigte gemäß § 8 Abs. 1 Buchstabe b TVöD einen Zeitzuschlag von 20 Prozent je Stunde. Auch haben Nachtwachen – vergleichbar der BAT-Regelung, mit höheren Nachtarbeitsstundenzahlen – im Kalenderjahr Anspruch auf Zusatzurlaubstage. Im Weiteren wird auf § 53 TVöD-BT-K verwiesen.

Die Regelungen der AVR zur Nachtarbeit sind in der Festlegung der Nachtarbeit und den Zuschlägen weitgehend gleich. Nach der *AVR-Caritas*[80] *und der AVR-K*[81] erhalten die Beschäftigten für die Nachtarbeit *zwischen 20.00 und 6.00 Uhr* einen Zeitzuschlag von 1,28 Euro je Stunde.

Die folgende Übersicht gibt einen Überblick über die Festlegungen der Nachtarbeit:

	ArbZG	BAT	TVöD	AVR-Caritas	AVR-K
Nacht-zeit	23.00 bis 6.00 Uhr	20.00 und 6.00 Uhr	21.00 bis 6.00 Uhr	20.00 bis 6.00 Uhr	22.00 bis 6.00 Uhr

Abbildung 1-4: Bestimmung der Nachtarbeit

5.2.5 Wochenenddienste/Sonn- und Feiertagsruhe

Da in Einrichtungen des Gesundheitswesens eine Rund-um-die-Uhr-Versorgung sichergestellt sein muss, müssen auch in Pflegeeinrichtungen für die Wochenenden sowie Feiertage Dienste geplant werden. Da die *Wochenenddienste* im quantitativen Teil des Projektes Untersuchungsgegenstand waren, werden die einschlägigen Rechtsgrundlagen dargelegt.

Das *Arbeitszeitgesetz* sieht grundsätzlich ein Beschäftigungsverbot an Sonn- und Feiertagen von 0 bis 24 Uhr vor, regelt aber zugleich für den Gesundheitsbereich in § 10 Abs. 1 ArbZG den Ausnahmetatbestand. Die Beschäftigung wird in § 11 ArbZG mit Ausgleichsregelungen für die Sonn- und Feiertagsdienste verknüpft, indem:
– mindestens 15 Sonntage im Jahr beschäftigungsfrei bleiben müssen,
– für jeden Sonntag mit Beschäftigung ein Ersatzruhetag gewährt werden muss, der innerhalb eines den Beschäftigungstag einschließenden Zeitraums von zwei Wochen zu gewähren ist. Bei Diensten an einem auf einen Werktag fallenden Feiertag beträgt der Ausgleichszeitraum acht Wochen.

Die einschlägigen *Tarifverträge* haben im Rahmen des § 12 ArbZG abweichende Regelungen getroffen, die hier nur skizziert werden, da sie im Projekt nicht Gegenstand detaillierter Erhebungen waren.

---

80 § 1 Abs. 11 Anmerkungen der AVR-Caritas AT i.V.m. Anlage 6 a § 1 Abs. 1e.
81 Der Beginn der Nachtarbeit wurde in der AVR-K, 4. Auflage: Stand 1. Oktober 2005 um zwei Stunden auf 22 Uhr verschoben, § 17 Abs. 5 Buchst. b AVR-K.

Im *BAT* sind in § 15 Abs. 6 sowie der Sonderegelung SR 2a BAT u. a. weitergehende Spezifizierungen für die Sonntags- und Feiertagsarbeit vorgesehen, etwa indem bei Sonntagsarbeit der Ausgleichszeitraum auf bis zu zwei Wochen festgelegt wird und nach der SR 2a BAT Nr. 5 Abs. 1 für regelmäßig an Sonn- und Feiertagen arbeitende Beschäftigte innerhalb von zwei Wochen zwei arbeitsfreie Tage gewährt werden müssen, wobei ein freier Tag auf einen Sonntag fallen muss.

Der *neue Tarifvertrag für den öffentlichen Dienst* legt in § 49 Abs. 1 TVöD-BT-K als Ausgleichszeitraum für Dienste an Sonn- und Feiertagen bis zu drei Kalendermonate fest. Soweit ein Freizeitausgleich nicht gewährt werden kann, muss ein anteilig zu berechnender Vergütungszuschlag von 100 Prozent je Stunde geleistet werden. Ebenso werden die Berechnung der Soll-Arbeitszeit und der Ausgleich durch arbeitsfreie Tage geregelt. Auf die einschlägigen Vorschriften in § 49 TVöD-BT-K wird verwiesen.

In den *AVR der Caritas sowie der AVR-K* sind einzelne abweichende Regelungen zur Sonn- und Feiertagsarbeit getroffen worden. Die AVR-K enthält zur Sonntagsarbeit keine weiteren Angaben.

Die *AVR-Caritas*[82] gibt vor, dass zwei Sonntage im Monat arbeitsfrei sein müssen. Der Ausgleichszeitraum entspricht für die Sonntagsarbeit dem ArbZG; der Ersatzruhetag darf allerdings nicht auf einen Feiertag fallen. § 2 Abs. 4 Anlage 5 AVR-Caritas eröffnet die Möglichkeit, bei einem vollkontinuierlichem Schichtbetrieb die Arbeitszeit an Sonn- und Feiertagen auf bis zu zwölf Stunden zu verlängern, wenn dadurch zusätzliche freie Schichten an Sonn- und Feiertagen geschaffen werden.

Die *AVR-K*[83] enthält grundlegende Vereinbarungen zu den zu gewährenden freien Tagen, indem in einem Zeitraum von 14 Tagen vier Tage arbeitsfrei sein müssen; jeweils zwei der arbeitsfreien Tage sind zusammenhängend zu gewähren. Ebenso wie der TVöD regelt auch die AVR-K die Bestimmung der Soll-Arbeitszeit bei Sonntagsarbeit und an gesetzlichen Feiertagen. Auf die einschlägigen Vorschriften in § 9 Abs. 2 AVR-K wird verwiesen.

5.2.6 Überstunden und Mehrarbeit

Für die Arbeitszeitgestaltung sind Überstunden von großer Bedeutung. Im Rahmen der Projektdurchführung zeigte sich, dass für viele Einrichtungen Überstunden im Kostenbereich, im Abbau und auch schließlich in der Vermeidung ein Problem darstellen. Deshalb werden für eine leichtere Nachvollziehbarkeit der Auswertungen und Erkenntnisse zu den flexiblen Arbeitszeitformen die Überstundenregelungen der hier einschlägigen Rechtsquellen erläutert. In Abgrenzung dazu wird auch auf den Begriff der Mehrarbeit eingegangen.

---

82 § 2 Abs. 3 Anlage 5 AVR-Caritas.
83 § 12 Abs. 1 AVR-K.

Das *Arbeitszeitgesetz* definiert die Begriffe »Überstunden« und »Mehrarbeit« nicht.

Dagegen enthalten die *einschlägigen Tarifverträge* und *Arbeitsvertragsrichtlinien* z. T. Definitionen beider Begriffe. Während § 17 BAT Überstunden als »die auf Anordnung geleisteten Arbeitsstunden, die über die im Rahmen der regelmäßigen Arbeitszeit für die Woche dienstplanmäßig bzw. betriebsüblich festgesetzten Arbeitsstunden hinausgehen« definiert, erweitert der *TVöD in § 7 TVöD* diese Definition durch den Zusatz »und nicht bis zum Ende der folgenden Kalenderwoche ausgeglichen werden«. Der TVöD sieht damit zur Vermeidung von Überstunden mit den Problemen des Überstundenzuschlags einen Ausgleichszeitraum vor, indem die zusätzlichen Stunden bei zeitnahem Zeitausgleich nicht Überstunden sind. Der TVöD definiert erstmals in § 7 Abs. 6 TVöD den Begriff *Mehrarbeit* als die Stunden, die Teilzeitbeschäftigte über die vereinbarte regelmäßige Arbeitszeit hinaus bis zur regelmäßigen wöchentlichen Arbeitszeit von Vollbeschäftigten leisten. Damit wird klarstellend festgelegt, dass Mehrarbeit nur bei Teilzeitbeschäftigten anfällt.

Auch die hier *einschlägigen AVR* enthalten eine Definitionen für den Begriff der Überstunden, aber nur zum Teil für die Mehrarbeit. Im Unterschied zum TVöD sehen sie vorrangig Freizeitausgleich für Überstunden vor. Der Überstundenbegriff in den AVR der Caritas[84] und der AVR-K entspricht der Definition im BAT.[85] Die Definition von »Mehrarbeit« ist – vergleichbar der Definition im TVöD – in der AVR-Caritas, jedoch nicht in der AVR-K enthalten.

Die Unterscheidung zwischen Mehrarbeit und Überstunden hat vergütungsrechtliche Konsequenzen. Zum Beispiel sieht § 8 Abs. 1 Buchst. a TVöD einen entgeltgruppenabhängigen Zeitzuschlag zwischen 15 und 30 % für geleistete Überstunden vor.[86] Für geleistete Mehrarbeit werden keine Zeitzuschläge bezahlt, sondern es erfolgt grundsätzlich ein Freizeitausgleich.[87]

---

84 Siehe Anlage 6 zu § 1, Anmerkungen zu Anlage 6 und Kommentierung in Beyer/Papenheim, Arbeitsrecht der Caritas.
85 Vgl. Anlage 6 § 1der AVR-Caritas sowie § 8 Abs. 16 AVR-K.
86 Die AVR-Caritas und die AVR-K sehen auch für Überstunden zunächst Freizeitausgleich vor, vgl. § 1 Abs. 1 Buchstabe a, Anlage 6a AVR-Caritas, § 16 Abs. 2 AVR-K.
87 Beyer/Papenheim, Arbeitsrecht der Caritas: Nach § 1 Anmerkung 10, Anlage 6 AVR-Caritas besteht kein Anspruch auf Zeitzuschläge.

5.2.7 Schichtarbeit

Da im Rahmen der Dienstplananalysen bei den Arbeitszeitformen häufig Schichtdienste festgestellt wurden, wird auf diese Art der Arbeitszeitorganisation anhand der Rechtsquellen eingegangen.

Unter Schichtarbeit wird die Aufteilung der betrieblichen Arbeitszeit in mehrere Zeitabschnitte mit versetzten Anfangszeiten bzw. unterschiedlicher Lage sowie unterschiedlicher Dauer verstanden.[88] Für Betriebe mit einer 24-Stunden-Versorgung bietet die Schichtarbeit ein traditionelles Grundmodell, ihre Versorgungsleistungen sicherzustellen.

Das *Arbeitszeitgesetz* enthält, anders als die EU-Richtlinie vom 23.11.1993, keine gesetzliche Definition der Schichtarbeit. Die *Tarifverträge* sehen für die Schichtarbeit und die Wechselschichtarbeit in § 15 Abs. 7 und § 7 Abs. 1 und 2 TVöD Abgrenzungen vor. Da die Definitionen teilweise voneinander abweichen, wird auf die seit 2006 geltende Regelung des TVöD abgestellt:

Schichtarbeit ist danach die Arbeit nach einem Schichtplan, der einen regelmäßigen Wechsel des Beginns der täglichen Arbeitszeit um mindestens zwei Stunden in Zeitabschnitten von längstens einem Monat vorsieht und die innerhalb einer Zeitspanne von mindestens 13 Stunden geleistet wird.

Wechselschichtarbeit ist die Arbeit nach einem Schichtplan, der einen regelmäßigen Wechsel der täglichen Arbeitszeit in Wechselschichten vorsieht, bei denen Beschäftigte durchschnittlich längstens nach Ablauf eines Monats erneut zur Nachtschicht herangezogen werden.

Neben den Tarifverträgen sehen auch *die AVR-Caritas* in Anlage 5, § 2 und die *AVR-K* in § 8 Abs. 9 Definitionen zur Schichtarbeit und zur Wechselschichtarbeit vor, die im Inhalt den zuvor gegebenen Definitionen entsprechen.

Schicht- und Wechselschichtarbeit sind in der Praxis in Form von starren Dienstplänen oder als flexible Dienstpläne, die nach gewissen Zeitabläufen neu eingestellt werden, verbreitet. Sie sind für die Beschäftigten mit entsprechenden Zulagen und Zusatzurlaubstagen verknüpft.[89]

5.2.8 Teilzeitbeschäftigung

Im Weiteren ist noch auf die Rechtsnormen zur Teilzeitbeschäftigung einzugehen. Teilzeitbeschäftigungen, die mit einem geringeren Arbeitszeitumfang und einer bestimmten Lage der Arbeitszeit in unterschiedlichsten Varianten zwischen Arbeitgeber und Arbeitnehmer individuell vereinbart werden können, haben für beide Parteien gleichermaßen Bedeutung. Während für Arbeitnehmer zumeist persönliche Gründe in der Lebensgestaltung damit

---

88 Kelm, Arbeitszeit und Dienstplangestaltung in der Pflege, 2003, S. 200.
89 Vgl. im Weiteren zu den Zulagen z. B. § 8 TVöD, zu den Zusatzurlaubstagen § 27 TVöD.

verbunden sind, ist die Form der Teilzeitbeschäftigung für Arbeitgeber mit ökonomischen Kalkulationen und einem flexiblen Einsatz von dauerhaft beschäftigtem Personal verbunden. Dies wurde innerhalb des Projektes deutlich. Im Folgenden wird ein Überblick zu den hier relevanten Gesetzesnormen für die Teilzeitbeschäftigung und zu den Regelungen der Tarifverträge sowie der AVR gegeben.

Die Kernregelungen zur Teilzeitbeschäftigung enthält das *Teilzeit- und Befristungsgesetz (TzBfG)*.[90] Die *Tarifverträge und AVR* treffen in ihrem Regelungsbereich ergänzende Inhalte.

§ 2 TzBfG definiert Teilzeit als die Beschäftigung eines Arbeitnehmers, dessen regelmäßige Wochenarbeitszeit kürzer ist als die eines vergleichbaren vollzeitbeschäftigten Arbeitnehmers. Absatz 2 regelt klarstellend, dass auch so genannte geringfügig Beschäftigte nach § 8 SGB IV Teilzeitbeschäftigte sind. Daher werden auch Arbeitnehmer mit einem regelmäßigen monatlichen Entgelt bis zu 400 Euro und kurzfristig Beschäftigte mit einer Beschäftigungsdauer von längstens zwei Monaten oder 50 Arbeitstage im Kalenderjahr von den Teilzeitregelungen erfasst. Abweichende Regelungen sind über § 2 TzBfG weitgehend eröffnet worden.

Hier werden die für die Arbeitszeitgestaltung einschlägigen Rechtquellen dargestellt.

Der *BAT* enthält in § 15b BAT umfassende Regelungen, insbesondere zum Antragsrecht und zur Befristung und den Abwägungskriterien bei den dienstlichen bzw. betrieblichen Belangen. § 6 TVöD entspricht in seinem Regelwerk weitgehend dem § 15b BAT. Neu ist beispielsweise, dass der Arbeitgeber bei der Gestaltung der Arbeitszeit im Rahmen der betrieblichen Möglichkeiten der besonderen persönlichen Situation des Beschäftigten Rechnung zu tragen hat. Für Beschäftigte, die in Betrieben mit in der Regel mehr als 15 Mitarbeitern tätig sind und deren Arbeitsverhältnis mindestens sechs Monate besteht, enthält das TzBfG in § 8 TzBfG einen Anspruch auf Teilzeitbeschäftigung unter Beachtung betrieblicher Belange. Der Arbeitgeber kann bei Neueinstellungen aber auch Teilzeitbeschäftigung nach dem Arbeitszeitumfang und der Lage der Arbeitszeit, zum Beispiel nur am Wochenende, vorgeben.[91]

Ergänzend zum TzBG sieht der *TVöD* in § 6 Abs. 5 vor, dass Teilzeitbeschäftigte bei begründeten betrieblichen/dienstlichen Notwendigkeiten zur Leistung von Sonntags-, Feiertags-, Nacht-, Wechselschicht-, Schichtarbeit

---

90 Gesetz über Teilzeitarbeit und befristete Arbeitsverträge (Teilzeit- und Befristungsgesetz – TzBfG vom 21.12.2000 (BGBl. I S. 1966), zuletzt geändert durch Art. 2 Gesetz zu Reformen am Arbeitsmarkt v. 24.12.2003, BGBl. I S. 3002.

91 Vgl. zu den Varianten der Teilzeitbeschäftigung: Langmaack, Teilzeitarbeit und Arbeitszeitflexibilisierung. Ein arbeitsrechtlicher Leitfaden für die betriebliche Praxis. 2001, S. 42 f.

sowie aufgrund arbeitsvertraglicher Regelung oder mit ihrer Zustimmung zu Bereitschaftsdienst, Rufbereitschaft, Überstunden und Mehrarbeit verpflichtet sind. Für Arbeitgeber besteht deshalb beim Arbeitseinsatz der Beschäftigten ein hohes Maß an Flexibilität.

Die *AVR-Caritas* enthalten in Anlage 5 unter § 1a zur Arbeitszeitregelung bei Teilzeitbeschäftigung entsprechende Regelungen wie der BAT. In der *AVR-K* wird in § 10 S. 1 geregelt, dass für Teilzeitbeschäftigte *keine Mehrarbeit* angeordnet werden darf. Jedoch sieht § 10 S. 2 AVR-K hiervon die Ausnahme durch eine Vereinbarung zur Ableistung von Mehrarbeit für den Fall eines dringenden betrieblichen Erfordernisses vor. Zusätzlich zu den spezifischen Regelungen sieht § 8 Abs. 15 AVR-K eine *tägliche Mindestarbeitszeit* von zusammenhängend drei Stunden vor, wenn die arbeitsvertraglich vereinbarte Arbeitszeit 15 Stunden pro Woche überschreitet. Ausnahmen hiervon bilden persönliche, dringende dienstliche oder betriebliche Gründe.

5.2.9 Arbeitszeitkonten

Abschließend soll auch auf die Entwicklungen zur Arbeitszeitfexibilisierung mit Arbeitszeitkonten eingegangen werden, da diese Form der flexiblen Arbeitszeitgestaltung in der Auswertung und der Ergebnisbetrachtung von Bedeutung ist.

Arbeitszeitkonten sind keine neuen Formen der Arbeitszeitgestaltung, doch im Gesundheitsbereich wurden sie – anders als in zahlreichen Industriezweigen – bislang nur sehr eingeschränkt angewandt. Da der Schwerpunkt dieser Arbeit auf der zeitnahen, nach Wochen bzw. Monaten zu planenden Arbeitsorganisation liegt, werden Langzeitkonten, die sich auf längere Zeitperioden beziehen, nicht beschrieben.

Arbeitszeitkonten sind die Grundlage eines Arbeitszeitmodells, das den Beschäftigten innerhalb eines durch eine Dienst- oder Betriebsvereinbarung vereinbarten Ausgleichszeitraums erlaubt, von der regelmäßigen Wochenarbeitszeit abzuweichen und dafür entweder Zeitguthaben oder Zeitschulden eintragen zu lassen. Individuelle Zeitkonten können in Gleitzeitmodellen, als Überstundenkonten und im Rahmen der tariflichen Arbeitszeitverkürzung Anwendung finden.[92] Damit keine extremen Abweichungen entstehen, können so genannte Ampelkonten eingesetzt werden, die sich wie folgt unterteilen: Eine grüne Phase mit zum Beispiel einer Grenze von 25 Plusstunden und 10 Minusstunden, in der der Beschäftigte autonom seine Zeitguthaben oder seine Zeitschulden verwalten kann. Eine orange Phase, zum Beispiel mit 26 bis 35 Plusstunden und 10 bis 15 Minusstunden, in der mit den Leitenden eine Steuerung des Kontos überlegt werden muss. Bei Erreichung der roten

---

[92] Vgl. Seifert, Zeitkonten: Von der Normalarbeitszeit zu kontrollierter Flexibilität, in: Marr (Hg.), Arbeitszeitmanagement: Grundlagen und Perspektiven der Gestaltung flexibler Arbeitszeitsysteme, 2001, S. 156 f.

Ampelphase, zum Beispiel mit über 35 Plusstunden und mehr als 15 Minusstunden, können dann Gegenmaßnahmen, etwa durch Vorgaben zum Abbau der Guthaben oder Zeitschulden, eingeleitet werden.[93]

Der *TVöD* eröffnet in § 10 des Allgemeinen Teils Einrichtungen die Möglichkeit, Arbeitszeitkonten einzurichten und über Dienst- oder Betriebsvereinbarungen deren Inhalte verbindlich zu regeln. Damit wird den Betriebspartnern ein Mehr an Ermessensspielraum gegeben, Arbeitszeiten flexibel zu gestalten.

Ebenso sind in den *AVR-Caritas*[94] und der *AVR-K* ausführliche Regelungen für Arbeitszeitkonten getroffen worden.

Arbeitszeitkonten können durch Dienstvereinbarung gemäß § 11 Abs. 4 und 5 AVR-K vereinbart werden. Das Konto ermöglicht den Arbeitnehmern, gemäß § 8 Abs. 13 AVR-K von der regelmäßigen wöchentlichen Arbeitszeit innerhalb eines durch Dienstvereinbarung vereinbarten Ausgleichszeitraumes abzuweichen. Nach Ablauf des Ausgleichszeitraums können die Beschäftigten über das Zeitguthaben nach Antrag verfügen.

In der Anlage 5b, Mobilzeit durch Dienstvereinbarung der AVR-Caritas, bestanden zumindest befristet bis zum 31.12.2005 Möglichkeiten zur Arbeitszeitflexibilisierung. Aufgrund einer Dienstvereinbarung konnten gemäß § 3 Abs. 1 Arbeitszeitkonten eingeführt werden, die nach Absatz 2 der Regelung an die Stelle des Ausgleichszeitraums traten und zur Gutschrift von Plusstunden führten. Damit entfiel die Abgeltung der Zeitstunden als Überstunden mit Überstundenzuschlag.

Diese Form der Zeitgutschriften sind aufgrund § 4 Abs. 1 Anlage 5b AVR-Caritas auch anstelle von Zeitgutschriften für Sonn- und Feiertagsarbeit, Nachtarbeit und Samstagsarbeit möglich.

Wesentliche Grundlage für eine verbindliche Einführung der beschriebenen Arbeitszeitkonten sind schriftliche Vereinbarungen in Form von Dienst- oder Betriebsvereinbarungen, die denen in §§ 10 TVöD, § 3 der Anlage 5 der AVR-Caritas oder § 11 AVR-K entsprechen.

Die folgende Übersicht stellt die beschriebenen Regelungsmöglichkeiten nach dem ArbZG, dem TVöD und den AVR-Caritas und AVR-K zusammenfassend dar:

---

93 Vgl. Lütkefent, Flexible Dienstplangestaltung in der Altenpflege. Überstunden abbauen – Personal effektiv einsetzen, 2003, S. 68.
94 Siehe Anlage 5b der AVR zur Mobilzeit durch Dienstvereinbarung und AVR-K, § 11 Abs. 5.

Regelungen vom ArbZG:	TVöD	AVR-Caritas	AVR-K
§ 3; Werktägliche Arbeitszeit 8 Std, Ausgleichszeitraum sechs Mon. oder 24 Wochen; Ausweitung des Ausgleichszeitraums nach § 7 Abs. 1 ArbZG	§ 6; Regelmäßige Arbeitszeit: 38,5 – 40 Std./wtl. Ausgleichszeitraum bis zu einem Jahr, § 6	Anlage 5 § 1; Regelmäßige Arbeitszeit: durchschnittlich 38,5 Std./wtl. Ausgleichszeitraum von 13 Wochen; Zeitraum bis zu 52 Wochen durch DV möglich, Anlage 5, § 1	§ 9; Regelmäßige Arbeitszeit 38,5 Std./wtl.; Begrenzung des Ausgleichszeitraums auf acht Wochen, soweit nicht Arbeit in Gleitzeit oder im Rahmen von Arbeitszeitbudgets oder -konten vereinbart ist, § 11 Abs. 1
§ 4; Pausen; Aufteilung der Ruhepausen in Kurzpausen nach § 7 Abs. 1 ArbZG	Keine Regelung	Anlage 5 § 1 Abs. 7; Kurzpausen von angemessener Dauer, Anlage 5, § 1 Abs. 7 (Geltung bis Dez. 2005)	§ 8 Abs. 13; mindestens 15 Min. als Zeitabschnitte; bezahlte Kurzpausen von mindestens 10 Min. Dauer aufgrund einer DV, § 14
§ 5; Ruhezeit; Verkürzung der Ruhezeit nach § 7 Abs. 1 ArbZG	Keine Regelung	Anlage 5 § 1 Abs. 7; Verkürzung auf 9 Stunden, wenn die Art der Arbeit dies erfordert und die Kürzung der Ruhezeit innerhalb von dreizehn Wochen ausgeglichen wird, Anlage 5, § 1 Abs. 10	§ 15; Verringerung durch DV um höchstens zwei Stunden, höchstens zweimal in zwei Wochen, § 15 Abs. 3
§§ 9, 10, 11; Sonn- und Feiertagsarbeit; Verlängerung der Arbeitszeit an Sonn- und Feiertagen auf 12 Stunden nach § 12 Abs. 1 Nr. 4 ArbZG	§ 6; § 49 TVöD-BT-K zum Freizeitausgleich; § 8 TVöD-AT Zeitzuschläge	Anlage 5 § 2; Verlängerung der Arbeitszeit an Sonn- und Feiertagen auf 12 Stunden, wenn dadurch zusätzliche freie Schichten an Sonn- und Feiertagen erreicht werden, Anlage 5, § 2 Abs. 4	§ 9; Anrechnung und zum Ausgleich durch Ersatzruhetag

5 Rechtliche Rahmenbedingungen zur Arbeitszeitgestaltung

Arbeitszeit-konten: Keine Regelung	§ 10; Einführung und Festlegung von Eckpunkten	Anlage 5b, § 3 und 4 Einführung und Festlegung von Eckpunkten	§ 8 Abs. 12; § 11 Abs. 5: Einrichtung und Regelung von Arbeitszeitkonten
Überstunden: Keine Regelung	§ 7 Abs. 7; Definition; § 7 Abs. 8 c; Überstunden sind Arbeitstunden, die bei Wechsel- oder Schichtdienst über die im Schichtplan festgelegten täglichen Arbeitsstunden einschließlich der im Schichtplan vorgesehenen Arbeitsstunden, die bezogen auf die regelmäßige wöchentliche Arbeitszeit im Schichtplanturnus nicht ausgeglichen werden, anfallen.	Anlage 6, § 1 ff.; auf Anordnung geleisteten Arbeitsstunden, die über die im Rahmen der regelmäßigen Arbeitszeit für die Woche dienstplanmäßig bzw. betriebsüblich festgesetzten Arbeitsstunden hinausgehen.	§ 8 Abs. 16; Überstunden sind die auf Anordnung geleisteten Arbeitsstunden, die über die im Rahmen der regelmäßigen Arbeitszeit für die Woche dienstplanmäßig bzw. betriebsüblich festgesetzten Arbeitsstunden hinausgehen.

Abbildung 1-5: Regelungsmöglichkeiten

Kapitel 2: Dienstplanung in den Kooperationseinrichtungen

Insgesamt wurden in sieben Kooperationseinrichtungen aus dem Landkreis und der Stadt Osnabrück detaillierte Analysen durchgeführt. Im Folgenden werden die zentralen Merkmale und Arbeitszeitstrukturen der Pflegeeinrichtungen dargestellt.

1 Charakterisierung der kooperierenden Einrichtungen

Mit Beginn der Durchführung des Projektes sind in den kooperierenden Einrichtungen spezifische Rahmen- und Strukturbedingungen der einzelnen Einrichtungen erhoben worden. Zunächst galt es die Daten zur baulichen Struktur, zur Bettenzahl und zu dem organisatorischen Aufbau und Ablauf zu erheben. Gleichzeitig wurden Daten zur Personalstruktur und zu den relevanten Leistungen erfasst. Aufbauend auf den gewonnenen Informationen wurden zentrale Strukturen der Arbeitsorganisation und Dienstplanung rekonstruiert. Die auf diese Weise gewonnenen Ergebnisse lieferten die entscheidenden Voraussetzungen für die Operationalisierung der Erhebung zur Erfassung der Ausgestaltung der Arbeitszeit und der Dienstplangestaltung.

Träger der Einrichtungen

Bei der Auswahl und Gewinnung der Einrichtungen fanden die unterschiedlichen Trägerformen Berücksichtigung.

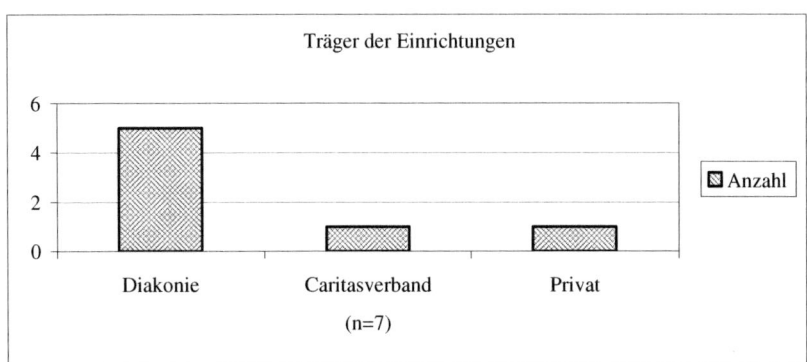

Abbildung 2-1: Träger der Kooperationseinrichtungen

Die Gewichtung der Trägerschaft entspricht den Gegebenheiten im regionalen Bereich. Von den insgesamt 53 Einrichtungen im Landkreis Osnabrück und in der Stadt Osnabrück waren zum Zeitpunkt der Untersuchung 22,6 % in privater Trägerschaft und 75,5 % in freier gemeinnütziger Trägerschaft. Eine andere Gewichtung ergibt sich im Vergleich der Trägerschaft für das Land Niedersachsen. Hier stehen 56,6 % der Pflegeheime in privater Trägerschaft; 38,6 % der niedersächsischen Pflegeheime bestehen in freien gemeinnützigen Trägerformen. Öffentliche Träger sind lediglich mit 4,8 % vertreten.[95] In Größe, Struktur und Entwicklung weisen die Einrichtungen Unterschiede auf, die im Folgenden dokumentiert sind.

Betriebsaufnahme/Modernisierungsstand

Zwei der sieben Kooperationseinrichtungen bestehen seit mehr als einhundert Jahren. Die jüngste Einrichtung wurde zeitlich parallel zur Einführung der Pflegeversicherung im Jahre 1995 eröffnet. Mit Ausnahme einer Einrichtung sind in allen Pflegeheimen in den vergangenen zehn Jahren Umbauten und/oder umfassende Modernisierungsmaßnahmen durchgeführt worden, die zum Beispiel den Einbau von Wohnküchen oder die Einrichtung geschützter Bereiche für gerontopsychiatrische Bewohner und den Umbau von Mehrbettzimmer in Einbettzimmer umfassten.

Größe der Einrichtungen

Die Einrichtungen unterscheiden sich in der Anzahl der Dauerpflege- und Kurzzeitpflegeplätze. Die Anzahl der vorhandenen vollstationären Dauerpflegeplätze liegt dabei zwischen 70 und 137. Kurzzeitpflegeplätze sind vorwiegend als so genannte eingestreute Betten vorhanden.[96] Deren Anzahl schwankt zwischen zwei und 14 Plätzen je Einrichtung. Die Verteilung der Anzahl vorhandener Pflegeplätze im Zusammenhang mit Kurzeit- und Dauerpflegebetten in den Einrichtungen zeigt die folgende Übersicht.

---

95 Vgl. Niedersächsisches Landesamt für Statistik: Gesetzliche Pflegeversicherung. Ergebnisse der Pflegestatistik 2001, 2.1 Pflegeheime 2001 nach Einrichtung und Trägergruppen.
96 Eingestreute Kurzzeitpflegebetten sind flexibel verwendbare Pflegeplätze in den Einrichtungen, die je nach Bedarf als Kurzzeit- oder als Dauerpflegeplätze genutzt werden können. Vgl. hierzu Landkreis Osnabrück: Örtlicher Pflegeplan gemäß § 4 Nds. Pflegegesetz (NdsPflegeG) für den Landkreis Osnabrück, November 2000, S. 2. Die Alternative dazu sind so genannte »solitäre Kurzzeitpflegeplätze«. Diese können nur für die Kurzzeitpflege genutzt werden. Vgl. dazu auch Stadt Köln: Pflegebedarf 2001-2006, S. 58.

1 Charakterisierung der kooperierenden Einrichtungen

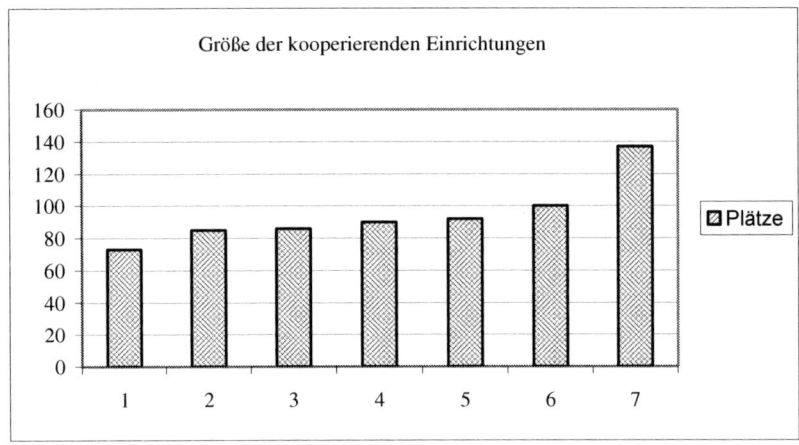

Abbildung 2-2: Größe der kooperierenden Einrichtungen nach Bettenzahl

Im Vergleich zu den im Landkreis Osnabrück vorhandenen vollstationären Pflegeeinrichtungen zeigt sich, dass die kooperierenden Einrichtungen zu den »großen« Pflegeeinrichtungen zählen. Im Landkreis Osnabrück verfügten im Jahr 2000 insgesamt 73 % der Pflegeheime über weniger als 70 Plätze, während die hier untersuchten Einrichtungen überwiegend über diesem Zahlenwert liegen.[97]

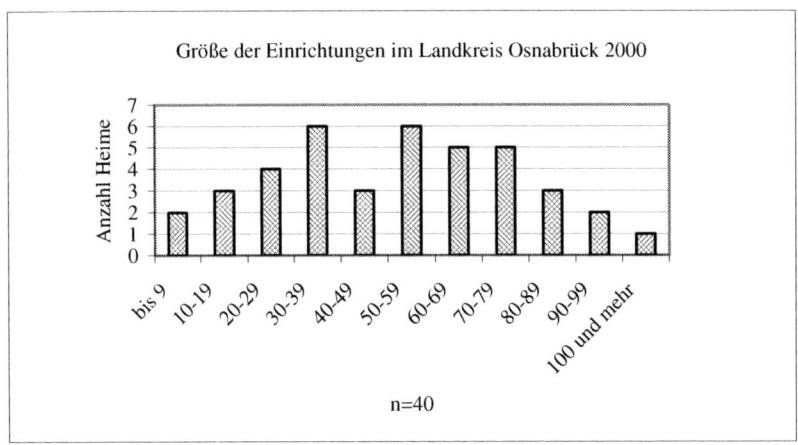

Abbildung 2-3: Größe der Einrichtungen im Landkreis Osnabrück 2000

---

97 Vgl. Landkreis Osnabrück: Örtlicher Pflegeplan gemäß § 4 Nds. Pflegegesetz (NdsPflegeG) für den Landkreis Osnabrück, November 2000, S. 53.

Kapitel 2: Dienstplanung in den Kooperationseinrichtungen

Zimmerangebot

Die Bereitstellung von Einzelzimmern mit integrierter Nasszelle wird von vielen Heimbewohnern und Interessenten für einen Heimplatz als eine elementare Voraussetzung erwartet und als Merkmal für ein an den Bedürfnissen der Bewohner orientiertes Versorgungsangebot gewertet, obwohl Einzelzimmer nach den gesetzlichen Mindestbauvorgaben nicht verbindlich vorgegeben sind.[98] Von den sieben Kooperationseinrichtungen halten vier Einrichtungen ausschließlich Einzelzimmer vor. Die anderen drei Einrichtungen verfügen überwiegend über Einzelzimmer, zum Teil gibt es auch Zwei-Bett-Zimmer für Paare. Dreibett- oder Vierbettzimmer sind in keiner Einrichtung vorhanden.

Hauswirtschaftliche Versorgung und Betreuungsangebote

Neben der pflegerischen Versorgung ist die Unterkunft und Verpflegung ein weiteres zentrales Kriterium für die Qualität der Versorgung. In den Versorgungsstrukturen zeigen sich unterschiedliche Ausprägungen bei den einzelnen Einrichtungen, da zum Teil auch externe Dienstleistungsanbieter in die Strukturen für die Unterkunft und Verpflegung eingebunden werden. Sechs Kooperationseinrichtungen verfügen über eine Zentralküche im Hause, die für die Speisenzubereitung und zum Teil auch für die Getränkeversorgung der Bewohner verantwortlich ist. Vier der Einrichtungen verfügen über hauseigenes Reinigungspersonal und zwei Häuser über eine hauseigene Wäscheversorgung mit Ausnahme der sog. Flachwäsche. Diese unterschiedlichen Strukturen wirken sich zum einen auf die Anzahl der Beschäftigten aus. Zum anderen ergeben sich unterschiedliche Auswirkungen auf die Ablauforganisation, z. B. in der hauswirtschaftlichen Versorgung und in der Zusammenarbeit mit der Pflege.

In den Einrichtungen unterschiedlich gestaltet sind auch das Angebot und die Personalbesetzung für den Aufgabenbereich der sozialen Betreuung der Bewohner. Alle Einrichtungen gaben an, differenzierte Angebote für die soziale Betreuung bereitzustellen und zwar sowohl für einrichtungsinterne Angebote als auch für externe Aktivitäten. In fünf der sieben Einrichtungen ist mindestens ein Mitarbeiter im sog. Begleitenden Sozialen Dienst (BSD) tätig. Zwei Einrichtungen verfügen allerdings nicht über einen gesonderten Sozialen Dienst. Soweit hauptamtliche Betreuungskräfte in den Einrichtungen tätig sind, werden zudem ehrenamtliche Helfer für die Bereitstellung allgemeiner Betreuungsangebote eingesetzt. Diese sind für die Umsetzung

---

98 Vgl. Niedersächsisches Ministerium für Soziales, Frauen, Familie und Gesundheit, Niedersächsischer Pflegerahmenplan, 2000, S. 229. Gemeinsame Grundsätze und Maßstäbe zur Qualität und Qualitätssicherung einschließlich des Verfahrens zur Durchführung von Qualitätsprüfungen nach § 80 SGB XI in vollstationären Pflegeeinrichtungen. Abgekürzt: Qualitätsvereinbarungen nach § 80 SGB XI.

der Betreuungsangebote von großer Bedeutung. Insgesamt war sowohl hinsichtlich der personellen Besetzung als auch vom Umfang der allgemeinen Betreuungsleistungen (z. B. Angebot an Aktivitäten) eine Reduzierung der Betreuungsleistungen festzustellen.

Ganz anders stellt sich die Entwicklung im Rahmen der besonderen Betreuungsangebote dar, die für Bewohner mit demenziellen oder gerontopsychiatrischen Erkrankungen gegeben sind. Entsprechende Betreuungsangebote wurden bzw. werden in den Einrichtungen mit unterschiedlichen Schwerpunkten ausgebaut. Zum Beispiel verfügt eine der Einrichtungen über zwei Tagesgruppen für gerontopsychiatrische Bewohner, die täglich unabhängig von Sonn- oder Feiertagen zwischen 7.30 und 19.30 Uhr in Tagesgruppen betreut werden. In der verbleibenden Zeit sind die Bewohner in den jeweiligen Wohnbereichen mit nicht bzw. nur leicht demenziell erkrankten Bewohnern integriert.

Drei weitere Einrichtungen verfügen über separate gerontopsychiatrische Wohngruppen. Diese unterscheiden sich untereinander zum einen in ihrer Größe mit fünfzehn bis achtundzwanzig Betreuungsplätzen, zum anderen aber auch im Leistungsumfang. Beispielsweise werden in einer der Einrichtungen nahezu alle Mahlzeiten in den Wohnküchen mit den Bewohnern gemeinsam vorbereitet und gekocht. In den anderen Einrichtungen werden lediglich einzelne Komponenten der Mahlzeit, wie zum Beispiel Beigaben, in den Wohnküchen mit den Bewohnern vorbereitet. Zwei der Einrichtungen verfügen über einen gesondert mit den Pflegekassen ausgehandelten Pflegesatz für die gerontopsychiatrischen Gruppen.

Qualifikation und Arbeitszeitumfang

Die Erhebungen in den Einrichtungen bezogen sich zudem auf die Analyse der Personalstruktur und der Beschäftigtenqualifikation, da für die Versorgung der Bewohnerschaft unterschiedliche Fachberufe zusammenwirken. Deren Einsatz in der Dienstplangestaltung ist deshalb zu berücksichtigen. Die Ergebnisse zur Personalstruktur in den Kooperationseinrichtungen sind somit als wichtige Informationsgrundlage für die Entwicklung der weitergehenden Analysen, insbesondere für die Erschließung der Personalstruktur, genutzt worden.

In den sieben Einrichtungen bildet erwartungsgemäß aufgrund der Pflegebedürftigkeit der Bewohner das Pflegepersonal die größte Gruppe der Beschäftigten. Das Personal im hauswirtschaftlichen Dienst stellt zahlenmäßig die zweitgrösste Gruppe. Dagegen sind die Beschäftigten für die soziale Betreuung zahlenmäßig betrachtet von untergeordneter Bedeutung.[99] Wie

---

[99] Die Beschäftigten wurden im Bereich der Pflege, Hauswirtschaft und sozialen Betreuung nach den Personenzahlen betrachtet, nicht nach Planstellen oder Personalkosten.

Kapitel 2: Dienstplanung in den Kooperationseinrichtungen

bereits dargelegt, beschäftigen zwei der sieben Einrichtungen kein eigens für die soziale Betreuung angestelltes Personal. In den anderen Einrichtungen wird diese Aufgabe weitgehend durch Teilzeitkräfte wahrgenommen.

Für die Einsatzplanung des Personals ist eine fachbezogene Besetzung und damit eine Koordination unterschiedlicher Qualifikationen eine wichtige Grundvoraussetzung. Die folgende Übersicht verdeutlicht die Bandbreite der Quote der Fachkräfte in den verschiedenen Versorgungsbereichen.

Quote der Fachkräfte

Bereich	Fachkraftquote der Beschäftigten
Pflege	32,1 – 43,5 Prozent
Hauswirtschaft	7,4 – 44,4 Prozent
Soziale Betreuung[1]	20,0 – 60,0 Prozent

1 Zwei von sieben Einrichtungen beschäftigen keine Mitarbeiter für den BSD

Abbildung 2-4: Quote der Fachkräfte in den Versorgungsbereichen

Erfasst wurde zunächst die Einsatzplanung für die Fachkräfte. Dabei wurde der Focus auf die nach den Dienstplänen eingeplanten Beschäftigten gelegt und nicht auf die Fachkraftquote nach § 5 HeimPersV.[100] Erhoben wurden die Qualifikation und der Arbeitszeitumfang der beschäftigten Fachkräfte. Im Ergebnis ergaben sich unterschiedliche Bandbreiten bei dem Arbeitszeitumgang. Die nachfolgende Übersicht verdeutlicht dies anhand von zwei Einrichtungen.

---

100 Vgl. § 5 Abs.1 HeimPersV. Danach muss bei den betreuenden Tätigkeiten mindestens einer, bei mehr als 20 nicht pflegebedürftigen Bewohnern oder mehr als vier pflegebedürftigen Bewohnern mindestens jeder zweite weitere Beschäftigte eine Fachkraft sein.

1 Charakterisierung der kooperierenden Einrichtungen

Beispiel: Fachkräfte im Bereich der Pflege

Die Prozentangaben beziehen sich auf die Gesamtzahl der Beschäftigten in den Kategorien.

Kategorie	Einrichtung A	Einrichtung B
Gesamtzahl	36,8 %	37,1 %
Vollzeit	75,0 %	47,6 %
weniger als 15 Wochenstunden	20,7 %	15,4 %
15-24 Wochenstunden	52,6 %	57,1 %
25 Wochenstunden und mehr	0 %	44,4 %

Abbildung 2-5: Beispiel: Fachkräfte im Bereich der Pflege in den Kooperationseinrichtungen

Der Arbeitszeitumfang ist ein Indikator für die Flexibilität der Arbeitsorganisation.[101] Deshalb wurde exemplarisch für die Projektentwicklung in den Kooperationseinrichtungen der Anteil der Teilzeitbeschäftigten ermittelt. Ausgehend von der Definition von Teilzeit in § 2 TzBfG wurden alle Beschäftigten erfasst, deren regelmäßige Wochenarbeitszeit kürzer ist als die eines vergleichbaren vollzeitbeschäftigten Arbeitnehmers. In die Untersuchung wurden alle Einrichtungen und Beschäftigten der drei zentralen Versorgungsbereiche eingeschlossen: das Pflegepersonal, das Personal der Hauswirtschaft und das Personal für die soziale Betreuung.

In der Auswertung zeigte sich bei den sieben Einrichtungen ein einheitliches Bild: Im Bereich der sozialen Betreuung ist die Teilzeit am stärksten ausgeprägt. Allerdings muss bei dem Ergebnis bedacht werden, dass die Zahl der Beschäftigten im sozialen Dienst ohnehin sehr klein ist und deshalb eine statistische Verzerrung darstellt. Deutlich wird aber die schwindende Bedeutung dieser Beschäftigtengruppe in den Einrichtungen. Die folgende Übersicht verdeutlicht die Bandbreite der Quote der Teilzeitbeschäftigten in den verschiedenen Versorgungsbereichen.

---

101 Vgl. Ministerium für Arbeit und Soziales, Qualifikation und Technologie des Landes Nordrhein-Westfalen (Hg.), Landesinitiative »Moderne Arbeitszeiten« NRW, 2000, S. 19 ff.

Kapitel 2: Dienstplanung in den Kooperationseinrichtungen

Teilzeitquote	
Bereich	*Teilzeitquote der Beschäftigten*
Pflege	44,9 – 88,3 Prozent
Hauswirtschaft	53,8 – 88,9 Prozent
Soziale Betreuung[1]	60,0 – 100 Prozent

1 Zwei von sieben Einrichtungen beschäftigen keine Mitarbeiter für den BSD

Abbildung 2-6: Quote der Teilzeitbeschäftigten in den Versorgungsbereichen

2 Arbeitszeitorganisation und Dienstplangestaltung

Die Kooperation mit sieben Einrichtungen eröffnete die Möglichkeit, die Struktur der Arbeitsorganisation in den Einrichtungen zu vergleichen. Dadurch ließen sich konkrete Einblicke in die Arbeitsabläufe und die Arbeitszeitstrukturen gewinnen. Ergänzend dazu konnten die zur Verfügung gestellten Dienstpläne der Einrichtungen analysiert werden. Im Folgenden werden die zentralen Merkmale der Arbeitszeitformen und -strukturen dargestellt.

Arbeitsrechtliche Grundlagen und Wochenarbeitszeit

In fünf der sieben Einrichtungen findet der AVR-Modern[102] mit einer vereinbarten Wochenarbeitszeit von 38,5 Stunden Anwendung. In einer Einrichtung wird der AVR-Caritas[103] angewandt, dem eine Wochenarbeitszeit von 38,5 Stunden zugrunde liegt. Eine der Kooperationseinrichtungen ist nicht tarifgebunden; dort finden auch keine kirchlichen Arbeitsvertragsrichtlinien (AVR) unmittelbar oder entsprechende Anwendung. Die Wochenarbeitszeit beträgt dort 39 Stunden.

Teambildung und Dienstplanung

Einen Teilaspekt der Arbeitsorganisation bildet die Aufbauorganisation. Stationäre Pflegeheime sind überwiegend nach dem Wohngruppenprinzip gestaltet. Die Versorgung der Bewohner erfolgt durch Pflegeteams, die den Wohngruppen zugeordnet sind. Diese Struktur entspricht den Qualitätsvereinbarungen für die vollstationäre Pflege gemäß § 80 SGB XI. Danach wird die Versorgung durch »Teams« als Merkmal einer am Bewohner orientierten

---

102 Der vollständige Titel lautet: »Arbeitsvertragsrichtlinien der Konföderation evangelischer Kirchen in Niedersachsen für Einrichtungen, die sich dem ARRGD angeschlossen haben. (AVR-K)«, Stand: 1. Januar 2006.
103 Arbeitsvertragsrichtlinien des Deutschen Caritasverbandes, Stand 2. Oktober 2003.

Pflege und Betreuung der Bewohner von den Einrichtungsträgern gefordert.[104] In der Qualitätsvereinbarung gemäß § 80 SGB XI wird auch der Umfang und die Zusammensetzung der Gruppen beschrieben. Durch die Bildung von »*Pflegeteams*«[105] soll eine personelle Kontinuität in der Versorgung sichergestellt werden. Im Rahmen der Dienstplanung ist darüber hinaus die Koordination mit »*anderen an der Versorgung beteiligten Beschäftigten der Einrichtung*«[106] durch den Einrichtungsträger herbeizuführen. Zentrale Zielsetzung der Teambildung und Dienstplanung ist eine kontinuierliche und bewohnerorientierte Betreuung und Versorgung der Pflegebedürftigen.

Die in den Kooperationseinrichtungen vorgefundenen Personalgruppen sind jeweils nach Aufgabenbereichen und Diensteinsatzzeiten organisiert. Es bestehen Pflegeteams, die jeweils den Wohnbereichen bzw. einer Etage zugeordnet sind. Daneben finden sich Personaleinheiten für die Besetzung der Nachtwachendienste. Bei dem hauswirtschaftlichen Personal wird jeweils – nach den Aufgaben betrachtet – in Hauswirtschaftskräfte für die Küche, für die Reinigung und Wäscheversorgung unterschieden. Die nachfolgende Übersicht stellt die Aufbauorganisation dar:

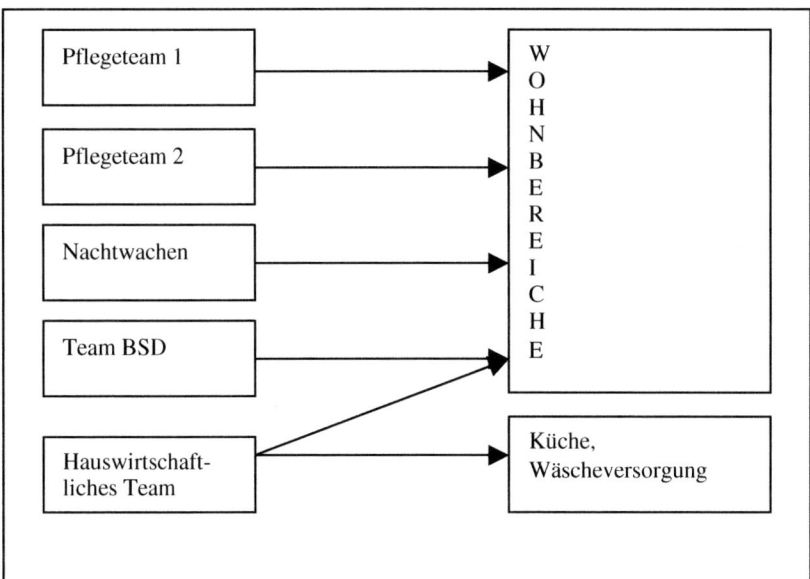

Abbildung 2-7: Teambildungen in Pflegeeinrichtungen

---

104 Vgl. zu den Qualitätsvereinbarungen unter 3.2.4; im Änderungsentwurf vom 16.12.2003 unter 3.1.3.
105 Vgl. zu den Qualitätsvereinbarungen unter 3.2.4.
106 Vgl. zu den Qualitätsvereinbarungen unter 3.2.5.

Für zwei der Kooperationseinrichtungen wurde festgestellt, dass hauswirtschaftliches Personal den Wohnbereichen und dem Pflegeteam unmittelbar organisatorisch zugeordnet worden ist. Diese Konstellation fand sich allerdings nur in Wohnbereichen, die für die Versorgung und Betreuung demenziell erkrankter Bewohner eingerichtet worden waren.

Hinsichtlich der Dienstplanung ist festzustellen, dass die Dienstzeiten für die Pflegeteams und das Personal der Hauswirtschaft überwiegend separat geplant und in getrennten Dienstplänen geführt werden. Ebenso sind die Zuständigkeiten und die Verantwortung für die Erstellung der Dienstpläne in den Einrichtungen unterschiedlich gestaltet. Die Planungsverantwortung und Umsetzung obliegt entweder der PDL oder den Wohnbereichsleitungen bzw. der Teamleitung in den Wohnbereichen.

Arbeitszeitmodelle

Einen weiteren Schwerpunkt im Rahmen der Einzelanalyse in den Kooperationseinrichtungen bildeten die bestehenden Arbeitszeitmodelle. Ziel war es zu erfassen, welche Dienstzeiten, zum Beispiel im Schichtdienst, für die Diensteinsatzplanung zugrunde gelegt werden. Ausgangspunkt ist, dass die Pflegeheime zu einer ganztägigen Pflege und Betreuung der Bewohner verpflichtet sind und deshalb eine Rund-um-die-Uhr-Versorgung sicherstellen müssen.[107] Die Ergebnisse der Analyse stellen sich wie folgt dar:

In allen Einrichtungen werden zur Sicherstellung der Versorgungsleistungen am Tag drei Dienstschichten geplant, jeweils eine *Früh-, Spät- und Nachtschicht*. Die tagsüber beschäftigten Angestellten arbeiten in der Regel in einem Zwei-Schichtsystem. Im Nachtdienst Beschäftigte werden häufig noch als ständige Nachtwachen im Schichtdienst eingesetzt. Bei personellen Engpässen wird jedoch von dieser Planungsstruktur abgewichen, so dass in Notfällen und bei Engpässen auch Beschäftigte aus der Pflege zeitweise in einem Drei-Schichtsystem arbeiten müssen.

Innerhalb der Schichtdienste wird mit *unterschiedlichen Dienstzeiten* gearbeitet. Es bestehen so genannte normale Dienste mit 8,5 Std. täglich und so genannte kurze Dienste unterhalb der vollen Schicht. Ebenso zu unterscheiden sind sog. geteilte Dienste, z. B. mit kurzem Frühdienst und kurzem Spätdienst an einem Tag. In einigen Einrichtungen wird zusätzlich nach besonderen »Schichten« differenziert, z. B. ein Frühdienst für Schüler oder ein Spätdienst beim Einsatz von Zivildienstleistenden. In allen Schichtdiensten bestehen verbindlich festgelegte Anfangs- und Schlusszeiten. Gleitzeitmodelle existieren nicht. Ebenso wenig ist in den Einrichtungen die Hauswirtschaft oder der BSD in die Nachtdienste eingebunden. Die Besetzung der Nachtdienste erfolgt ausschließlich durch Pflegekräfte.

---

107 Vgl. § 71 Abs. 2 SGB XI.

Die Vielfalt der Schichtdienste, vor allem der Tagesdienste, spiegelt sich in den hinterlegten Dienstplanlegenden wider. Zum Beispiel waren in der Dienstplanlegende einer Einrichtung neunzehn Frühdienste für den Bereich der Pflege vorgehalten. Allerdings beziehen sich fünf Frühdienste jeweils auf einzelne Personen oder sind aufgabenbezogen geplant. Im Gegensatz dazu wurden in der Dienstplanlegende einer anderen Einrichtung lediglich vier Frühdienste eingeplant.

Für die Besetzung der Nachtdienste wurde eine homogene Planungsstruktur in den Einrichtungen festgestellt. Danach verfügen vier der analysierten Einrichtungen nach der Auswertung der Dienstplanlegende über einen Nachtdienst. Die restlichen Einrichtungen sehen zwei Nachtdienste vor. Die Dienstzeiten der Nachtwachen variieren zwischen 20.15 und 7.00 Uhr als längster Dienstzeit in einer Einrichtung und zwischen 21.00 Uhr bis 6.30 Uhr als kürzester Dienstzeit.

Arbeitszeitkonten

Das Vorhandensein von Arbeitszeitkonten ist ein Indiz für flexible Arbeitszeitformen in Gesundheitseinrichtungen. Mit Hilfe von Arbeitszeitkonten können Zeitguthaben und Zeitschulden in einem zumeist tariflich oder betrieblich festgelegten Umfang gebildet werden. Vorteile im Einsatz von individuellen Arbeitszeitkonten liegen unter anderem darin, dass zum Beispiel auf Anordnung geleistete Überstunden oder auch Arbeitszeiten, die über die regelmäßige Arbeitszeit hinausgehen, in Zeitguthaben umgewandelt werden können und damit Arbeitszeitspitzen leichter ausgeglichen werden können.[108]

Die Befragung ergab, dass für den Begriff der Arbeitszeitkonten keine einheitliche Konnotation besteht. Von den Kooperationseinrichtungen wurden zum Beispiel folgende Begriffsinhalte mit dem Wort »Arbeitszeitkonten« verbunden:

»Mit Arbeitszeitkonten meinen wir sämtliche Arbeitszeitmodelle (Überstundenkonten, Gleitzeitkonten, Jahresarbeitszeitmodelle, Arbeitszeitkorridore, Ansparmodelle usw.), die es ermöglichen, Zeitguthaben (Plusstunden) und/oder Zeitschulden (Minusstunden) zu bilden, die zu einem anderen Zeitpunkt ausgeglichen werden. Meistens ist ein Ausgleichszeitraum vereinbart, innerhalb dessen die vertraglich vereinbarte oder tarifliche Arbeitszeit im Durchschnitt erreicht werden muss. Der Ausgleichszeitraum kann eine Woche, mehrere Wochen, ein Jahr oder mehr betragen.«

---

108 Vgl. Groß/Munz/Seifert, Arbeit, 2000, S. 217 ff.; Bauer/Groß/Munz/Sayin, Arbeitszeit- und Betriebszeiten, 2001. Zu den rechtlichen Grundlagen vgl. die Ausführungen in Kapitel 1, Gliederungspunkt 5.2.9. Vgl. Wank, § 3 ArbZG, Rdn. 19 ff.

Kapitel 2: Dienstplanung in den Kooperationseinrichtungen

Drei der untersuchten Einrichtungen gaben an, keine Arbeitszeitkonten zu führen. Eine Einrichtung verwies als Antwort auf die Zusatzangabe »Mehrarbeitsstunden«. Die nachfolgende Übersicht zeigt die unterschiedlichen ermittelten Obergrenzen für Zeitschulden bzw. Zeitguthaben, die von den Einrichtungen jeweils angegeben wurden.

Obergrenzen für Zeitschulden bzw. Zeitguthaben bei Arbeitszeitkonten

	Obergrenze Zeitschulden	Obergrenze Zeitguthaben
Einrichtung 3	nicht vereinbart	nicht vereinbart
Einrichtung 6	Max. 30 Stunden	nicht vereinbart
Einrichtung 5	Max. 20 Stunden	Max. 50 Stunden
Einrichtung 4	Max. 20 Stunden	Max. 20 Stunden

Abbildung 2-8: Arbeitszeitkonten mit Grenzwerten

Ein Abgleich mit den Eintragungen in den Dienstplänen ergab, dass alle Einrichtungen sowohl die Plusstunden als auch die Minusstunden fortlaufend erfassen.

Die Arbeitsorganisation in der Pflege

Eine weitere Zielsetzung der Analyse war es, die Aufgaben und Arbeitsabläufe in den Tätigkeitsfeldern der Pflege, der Hauswirtschaft und Betreuung zu erfassen. Dies schien wichtig, da die Organisationsabläufe in erheblichem Maße die Dienstplanung determinieren und deshalb auch für die quantitative Erhebung Erkenntnisse aus der Analyse der Arbeitsabläufe nutzbar gemacht werden sollten. Dazu wurde zunächst die Organisation der Arbeitstätigkeiten in der Pflege beobachtet. Sowohl die Aufgaben als auch die räumliche und funktionale Aufgabenteilung der Pflegeleistungen standen mit der Einsatzplanung im Mittelpunkt des Interesses.

Die gewonnenen Erkenntnisse liegen darin, dass in fünf Einrichtungen die Pflege der Bewohner sowohl werktags als auch am Wochenende grundsätzlich in Form von Bereichspflege organisiert wird. Eine Einrichtung richtet die Arbeitsorganisation des Personals nach der Funktions- und Bereichspflege aus. Von einer weiteren Einrichtung wurde ohne konkretere Ausführungen auf eine Organisation nach der Funktions-, Bereichs- und Zimmerpflege hingewiesen. Insgesamt zeigten die Erhebungen, dass alle Einrichtungen sich zwischen der traditionellen Funktionspflege und einer ganzheitlichen Bezugspflege bewegen. Die nachfolgende Übersicht verdeutlicht diese Entwicklung:

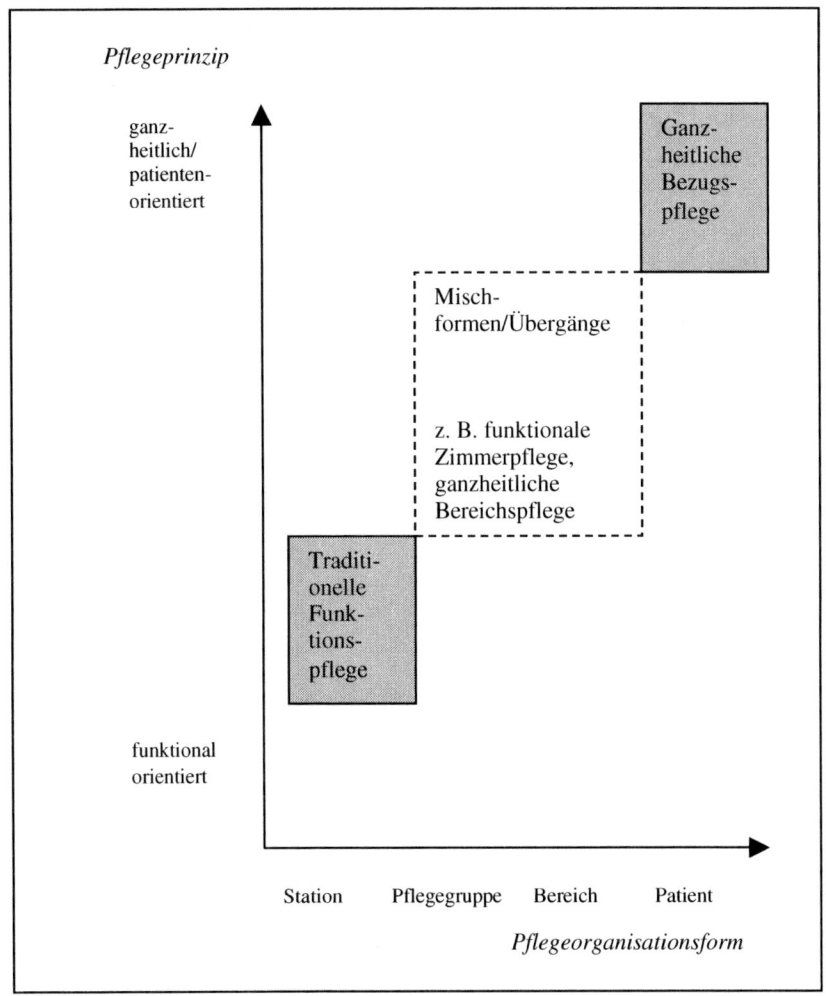

Abbildung 2-9: Klassifikationen von Pflegesystemen[109]

In fünf der sieben Einrichtungen erfolgt die Einsatzplanung für die Pflegefachkräfte jeweils nach dem Wohnbereichsprinzip. Ein Wohnbereich erstreckt sich dabei zum Teil räumlich und organisatorisch über mehrere Etagen. In zwei Einrichtungen wurde festgestellt, dass der Einsatz von Pflegefachkräften in Orientierung an die baulichen Strukturen nach Etagen geplant

---

109 Forschungsgesellschaft für Gerontologie e. V. (Hg.): Personalstrukturen, Arbeitsbedingungen und Arbeitszufriedenheit in der stationären Altenpflege, 2004, S. 180.

wird. Bei personellen Engpässen oder für die Wochenenddienste wird der Personaleinsatz allerdings hiervon abweichend auch übergreifend geplant.

Die Arbeitsorganisation der hauswirtschaftlichen Versorgung

Für die Erschließung der Arbeitsorganisation der hauswirtschaftlichen Dienste wurden ebenfalls die räumliche und funktionelle Aufgabenteilung sowie die Einsatzplanung der hauswirtschaftlichen Kräfte recherchiert.

Es zeigte sich, dass in den sieben kooperierenden Einrichtungen die Dienstplangestaltung für den Einsatz des Personals zentralisiert ist und stets durch die hauswirtschaftliche Leitung erfolgt. Dieses Ergebnis ist im Zusammenhang mit der Tatsache zu sehen, dass in sechs Einrichtungen eine Zentralküche für die Speisezubereitung und Getränkeversorgung der Bewohner besteht, die von einer hauswirtschaftlichen Leitung geführt wird.

Die Arbeitsaufgaben sind in den Einrichtungen unterschiedlich ausgestaltet. Vier der Einrichtungen verfügen über einen so genannten Personalpool für hauswirtschaftliche Aufgaben, die in den Wohnbereichen zu erledigen sind. In drei der Einrichtungen ist dagegen jedem Wohnbereich hauswirtschaftliches Personal organisatorisch dauerhaft zugeordnet. In einer Einrichtung wird nur das Personal für die Raumpflege den Wohnbereichen zugeordnet. Insgesamt ergibt sich, dass die Hauswirtschaft in den Einrichtungen stärker zentral organisiert ist als der Pflegebereich.

Die Arbeitsorganisation für gerontopsychiatrische Wohngruppen

In drei Kooperationseinrichtungen bestehen gerontopsychiatrische Wohngruppen. Diese erfordern regelmäßig gesonderte organisatorische Maßnahmen und Dienstplanungen.

In diesen Einrichtungen wurden deshalb für die gerontopsychiatrischen Wohngruppen von den allgemeinen Dienstplänen abweichende Dienst- und Arbeitszeiten entwickelt und in der Dienstplanlegende entsprechend hinterlegt. Beispielsweise bestehen in einer Einrichtung zwei gerontopsychiatrische Tagesgruppen für die Zeit von 7.30 Uhr bis 19.30 Uhr. Die Dienstplanung für die Pflege und Versorgung der Bewohner wird diesen Betreuungszeiten angepasst.

3 Ergebnisse der Dienstplananalysen

3.1 Dienstpläne für das Pflegepersonal

Dienstzeiten

Die Auswertung der in den Einrichtungen gewonnenen Erkenntnisse mit den Auswertungen der hinterlegten Dienstzeiten in den Dienstplanlegenden machte deutlich, dass die Arbeitszeit- und Dienstplangestaltung in den Pfle-

3 Ergebnisse der Dienstplananalysen

geeinrichtungen sehr unterschiedlich erfolgt. Dies betrifft sowohl die Aufteilung und Festlegung von Dienstzeiten und die Aufteilung von Schichtdiensten, als auch die Verantwortungszuweisung in der Umsetzung für das Personal. Exemplarisch aufgezeigt werden konnte dies an der Anzahl der Frühdienste, die zwischen vier und neunzehn Frühdiensten je nach Einrichtung schwanken.

Die tabellarische Übersicht zeigt die Heterogenität der Dienstzeiten im Pflegebereich:

	Frühdienst	*Spätdienst*	*Teildienst*	*Nachtdienst*
Einrichtung 1	Es gibt sieben Frühdienste	Es gibt zehn Spätdienste	Ein Teildienst	Ein Nachtdienst
	Für den gerontolog. Wohnbereich existiert zusätzlich ein spezieller Frühdienst	Für den gerontolog. Wohnbereich existiert ein zusätzlicher Spätdienst		
	Für die übrigen Wohnbereiche existieren zusätzlich fünf Frühdienste			
Einrichtung 2	Es gibt neunzehn Frühdienste, davon fünf konkreten Personen bzw. Aufgaben zugeordnet.	Es gibt vierzehn Spätdienste, davon vier konkreten Personen bzw. Aufgaben zugeordnet		Zwei Nachtdienste
	Drei Frühdienste werden als »Frühdienste kurz« bezeichnet	Vier Spätdienste werden als »Spätdienste kurz« bezeichnet		
Einrichtung 3	Es gibt sieben Frühdienste	Es gibt zwölf Spätdienste		Ein Nachtdienst

Kapitel 2: Dienstplanung in den Kooperationseinrichtungen

Einrichtung 4	Die Anzahl der Frühdienste ist je nach Wohnbereich unterschiedlich: Wohnbereich I / II: Acht Frühdienste Wohnbereich III: Sechs Frühdienste Betreute Gruppen: Drei Frühdienste	Die Anzahl der Spätdienste ist je nach Wohnbereich unterschiedlich: Wohnbereich I / II: Sechs Spätdienste Wohnbereich III: Vier Spätdienste Betreuungsgruppen: Zwei Spätdienste	Es gibt einen Teildienst in der *betreuten Gruppe*	Ein Nachtdienst
Einrichtung 5	Es gibt vier Frühdienste, einer speziell für das *Wochenende*	Es gibt fünf Spätdienste	Es gibt vier Teildienste überwiegend für Wochenenden, einer nur im *Notfall*	Zwei Nachtdienste
Einrichtung 6	Es gibt sieben Frühdienste Für den gerontolog. Wohnbereich existiert zusätzlich ein gesonderter Frühdienst	Es gibt sechs Spätdienste Für den gerontolog. Wohnbereich existiert ein zusätzlicher Spätdienst	Es gibt zwei Teildienste. Einer für WE und Feiertage für die gerontolog. Wohngruppe	Ein Nachtdienst
Einrichtung 7	Es gibt neun Frühdienste, wovon einer nur in einem bestimmten Wohnbereich Anwendung findet	Es gibt fünf Spätdienste		Zwei Nachtdienste

Tabelle 2-1: *Dienstzeiten des Pflegepersonals*

3 Ergebnisse der Dienstplananalysen

Dienstplanung

Trotz der aufgezeigten Unterschiedlichkeiten lassen sich aus den Dienstplänen auch einige gemeinsame Grundstrukturen entnehmen:

Diese bestehen darin, dass
- um die Mittagszeit ein vollständiger Austausch des Pflegepersonals in den Wohnbereichen stattfindet (Wechsel zwischen Früh- und Spätdienst),
- in der Regel für die Dienstübergabe zeitliche Überschneidungen beim Schichtwechsel der Pflegekräfte eingeplant werden,
- die personelle Besetzung innerhalb einer Tagesschicht, auch bedingt durch unterschiedliche Dienstzeiten des Personals, schwankt. Inwiefern dies auch mit Blick auf Bewohnerbedürfnisse geschieht, ließ sich nicht ermitteln,
- an den Wochenenden und Feiertagen in der Regel die personelle Besetzung in den Wohnbereichen geringer eingeplant ist als in der Woche,
- für den Nachtdienst jeweils gesonderte Dienstpläne bestehen.

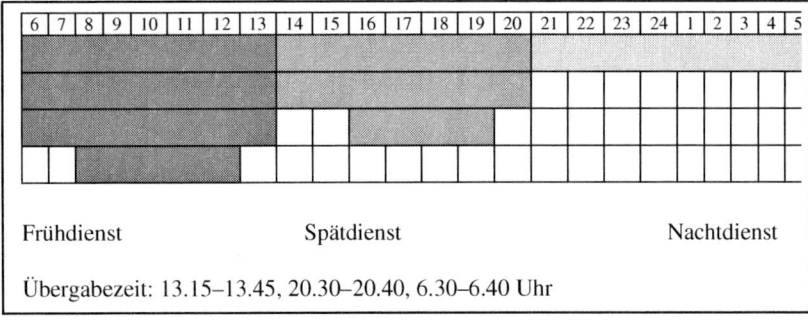

Übergabezeit: 13.15–13.45, 20.30–20.40, 6.30–6.40 Uhr

Abbildung 2-10: Grundstrukturen bei den Dienstplänen

Im Folgenden werden die wesentlichen Strukturmerkmale hinsichtlich der Arbeitszeiten und der Dienstplanung sowie des Personaleinsatzes *für die einzelnen Einrichtungen* dargestellt.

Einrichtung 1

Für die *Vollzeitkräfte* der Einrichtung ist ein grober Arbeitszyklus in den Dienstplänen erkennbar:

Mo	Di	Mi	Do	Fr	Sa	So	Mo	Di	Mi	Do	Fr	Sa	So
S	S	S	S	S	D	D	F	F	F	F	----	----	----

S = Spätdienst
D = Dienst
F = Frühdienst

Abbildung 2-11: Arbeitszyklus einer Vollzeitkraft 1

Kapitel 2: Dienstplanung in den Kooperationseinrichtungen

Mo	Di	Mi	Do	Fr	Sa	So	Mo	Di	Mi	Do	Fr	Sa	So
S4	S2	S4	S2	S4	S4	F2	F2	F2	S4	S2	F2	----	----

S4 = 14.00 bis 21.00 Uhr
S2 = 14.00 bis 20.30 Uhr
F2 = 6.30 bis 13.00 Uhr

Abbildung 2-12: Beispiel zur Dienstplanung für eine Pflegekraft in Vollzeit vom 3. bis 16. Mai

Für die *Teilzeitkräfte* wird entweder eine im Vergleich zu den Vollzeitkräften kürzere Dienstzeit geplant oder die Teilzeitkräfte arbeiten insgesamt an weniger Tagen im Monat. Aus den Dienstplänen ist zu entnehmen, dass auch die *Teilzeitkräfte* regelmäßig an zwei *Wochenenden* im Monat Dienst haben.

Aus den Dienstplänen lassen sich die *Änderungen*, die im Vergleich zu den ursprünglich geplanten Diensten erfolgten, ablesen. Deren Häufigkeit liegt in allen der analysierten Dienstpläne bei rund 12 %. Eingetragene Krankmeldungen wurden nicht berücksichtigt.[110]

Zeitüberschneidungen für die *Dienstübergabe* bei Schichtwechsel sind in den Dienstplänen nicht enthalten. Ebenso wenig werden Planzeiten für administrative Tätigkeiten, z. B. die Dokumentation der Pflegeplanung im Dienstplan berücksichtigt.

Der Dienstplan für den *Nachtdienst* weist aus, dass überwiegend ständige Nachtwachen eingesetzt werden. Von den achtzehn Pflegefachkräften werden fünf Kräfte ständig im Dienstplan für den Nachtdienst geführt. Die anderen Pflegekräfte werden im Dienstplan für den Nachtdienst und den Tagdienst geführt und sind daher in einem Drei-Schichtsystem tätig.

Einrichtung 2

Die Dienstpläne sind geprägt durch Planungen für eine *große Anzahl von Teilzeitkräften*, so dass die Dienstzeiten im Plan wenig übersichtlich erscheinen. In dieser Einrichtung liegt beim Pflegepersonal der Anteil der Teilzeitkräfte bei 82,4 %. Hinzu kommt, dass die Hälfte der Beschäftigten mit einen Arbeitszeitumfang von weniger als 15 Wochenstunden tätig ist.

Auffallend ist eine unterschiedliche Handhabung der Dienstpläne innerhalb der einzelnen Wohnbereiche. Im *Wohnbereich für gerontopsychiatrische Bewohner* ist der Dienstplan in drei Gruppen (Teams) gegliedert: Zwei Teams der Pflegenden und eine Gruppe der Aushilfen. Eine vergleichbare Unterteilung ist in den Dienstplänen für die anderen Wohnbereiche nicht festzustellen. Daher ist anzunehmen, dass diese Unterteilung der Dienstpläne

---

110 Als geplanter Dienstteil wurde auch ein geplanter freier Tag gewertet.

in dem betreuten Wohnbereich mit der Bewohnerschaft und der Tagespflege zusammenhängt, die in diese Wohngruppe ebenfalls integriert wurde.

Ständig wiederkehrende Dienstzyklen, z. B. regelmäßiger Schichtwechsel oder so genannte Schaukeldienste, sind für die einzelnen Beschäftigten nicht erkennbar. Allerdings wurde festgestellt, dass alle *Teilzeitkräfte*, auch die mit geringem Beschäftigungsumfang, kontinuierlich für mindestens *zwei Wochenenden* im Monat für Dienste eingeplant werden.

Nach den Dienstplänen sind auch so genannte Bürodienste zwischen 10.00 Uhr und 15.00 Uhr geplant, die von den Wohnbereichsleitungen genutzt werden. Die Planung von Dienstzeitüberschneidungen verweist darauf, dass *tägliche Dienstübergaben* eingeplant werden.

In den Dienstplänen von Team 1 und Team 2 für die Versorgung gerontopsychiatrisch erkrankter Bewohner sind jeweils auch Hauswirtschaftshelferinnen (eine Vollzeit und eine Halbtagskraft) aufgeführt.

Die *Nachtdienste* werden auch in dieser Einrichtung regelmäßig durch ständige Nachtwachen abgedeckt. Aushilfsweise arbeiten Pflegekräfte aus den Tagespflegeteams auch im Nachtdienst.

Einrichtung 3

Für die *Vollzeitkräfte* dieser Einrichtung ist ein fester Arbeitszyklus in den Dienstplänen erkennbar:

Mo	Di	Mi	Do	Fr	Sa	So	Mo	Di	Mi	Do	Fr	Sa	So
S	S	S	S	S	D	D	F	F	F	F	F	----	----

S = Spätdienst
D = Dienst
F = Frühdienst

Abbildung 2-13: Arbeitszyklus einer Vollzeitkraft II

Von diesem Zyklus wird im Laufe des Monats nur wenige Male abgewichen.

Teilzeitkräfte werden im Vergleich zu Vollzeitkräften entweder mit verkürzten Dienstzeiten beschäftigt oder sie arbeiten an weniger Tagen im Monat. Ebenso wie in den vorherigen Einrichtungen müssen nach den Auswertungsergebnissen auch in dieser Einrichtung die Teilzeitkräfte regelmäßig an zwei Wochenenden im Monat Dienste leisten.

Änderungen der Dienstplanung konnten aus dem Plan nicht abgelesen werden.

Tägliche Dienstübergaben werden durch Überschneidungen bei den Dienstzeiten mit eingeplant.

Die *Nachtdienste* werden größtenteils von einem ständigen Pflegeteam abgedeckt. Vereinzelt arbeiten Pflegekräfte aus der Tagespflege mit im Nachtdienst.

Einrichtung 4

Die Dienstpläne der Einrichtung sind nach Wohnbereichen und nach Pflegegruppen unterteilt. Hieraus ist ersichtlich, dass einzelne Mitarbeiter mit *gesonderten Dienstzeiten* geführt werden. Zum Beispiel arbeitet eine Pflegehilfskraft grundsätzlich nur von Montag bis Freitag von 8.00 Uhr bis 12.30 Uhr. Eine weitere Pflegehilfskraft arbeitet von Montag bis Freitag von 8.30 Uhr bis 15.00 Uhr.

Für die Beschäftigten mit einem hohen Soll-Stundenanteil ist ein grundständiger *Arbeitszyklus* aus den Dienstplänen zu entnehmen. Dieser entspricht dem in Abbildung 2-13 dargestellten Zyklus der Einrichtung 3.

Die Dienstpläne weisen einen *hohen Anteil an Teilzeitbeschäftigten aus*. Die für den Erhebungszeitraum im Mai ermittelte Soll-Arbeitszeit lag für die Beschäftigten zwischen 19,23 und 146,30 Stunden.

Die *Teilzeitkräfte* werden entweder mit kürzeren Dienstzeiten – im Vergleich zu Vollzeitkräften – eingeplant oder sie arbeiten an weniger Tagen im Monat. Sie werden ebenso wie die Teilzeitkräfte der anderen Einrichtungen regelmäßig an zwei Wochenenden im Monat zu Diensten herangezogen.

Für die *Nachtwachen* existiert ein separater Dienstplan. Von den nach der Dienstplananalyse ermittelten zwölf Pflegekräften übernehmen acht Pflegekräfte neben dem normalen Nachtdienst einen speziellen Spätdienst. Der Spätdienst geht von 20.30 bis 23.30 Uhr.

In der Einrichtung sind *spezielle Betreuungsgruppen* für demenziell erkrankte Bewohner eingerichtet worden, für die ein separater Dienstplan geführt wird. Auch für die Betreuung am Wochenende existiert für diese ein gesonderter Teildienst von 7.45 bis 13.00 Uhr und von 14.30 bis 19.30 Uhr. Der anzurechnende Arbeitsumfang beträgt 10,25 Stunden.

Tägliche *Dienstübergaben* sind im Dienstplan ebenfalls durch Dienstzeitüberschneidungen berücksichtigt.

Einrichtung 5

In dieser Einrichtung existiert für *jede Wohnetage* ein Dienstplan. Auffallend sind die häufigen handschriftlichen Eintragungen im elektronisch erstellten Dienstplan. Insbesondere bei den Wochenenddiensten ist im elektronisch erstellten Plan häufig ein »D« für »Dienst« hinterlegt worden und handschriftlich darunter dann der konkrete Dienst (S, F, F1 usw.) vermerkt. Dies spricht dafür, dass die jeweiligen Wochenendplanungen erst im Laufe des Monats vorgenommen werden.

Neben den Dienstplänen existieren zusätzlich so genannte *Arbeitsablaufpläne* für den Frühdienst Pflege, den Spätdienst Pflege, den Nachtdienst Pflege und die Zivildienstleistenden. Für das Pflegepersonal und die Pflegetätigkeiten stellt sich dies wie folgt dar:

Uhrzeit	Anzahl MA	Tätigkeiten
13.30 Uhr	1 MA	Dienstbeginn
13.30 –14.00 Uhr	1+1 MA	Übergabe
14.00 –14.45 Uhr	2 MA	– Kaffeetisch im Wohnzimmer vorbereiten – Toilettengänge und Inkontinenzversorgung – Haare kämmen – Zimmerpflege

Abbildung 2-14: Auszug aus einem Arbeitsablaufplan für den Spätdienst

Der Auszug zeigt, dass in den Plänen nicht nur die konkreten Handlungsanweisungen aufgelistet sind sondern auch die Besetzung des erforderlichen Personals vorgegeben wird. Die Ablaufpläne lassen auch erkennen, dass *tägliche Dienstübergaben* durch Dienstzeitüberschneidungen eingeplant werden.

Die Wohnbereiche sind an den Wochenenden personell annähernd gleich besetzt wie an den Werktagen.

Bezüglich der erkennbaren Arbeitszyklen und der Beschäftigung von Teilzeitkräften und deren Einsatz an den Wochenenden gelten die Feststellungen wie zu den Einrichtungen 3 und 4.

Einrichtung 6

Es gibt *je Wohnbereich einen Dienstplan*, unterteilt nach Pflegekräften und Pflegeassistenten/Servicekräften. Allerdings sind dort auch Mitarbeiter aufgeführt, die nicht nur in einem sondern in mehreren Wohnbereichen eingeplant werden. Die Pflegekräfte werden innerhalb des Dienstplanes den verschiedenen Wohngruppen zugeteilt. Dies ergibt folgendes Bild:

Mo	Di	Mi	Do	Fr	Sa	So	Mo	Di	Mi	Do	Fr	Sa	So
Ne	F	S2	S2	F	S	S	F	F	S2	S2	S2	---	---
	Gr. 2	Gr. 2	Gr. 1	Gr. 1	Gr. 2	Gr. 1	Gr. 1	Gr. 1	Gr. 1	Gr. 1	Gr. 2		

Ne = Nachtdienst Ende
S = 13.00 bis 20.30 Uhr
S2 = 14.30 bis 20.30 Uhr
F = 6.30 bis 14.00 Uhr

Abbildung 2-15: Geleisteter Dienst einer Vollzeitpflegekraft vom 5. bis 18. April

Die *Pflegeassistenten* arbeiten morgens grundsätzlich von 7.45 bis 11.15 Uhr, die Servicekräfte am Nachmittag von 14.30 bis 16.00 Uhr und 17.30 bis 19.00 Uhr.

Es wird eine Pflegekraft im Dienstplan des WB 1 geführt, die neben den Tagdiensten auch regelmäßig den *Nachtdienst* mit abdeckt.

Die Dienstpläne weisen – ebenso wie in der Einrichtung 2, eine *große Anzahl von Teilzeitkräften* aus und wirken dadurch in der Gesamtauflistung

Kapitel 2: Dienstplanung in den Kooperationseinrichtungen

nicht übersichtlich. In der Einrichtung arbeiten 70 % der Pflegekräfte in Teilzeit. Mehr als die Hälfte davon ist mit einem Arbeitszeitumfang von weniger als 15 Wochenstunden tätig. Die Struktur ist insofern mit der Beschäftigungsstruktur der Einrichtung 2 vergleichbar.

Aus den so genannten *Ist-Plänen* ergibt sich, dass eine Mitarbeiterin im Monat Mai an einem Tag zwölf Stunden gearbeitet hatte, eine weitere Mitarbeiterin hatte im Monat Juni an zwei aufeinander folgenden Tagen jeweils elf Stunden Dienst.

Tägliche *Dienstübergaben* werden auch in dieser Einrichtung durch Dienstzeitüberschneidungen eingeplant.

Einrichtung 7

Jeder *Wohnbereich* verfügt über einen separaten Dienstplan. Wie schon insbesondere bei der Einrichtung 1 dargelegt wurde, ist ein grundständiger Arbeitszyklus für Vollzeitkräfte erkennbar. Allerdings lassen sich auch Abweichungen im Einsatz der Personen feststellen, indem sie in einzelnen Wochen mit geplanter Spätschicht auch für Frühschichten eingeplant werden und umgekehrt. Ein eindeutiger Zeitturnus für die jeweils geplanten Dienstzeiten je Schicht ist nicht erkennbar.

Neben den Dienstplänen sind noch so genannte *Tourenpläne* und Ablaufpläne zu den einzelnen Diensten in den jeweiligen Wohnbereichen zu beachten. In diesen wird zwischen examiniertem und nicht examiniertem Personal unterschieden. Zum Beispiel:
- Tourenplanung FD-Dienst WB 4
- Ablaufplanung F11-Dienst (nicht ex.)
- Tourenplanung S5 Dienst WB 4 (ex.-Partner)
- Ablaufplanung S7-Dienst

Zeit	Bewohner / Tätigkeit
6.30	Übergabe
6.35	Getränke im WB. verteilen
6.40	Wischdesinfektion erneuern / Pflegewagen bestücken
6.45	Fr. K.
7.00	H. H.
7.10	Fr. M
7.20	Fr. G.
7.30	Fr. T.
7.45	Fr. K. mit Stehhilfe
8.00	Frühstück begleiten/ Medizin verteilen/ Insulingabe/ Unterstützung beim Frühstück

Abbildung 2-16: Ausschnitt: Tourenplanung FD-Dienst WB 4

Diese Pläne ermöglichen jeder Pflegekraft, Dienste auch dann zu übernehmen, wenn sie nur aushilfsweise in dem Wohnbereich tätig sind. Die Ablauf- und Tourenpläne bedingen, dass in regelmäßigen Abständen die tatsächlich geleisteten Arbeitsprozesse mit den beschriebenen auf ihre Übereinstimmung und Aktualität überprüft werden müssen.

Hinsichtlich der Beschäftigungsstrukturen für *Teilzeitkräfte* treffen auch für die Einrichtung 7 die Feststellungen zu, die sich bereits für die anderen Einrichtungen ergaben: Teilzeitkräfte arbeiten entweder im Rahmen einer verringerten Arbeitszeit oder ganze Tage mit anschließenden freien Tagen. Sie haben regelmäßig auch Wochenenddienste zu leisten.

Einige der so genannten *Ist-Pläne* zeigen, dass einige Mitarbeiter an einzelnen Tagen 10,5 bzw. 10,25 Stunden ohne Anrechnung von Pausen gearbeitet haben; eine Nachtwache leistete an einem Tag sechzehn Stunden Dienst.

3.2 Dienstpläne für das hauswirtschaftliche Personal

Da die Dienstpläne für den Pflegedienst und die Hauswirtschaft getrennt geführt werden, wurden auch die Dienstpläne für den Bereich der Hauswirtschaft gesondert analysiert. Hierbei ergaben sich folgende erste Erkenntnisse:

Ebenso wie für den Pflegedienst, ist auch die *Dienstplanung* für den hauswirtschaftlichen Bereich unterschiedlich gestaltet. In einigen Einrichtungen wird ein einziger hauswirtschaftlicher Dienstplan geführt, der alle Tätigkeitsbereiche in der Küche und im Rahmen der Hausreinigung umfasst. In anderen Einrichtungen ist dagegen die Dienstplanung nach den unterschiedlichen Aufgabenbereichen aufgeteilt.

Ebenso vielfältig sind auch die *Dienstzeiten* des Personals in der Hauswirtschaft. Auffallend ist, dass die *Teilzeitquote* der Beschäftigten in der Hauswirtschaft höher ist als im Pflegedienst. Zahlenmäßig ist dies im Anhang 1 dargestellt worden.[111] Aufgrund der verschiedenen Planungsstrukturen sind die Dienstpläne z. T. sehr umfangreich und wenig übersichtlich.

Weitere *Unterschiede* bestehen darin, dass z. B. eine der Einrichtungen nicht über eine Zentralküche verfügt; zum Teil wird in den Einrichtungen kein hauseigenes Reinigungspersonal beschäftigt, so dass durch diese Besonderheiten und die veränderten Aufgabenbereiche des angestellten Personals auch die Dienstplanung geprägt war.[112]

Wie bei der Analyse der Pflegedienstpläne bereits dargelegt wurde, wird in zwei Einrichtungen ansatzweise versucht, einige hauswirtschaftliche Tätigkeiten und damit auch das dafür erforderliche Personal in Wohnbereiche zu integrieren. Dieses Personal wird somit nicht mehr im Dienstplan der Hauswirtschaft geführt.

---

111 Siehe Anhang 1, Angaben zum Personal in den Kooperationseinrichtungen.
112 Siehe dazu die Ausführungen in diesem Kapitel unter 1.

Kapitel 2: Dienstplanung in den Kooperationseinrichtungen

Aufgrund der Unterschiedlichkeit der Gestaltung der Dienstpläne werden *exemplarisch zwei Dienstpläne der Hauswirtschaft* dargestellt.

Hauswirtschaftlicher Plan der Einrichtung 2:

In der Einrichtung werden *zwei Dienstpläne* für die beiden Aufgabenbereiche *Küche und Reinigung* geführt. Der Dienstplan der Reinigungskräfte umfasst auch die Wäscheversorgung. Im Dienstplan des Küchenpersonals ist auch die Hauswirtschaftsleitung mit einem speziellen Bürodienst erfasst.

Die Wäscheversorgung wird grundsätzlich von Montag bis Mittwoch und am Freitag von 7.30 bis 11.30 Uhr im Dienstplan berücksichtigt. Die Reinigung wird nach Dienstplan im Zeitraum von Montag bis Freitag in der Zeit von 7.30 bis 15.00 Uhr regelmäßig durch vier Reinigungskräfte sichergestellt. Am Samstag reduziert sich die Besetzung auf zwei Reinigungskräfte. Diese arbeiten von 9.30 bis 13.30 Uhr. Für den Sonntag ist eine Reinigungskraft in der Zeit von 11.30 bis 14.00 Uhr eingeplant.

Montag bis Freitag								Samstag					Sonntag		
7	8	9	10	11	12	13	14	9	10	11	12	13	11	12	13
	F								F4					F3	
	F								F4						
			F1												
	F2														

Abbildung 2-17: Grundstrukturen eines HW-Dienstplanes für den Aufgabenbereich der Reinigung

Ein vergleichbares Einsatzmuster – wie es für den Aufgabenbereich der Reinigung dargestellt wurde – ergibt sich für den *Küchendienst* nicht. Grundsätzlich ist täglich eine Mitarbeiterin für den Spätdienst in der Küche eingeplant. Die Arbeitszeit umfasst den Zeitrahmen von Dienstag bis Sonntag und ist zeitlich auf 14.30 bis 19.30 Uhr festgelegt. Am Montag beginnt der Spätdienst eine halbe Stunde früher. Im Übrigen ist eine konstante personelle Besetzung des Küchendienstes täglich von 6.30 bis 13.30 Uhr geplant. Während an den Wochenenden ständig drei Küchenkräfte für die Zeit der Frühschicht eingeplant werden, kommt es innerhalb der Woche zu personellen und zeitlichen Schwankungen, bedingt durch Ausfälle, wie z. B. Krankheit, Urlaub oder schulisch bedingte Abwesenheitszeiten der Auszubildenden. Eine Mindestbesetzung mit jeweils drei Kräften besteht jedoch für den Küchendienst. Zwei Kräfte arbeiten jeweils in der Zeit von 6.30 bis 13.30 Uhr, eine Kraft in der Zeit von 7.30 bis 13.30 Uhr.

In der Dienstplanlegende für den Bereich Küche ist ein Dienst R (Küche, Reinigung, Azubi) mit einer anzurechnenden Arbeitszeit von null Stunden hinterlegt. Im Dienstplan wird dieser Dienst mit einer anzurechnenden Arbeitszeit zwischen 6 und 9,5 Stunden berücksichtigt.

3 Ergebnisse der Dienstplananalysen

Hauswirtschaftlicher Plan der Einrichtung 3:

Diese Einrichtung verfügt über einen *Gesamtdienstplan* für den Bereich Hauswirtschaft mit der Bezeichnung »HW/KÜ Abteilungsleitung«. Daraus ergibt sich zwar nicht die geplante Anzahl der Mitarbeiter für den Küchen- oder Reinigungsbereich, doch lässt sich hieraus die Gesamtzahl der für die Planung erfassten Mitarbeiter entnehmen.

Insgesamt werden 23 Mitarbeiter- und Mitarbeiterinnen im Dienstplan geführt, davon haben 15 Beschäftigte feste Dienstzeiten. An den Wochenenden und an Feiertagen werden jeweils vier Mitarbeiter- und Mitarbeiterinnen eingeplant. Vier weitere Mitarbeiter- und Mitarbeiterinnen rotieren wöchentlich in drei Dienstschichten.

	Woche 1	*Woche 2*	*Woche 3*	*Woche 4*
Mitarbeiter 1	14.15–20.00	06.15–12.00	09.00–14.45	06.15–12.00
Mitarbeiter 2	06.15–12.00	09.00–14.45	06.15–12.00	14.15–20.00
Mitarbeiter 3	06.15–12.00	14.15–20.00	06.15–12.00	09.00–14.45
Mitarbeiter 4	09.00–14.45	06.15–12.00	14.15–20.00	06.15–12.00

Abbildung 2-18: Beispiel Rotationsdienst

Aus dieser Dienstplanung wird für die Hauswirtschaft ein beständiger Einsatzplan ersichtlich, der nur durch Urlaubs- oder Krankheitsausfälle unterbrochen wird. Zusammengefasst ergibt sich für den Zeitraum von Montag bis Freitag folgendes Bild:

Mitarbeiter	Montag	Dienstag	Mittwoch	Donnerstag	Freitag
1	14.15–20.00	14.15–20.00	14.15–20.00	14.15–20.00	14.15–20.00
2	06.15–12.00	06.15–12.00	06.15–12.00	06.15–12.00	06.15–12.00
3	06.15–12.00	06.15–12.00	06.15–12.00	06.15–12.00	06.15–12.00
4	09.00–14.45	09.00–14.45	09.00–14.45	09.00–14.45	09.00–14.45
5	07.00–15.30	07.00–15.30	07.00–15.30	07.00–15.30	07.00–14.00
6	06.45–14.30	06.45–14.30	06.45–14.30	06.45–14.30	06.45–14.30
7	06.45–14.30	06.45–14.30	06.45–14.30	06.45–14.30	06.45–14.30
8	06.45–14.30	06.45–14.30	06.45–14.30	06.45–14.30	06.45–14.30
9	06.45–14.30	06.45–14.30	06.45–14.30	06.45–14.30	06.45–14.30
10	06.45–14.30	06.45–14.30	06.45–14.30	06.45–14.30	06.45–14.30
11	06.45–14.30	06.45–14.30	06.45–14.30	06.45–14.30	06.45–14.30
12	08.00–12.20	08.00–12.20	08.00–12.20	08.00–12.20	08.00–12.20
13	09.00–12.00	09.00–12.00	09.00–12.00	09.00–12.00	09.00–12.00
14	09.00–12.00	09.00–12.00	09.00–12.00	09.00–12.00	09.00–12.00
15	09.00–12.00	09.00–12.00	09.00–12.00	09.00–12.00	09.00–12.00
16	07.15–13.30	07.15–13.30	frei	07.15–13.30	07.15–13.30
17	07.30–13.00	07.30–13.00	07.30–13.00	07.30–13.00	07.30–13.00
18	08.30–13.30	08.30–13.30	08.30–13.30	08.30–13.30	08.30–13.30
19	08.30–13.30	08.30–13.30	08.30–13.30	08.30–13.30	08.30–13.30

Abbildung 2-19: Beispiel HW-Dienstplanung

In der Zeit von Montag bis Freitag wird grundsätzlich eine Mitarbeiterin für den Spätdienst eingeplant. Für die Wochenenden gilt dies jedoch nicht. Sieben Mitarbeiterinnen und Mitarbeiter sind für die Wochenenddienste eingeplant, so dass der Spätdienst in der Zeit von 14.30 bis 20.00 personell abgedeckt wird. Soweit lediglich für sechs Mitarbeiter- und Mitarbeiterinnen geplant wird, ist der Spätdienst nicht abgedeckt. Vier von sechs Wochenenddiensten sind für das Wochenende identisch, bei zwei zu planenden Diensten kann sich die Arbeitszeit je nach Wochenende unterscheiden. Grundsätzlich wird dadurch der Bereich Hauswirtschaft am Wochenende in der Zeit von 6.15 bis 14.45 Uhr personell abgedeckt.

3.3 Plus- und Minusstunden der Beschäftigten

Bei der überwiegenden Zahl der ausgewerteten Dienstpläne sind aus den Aufstellungen auch die *Plusstunden und die Minusstunden* der Mitarbeiter zu entnehmen, da im Rahmen der elektronischen Dienstplanprogramme diese Berechnung mit vollzogen wird. Ein Vergleich ergab erhebliche Unterschiede bei den angesammelten Plus- und Minusstunden zwischen den einzelnen Einrichtungen. Die folgende Tabelle gibt einen Überblick:[113]

	Einrichtung 1	Einrichtung 4	Einrichtung 5	Einrichtung 6	Einrichtung 7
Vollzeitstellen: max. Minusstunden	-13,1 Std.	-28,85 Std.	-19,95 Std.	-20,75 Std.	-42,11 Std.
Teilzeitstellen: max. Minusstunden	-13,75 Std. (0,5 Stelle)	-124,12 Std. (0,78 Stelle)	-22,10 Std. (0,31 Stelle)	-15,47 Std. (0,75 Stelle)	-19,25 Std. (0,91 Stelle)
Vollzeitstellen: max. Plusstunden	+59,8 Std.	+152,88 Std.	+30,65 Std.	+39,5 Std.	+205,47 Std.
Teilzeitstellen: max. Plusstunden	+101,58 Std. (0,23 Stelle)	+81,91 Std. (0,21 Stelle)	+56,32 Std. (0,89 Stelle)	+45,51 Std. (0,36 Stelle)	+239,38 Std. (0,5 Stelle)

Tabelle 2-2: Max. Plus- und Minusstunden in den Einrichtungen im Mai 2004

Diese Zahlen sind erstaunlich, weil in drei der betroffenen Einrichtungen Absprachen über Arbeitszeitkonten bestehen, in denen die maximal anzusammelnden Plus- und Minusstunden bestimmt wurden. Diese Grenzwerte sind nach den erhobenen Zahlen oft nicht eingehalten worden. Die folgende Tabelle zeigt Differenzen auf:

	Höchstgrenze für Zeitschulden	*nach Dienstplan angesammelt*	*Höchstgrenze Zeitguthaben*	*nach Dienstplan angesammelt*
Einrichtung 6	max. 30 Stunden	-20,75 Stunden	nicht vereinbart	+ 45,51 Stunden
Einrichtung 5	max. 20 Stunden	-22,10 Stunden	max. 50 Stunden	+ 56,32 Stunden
Einrichtung 4	max. 20 Stunden	-124,12 Stunden	max. 20 Stunden	+ 152,88 Stunden

Tabelle 2-3: Höchstgrenzen bei Arbeitszeitkonten und erhobener Ist-Stand

---

113 Ausgewertet wurden die Dienstpläne der Wohnbereiche ohne Berücksichtigung der Altenpflegeschüler und -schülerinnen.

Kapitel 2: Dienstplanung in den Kooperationseinrichtungen

3.4 Pausen und Ruhezeiten

Pausen

Aus den Dienstplänen kann die *Verteilung und Durchführung der Pausen* nicht entnommen werden. Nur in den Dienstplanlegenden wird die anzurechnende Arbeitszeit je Schicht hinterlegt. Auffälligkeiten ergeben sich bei der Analyse der hinterlegten anzurechnenden Arbeitszeit für Nachtdienste.

	Einrichtung 1	Einrichtung 2	Einrichtung 3	Einrichtung 4	Einrichtung 5	Einrichtung 6	Einrichtung 7
Uhrzeit	21.15 – 6.30 h.	1) 21.00 – 6.30 h. 2) 21.00 – 6.30 h.	20.15 – 7.00 h.	20.30 – 6.30 h.	1) 20.30 – 7.00 h. 2) 20.30 – 6.30 h.	20.30 – 6.30 h.	1) 20.15 – 6.15 h. 2) 20.45 – 6.45 h.
Anzurechnende Arbeitszeit	8,75 Std.	9,5 Std. 8,75 Std.	10,25 Std.	9,25 Std.	10 Std. 9,5 Std.	9,75 Std.	9 Std. 9 Std.
unvergütete Pausenzeit	0,5 Std.	keine / 0,75 Std.	0,5 Std.	0,75 Std.	0,5 Std.	0,25 Std.	1 Std.

Tabelle 2-4: Anzurechnende Arbeitszeit im Nachtdienst

Gemäß § 4 ArbZG sind verbindliche Ruhepausen zur Unterbrechung der Arbeitszeit zum Schutz Beschäftigter vorgegeben. Danach sind mindestens 30 Minuten Ruhepause bei einer Arbeitszeit von 6 bis 9 Stunden und 45 Minuten bei mehr als 9 Stunden Arbeitszeit zu gewähren. Die Ruhepausen können in Zeitabschnitten von jeweils mindestens 15 Minuten aufgeteilt werden. § 7 Abs. 1 Nr. 2 ArbZG lässt Ausnahmen durch tarifvertragliche Regelungen für Schichtbetriebe zu.[114] Die Ruhepausen sind dann auf Kurzpausen von angemessener Dauer aufzuteilen.

Die *Einrichtung 2* hat zwei zeitlich identische Nachtdienste in der Dienstplanlegende mit zwei unterschiedlich anzurechnenden Arbeitszeiten hinterlegt. Demnach wird je nach dem Nachtdienst entweder die Gesamtzeit von 9,5 Stunden vergütet oder nur 8,75 Stunden. Beide Nachtdienste werden entsprechend den Dienstplänen von dauerhaft eingesetztem Personal durchgeführt. Unter Berücksichtigung des Arbeitszeitgesetzes ist daher die Annahme berechtigt, dass je nach geplanter Nachtwache die gesetzlichen Ruhepausen vergütet werden oder auch nicht.

Die *Einrichtung 5* sieht aufgrund der Dienstplanlegende für die Nachtdienste jeweils 30 Minuten Pause vor. Die *Einrichtung 6* rechnet nach der

---

114 Vgl. zu den rechtlichen Grundlagen Kapitel 1, Gliederungspunkt 5.2.2.

Dienstplanlegende im Nachtdienst von 10 Stunden insgesamt 9,75 Stunden als Arbeitszeit an. Hier läge die Annahme nahe, dass in beiden Einrichtungen – unter Einhaltung des Arbeitszeitgesetzes – ein Teil der Ruhepausen vergütet wird.

Einrichtung 3 weist eine Besonderheit im Nachtdienst auf. Dieser Nachtdienst dauert 10,25 Stunden. Nach § 6 Abs. 2 ArbZG darf die Arbeitszeit der im Nachdienst tätigen Arbeitnehmer maximal 10 Stunden umfassen. § 7 Abs. 1 Nr. 4 ArbZG lässt auch hier Ausnahmen durch tarifvertragliche Regelungen/AVR zu. Demnach kann die Arbeitszeit über zehn Stunden werktäglich hinaus verlängert werden, wenn in die Arbeitszeit regelmäßig und in erheblichem Umfang Arbeitsbereitschaft oder Bereitschaftsdienst fällt.

Ruhezeiten

Gemäß § 5 Abs. 1 ArbZG müssen Arbeitnehmer nach Beendigung der täglichen Arbeitszeit eine ununterbrochene Ruhezeit[115] von mindestens elf Stunden haben. § 5 Abs. 2 ArbZG lässt für Krankenhäuser und Einrichtungen der Altenpflege die Abweichung zu, dass die Dauer um bis zu eine Stunde verkürzt werden kann, wenn jede Verkürzung der Ruhezeit innerhalb eines Kalendermonats oder innerhalb von vier Wochen durch Verlängerung einer anderen Ruhezeit auf mindestens zwölf Stunden ausgeglichen wird. Des Weiteren lässt § 7 Abs. 1 Nr. 3 ArbZG Ausnahmen durch tarifvertragliche Regelungen bzw. Regelungen in den AVR (§ 7 Abs. 4) zu. Durch tarifvertragliche Regelung/AVR darf die Ruhezeit um bis zu zwei Stunden verkürzt werden, wenn die Art der Arbeit dies erfordert und die Kürzung der Ruhezeit innerhalb eines festzulegenden Ausgleichszeitraumes ausgeglichen wird. Abweichende Regelungen wurden in der AVR-Caritas (Anlage 5, § 1 Abs. 10) sowie in der AVR-K (§ 15 Abs. 2) für die diakonischen Einrichtungen getroffen. Die nachfolgende Tabelle stellt die in den Einrichtungen ermittelten Ruhezeiten gegenüber:

	Einrichtung 1	*Einrichtung 2*	*Einrichtung 3*	*Einrichtung 4*	*Einrichtung 5*	*Einrichtung 6*	*Einrichtung 7*
kürzeste dienstplanmäßige Ruhezeit	21.00 – 6.30 h.	21.00 – 6.30 h.	21.00 – 6.30 h.	21.30 – 6.30 h.	21.00 – 6.30 h.	21.00 – 6.30 h.	21.00 – 6.00 h.
Dauer der Ruhezeit	9,5 Std.	9,5 Std.	9,5 Std.	9,0 Std.	9,5 Std.	9,5 Std.	9,0 Std.

Tabelle 2-5: Kürzeste dienstplanmäßige Ruhezeit im Bereich der Pflege

---

115 Vgl. zu den rechtlichen Grundlagen Kapitel 1, Gliederungspunkt 5.2.3.

Mit den Einzelanalysen in den Einrichtungen ergaben sich wichtige Erkenntnisse für die Vorgehensweise und Handhabung der Dienstplanung. Es konnte festgestellt werden, dass bei der Gestaltung der Arbeitszeit- und Dienstplanung der Beschäftigten kein einheitliches Handlungsmuster existiert, sondern eher einrichtungsspezifische Gestaltungsformen umgesetzt werden.

Unterschiedlichkeiten bestehen u. a. in der Planung der Rund-um-die-Uhr Pflege, im Einsatz von Pflegediensten im Wechsel- und Schichtdienst oder beim Einsatz ständiger Nachtwachen sowie in der Beschäftigung von Voll- und Teilzeitkräften. Allerdings zeigten sich auch Gemeinsamkeiten, z. B. in der Trennung von Pflegedienst und Hauswirtschaft, der zeitlichen Planung von Übergabezeiten oder der tageszeitlich schwankenden Personalbesetzung.

Insgesamt ergaben sich daraus grundlegende Erkenntnisse, die wertvolle Daten für die weitere Projektentwicklung lieferten. Die qualitative Erhebung wurde aufbauend auf den gewonnenen Daten geführt und lieferte somit weitere Informationen zur Erschließung des Untersuchungsgegenstandes.

Kapitel 3: Qualitative Erhebung

1 Interviewanalysen

1.1 Vorgehensweise

Aufbauend auf den in den vorherigen Kapiteln dargestellten Erkenntnissen wurden anschließend mit den Leitungskräften der Einrichtungen problemzentrierte Interviews geführt.[116]

Positionsbezeichnung	Anzahl der Interviews
Heimleitung	2
Pflegedienstleitung/Wohnbereichsleitung	9
Hauswirtschaftliche Leitung	3
Gesamtzahl Interviews	14

Tabelle 3-1: Anzahl der geführten Interviews

Es wurden weitgehend Einzelinterviews geführt. Lediglich ein Interview wurde gemeinsam mit einer Leitung und mit einer Wohnbereichsleitung geführt. Von den 14 geführten Interviews konnten 13 in der Auswertung berücksichtigt werden.

Themenschwerpunkte in den Interviews bildeten unter anderem die Dienstplanerstellung in den Versorgungsbereichen und der zeitliche Beschäftigungsumfang, der Umgang mit Plus- und Minusstunden, die soziale Betreuung sowie Kooperationen zwischen den Versorgungsbereichen.

1.2 Vollzeit- und Teilzeitkräfte

1.2.1 Entwicklungen in den Beschäftigungsstrukturen

Veränderungen im zeitlichen Beschäftigungsumfang

Aus den Interviews wurde deutlich, dass vor allem im Rahmen der Umstrukturierungen im Kontext der Veränderungen in der Pflege durch die Pflegeversicherung Planstellen von Vollzeit in Teilzeitstellen umgewandelt worden waren. Diese Entwicklung betrifft alle Dienstleistungsbereiche in den Einrichtungen, also den Pflegebereich, die Hauswirtschaft und die sozialen Betreuungsdienste.

---

[116] Siehe zur Methodik des problemzentrierten Interview: Witzel, Das Problemzentrierte Interview, in: http://www.qualitative-research.net/fqs-texte/1-00/1-00witzel-d.htm [27.12.2006].

> »Und mhm, wir haben Anfangs – hatten wir eben mehr Vollzeitkräfte gehabt, [...]« (PDL II, S. 11, Z. 7–8).

Begründet wurde diese Umwandlung von allen Interviewten mit einer flexibleren Einsatzmöglichkeit der Teilzeitbeschäftigten.

Als damit verbundene Vorteile wurden genannt:
- Eine bessere Abdeckung von Arbeitsspitzen durch verkürzte Dienste,
- Eine bessere Steuerung des Personals bei Ausfällen,
- Eine bessere Abdeckung von Wochenend- und Feiertagsdiensten,
- Eine bessere Steuerung von Mehrarbeitstunden und Überstunden.

Eine Heimleitung stellt die Vorteile wie folgt dar:

> »Das kann 'ne Vollzeitstelle natürlich nicht tun, die kann schlecht drei mal drei Stunden kommen oder so was. Oder drei mal zwei Stunden.« (HL III, S. 4, Z. 10–13).

Vollzeitkräfte gelten bei den Leitenden als weniger flexibel einplanbar, da sie aufgrund ihrer Tätigkeit nur begrenzt in der Lage sind, mehr Stunden und dazu noch Überstunden zu leisten.

Probleme der Teilzeitbeschäftigung im Arbeitsablauf

Eine andere Pflegedienstleitung legte allerdings auch Probleme dar, die mit einer verstärkten Teilzeitbeschäftigung von Pflegekräften verbunden sein können. Zum einen ist die Beschäftigung von Teilzeitkräften auch mit einem höheren Koordinationsaufwand im Arbeitsablauf verbunden. Zum Beispiel wurde darauf hingewiesen, dass Aufgaben dann oft von mehreren Teilzeitkräften in zeitlicher Abstimmung erledigt werden müssen. Auch steigt der Informationsbedarf für die Abstimmung zwischen den Voll- und Teilzeitkräften. Vor allem wird durch die Teilzeitbeschäftigungen die Schaffung konstanter Beziehungen zwischen Mitarbeitern und Bewohnern erschwert. Folgende Erzählung verdeutlicht dies:

> »Und mhm ich denke so auch dann die Zugehörigkeit zu den Bewohnern, also .. glaube ich, dass da eine Vollzeitkraft also mehr präsent ist, dass da irgendeine andere Verbindung, Beziehungen auch sind zu Bewohnern. Ja mit Teilzeitkraft war es: o.k. ich gehe ja wieder, ich bin schneller wieder weg.« (PDL II, S. 11, Z. 14–19).

Bei der Dienstplangestaltung für die Teilzeitkräfte muss deshalb darauf geachtet werden, dass für die Pflegekräfte und Bewohner Kontaktmöglichkeiten geschaffen werden.

1.2.2 Arbeitszeitvolumen bei Teilzeitbeschäftigung

Unterscheidung von Beschäftigtengruppen:

Aushilfen

Entsprechend der Definition gemäß § 2 des Teilzeit- und Befristungsgesetzes[117] werden als Teilzeitbeschäftigte jene Mitarbeiter geführt, deren regelmäßige Wochenarbeitszeit kürzer ist als die eines vergleichbaren Vollzeitbeschäftigten mit regelmäßig 38,5 Stunden/wtl. Feste Strukturen hinsichtlich des Arbeitszeitumfangs, z. B. zu Arbeitszeiten mit 19,5 Std./wtl. oder 25 Std./wtl. bzw. 30 Stunden/wtl. wurden nicht erkennbar. Seitens der Leitungskräfte wird allerdings begrifflich zwischen Teilzeitbeschäftigten und Aushilfen unterschieden:

> »Kann man im Stundenumfang festmachen, also die Aushilfen, das sind also durchweg 45 Stunden, das ist also nicht ganz eine viertel Stelle, ist ein bisschen weniger als eine viertel Stelle, und eine Teilzeitkraft, die hat also irgendwie 80 Stunden, es kommt immer auf den Monat drauf an.«(PDL II, S. 12–13, Z. 32–2).

> »Das heißt, wir haben auch aus diesem Grund fürs Wochenende Kräfte auf der Basis von 400 Euro angestellt, [...]« (PDL/WBL, S. 12, Z. 19–21).

Aushilfskräfte werden hauptsächlich zur Besetzung der Wochenenddienste und für Ausfallzeiten, wie zum Beispiel Urlaubszeiten oder bei Krankheitszeiten mit einem geringen Stundenkontingent angestellt.

Altenpflegeschüler- und Schülerinnen

Eine weitere Gruppe bei den Teilzeitbeschäftigten bilden die Altenpflegeschüler. Jene Schüler werden in der Planung mit einer 0,33 Stelle geführt. Aufgrund ihrer Ausbildung können sie im Vergleich zu den angestellten Kräften allerdings nur eingeschränkt im Rahmen der Dienstplanung eingeplant werden, da praktische Ausbildungszeiten auch außerhalb des Heimes anfallen und die schulische Ausbildungsanteile in den Altenpflegeschulen bei der Ausbildung und Dienstplanung berücksichtigt werden müssen. Einige Einrichtungen planen dennoch den Einsatz von Altenpflegeschülern für die Wochenenden fest ein:

> »Wir haben es bei den Schülerinnen so gehandhabt, das die Schülerinnen während Ihres dreijährigen Einsatzes im Stammhaus *alle* vierzehn Tage am Wochenende hier bei uns arbeiten, ob Sie in der Schule sind, oder aber ob Sie im praktischen Einsatz sind.« (PDL/WBL, S. 29, Z. 22–26).

---

117 Gesetz vom 21.12.2000, BGBl. I S. 1966.

Beschäftigungen auf der Basis einer 35 Stunden-Woche

In zwei Einrichtungen werden die Teilzeitbeschäftigungen mit einer Arbeitszeit von 35 Stunden wöchentlich umgesetzt. In beiden Fällen favorisierten die Heimleitungen diese Beschäftigungsform aus finanziellen Gründen und aufgrund eines flexiblen Einsatzes des Personals. Deutlich wird dies anhand folgender Aussage:

> »[...] das man mit einer 35-Stunden-Stelle nicht so wahnsinnig viel weniger verdient als mit 39 Stunden, aber die haben wesentlich mehr Freizeit, das heißt Arbeit und Freizeit kann besser kombiniert werden. Sie haben auch einen besseren Erholungswert und es macht dann im finanziellen Bereich nicht allzu viel aus. Es ist natürlich schon schwierig, wenn jemand von 39 Stunden auf 35 zurückgeht, aber wenn jemand mit 35 anfangen hat, dann ist es günstiger und man lernt auch die Freizeit – wegfahren – deutlich mehr zu schätzen, es ist angenehmer. Weil wir es dann nicht so machen, dass wir die Mitarbeiterinnen oder Mitarbeiter per se mit einem verkürzten Dienst arbeiten lassen, das heißt also, das die dann auch nicht ständig im Betrieb sind, sondern das die dann immer regulär mit sieben Stunden pro Tag arbeiten und dafür aber einen freien Tag oder zwei freie Tage mehr haben.« (PDL/WBL, S. 10–11, Z. 29–8).

Die Interviewte hebt die Vorteile der Teilzeitarbeit hervor, indem sie auf den Gewinn an freier Zeit und einen höheren Erholungswert verweist. In den anderen Erzählungen von Leitungskräften werden jedoch auch kritische Aspekte dargelegt. Aus der Perspektive von Vollzeitbeschäftigten wird vor allem auf finanzielle Einbußen hingewiesen, die mit einer Teilzeittätigkeit einhergehen. Allerdings sehen diejenigen Kräfte, die über eine Teilzeitbeschäftigung einen Arbeitsplatz erlangt haben, die Vorteile darin, dass sie über die Teilzeitform auch eine Stundenerhöhung und damit finanzielle Verdienstverbesserungen erreichen können. Nachvollziehbar wird diese Argumentation aufgrund der von einer Pflegedienstleitung berichteten Praxis, bei Neueinstellungen vorrangig mit so genannten geringfügigen Beschäftigungen mit einem Verdienst von 400 Euro zu beginnen und den so Beschäftigten eine Stundenaufstockung in Aussicht zu stellen.

Beschäftigungsumfang in Abhängigkeit zur Qualifikation

Bei der Analyse zeigte sich, dass Pflegedienstleitungen bei den Beschäftigungszeiten zwischen examiniertem Pflegepersonal und sonstigen Kräften unterscheiden. Examinierte Pflegekräfte arbeiten danach eher in einer Vollzeitbeschäftigung, Pflegehilfskräfte eher als Teilzeitkräfte. Eine Vollzeittätigkeit wird für die examinierten Pflegekräfte von ihnen bevorzugt.

Die folgende Tabelle zu den erhoben Strukturdaten der Einrichtungen zeigt unterschiedliche Gewichtungen bei der Vollzeitarbeit:

	Einrichtung 1	Einrichtung 2	Einrichtung 3	Einrichtung 4	Einrichtung 5	Einrichtung 6	Einrichtung 7
Pflegekräfte	48	68	78	94	46	70	44
Fachkräfte in Vollzeit	7	9	13	8	8	10	7
Hilfskräfte in Vollzeit	9	3	30	3	8	11	8

Tabelle 3-2: Pflegekräfte in Vollzeitbeschäftigung unterteilt nach Qualifikation

Seitens der Pflegedienstleitungen wird darin die Bereitschaft deutlich, vorrangig Pflegefachkräfte mit voller Stundenzahl zu beschäftigen.

Im hauswirtschaftlichen Aufgabenbereich finden sich entsprechende Unterscheidungen nicht, da in diesem Bereich fast ausschließlich Mitarbeiter ohne Fachqualifikation beschäftigt werden:

»Ja, hauswirtschaftliche Mitarbeiterinnen bis auf eine mit 'ner halben Stelle ohne Qualifikation, eine halbe Stelle ist dabei, die hat äh ne Hauswirtschafterinnen bzw. ne hauswirtschaftliche Qualifikation.« (HWL II, S. 11, Z. 29–31).

1.2.3 Einsatzplanung für Teilzeitkräfte

Die Interviews ergaben, dass in den Pflegeeinrichtungen sehr unterschiedliche Dienstplanmodelle für den Einsatz von Teilzeitkräften bestehen. Auch wurde festgestellt, dass ein großer Teil der Teilzeitkräfte vierzehntägig zu Wochenenddiensten herangezogen wird. Folgende Arbeitszeitmodelle wurden in den Interviews genannt:
– täglich kürzere Arbeitszeit (z. B. drei Stunden Dienst)
– wöchentlich kürzere Arbeitszeit (z. B. drei Tage Dienst und drei Tage frei)
– täglich und wöchentlich kürzere Arbeitszeit
– eine Woche Dienst – eine Woche frei
– zehn Tage Dienst und zwanzig Tage frei.

Im hauswirtschaftlichen Bereich wird von den Leitungskräften bei der Diensteinsatzplanung der Teilzeitkräfte eher eine langfristige Planung verfolgt. Folgende Aussagen zeigen dies:

»[...] dieser Dienstplan erlaubt eben tatsächlich auch, das Teilzeitmitarbeiter durchaus im Minus laufen dürfen um gegebenenfalls geplant in einer anderen Zeit – sprich Vorweihnachtszeit – da noch mal in einer höheren Stunden, in einem höheren Stundenanteil eingesetzt werden müssen.« (HWL II, S. 8, Z. 29–33)

Die Aussagen der hauswirtschaftlichen Leitung verweisen darauf, dass für die Einsatzplanung der Kräfte von einer Stundenansammlung über mehrere Monate bzw. ggf. von einem Jahresstundenkontingent ausgegangen wird. Vergleichbare Aussagen wurden von den Pflegedienstleitungen nicht getroffen.

1.3 EDV-gestützte Dienstplangestaltung

1.3.1 Stand der Umsetzung

In allen Kooperationseinrichtungen erfolgt die Dienstplangestaltung gestützt durch EDV. Der Einsatz der EDV und deren Umsetzung und Nutzung für die Ausgestaltung der Dienstplanung verläuft in den Einrichtungen jedoch unterschiedlich.

Die Programme bieten vielfältige Möglichkeiten zur Erstellung eines *systematischen Dienstplanes* (PDL/WBL, S. 1, Z. 24) und zur Erstellung von »*Zyklen*« für den Einsatz der Mitarbeiter sowie langfristigen Rahmendienstplänen (PDL III, S. 15, Z. 24). Dies bestätigen auch die Pflegedienstleitungen. Vorteile können darin bestehen, dass nur aktuelle Änderungen, zum Beispiel Krankheits- und Urlaubsausfälle oder Änderungen der Schichtdienste auf Wunsch von Beschäftigten einzuarbeiten wären. Voraussetzung ist eine Vorleistung in Form von Zeitinvestition in die Aufbereitung des Programms und dessen Hinterlegung im Plan. Diese Möglichkeiten werden bislang aber kaum in den Einrichtungen genutzt, wie das folgende Beispiel zeigt:

> »Da haben wir also irgendwann mal (h) durch die erhebliche Komplexität festgestellt, dass das einfach.. geht nicht. Es ist *nicht* möglich diesen Zyklus, den Zyklus so zu gestalten, dass alle Eventualitäten, die einer, der den Dienstplan schreibt, im Kopf haben muss, berücksichtigt werden. Und wenn dieser Zyklus nicht in Ordnung ist, nicht richtig ist, gaukelt er dem Schreiber einen fertigen Dienstplan vor, der *unendlich* viele Fehler enthält, und der im Detail korrigiert werden muss. Und dann, dann geht man schon wieder, ne, beim besten Willen, wir können uns besser hinsetzen, und die (h) .. die Tage einzeln planen, als da irgendwie was Halbfertiges zu haben und dann raus zu finden, wo sich der Fehler aufhält. Da ist also erst mal ist die Fehlerquote sehr hoch, zweitens ist der Aufwand, der Zeitaufwand ist auch höher. ..Insofern, (h) ist da 'ne riesige Zeiteinsparung, was die Planung angeht, selber *nicht*, so gut wie kaum möglich.. Aber das íst, wir haben wirklich uns gedacht, Mensch, das muss doch irgendwie gehen. Weil das ja auch unsinnig viel Zeit schluckt. (h) Aber kaum möglich. Es ist *so*, wir haben den Zeitpunkt beobachtet, über neun Monate, werden einzelne Leute beobachtet, in welchen Zyklen die so ungefähr arbeiten, aber es gibt verdammt noch mal keinen Zyklus. Nichts, was *ähnlich* ist. Auch nur *irgendwie*. Das ist also wirklich völlig, völlig unterschiedlich, die Arbeitszeiten. In einem Monat eine Woche, im nächsten zwei Wochen, im nächsten Monat gar nicht, im übernächsten *drei* Wochen oder Wochenenden, genauso. (h) Ließ sich kein Zyklus einbauen. Geht nicht. Ich brauch die Leute so, wie die Ar-

beit anfällt, also wo Leute krank werden, in Kur gehen oder was weiß ich was. Da muss man dann verstärkt einsetzen und (h) (..) Wohnbereich her (h), was weiß ich, ..« (HL III, S. 28, Z. 2–27).

Zum einen wird deutlich, dass die Dienstplanungen eher situativ nach den Belastungen geplant werden. Im Weiteren verdeutlicht die Erzählsequenz, dass die Beschäftigten in den Einrichtungen ein hohes Maß an Flexibilität haben müssen. Bei einer fehlenden langfristigen Planung kann für die Beschäftigten auch keine grundständige Planungssicherheit bestehen. Eine langfristige Planung von Freizeiten ist dann nur eingeschränkt möglich, z. B. in der Form von Urlaubsplanung.

1.3.2 Änderungsaufwand und Zugriffsrechte

Bei den Dienstplänen ist grundsätzlich nach Soll- und Ist-Plan zu unterscheiden. Der Soll-Plan beinhaltet die geplanten Dienste der Mitarbeiter, der Ist-Plan dagegen die tatsächlich geleisteten Dienste. Diese Unterscheidung bedeutet für die Praxis, dass sämtliche Änderungen zum Sollplan nachträglich in die EDV eingegeben werden müssen. Typische Änderungsbedarfe entstehen bei Überstunden, bei Ausfällen oder dem Tausch von Diensten bzw. zeitlichen Verschiebungen des Arbeitsbeginns bzw. dessen Ende. Diese Änderungen wurden früher von den betroffenen Mitarbeitern per Hand eingetragen. Durch den EDV-gestützten Dienstplan ist diese Aufgabe zumeist auf die Leitungen übertragen worden:

> »Vorher war es so, dass die Mitarbeiter selbst ausgefüllt haben. Überstunden, Mehrarbeitsstunden, was auch immer und jetzt sitzen wir hier vor und machen stundenlang diese Eingaben und die dann – wie sagt man – jetzt noch mal geändert werden müssen.« (PDL III, S. 3, Z. 22–31).

Durch Einschränkungen der Zugriffsrechte auf das Dienstplanprogramm, die regelmäßig den Leitungskräften vorbehalten bleiben, ist die Dienstplanerstellung und -verwaltung als zentrale Aufgabe den Leitungskräften zugewiesen, die allerdings aufgrund der steigenden Änderungen als Belastung wahrgenommen wird.

> »Nein, auf den PC hat kein Mitarbeiter Zugriff, da haben wir also Zugriffsrechte, weil da könnten die mir irgendwie dran rumstellen und hier noch einen Dienst eintragen und da noch, also das ist nicht erlaubt.« (PDL II, S. 3, 12–14).

1.3.3 Entlastung der Leitungskräfte

Trotz der zuvor genannten Probleme bei der Planung von Rahmendienstplänen sehen die Interviewten auch Vorteile in der EDV-gestützten Dienstplanerstellung. Diese liegen in einer besseren Übersichtlichkeit und in einer schnelleren Verarbeitung der Daten in der Verwaltung. Auch können von der

Buchhaltung direkt auf den elektronischen Ist-Plan zugegriffen und alle für die Abrechnung relevanten Daten direkt abgerufen werden. Zudem können mit Hilfe des Programms Restansprüche auf Urlaub sowie aktuelle Plus- oder Minusstunden für jeden Beschäftigten ohne Zeitaufwand ausgewiesen werden und Feiertage werden in der Berechnung der Arbeitsstunden automatisch berücksichtigt. Schließlich können für Mitarbeitergruppen, wie z. B. Altenpflegeschüler und -schülerinnen Dienste hinterlegt werden.

> »Also auch dann mit der Urlaubsberechnung und alles, dass das wirklich ganz gerecht ist. Das sind ja auch die Feiertage und alles, was er automatisch rechnet, was sonst immer ein bisschen, ja Feiertage sorgten eigentlich immer für Unruhe so nach dem Motto, wie viele Stunden kriegen wir, gibt es mhm prozentuale Bezahlung dafür, also Zeitzuschläge oder kriege ich Freizeitausgleich und das wird ja auch unterschiedlich gemacht. Also Aushilfen, die kriegen Ihren Freizeitausgleich und feste Mitarbeiter, die haben dann Bezahlung. Und das war, war immer ein bisschen problematisch so auch und ich denke, jetzt ist es einfach fest da drin und da kann man nicht mehr groß mit » wenn und aber«[kommen] sondern es ist einfach vorgeschrieben.« (PDL II, S. 4, Z. 10–20).

Weitere Vorteile des EDV-Einsatzes bei der Dienstplanung werden darin gesehen, dass auch Strukturanalysen, zum Beispiel für künftige Personaleinsatzplanungen durchgeführt werden können. Dazu wurde auf die Anlassprüfung von Mehrarbeitsstunden und die Kalkulation des Zeitaufwandes für administrative Aufgaben hingewiesen.

1.3.4 Transparenz und Sicherheit für Mitarbeiter

Darüber hinaus führt eine EDV-gestützte Dienstplanung nach Ansicht der Leitenden zu mehr Transparenz bei den Beschäftigten. Mit Hilfe der EDV ist für jede Kraft der aktuelle Stand der Überstunden und die Berechnung von Zeitzuschlägen ausweisbar:

> »(...) das empfinden natürlich die Mitarbeiter auch als sehr positiv, das sie nicht mehr schreiben müssen. Die mussten ja bislang immer ihren Stundenzettel selber führen und dafür Sorge tragen, das eben halt auch diese Zuschläge ... ihnen dann letztendlich auch mhm, ... das sie die auch bekamen.« (HL I, S. 3, Z. 1–8).

Durch die automatische Berechnung aller für die Mitarbeiter relevanten Daten erhalten die Beschäftigten die Sicherheit, dass die Abrechnungen korrekt erfolgen.

> »Also auch mit diesen Zetteln, die da so früher rausgegangen sind, ..(h) ja, wir haben sie also stichprobenhaft kontrolliert, aber (h) flächendeckend war insgesamt bei 90 Beschäftigten, kann man die nicht flächendeckend kontrollieren, geht nicht. ... Insofern ist da auch ziemlich viel Unsinn bei rausgekommen, den nie einer bemerkt hat. Und so hat man

also *korrekte* Abrechnungen. Also, das ist schon ...sehr viel transparenter geworden.« (HL III, S. 27, Z. 3–26).

1.4 Vorgang der Dienstplanerstellung

1.4.1 Eckpunkte der Dienstplanung

Trotz der genannten Vorteile wird die Dienstplanung als komplexer Vorgang erfasst. Alle Pflegedienstleitungen differenzieren in der Planung zwischen Früh- und Spätdienst, zwischen so genannten kurzen Diensten und normalen Diensten. Kurze Dienste dienen in der Regel der Abdeckung von Spitzenzeiten. Die Dienste werden zeitlich unterschiedlich besetzt.

»[...] also ich sage mal jetzt einen Durchschnittswert. Siebenundvierzig Bewohner, dafür habe ich fünf Mitarbeiter im Frühdienst und 4,5 Mitarbeiter im Spätdienst, also Spätdienst ist etwas weniger besetzt.« (PDL II, S. 5, Z. 24–26).

Eine weitere Ursache liegt darin, dass die Planung der einzelnen Dienste von verschiedenen Faktoren abhängig ist. Insbesondere sind dies:
– die Bewohnerstruktur und deren Pflegebedarfe,
– die Wünsche der Mitarbeiter hinsichtlich der zu planenden Dienste,
– administrative Aufgaben, z. B. die Pflegeplanung oder die Pflegedokumentation, die durchzuführen ist,
– der Personalausfall,
– der Umfang an Plus- oder Minusstunden bei den einzelnen Mitarbeitern.

Vorrangig wird die Planung durch den Auftrag zur Sicherstellung der Versorgung der Bewohner bestimmt. Dies zeigt folgende Aussage:

»Und davon arbeiten wiederum drei Mitarbeiter bis 21.00 Uhr und zwei nur bis 20.00 Uhr. Das hat sich einfach so bewährt, also es sind doch recht wenig Bewohner, die wirklich länger aufbleiben wollen, also meistens gehen sie dann doch, ja so zwischen 19.30 bis 20.30 ins Bett und dafür reicht das dann auch vom Personal her.« (PDL II, S. 5–6, Z. 33–4).

Um auch notwendige administrative Aufgaben der Dienstplangestaltung zu berücksichtigen, wird wie folgt verfahren:

»Was wir noch tun in dem Sinne ist, wir planen zeitweise mehr Mitarbeiter ein, als tatsächlich dann arbeiten müssen und haben dadurch eine bestimmte Flexibilität. Das heißt, wir machen es dann möglich, dass jemand sich mit der Dokumentation beschäftigt oder mit der Pflegeplanung oder aber jemand frei nimmt, da ist also ein ziemlicher Spielbereich.« (PDL/WBL, S. 7–8, Z. 30–2).

Darin wird deutlich, dass für die Durchführung der Pflegedokumentation und Pflegeplanung zwar keine Zeitkontingente im Dienstplan hinterlegt sind, die Zeit für diese Aufgabenerledigung aber durch eine verstärkte Besetzung eingeräumt wird. Allerdings wird diese Planung nicht überall durchgeführt.

Andere Leitungskräfte nehmen eine aufgabenbezogene Planung mit Hilfe von Ablaufplänen vor. Zwei Erzählungen verdeutlichen dies:

> »Ne, nicht im Dienstplan, sondern im Arbeitsablaufplan. Sie haben also einen Arbeitsablaufplan. Und da ist festgelegt, wann Ende der Pflege ist und da gibt es Zeiten zwischen Ende der Pflege und Beginn einer Mahlzeit, also zwischen neuen Aktivitäten, wenn man mal unmittelbar Bewohnerbezogen, [...] wo Zeiten eingeplant sind, wo Doku geschrieben werden kann, wo Materialien bestellt werden können, wo jemand vom Personal Zeit hat extra Dinge zu tun, Pflegeplan schreiben, wie auch immer. So das ist eben der Ablaufplan.« (PDL/WBL, S. 17, Z. 20–28).

Eine andere Vorgehensweise ergibt sich aus folgenden Aussagen:

> »Ne, wir versuchen in der Planung es so zu handhaben, dass wir uns strikt an die Soll-Arbeitszeit halten, das heißt, wir versuchen tunlichst unterhalb der Soll-Arbeitszeit zu sein. Also, das wir, mhm ja manchmal kommt es hin, das man sie genau ausschöpft, aber wenn eine Möglichkeit besteht, versuchen wir tunlichst, das wir unter der Soll-Arbeitszeit bleiben, um dann für eventuelle, ich sage jetzt mal, auch Krankheitsausfälle oder ja Krankheit ist ja auch eigentlich nur, was nicht planbar ist, um dann da ein Stück weit flexibel zu sein und das hat sich bewährt.« (PDL/WBL, S. 7, Z. 14–22).

Insgesamt werden unterschiedliche Strategien der Dienstplanung erkennbar.

1.4.2 Problemsituationen und -zeiten

Die Analyse der durchgeführten Interviews ergab drei zentrale Problembereiche bei der Dienstplanung und zwar die Planung der Wochenenddienste, die Überbrückung krankheitsbedingter Ausfälle und die Urlaubszeiten.

Einsatzplanung für die Wochenenden

Die Dienstplanungen für die Wochenenden wurden von allen Leitungskräften angesprochen. Hierbei stellte sich heraus, dass in den Einrichtungen teilweise gesonderte Pläne für die Wochenenden erstellt werden, um die Personalbesetzung besser überschauen und auf Probleme schneller reagieren zu können.

> »[...] schauen wir mal, was war die Woche über gewesen, wie sieht die nächste Woche aus, gibt es irgendwo noch Probleme, ähm wie siehts Wochenende aus und planen dann noch mal äh speziell das Wochenende hinterher um zu gucken, sind irgendwo Ausfälle, sind Krankmeldungen, muss Personal verschoben werden. Nachtwache ist ein Problem momentan, Langzeitkranke,... wir haben einige Langzeitkranke,... Schwangere, eine Schwangere in der Nacht...darf nimmer arbeiten, die kommt in den Tagdienst, dann muss natürlich der Tagdienst die Nacht abdecken, weil wir dann ähm nicht zusätzlich Personal bekommen. So Dinge, die drücken uns dann schon, nee.« (PDL III, S. 3, Z. 10–18).

Der überwiegende Teil der Einrichtungen plant im Vergleich zu den Werktagen für die Wochenenden eine reduzierte personelle Besetzung in der Pflege und der Hauswirtschaft ein. Nur wenige Einrichtungen planen die Wochenenden in der gleichen vollständigen Besetzung wie die Wochentage. Dies wird dann durch einen verstärkten Einsatz von Teilzeitkräften in ständigen Wochenenddiensten erreicht:

> »Also, wir haben Teilzeitkräfte vorwiegend, die auch nur am Wochenende arbeiten, weil wir am Wochenende den Bewohnern gleiche Personalstärke anbieten können möchten wie unter der Woche auch. Weil, ob jetzt Montag oder Samstag oder Sonntag ist, das ist im Grunde für uns alle ein ganz (Handy im Hintergrund) normaler Arbeitstag, weil es immer das Gleiche ist. Natürlich fallen am Wochenende die ganzen Arztgeschichten und Telefonate weg, aber unter dem Strich ist das Wochenende genauso zu halten wie die Woche auch.« (PDL/WBL, S. 12, Z. 12–19).

Ausfälle

Krankheitsbedingte Ausfälle sind bei der Dienstplanung ein ständiges Problem, dass überwiegend durch kurzfristige Umsetzungen gelöst wird. Häufig werden dann Mitarbeiter aus anderen Bereichen, z. B. stundenweise oder auch für die gesamte Schicht abgezogen. Im Übrigen müssen Mitarbeiter bereit sein, auf Freizeiten zu verzichten und dienstlich kurzfristig einzuspringen. Von den Mitarbeitern wird somit ein hohes Maß an Arbeitsbereitschaft und Flexibilität erwartet:

> »Also ich finde, dass hier im Haus eine hohe Bereitschaft ist von den Mitarbeitern einzuspringen bei Krankheitsfällen. Das habe ich so in der Form auch noch nicht erlebt, dass es vollkommen selbstverständlich ist, das die Mitarbeiter von sich aus sagen: Ja ich komme arbeiten, ich komme sofort!« (PDL/WBL, S. 5, Z. 12–16).

Diese Praxis der Ausfallbewältigung führt bei Vollzeitkräften schnell zu Überstunden. Um dies zu vermeiden, werden vorrangig Teilzeitkräfte oder Aushilfskräfte bei Ausfällen eingesetzt. Auch sollen geteilte Dienste oder längere Schichtdienste vermieden werden:

> »Und mhm dann sind natürlich auch Teilzeitkräfte dran, wenn Ausfälle sind, die dann eben Mehrstunden arbeiten also Mehrstunden leisten.« (PDL II, S. 9, Z. 1–3).

Diese Aussagen korrespondieren mit den Auswertungen der Dienstplanlegenden. Danach waren in drei der sieben kooperierenden Einrichtungen Teildienste im Dienstplan nicht hinterlegt und ein Dienst nur für den Notfall am Wochenende. Ausfälle in den Nachtschichten müssen vom Tagdienst abgedeckt werden, wenn keine ständige Nachtwache zur Verfügung steht. Zu berücksichtigende Ausgleichszeiten im Arbeitszeitrecht führen in der Folge zu grundlegenden Änderungen im Dienstplan:

> »Weil es zu unheimlichen Problemen führt, wenn ein Nachtdienstmitarbeiter nun krank wird. Das macht den Tagdienstplan kaputt, im Prinzip, weil Nachtdienst halt zehn Stunden dauert, und entsprechend Freizeitausgleich (h) gewährleistet sein muss. Das heißt, es fällt jemand vor und nach dem Tagdienst ein, zwei, drei Tage aus dem Dienstplan. Das ist, ähm, das führt dazu, dass der Dienstplan einfach jedes Mal zusammenbricht, wenn eine Nachtwache krank wird.« (HL III, S. 5–6, Z. 30–2).

1.4.3 Einsatzplanung der Nachtwachen

Eine Sonderstellung nimmt die Dienstplanung für die Nachtwachen ein. Der Grund liegt darin, dass alle Einrichtungen noch über so genannte »feste« Nachtwachen verfügen.

> »(atmet, tief aus) Ja, Tag- und Nachtdienstverteilung wär vielleicht noch 'nen Thema. Das ist auch so'n aktuelles (h) auch ist. Bei der Umverteilung. Traditionell gab's in der Alten- und Krankenhilfe immer *Nachtdienste*, Nachtschwestern, so war das früher.« (HL III, S. 5, Z. 24–27).

Da die Nachtwachen nicht im Dienstplan der Wohnbereiche integriert sind, sondern für sie ein gesonderter Dienstplan besteht, müssen Ausfälle über die verschiedenen Personaleinsatzplanungen hinweg ausgeglichen werden. Davon betroffen ist – wie bereits dargelegt – der gesamte Tagdienst. Einige Einrichtungen sind deshalb bereits dazu übergegangen, keine weiteren Verträge für Nachtwachen bei Neueinstellungen abzuschließen.

> »[...] und es ist jetzt so, dass wir im Nachtdienst .. zwei Mitarbeiterinnen im examinierten Bereich und zwei Mitarbeiter im nicht examinierten Bereich haben und diese vier Personen haben keinen Nachtwachenvertrag, sondern die haben einen ganz normalen Vertrag wie alle anderen auch, sind aber vorwiegend im Nachtdienst eingesetzt. Das nicht heißt, dass die nicht auch zwischendurch auch mal in den Tagdienst gehen. Ich forciere das auch, dass die hin und wieder mal noch mal den Blickwinkel mitbekommen. Und das sind durch die Bank Teilzeitkräfte, mit jeweils entweder 15 Stunden vertraglich vereinbart oder 19,5 Stunden. Und die anderen Nachtdienste werden dann von Mitarbeiterinnen hier aus dem Tagdienst abgedeckt nach Wunsch.« (PDL/WBL, S. 14, Z. 15–26).

Viele der interviewten Leitungskräfte stehen dem Einsatz ständiger Nachtwachen kritisch gegenüber. Sie sehen damit nur Nachteile verbunden. Dies gilt insbesondere für die Ersatzplanung bei Ausfällen und die für ständige Nachtwachen starre und enge Einsatzplanung, die keinen Wechsel in den Tagdienst ermöglicht. Daher versuchen Einrichtungen, die Nachtdienste in den Dienstplan der Wohnbereiche zu integrieren:

> »Insofern (h) ja, arbeiten wir daran seit einiger Zeit [...] das einfach umzustellen, die Nachtdienstmitarbeiter in den Tag mit aufzunehmen und dann einfach über die Zeit den Nachtdienst zu verteilen, auf alle Mitarbeiter.« (HL III, S. 6, Z. 4–6).

1.5 Mitarbeiterorientierung – Wünsche des Personals

Einen weiteren wichtigen Aspekt bei der Dienstplangestaltung stellt der Umgang mit Wünschen des Personals dar. Die interviewten Leitungskräfte sehen ihre Aufgabe hier oftmals darin, dass sie Kompromisse zwischen den Betriebsnotwendigkeiten und Bedürfnissen der Bewohner sowie den Wünschen der Beschäftigten suchen müssen. Beispielhaft ist folgende Aussage:

»[...] die Wünsche der Mitarbeiter werden soweit es geht berücksichtigt, äh gut es steht schon im *Vordergrund die Gesundheit* der Bewohner aber man muss immer wieder die Mitarbeiter im Auge haben, so dass äh wir auch am Donnerstag grundsätzlich uns zusammen setzen, alle Bereiche.« (PDL III, S. 3, Z. 3–6).

Das Bemühen der Leitungen, auch Mitarbeiterinteressen in der Dienstplanung zu berücksichtigen, bezieht sich dabei nicht nur auf die gegenwärtigen Planungen, sondern auch strukturell auf längerfristige Faktoren, z. B. bei der Beachtung bekannter familiärer Rahmenbedingungen der Beschäftigten. Die Untersuchung ergab auch hier, dass unterschiedliche Vorgehensweisen der Umsetzung in den Einrichtungen bestehen. Um kurzfristige Wünsche von den Mitarbeitern zur erfahren und soweit als möglich berücksichtigen zu können, wird beispielsweise in einer Heimeinrichtung ein so genannter Wunschplan geführt.

In anderen Einrichtungen werden kurzfristige Wünsche auf Zetteln gesammelt oder über einen speziellen Kalender erfasst. Einige Leitungskräfte erstellen dagegen einen vorläufigen Dienstplan, den sie dann zur näheren Abstimmung in die jeweiligen Wohnbereiche geben. Die Beschäftigten sollen dann ihre Interessen untereinander besprechen und für den folgenden Dienstplan abstimmen.

Wünsche, die über eine längere Zeit planbar sind, wie zum Beispiel die Lage von Urlaubszeiten im Jahr oder die Verlagerung von Schichtdiensten aus familiären Gründen, werden in der Mehrzahl der Fälle frühzeitig erfasst und im elektronischen Dienstplan hinterlegt. Dies geschieht auch bei einer Verlagerung von Diensten aus familiären Gründen und spiegelt sich dann in unterschiedlichen Schichtzeiten und Teilzeitbeschäftigungen wider.

»Die beiden Mitarbeiterinnen arbeiten aufgrund ihrer familiären Struktur vorwiegend Vormittags und zwar von 8.00 bis 12.00. Das ist etwas was mhm .. ausschließlich mitarbeiterorientiert ist.« (PDL/WBL, S. 25, Z. 5–7).

»Dadurch, dass wir mhm also auch sehr auf unsere Mitarbeiter gucken, also Mitarbeiterzufriedenheit, haben wir eben auch mhm Mitarbeiterinnen, die kleine Kinder haben, die auch dann eben erst um 8.30 anfangen. Da muss ich also auch dann schauen, dass dann einer einen halben Frühdienst macht, der geht um 10.00 Uhr, die Kollegin kommt um 8.30 und dann überlappt sich das noch anderthalb Stunden und dann geht um 10.00 Uhr die nach Hause und die andere bleibt bis 13.00 Uhr. Also, dass man da also auch Möglichkeiten hat eben für Mütter, die ihre Kinder nicht versorgt haben und auch arbeiten, da schauen wir also auch noch.« (PDL II, S. 6, Z. 24–33).

Ein weiterer Gesichtspunkt ist die Bereitschaft von Beschäftigten, im Drei-Schichtsystem zu arbeiten. Teils sind Mitarbeiter bereit, nur Nachtdienste zu übernehmen, auch wenn sie keinen entsprechenden Arbeitsvertrag haben. Andere Mitarbeiter sind dagegen nicht bereit oder nicht in der Lage, neben dem Tagdienst auch Nachtdienste zu übernehmen: Folgendes Beispiel verdeutlicht die Situation:

> »[...] und da ist natürlich auch nicht jeder Mitarbeiter zu bereit in Nachtwache zu gehen, in Nachtdienst. Manche haben vom Arzt ein Attest, dass sie nicht geeignet sind dafür aus irgendwelchen Gründen. Das gibt es auch. Mhm eine Kollegin, die hat ganz stark Migräne und sagt: Wenn ich da nachts Migräne kriege, dann falle ich dir aus. Ja dann, die hat auch ein Attest vom Arzt mitgebracht, also .. das, das schränkt sich schon sehr ein mit dem Nachtdienst und ich muss ganz einfach sagen, es ist auch wirklich, es ist nicht einfach .. so dieser Nacht-Tagrhythmus und da auch wieder den Tagdienst voll zu funktionieren und .. da muss man schon gucken, wer das auch wirklich kann ..« (PDL II, S. 23, Z. 13–24).

1.6 Bewohnerorientierung – Wünsche der Bewohner

Die Leistungskräfte sind ebenso bemüht, Bewohnerwünsche zu berücksichtigen und in der Dienstplanung umzusetzen. Deutlich wird dies anhand folgender Aussage:

> »Manche wollen eben nicht früher aufstehen. Die Duschen dann gerne auch erst um 10.30 oder so, wie Sie es gewohnt sind von zu Hause und da nehmen wir auch Rücksicht drauf. Das muss man dann natürlich bei der Planung berücksichtigen, so ein bisschen, dass man also guckt, dass man eben durchgängig fünf Personen da hat.« (PDL II, S. 6, Z. 12–16).

Am häufigsten wurden in den Interviews folgende zu berücksichtigende Bewohnerwünsche genannt:
– Weckzeiten
– Frühstückszeiten
– Frühstücksort (Speisesaal oder im eigenen Zimmer).
– Badezeiten
– Zeiten zum Zu-Bett-Gehen

Die Wünsche der Bewohner sind dabei recht unterschiedlich und erfordern eine genaue Planung:

> »So ist es nun mal, Erdgeschoss, z. B. da stehen die Bewohner also mhm vor 6.30 braucht man da eigentlich nicht, in kein Bewohnerzimmer zu gehen, ne? Anders als im Dachgeschoss.« (PDL/WBL, S. 4, Z. 5–8).

Neben den unterschiedlichen Gewohnheiten und Bedürfnissen der Bewohner ist auch deren Altersstruktur ein zu beachtender Gesichtspunkt bei der Dienstplanung. Jüngere Bewohner verfolgen zumeist einen anderen Tagesablauf als Ältere. Dies verdeutlicht folgender Auszug, der sich auf jüngere Bewohner bezieht, die aufgrund von Schädel-Hirn-Verletzungen oder einer MS-Erkrankung im Pflegeheim leben.

> »[...] mit den jungen Bewohnern unten im Erdgeschoss, die eben nicht wie die meisten abends um 18.00, 18.30 ins Bett gehen, sondern die dann auch schon mal um 0.30 ins Bett gehen. Das ist schon etwas, was auch möglich ist und auch machbar ist.« (PDL/WBL, S. 9, Z. 2–13).

1.7 Mehrarbeit, Überstunden und Dienstvereinbarung

1.7.1 Begriffsverwendung

In den Interviews werden von den Leitungskräften unterschiedliche Begriffskennzeichnungen für Arbeitszeiten verwendet, die über die planmäßigen Dienstzeiten hinausgehen. Begriffe wie Überstunden, Mehrarbeits- und Plusstunden wurden dabei synonym gebraucht.

> »Die können ganze Tage abfeiern, es gibt also keine Überstunden per se, Überstunden müssen ja bezahlt werden, bei uns heißt das Mehrarbeitsstunden, und die können abgefeiert werden.« (PDL III, S. 8, Z. 14–16).

Einige Leitungskräfte verwenden die Begriffe »Mehrarbeit« und »Überstunden« zur Erklärung des Beschäftigungsumfanges und folgen damit den rechtlichen Begriffsbestimmungen. Bei Vollzeitkräften werden die Überstunden definiert als Zeiten, die über die regelmäßigen planmäßig festgelegten Arbeitszeiten hinausgehen. Bei den Teilzeitkräften wird von Mehrarbeitsstunden bei Überschreitung der regelmäßigen wöchentlichen Arbeitszeit gesprochen.[118] In keinem der Interviews wurde jedoch eine eindeutige Begriffsverwendung festgelegt oder ein Bezug zu dem jeweiligen Tarifvertrag bzw. den Arbeitsvertragsrichtlinien hergestellt.

1.7.2 Bedeutungszuwachs von Überstunden

Die Auswertung der Interviews machte deutlich, dass für die Einrichtungen das Thema »Überstunden« ein ständiges Problem ist:

> »Ja, ja, wir kämpfen, ne? Gegen die, den Überstundenberg. Wir haben also (h) als ich hier angefangen bin, das war vor zweieinhalb *Jahren*, gab es in der Pflege dreitausend Überstunden. Gesammelt, also hier alle zusammen dreitausend.« (HL III, S. 9, Z. 29–32).

Alle Leitungskräfte sind bestrebt, die Zahl der Überstunden abzubauen:

> »Als ich hier angefangen habe im Oktober 2001, da hatten wir 1600 Überstunden und mhm was, an und für sich auch etwas ist, was fast schon Gang und gäbe ist. Wir liegen jetzt, da müsste ich noch mal nach-

---

118 Vgl. dazu auch u. a. §§ 7 TVöD-AT.

> gucken, ich würde mal sagen so bei 300 Überstunden im Bereich der Pflege.« (PDL/WBL S. 6, Z. 6–10).

Die Notwendigkeit, Überstunden abzubauen, ist zum einen mit Kostenaspekten verbunden, da die Überstunden für die Einrichtungen zusätzliche Personalkosten bedeuten. Zum anderen schränkt eine hohe Anzahl an Überstunden bzw. Mehrarbeit offensichtlich auch die Bereitschaft bei den Mitarbeitern ein, noch mehr zusätzliche Arbeit zu leisten.[119] Eine hohe Anzahl von Überstunden führt damit schließlich auch zu einem Verlust an Flexibilität in der Dienstplangestaltung.

Dieser Entwicklung wollen die Leitungskräfte durch die Festlegung einer maximalen Obergrenze für die Ansammlung von Überstunden und Mehrarbeitsstunden für die Beschäftigten begegnen.

> »Gut das, wenn es mal also irgend' ne siebzig oder achtzig oder neunundneunzig Stunden [...] die Grenze dann ist das schon, schon kritisch, nee. Und dann wird immer mal wieder mit abgebaut.« (PDL III, S. 17, Z. 11–13).

Weitere Strategien zum Abbau der Überstunden sind:
- Abbau von Mehrarbeit und Überstunden durch Freizeitausgleich,
- Auszahlung der Mehrarbeitsstunden und Überstunden,
- Festlegung einer Begründungs- und Genehmigungspflicht für alle anfallenden Mehrarbeitszeiten.

Abbau von Überstunden/Mehrarbeit durch Freizeitausgleich

Vorrangig wird versucht, Überstunden bzw. Mehrarbeit durch Freizeit auszugleichen. Möglich ist dies allerdings nur, wenn genügend Personal nach dem Dienstplan bereit steht oder der aktuelle Belegungsplan im Hause dies zulässt:

> »Also ich sehe einen Dienstplan so: Wie viel Mitarbeiter sind da, wie viel Mitarbeiter brauchen die überhaupt und dann sage ich denen, in der Woche seid ihr so und so viel äh oder habt noch 'nen Schüler. Einer muss Mehrarbeitsstunden abbauen. Ihr könnt euch überlegen wer ..und ansonsten... wird es aufdiktiert.« (PDL III, S. 8, Z. 23–26).

Auszahlung der Überstunden/Ausgleich von Mehrarbeit

Eine, wenn auch eingeschränkte Alternative zum Freizeitausgleich stellt aus Sicht der Leitungen die Auszahlung von Überstunden bzw. Mehrarbeit dar. Die Leitungskräfte wissen jedoch, dass dieser Weg mit höheren Abzügen für die Beschäftigten verbunden sein kann und deshalb auch teilweise abgelehnt wird.

---

[119] Siehe hierzu die Ausführungen zu Ausfällen in Abschnitt 1.4.2 sowie die Ausführungen zur Mitarbeiterorientierung, Abschnitt 1.5.

»[...] ja weil man dadurch natürlich auch wieder mehr Abzüge hat und alles. Ist nicht jeder damit .. einverstanden, das auszubezahlen [...].« (PDL II, S. 9), Z. 20–23).

Begründungs- und Genehmigungspflicht für angefallene Überstunden bzw. Mehrarbeit

Ein wirkungsvolles Instrument zur Vermeidung von Überstunden stellt anscheinend die Begründungs- und Genehmigungspflicht dar.

»Genehmigen nicht, aber begründen. Das heißt, wir, wir akzeptieren nicht, wenn ein Mitarbeiter sagt: »Es war einfach so viel zu tun!« Das ist nicht nur ein Kontrollinstrument von unserer Seite aus sondern auch ein Instrument des Bewusstmachens, wie verbringe ich denn meine Zeit.« (PDL/WBL, S. 6, Z. 17–21.).

Alle Leitungskräfte rechtfertigen dieses Verfahren mit negativen Erfahrungen die sie gemacht haben, weil Mitarbeiter ihrer Ansicht nach teils absichtlich Überstunden bzw. Mehrarbeitstunden aufgebaut hätten. Unterschiedliche Strategien bestehen in der Praxis jedoch bei der Anerkennung und bei der Anordnung von Überstunden bzw. Mehrarbeit. In einigen Einrichtungen werden Überschreitungen der Dienstzeit bis zu einer »*Toleranzgrenze von 10 Minuten*« grundsätzlich nicht anerkannt *(PDL IV, S. 11, Z.15). In anderen Heimen* werden dagegen Mehrarbeitszeiten, die z. B. für die Pflegedokumentation anfallen, bis zu einer Viertelstunde ohne Begründung anerkannt.

1.7.3 Dienstliche Vereinbarungen zur Arbeitszeit

Obwohl die Arbeitszeitgestaltung für die Leitenden ein zentrales Instrument für die Organisation der Einrichtung ist, wird auf die schriftliche Festlegung der Arbeitszeitregelungen in Dienst- oder Betriebsvereinbarungen offensichtlich wenig Wert gelegt. So besteht in drei Einrichtungen keine entsprechende Dienst- oder Betriebsvereinbarung. Beispielhaft dafür ist folgende Aussage einer Leitungskraft:

»Gibt es nicht. Es ist nichts festgeschrieben, mhm nichts Festgelegtes. Also ich sage immer, der Mitarbeiter bekommt für das Stundenkontingent, welches in dem Arbeitsvertrag verhandelt wurde oder festgeschrieben wurde, dafür bekommt er sein Geld und nicht mehr und nicht weniger.«(PDL/WBL, S. 5, Z. 25–29).

Die Aussage verdeutlicht, dass keine Notwendigkeit für eine schriftliche Vereinbarung gesehen wird, obwohl in den Einrichtungen Interessenvertretungen der Arbeitnehmerschaft bestehen. Weitere vier Einrichtungen verfügen nach den Aussagen der Interviewten über Dienst- oder Betriebsvereinbarungen:

»(h) nee. Es gibt viele ungeschriebene Geschichten, also Betriebsvereinbarungen schriftlich gibt's nicht, ne. ...« (HL III, S. 11, Z.18–19).

Dabei wird deutlich, dass von einer schriftlichen Festlegung der Arbeitszeitformen, u. a. auch von Arbeitszeitkorridoren absichtlich abgesehen wird oder aber die schriftliche Festlegung wird als unnötiger Bürokratismus empfunden:

> [...] aber um das einfach ..um den Mitarbeitern die Angst zu nehmen, haben wir gesagt, das Minuskonto darf nicht 25 Stunden überschreiten. Während man das Pluskonto, haben wir auch 25 Stunden festgesetzt, aber das ist bei einer Vollzeitkraft o.k., aber bei einer Teilzeitkraft ist es ein bisschen .. ja utopisch, also die sind schneller höher, weit über 25 noch. Und .. im Augenblick denkt da so keiner im Haus so dran von den Mitarbeitern, an die Vereinbarung, die wir da hatten.« (PDL II, S. 10, Z. 12–18).

Eine andere Kraft begründet die fehlende schriftliche Festlegung wie folgt:

> »Aber, das ist (h) [...] ich sag mal, das ist so'n bisschen *Motto* des Hauses, ..ähm, .. nur das tatsächlich zu Verschriftlichen, was auch im Prinzip werden muss. Möglichst wenig. Möglichst wenig sinnloses Papier zu erzeugen, sag' ich mal ganz *provokativ*. Geht uns im Qualitätsmanagement ähnlich, (holt Luft), also (h) wir versuchen, das auf das *Allernötigste* zu beschränken.« (HL III, S. 12, Z. 12–17).

Im Weiteren wird eine Dienst- oder Betriebsvereinbarung zur Arbeitszeitgestaltung häufig erst im Zusammenhang mit wachsenden Minusstunden für notwendig gehalten. Die Regelung von Minusstunden, insbesondere innerhalb von Zeitkorridoren, soll dann Hemmungen gegen diese planbaren Stunden abbauen:

> »Und, wie gesagt, in dem Moment, wo mehr Minusstunden entstehen, wird (h) Betriebsvereinbarung sicherlich notwendig.« (HL III, S. 12, Z. 10–12).

Insgesamt zeigte die Analyse, dass die Leitungskräfte in der Einplanung von so genannten Plus- und Minusstunden ein wirksames Instrument sehen, die Arbeitszeit- und Dienstplangestaltung flexibel zu handhaben. Dabei setzen sie nur begrenzt auf betriebliche Vereinbarungen sondern bevorzugen teils formlose Absprachen.

1.8 Soziale Betreuung der Bewohnerschaft (inkl. Betreuung demenzerkrankter Bewohner)

1.8.1 Organisation der sozialen Betreuung

Im Rahmen der Projektdurchführung wurde als weiterer Themenbereich auch die soziale Betreuungssituation in den Einrichtungen erhoben. Ausgangspunkt war die Erkenntnis, dass mit den neuen Leistungsbedingungen der Pflegeversicherung und des stark verrichtungsorientierten Vergütungssystems die sozialen Betreuungsleistungen für die Bewohner reduziert wurden. Andererseits ist aber vor allem aufgrund einer veränderten Altersstruktur und multimorbider Krankheitsspektren der Bewohnerschaft in vielen Heimeinrichtungen ein Mehrbedarf an sozialer Betreuung festzustellen.[120] Zudem verlangt eine bewohnerorientierte Versorgung auch eine qualitative Betreuung durch das Personal. Im Rahmen der Untersuchung wurde deshalb die Arbeitszeit- und Dienstplangestaltung unter Berücksichtigung der sozialen Betreuungsleistungen innerhalb der Organisation erhoben.

Erste Erkenntnisse gehen dahin, dass die Betreuung von Bewohnern, insbesondere von dementen Bewohnern, in den Heimen sehr unterschiedlich organisiert ist. Einige Einrichtungen haben Beschäftigte, die vorrangig für die soziale Betreuung der Bewohner eingesetzt werden. Nicht alle sozialen Betreuer verfügen über einschlägige Fachqualifikationen:

»Die eine ist Schneiderin und hat es einfach im Blut mit Menschen umzugehen, die ist auch erst seit 01. August bei uns, die ist unbeschreiblich, [...].« (PDL/WBL, S. 26, Z. 1–3).

Insgesamt ist der Aufgabenbereich in den meisten Einrichtungen nur minimal besetzt, so dass auch die Betreuungsangebote entsprechend begrenzt sind.

»[...] das wir zwei halbe Stellen aus dem Bereich Pflege raus nehmen können für ausschließlich Betreuung. Die beiden Mitarbeiterinnen arbeiten aufgrund ihrer familiären Struktur vorwiegend vormittags und zwar von 8.00 bis 12.00. Das ist etwas, was mhm .. ausschließlich mitarbeiterorientiert ist. Das ist für die Bewohner nicht sonderlich glücklich. Wir sind jetzt dabei, es ein klein wenig aufzubrechen und versuchen, ab Herbst es auch so auszulegen, das wir einmal, mindestens einmal in der Woche nachmittags ein Angebot machen und was sehr, sehr schwierig gewesen ist, hin und wieder auch Samstagvormittags ein Angebot machen zu können.« (PDL/WBL, S. 25, Z. 3–12).

Wesentliche Stützpfeiler im Rahmen der Organisation sozialer Betreuungsleistungen bilden ehrenamtliche Helfer und Angehörige von Bewohnern. Sie ermöglichen es den Einrichtungen häufig erst, Betreuungsangebote zu leisten.

»[...] oder heute Nachmittag, Kinonachmittag, an dem Brunnen vor dem Tore, läuft da, da haben wir den Beamer gekauft vom Aldi, und auch dazu kommen Ehrenamtliche ins Haus, die dann wirklich die Bewohner aus den Zimmern holen und in die Kapelle bringen und auch da sich halt gemeinsam mit denen den Film angucken. Und das sind auch dreißig Leute sind da auch. ..Das (h) funktioniert jetzt halt, weil diese Ehrenamtlichkeit da ist.« (HL III, S. 25, Z. 7–13).

---

120 Vgl. Wiese, Pflegeversicherung und Pflegepraxis, Auswirkungen rechtlicher Regularien auf die Pflege, Pflegequalität und Qualitätssicherung, 2004, 5. Kapitel unter I.12.1.

In einer anderen Einrichtung wird die »*Pflege und Betreuung untrennbar als Baustein des Pflegekonzeptes verstanden*« *(HL I, S. 9, Z. 25).* Dort findet eine von der Pflege getrennte Betreuung nicht statt. Zudem wird von einigen Leitungskräften auf eine verbesserte Betreuungsqualifikation der ausgebildeten Altenpflegehelfer verwiesen, so dass Betreuungsaufgaben zunehmend von dieser Berufsgruppe übernommen werden.

1.8.2 Entlastung der Pflege- und Hauswirtschaftskräfte

Alle interviewten Leitungskräfte sehen in der Gestaltung spezieller Betreuungsgruppen vor allem auch eine Entlastung für das Personal.

»Ja, es ist eine Entlastung, die Bewohner sind ja teils vom Bereich weg oder sie sitzen im Bereich und bereiten mit demjenigen zusammen einen äh Obstsalat oder so was, ja also die sind dann beschäftigt.« (PDL III, S. 10, Z. 25–27).

Weitere Entlastungen für das Pflege- und hauswirtschaftliche Personal werden durch das Engagement ehrenamtlicher Helfer erreicht:

»Die Ehrenamtlichen nehmen auch im hauswirtschaftlichen Bereich ganz viele Dinge von unseren Schultern, wo wir sagen, das wissen wir, das ist da in ganz guten Händen. Wir wissen aber auch, sind die Ehrenamtlichen weg, müssen wir das wieder übernehmen.« (HWL II, S. 18, Z.1–4).

Insgesamt ist festzustellen, dass allgemeine soziale Betreuungsangebote tendenziell nicht vom Personal geleistet werden und deshalb auch nicht dienstplanmäßig erfasst werden.

1.8.3 Betreuung demenziell erkrankter Bewohner

Zu den Problemen der Bewältigung der Pflege und Versorgung demenziell erkrankter Bewohner wurde nicht im Zusammenhang mit der Dienstplanung und Arbeitszeitgestaltung berichtet, sondern hier stand jeweils die Gestaltung der Betreuungsformen im Zentrum. In den Einrichtungen werden Modelle einer integrativen oder segregativen Dementenbetreuung verfolgt. Nach Ansicht einiger Leitungskräfte sind integrative Betreuungsformen bei personellen Besetzungen mit Teilzeitkräften und im vorgegebenen Organisations- und Arbeitszeitrahmen problematisch:

»Also es ist schon so, dass wir versuchen, auch für unsere demenzerkrankten Bewohner .. ich sage mal .. etwas zu installieren, also Gedächtnistraining mhm jetzt .. nur für demenzerkrankte Bewohner ist sicherlich auch schwirig. Aber wir versuchen diese [...] Angebote auch schon für diese Gruppe zu machen, wobei das auch etwas ist, was ich etwas zu selten sehe. Aber das ist bei Teilzeitmitarbeiterinnen im Haus undenkbar. Wir haben jetzt über ein dreiviertel Jahr eine Sturzprävention hier im

Haus, zweimal in der Woche, und da hatten wir eine eigene Demenzgruppe.« (PDL/WBL, S. 27, Z. 20–29).

Dagegen versprechen sich einige Leitungskräfte Vorteile durch die Einrichtung einer segregativen Betreuungsgruppe:

»Ja, Dementenbetreuung, hatten wir angedacht mehr zu tun. Und zwar im Erdgeschoss hätten wir für die Dementen Doppelzimmer im gesamten Bereich. Wir haben ja hier die Möglichkeit im Innenhof – der ist abgeschlossen – dass sie Freigelände hätten, wo sie raus könnten. Es müssten ein paar bauliche Veränderungen laufen.« (PDL III, S. 10–11, Z. 33–6).

In Einrichtungen, die bereits über Wohnbereiche für demenzkranke Bewohner verfügen, besteht dementsprechend auch ein Konzept zur Betreuung.

»[...] ja unser, in unserem Konzept steht eben auch drin, dass uns ganz wichtig ist, hauswirtschaftliche Tätigkeiten zu fördern und zu erhalten. Weil das einfach das ist, was die Generation gemacht hat früher. Darum ist es so, dass also morgens zusätzlich eine Kraft kommt für 3,5 Stunden die hauswirtschaftliche Tätigkeiten mit den Bewohnern dann macht [...].« (PDL VI, S. 7, Z. 28–33).

In dem Beispiel werden auch personelle Umsetzungen dargelegt, die wiederum für die Dienstplanung in dem Wohnbereich zu berücksichtigen sind. Von einem anderen Heim wird berichtet, dass eine stärkere personelle Besetzung in den betreuten Wohnformen durch Stellenkürzungen in anderen Wohnbereichen erzielt wird. Die Heimleitung spricht in diesem Zusammenhang kritisch von »*personeller Subvention*« (HL III, S. 17, Z. 21.) und macht diese Besetzungsänderung an einer Stellenrechnung auf:

»Also es gibt eh oberrangig die Pflegestufe, dieser Pflegestufe ist ja dieser Stellenschlüssel zugeordnet und durch die Ansammlung von fünf Bewohnern Pflegestufe drei, vier Bewohnern Stufe zwei, drei Bewohnern Stufe eins beispielsweise ergibt sich ein bestimmter Personalbestand. Und (hustet) das geht natürlich alle Wohnbereiche (an). Und der Wohnbereich Erdgeschoss hat über dieses Personaldeck hinaus, (h) 0,5 bis eine Stelle von dem Bereich 1 bis 2 übernommen, der ihm eigentlich nicht zusteht.« (HL III, S. 20, Z. 1–8).

Insgesamt wird in den Interviews deutlich gemacht, dass eine adäquate Betreuung demenzkranker Bewohner für die Pflegeheime in der Organisation, der Stellenbesetzung und der professionellen Ausgestaltung erhebliche Anforderungen stellt. Im Mittelpunkt steht dabei vor allem die Sicherstellung einer qualifizierten Betreuung, doch wirken sich hausinterne Stellenverlagerungen auch stets auf die Organisation und Dienstplanung in den anderen Bereichen der Pflege und Hauswirtschaft aus. Die bereits begonnenen und noch in der Planung steckenden Veränderungen zeigt folgende Erzählung auf:

»Äh, im Moment ist das ja eher problematisch. Es sieht wohl so aus, dass der begleitende soziale Dienst ja immer wieder versucht, Demenzerkrankte in irgendwelche Aktivitäten einzubinden, dass kann bedeuten, wir machen heute Reibekuchen oder Kartoffelpfannkuchen und äh die Hauswirtschaft liefert all die Dinge, die dafür notwendig sind, um Kartoffeln zu schälen oder ähnliches. Da sich aber dieser gesamte Bereich ja extrem verändert, sind wir derzeit auf dem Weg zu gucken, wie wir das über das hauswirtschaftliche System mit abpuffern können.« (HWL II, S. 15, Z. 1–8).

1.9 Schnittstellenmanagement: Hauswirtschaft/Pflege/Soziale Betreuung

1.9.1 Trennung von Hauswirtschaft und Pflege

Weitere Erkenntnisse der Studie liegen darin, dass in vielen Einrichtungen traditionell getrennte Planungs- und Organisationsprozesse für die Hauswirtschaft und den Pflegedienst bestehen. Dies spiegelt sich auch in der Stellenbesetzung wider und damit schließlich auch in der Arbeitszeit- und Dienstplanung. Nur vereinzelt wird über Ansätze einer organisatorischen Integration sowie einer Dienstplanung im Verbund der beiden Aufgabenbereiche berichtet. Die Organisation und Arbeitsgestaltung bis hin zur Dienstplanung verläuft daher in den beiden Bereichen grundsätzlich getrennt voneinander. Eine Zusammenarbeit und Verknüpfung der Aufgaben erfolgt kaum und wenn, dann nur punktuell und in spezifischen Wohnbereichen.

Getrennte Aufgaben und getrennte Dienstplanung

Im Rahmen der Personalplanung werden Personalstellen grundsätzlich getrennt voneinander von den Leitungskräften geführt. Die hauswirtschaftliche Leitung entwirft die Dienstpläne auf der Basis der ihr zugewiesenen Kräfte, die Pflegedienstleitung plant anhand der verfügbaren Stellen im Pflegedienst. Nur von einer Einrichtung wurde berichtet, dass für einen dort eingerichteten gerontopsychiatrischen Wohnbereich eine halbe Planstelle für eine hauswirtschaftliche Kraft dienstplanmäßig integriert worden war. In einer anderen Pflegeeinrichtung werden Pflegeassistentinnen beschäftigt, die unmittelbar in den Wohnbereichen hauswirtschaftliche Tätigkeiten wahrnehmen:

»[...] die arbeiten von Viertel vor acht bis Viertel nach elf und äh das ist eben so ne Schnittstelle auch, die machen zum Teil hauswirtschaftliche Arbeiten, aber auch Pflegearbeiten nee [...]. Laufen auf dem Stellenplan der Pflege, werden aber nach der Hauswirtschaft bezahlt.« (PDL VI, S. 5–6, Z. 28–5).

Die Erzählung macht deutlich, dass die Pflegeassistentinnen im Stellenplan und Dienstplan des Wohnbereichs geführt werden. Anders als die Pflegekräfte haben die Pflegeassistenten festgelegte Arbeitszeiten und müssen sowohl hauswirtschaftliche als auch pflegerische Aufgaben wahrnehmen. In anderer Weise nutzt eine Pflegeeinrichtung Kontakte zu einer benachbarten

Schule. Sie setzt – zeitlich begrenzt – Schüler für die Betreuung am Nachmittag ein. Die Schüler werden im Dienstplan der Wohnbereiche mit geführt:

»Ja und was wir noch zusätzlich haben ähm ja auch wieder aus dem Grunde, weil dann auch wieder Zeit für die Bewohner ist, wir haben so Schüler die auch Kaffee und Abendbrot verteilen. Das sind so Anderthalb-Stunden Jobs.« (PDL VI, S. 6, Z. 8–11).

In den überwiegenden Fällen bestehen in den untersuchten Pflegeeinrichtungen jedoch noch klassisch getrennte Aufgabenbereiche für den Pflegedienst und die Hauswirtschaft. Dem hauswirtschaftlichen Bereich obliegt die Zimmerreinigung, Wäscheversorgung und die Nahrungszubereitung. Der Pflegedienst ist für die pflegerische Versorgung der Bewohner verantwortlich. Nur in Einzelfällen werden Tätigkeiten von einem Bereich auf den anderen übertragen, z. B. indem in einer Einrichtung die Reinigung der Betten und Nachtschränke von Schwerstpflegefällen aus dem hauswirtschaftlichen Aufgabenbereich entnommen und auf den Pflegedienst übertragen wurde.

Im Rahmen der Nahrungsversorgung ist die Hauswirtschaft grundsätzlich für die Zubereitung und Anlieferung des Essens zuständig. Die Verteilung der Mahlzeiten in den Wohnbereichen und eine unter Umständen erforderliche Portionierung zur Nahrungsaufnahme obliegt dagegen dem Pflegedienst. Die Nahrungsanreichung bei dem Bewohner liegt ausschließlich im Verantwortungsbereich von Pflegekräften. Eine hauswirtschaftliche Leitung begründet dies mit der fehlenden Fachqualifikation hauswirtschaftlicher Kräfte:

»Es gibt ja zum Teil sehr einfühlsame Mitarbeiterinnen, die sehr sensibel damit umgehen. Denen es auch wichtig ist. Denen ist es manchmal so wichtig, dass ich sie stoppen muss, wenn es darum geht, dass Bewohnerin X im Saal sitzt und Hauswirtschaftsmitarbeiterin (...) sich den Stuhl dazu zieht und dann beginnt, der Bewohnerin das Essen anzureichen. Dass ist ganz lieb und sehr fürsorglich, aber nicht unsere Hauptaufgabe. Das Problem dabei ist, wenn sie sich verschluckt, dann habe ich keine Pflegemitarbeiterin zur Stelle, die das bewerkstelligen kann, was sie denn auch muss.« (HWL II. S. 16, Z. 5–13).

Sonderbereich: Wohnküchen

In Einrichtungen, die in den Wohnbereichen über integrierte Küchen verfügen, hat diese Struktur Auswirkungen auf die Organisation der hauswirtschaftlichen und pflegerischen Dienste und deren Zusammenarbeit.

In Einrichtungen mit integrierten Küchen sind häufiger auch hauswirtschaftliche Kräfte tätig, da die Speisen- und Getränkezubereitung zumindest teilweise aus der Zentralküche in die Wohnbereichsküchen verlagert wird, um das Wohnklima für die Bewohner zu verbessern und ihnen aktive Betreuungsangebote anbieten zu können:

»Und das hat sich einfach bewährt, wenn da jemand aus der Küche mit dabei war, eben die Butterbrote da geschmiert hat und mhm noch mal

> die Kaffeemaschine angemacht hat und so. Das einfach ein bisschen mehr Betreuung dadurch war. Und das haben wir uns [...] eben auch gedacht, dass man das einfach weiterentwickeln müsste, und das wurde dann eben auch mit der Hauswirtschaftsleitung Frau T. dann abgesprochen mhm, wie man das am besten machen kann. Und sie hat ja morgens eben das Personal in der Küche. [...]. So machen die ja nicht mehr in der Küche das Frühstück sondern eben auf den Bereichen.« (PDL II, S. 14, Z. 7–16).

Hauswirtschaftliche Aktivitäten in den Wohnbereichsküchen dienen sowohl der Verbesserung der Betreuung als auch der Entlastung der Pflegekräfte. Daher ist zumindest in gerontopsychiatrischen Wohnbereichen die hauswirtschaftliche Versorgung in einer Wohnküche als Teil des Betreuungskonzeptes integriert.

Obwohl die Tätigkeiten der Hauswirtschaft und Pflege voneinander getrennt gesehen werden, gehen Leitungskräfte bei akutem Personalmangel im hauswirtschaftlichen Bereich dazu über, Tätigkeiten auf das Pflegepersonal zu übertragen. Daher müssen Pflegekräfte bei Ausfällen beim hauswirtschaftlichen Personal z. B. die Reinigung der Betten- und Nachtschränke übernehmen oder die Mahlzeiten für ihren Wohnbereich selbst aus der Zentralküche holen. Damit einher geht eine kurzfristige Dienstplanänderung, z. B. durch eine Ausweitung und Änderung der Dienstzeiten. Insgesamt wird hieran deutlich, dass die Dienstpläne des Pflegedienstes und diejenigen der Hauswirtschaft nicht gänzlich voneinander getrennt zu sehen sind, wenn eine konstante bewohnerorientierte Versorgung gewährleistet werden soll. Die Zusammenarbeit zwischen den Bereichen ließe sich zudem durch kontinuierlichen Informationsaustausch verbessern. Dieser erfolgt allerdings bislang nicht, da die Hauswirtschaft an Dienstbesprechungen der Pflege nicht teilnimmt.

1.9.2 Zusammenarbeit der Pflegeteams

Im Verlaufe der Interviews bestätigte sich, dass in allen Einrichtungen für die einzelnen Wohnbereiche separate Dienstpläne geführt werden. Allerdings setzen die Leitungskräfte hierbei voraus, dass die Pflegeteams fachlich und auch personell zusammenarbeiten, soweit es um die Überbrückung von Engpässen oder aus sonstigen Gründen geht.

> »Oder aber auch an den Wochenenden, mhm wenn jetzt eine Mitarbeiterin ganz plötzlich am Wochenende frei haben möchte, weil irgendein besonderes Event ist, dann sprechen sich die Bereiche ab, [...].«(PDL/WBL, S. 13–14, Z. 32–1).

1.9.3 Zusammenarbeit: Hauswirtschaft und Betreuungsdienste

Am Beispiel der integrierten Wohnbereichsküchen wurde bereits deutlich, dass hauswirtschaftliche Tätigkeiten im Kontakt mit Bewohnern zunehmende Bedeutung auch für das Betreuungskonzept erlangen. Daher gewinnt die Integration hauswirtschaftlicher Aktivitäten nicht nur für die Dementenbetreuung an Bedeutung, sondern auch für die soziale Betreuung der gesamten Bewohnerschaft.

Dies erfordert eine Zusammenarbeit zwischen Hauswirtschaft, Pflege und dem Betreuungsdienst. Das folgende Beispiel verdeutlicht dies:

»...Beschäftigung über Herstellung von irgendwelchen Dingen, die den Haushalt betreffen, die Bewohner so aus ihrem eigenen Haushalt, Bewohnerinnen so aus ihrem eigenen Haushalt ja noch wissen [...] das könnte sein: Herstellung von irgendwelcher Marmelade oder gebackenes Brot, solche Dinge, äh das der soziale Dienst auf uns zu kommt und fragt, was können wir machen, wie können wir das bewerkstelligen.« (HWL II, S. 17, Z. 7–13).

1.9.4 Zusammenarbeit von Betreuungsdienst und Pflege

Soweit in den Einrichtungen ein sozialer Dienst vorhanden ist, erfolgt regelmäßig eine enge Kooperation des sozialen Dienstes mit dem Pflegedienst. Der soziale Dienst nimmt im Gegensatz zum hauswirtschaftlichen Dienst durchaus auch je nach Bedarfsfall an Übergaben in den Wohnbereichen teil.

»Also einmal, der Austausch überhaupt, wir haben Montags diese Leitungsrunde sag ich mal, da wird also besprochen was noch so anfällt in der Woche und dann äh ist es so, dass die Mitarbeiter aus dem begleitenden Dienst auch so in die Bereiche gehen, die tragen das auch in den Computer ein, alles was sie gemacht haben oder wenn was Besonderes war [...]«(PDL VI, S. 11, Z. 13–18).

Die interviewten Leitungskräfte messen der Einbindung und Informationsweitergabe durch die betreuenden Kräfte Bedeutung bei. In einer Einrichtung wurde deshalb die Hilfsmittelorganisation dem sozialen Betreuungsdienst zugeordnet, um die Kontakte des Betreuungsdienstes mit den Bewohnern zu intensivieren:

»Also, die sind sehr gut informiert, zumal es eben auch so ist, ich habe vorhin gesagt, die Hilfsmittelorganisation also bleibt bei den sozialen Diensten. Das liegt nicht daran, dass die besonders viel Zeit haben oder besonders beliebt sind, sondern das liegt daran, dass die dadurch mhm ich sage mal mit (..) gezwungen sind, sich auch um die Bewohner im Hause in etwas intensiverer Form zu kümmern. Und das ist etwas, was sich sehr sehr bewährt hat.« (PDL/WBL, S. 27, Z. 11–17).

1.9.5 Perspektiven der Leitenden und Zwischenergebnisse zur Dienstplanung

Abschließend ist noch ein Gesichtspunkt zu nennen, der in einigen Interviews mit den Leitungskräften zum Ausdruck kam. Er betrifft die – aus der Perspektive der Interviewten beklagte Entwicklung – einer »funktionellen Aufgabenteilung« der Bewohnerversorgung. Die Aufteilung von Pflege und hauswirtschaftlichen Leistungen sowie die Betreuung werden hierbei als Hindernis für die Gestaltung einer »ganzheitliche Pflege« gesehen. Eine Pflegedienstleitung stellt diese Entwicklung im Vergleich zu früheren Aufgaben und Zielsetzungen der Pflegetätigkeit dar:

> »Das heißt, die haben, äh, dieses Funktionelle, diese funktionelle Aufteilung, Aufgabenaufteilung nach Gebieten (h) nicht berücksichtigt, sondern gesagt, wir kümmern uns um einen Menschen insgesamt, um *alles*, was dazugehört. Ob die Schuhe geputzt sind, ob seine Haare gekämmt sind, seine Medikamente gestellt, ob er seine Spritze gekriegt hat und so weiter, ist egal. Wir beziehen, wir bauen eine Beziehung auf zu dem Menschen, und dieser Mensch der eine Beziehung hat, der führt auch alles durch.« (HL III, S. 15–16, Z. 29–2).

Im Kontext der Erzählung wird deutlich, dass die Interviewte für die beschriebene funktionale Aufteilung vor allem die durch die Pflegeversicherung geschaffenen Vergütungsstrukturen und ökonomischen Zwänge für die Entwicklung verantwortlich macht.

In ähnlicher Weise berichten auch andere Leistungskräfte von ökonomischen Zwängen und Fehlsteuerungen, etwa indem sie darauf verweisen, dass Konzepte zu einer Verbindung der hauswirtschaftlichen Dienste und der Pflegedienste aus Gründen der Vergütung nicht umgesetzt werden können. Auch sei eine Zusammenführung sozialer Betreuungsdienste mit Pflegediensten angesichts der Pflegesatzverhandlungen und deren Vorgaben kaum zu verhandeln:

> »Das trenne ich nur noch im Moment zwangsläufig .. , da mach ich es ganz bewusst, wenn es um Pflegesatzverhandlungen geht, den Kostenteil dann rüber zu bringen, das dieser Posten .. *Betreuung da ist* und das Personal kostet. Da mache ich das noch. Da habe ich immer noch in meinen, in meiner mhm, wenn wir mhm verhandeln, da führe ich immer noch meine, was weiß ich, meine 1,5 oder 1,67.. Vollzeitstellen für Betreuung auf. Führe ich auf, die wird mir zwar unter dem Strich alles zusammengemischt, die Kostenträger berechnen mir anhand des Personalschlüssels mhm von, weiß ich, zwölf Komma sowieso, in Pflegestufe mhm eins, in Pflegestufe sowieso. Das rechnen die mir aus und alles das nehmen die zusammen. Und ich kriege dann nur noch Pflegepersonal. Aber da ist es mir einfach wichtig, dass dieser Begriff »Betreuung« noch auf diesem Papier irgendwo erscheint. Wenn er .. auch nicht so unbedingt eine Bedeutung hat, aber er steht als Begriff noch da und geht nicht verloren, weil sonst stände da nur noch Pflegepersonal.« (HL I, S. 9, Z. 7–23).

Insgesamt wird hier eine Unzufriedenheit mit den Leistungsvorgaben der Pflegeversicherung zum Ausdruck gebracht, die in den Praxisfeldern der Pflege häufig vertreten wird. Mittlerweile kann als eine feststehende Tatsache anerkannt werden, dass im Kontext der Pflegeversicherung die Struktur der Altenpflege grundlegende Veränderungsprozesse durchlaufen hat, die auch mit einem Personalabbau im Bereich der Pflege und der sozialen Betreuung verbunden waren und noch sind. Die damit einhergehenden Umstellungszwänge sind dabei in den Zielsetzungen auf eine qualitative Verbesserung der Versorgungsprozesse gerichtet.

Eine wesentliche Erkenntnis der qualitativen Studie besteht zunächst darin, dass die Arbeitszeit- und Dienstplangestaltung in den Altenpflegeeinrichtungen überwiegend aufgabenbezogen und nach Aufgabenbereichen getrennt erfolgt. Funktionsübergreifende Modelle werden nur teilweise und hier in Ansätzen und für ausgewählte Versorgungsbereiche, wie zum Beispiel gerontopsychiatrische Wohnbereiche, entwickelt.

Aufbauend auf den gewonnenen Erkenntnissen war es Ziel der quantitativen Erhebung, die Grunddaten und Strukturen der Dienstplangestaltung in der verbreiteten Praxis zu erschließen und damit vertiefte Daten zu den Bedingungen und dem Verfahren der Arbeitszeitorganisation und Dienstplangestaltung zu gewinnen.

Kapitel 4: Quantitative Befragung von niedersächsischen Pflegeheimen

1 Methodik

Ziel des Projektes war es, die Arbeitszeitgestaltung in stationären Pflegeheimen offen zu legen. Im Focus standen die Personaleinsatzplanung und das Verfahren der Dienstplangestaltung. Außerdem sollten Erkenntnisse darüber gewonnen werden, ob und gegebenenfalls wie rechtliche Gestaltungsräume bei der Einsatzplanung von Personal genutzt und in der Praxis umgesetzt werden.

Eine systematische Erforschung der Arbeitszeit- und Dienstplangestaltung in der stationären Altenpflege liegt bislang nicht vor. Zur Annäherung an das Untersuchungsthema wurde deshalb eine qualitative Studie vorangestellt, die dann um eine quantitative Erhebung in Niedersachsen erweitert wurde, um möglichst umfangreiche, über den jeweiligen Einzelfall hinausgehende Aussagen zur Arbeitszeit- und Dienstplangestaltung zu erhalten. Da mit dem Untersuchungsfeld zwangsläufig auch Betrachtungen organisatorischer Strukturen in Altenpflegeeinrichtungen verbunden sind, bot die quantitative Erhebung durch standardisierte Daten eine sinnvolle Ergänzung zur Gewinnung aussagekräftiger Informationen. Neben zentralen »Strukturdaten«, z. B. zur Anzahl der Beschäftigten und den Beschäftigungsarten sowie dem Arbeitszeitumfang konnten im Weiteren institutionelle Faktoren der Grundplanung, der Personalbesetzung und des Einsatzes flexibler Arbeitszeitmodelle erschlossen werden. Diese bezogen sich insbesondere auf den Fachkräfteanteil und auf Arbeitszeitkonten.

1.1 Hypothesenbildung

Aufbauend auf den Erkenntnissen der qualitativen Studie wurden zur Arbeitszeit- und Dienstplangestaltung folgende Hypothesen für die niedersächsischen Pflegeheime aufgestellt.

Hypothese 1: *Im Bereich der pflegerischen Versorgung haben Pflegefachkräfte arbeitsvertraglich eher höhere Wochenarbeitsstunden als Pflegehilfskräfte.*

Nach den gewonnenen Erkenntnissen der qualitativen Studie schwankt die Teilzeitquote bei den Pflegekräften zwischen 44,9 und 88,3 %[121], wobei ein deutlicher Zusammenhang zwischen der Fachqualifikation und dem Beschäftigungsumfang festgestellt werden konnte.[122]

Hypothese 2: *Im Bereich der Hauswirtschaft/Küche sind überwiegend Arbeitsverhältnisse in Teilzeitbeschäftigung vorzufinden.*

In vier der sieben einbezogenen Einrichtungen betrug die Teilzeitquote der Hauswirtschaftskräfte mehr als 80 %.[123] Dabei ist zu berücksichtigen, dass in der Altenpflege tendenziell zunehmend auch Leistungen von außerbetrieblichen Dienstleistungsunternehmen in Anspruch genommen werden. Die Pflegeheime werden dann für diese Dienstleistungen entweder kein Personal mehr beschäftigen oder den Personalbestand reduzieren.[124]

Hypothese 3: *Beschäftigte im Bereich »Soziale Betreuung« sind nicht mehr bzw. sehr reduziert in den stationären Pflegeeinrichtungen vertreten.*

In zwei der sieben Kooperationseinrichtungen werden keine Mitarbeiter mehr speziell für die Aufgabe der sozialen Betreuung der Bewohner beschäftigt. In den anderen fünf Einrichtungen schwankt die Zahl der Beschäftigten zwischen zwei und sechs Mitarbeitern. Die Teilzeitquote liegt zwischen 60 und 100 %.[125]

Hypothese 4: *Die hauswirtschaftliche Versorgung der Bewohner wird überwiegend zentralisiert organisiert.*

In allen untersuchten Kooperationseinrichtungen erfolgt die Dienstplanung für den hauswirtschaftlichen Bereich zentral durch die hauswirtschaftliche Leitung. Im Weiteren verfügen vier Einrichtungen über einen »Personalpool« für die anfallenden hauswirtschaftlichen Tätigkeiten in den Wohnbereichen. Eine Integration des hauswirtschaftlichen Personals in die Dienstpläne der Wohnbereiche ist allenfalls modellhaft umgesetzt.[126]

---

121 Siehe Kapitel 2, Gliederungspunkt 1, Qualifikation und Arbeitszeitumfang.
122 Siehe Anhang 1, Angaben zum Personal in den Kooperationseinrichtungen.
123 Siehe Kapitel 3 unter 1.2.2.
124 Siehe Kapitel 2, Gliederungspunkt 1, Hauswirtschaftliche Versorgung und Betreuungsangebote.
125 Siehe Anhang 1, Angaben zur Teilzeitbeschäftigung in den Kooperationseinrichtungen.
126 Siehe Kapitel 2, Gliederungspunkt 1, Qualifikation und Arbeitszeitumfang.

Hypothese 5: *Eine Flexibilisierung in den Dienstplänen erfolgt durch den Einsatz arbeitszeitlich unterschiedlicher Dienste innerhalb der Früh- und Spätschicht, nicht jedoch durch Gleitzeitmodelle.*

In allen Dienstplanlegenden der Kooperationseinrichtungen wurden innerhalb der Früh- und Spätschicht arbeitszeitlich unterschiedliche Dienste definiert. Dies gilt sowohl für den Bereich der Pflege als auch für den Bereich der Hauswirtschaft.[127]

Hypothese 6: *Im Rahmen der Arbeitszeitflexibilisierung finden in den Pflegeeinrichtungen vermehrt Arbeitszeitmodelle Anwendung, die es ermöglichen, Zeitguthaben und/oder Zeitschulden zu bilden, die zu einem anderen Zeitpunkt ausgeglichen werden.*

Drei Kooperationseinrichtungen führen so genannte »Arbeitszeitkonten« bzw. »Mehrarbeitskonten«. Diese bestehen in allen Einrichtungen ohne schriftliche Vereinbarung, z. B. in Form einer Einzel- oder Betriebsvereinbarung.

Hypothese 7: *In den niedersächsischen Pflegeeinrichtungen werden überwiegend so genannte »Dauernachtwachen« beschäftigt.*

Alle Kooperationseinrichtungen haben – traditionell begründet – Mitarbeiter in der Pflege, die nur in den Nachtschichten beschäftigt werden. Zum Teil wird der Nachtdienst fast ausschließlich durch »Dauernachtwachen« abgedeckt.[128]

1.2 Design: Datenerhebung mittels Fragebogen

Für die Erhebung von Primärdaten und zur Beschreibung der aktuellen Situation bei der Arbeitszeit- und Dienstplangestaltung in der stationären Pflege wurde die schriftliche Befragung gewählt. Dazu wurde eine aussagefähige Stichprobe aus der Anzahl der niedersächsischen Pflegeeinrichtungen gezogen.[129]

Die quantitative Erhebung wurde mittels eines Fragebogens durchgeführt. Der Fragenkatalog des Erhebungsbogens wurde in acht Abschnitte untergliedert:

I. Allgemeine Angaben zu der Einrichtung (Frage Nr. 1 und Nr. 2)
II. Angaben zu den Arbeitszeitmodellen im Bereich der Pflege (Frage Nr. 3 bis Nr. 5)

---

127 Siehe Kapitel 2, Gliederungspunkt 3.
128 Siehe Kapitel 3, Gliederungspunkt 1.4.3.
129 Siehe dazu die Ausführungen zum Stichprobenplan unter Gliederungspunkt 1.3.

III. Angaben zur Arbeitsorganisation im Bereich der Pflege (Frage Nr. 6 bis Nr. 9)
IV. Besondere Angaben zum Bereich »Hauswirtschaft« (Frage Nr. 10 bis Nr. 15)
V. Besondere Angaben zum Bereich »Soziale Betreuung« (Frage Nr. 16)
VI. Allgemeine Angaben zum Personal (Frage Nr. 17 bis Nr. 21.3)
VII. Allgemeine Angaben zu Arbeitszeitkonten (Frage Nr. 22 bis Nr. 26)
VIII. Abschließende Fragen (Frage Nr. 27 bis Nr. 29).

Der Fragenbereich zu VI. »Allgemeine Angaben zum Personal« wurde untergliedert in: Anzahl der Beschäftigten, Anzahl der Teilzeitbeschäftigten und Anzahl der Fachkräfte. Insgesamt umfasst der Fragebogen 33 geschlossene bis offene Fragen. Die Fragen Nr. 20 (Teilzeitkräfte) und Nr. 21 (Fachkräfte) sind unterteilt in 20.1, 20.2, 20.3, 21.1, 21.2, 21.3.

Fragennummer	Frageart	Skala
1, 4, 5, 14, 15, 22, 23, 24, 28	Geschlossen	Nominal
2,	Geschlossen	Ordinal
3, 10, 11, 12, 13, 16, 25, 26,	Halboffen	Nominal
6, 7, 8, 9, 27	Halboffen	Ordinal
17, 18, 20, 21,	Offen	Kradinal
19, 29	Offen	Nominal

Tabelle 4-1: Fragebogendesign

1.3 Stichprobenplan

1.3.1 Grundgesamtheit

Die nach dem SGB XI zugelassenen stationären Pflegeeinrichtungen in Niedersachsen mit Dauerpflegeplätzen bildeten die Grundgesamtheit.

Nach aktuellen Erhebungen durch das Niedersächsische Landesamt für Statistik (NLS) existierten im Jahr 2003 insgesamt 1253 Pflegeheime in Niedersachen. Davon befanden sich 56,7 % in privater Trägerschaft, 39,3 % in freier gemeinnütziger Trägerschaft und lediglich 4 % in öffentlicher Rechtsträgerschaft. Die nachfolgende Tabelle gibt die Verteilung der niedersächsischen Pflegeheime nach Kapazitätsgrößenklassen sowie nach Trägergruppen wieder.

Kapazitätsgrößenklasse	Pflegeheime gesamt	privat	frei gemeinnützig	öffentlich
	1253	711	492	50
bis 50 Plätze	593 (47,3 %)	422 (59,4 %)	154 (31,3 %)	17 (34,0 %)
51–100 Plätze	458 (36,6 %)	217 (30,5 %)	224 (45,5 %)	17 (34,0 %)
101 und mehr Plätze	202 (16,1 %)	72 (10,1 %)	114 (23,2 %)	16 (32,0 %)

Tabelle 4-2: Vgl. Niedersächsische Pflegestatistik 2003

Um die Grundgesamtheit durch eine Stichprobe adäquat abzubilden, bedarf es einer entsprechenden Auswahlgrundlage. In der vorliegenden Erhebung bildete die Grundlage ein Verzeichnis der Pflegeeinrichtungen in Niedersachsen, das vom niedersächsischen Landesamt für Statistik herausgegeben worden war und im Rahmen des Projektes ergänzt wurde. Die dort gemachten Angaben beinhalten neben der Adressenangabe vor allem die Trägerschaft und die in den Einrichtungen vorhandenen Pflegeplätze.

1.3.2 Stichprobe

Das Auswahlverfahren wurde so gestaltet, dass zumindest theoretisch jede Pflegeeinrichtung dieselbe Wahrscheinlichkeit hatte, in die Stichprobe zu gelangen.

Darüber hinaus sollte durch eine mehrschichtige Auswahl eine Streuung nach Rechtsträgerschaft und Kapazitätsgrößen gewährleistet werden. Da eine vollständige Liste aller in Frage kommenden Einrichtungen mit den notwendigen Merkmalsausprägungen nicht existierte, bildete das vom niedersächsischen Landesamt für Statistik herausgegebene Verzeichnis der Pflegeeinrichtungen[130] die Grundlage für die Befragung. Da dieses Verzeichnis den Stand Dezember 2003 hatte, wurde es durch Informationen aus weiteren Datenbanken ergänzt und damit aktualisiert. Bei den Einzeldatenbanken handelte es sich um eine von der AOK Braunschweig zur Verfügung gestellte Adressdatenbank niedersächsischer vollstationärer Pflegeeinrichtungen[131] sowie die BKK-Pflegedatenbank PAULA in der bereitgestellten Version.[132] Aus Gründen des Datenschutzes lieferte die AOK-Datenbank ausschließlich die Ad-

---

130 Stand Dezember 2003.
131 Stand 1.12.2004.
132 Stand November 2004.

ressdaten. Die Datenbank PAULA umfasste die Datensätze von bundesweit 9787 vollstationären Pflegeeinrichtungen mit Adressenangabe und teilweisen Angaben zu den Bettenzahlen sowie die Angaben zur Trägerschaft.

Insgesamt stand für die Erhebung eine Datenbank über 934 stationäre Pflegeeinrichtungen mit Angaben zu den Dauerpflegeplätzen, den Merkmalen der Bettenanzahl und der Rechtsträgerschaft zur Verfügung. Danach ergaben sich folgende Strukturen: 54,1 % der Einrichtungen befanden sich in privater Trägerschaft, 41,4 % in frei gemeinnütziger Trägerform und 4,5 % in einer öffentlich-rechtlichen Trägerschaft. Die folgende Tabelle gibt die Verteilung der in der Datenbank erfassten Pflegeheime nach Kapazitätsgrößenklassen sowie nach Rechtsträgergruppen wieder:[133]

Kapazitätsgrößenklasse	Pflegeheime gesamt	privat	frei gemeinnützig	öffentlich
	934	505	387	42
bis 50 Plätze	418 *(44,7 %)*	302 *(59,8 %)*	106 *(27,4 %)*	11 *(26,2 %)*
51–100 Plätze	363 *(38,9 %)*	158 *(31,3 %)*	187 *(48,3 %)*	17 *(40,5 %)*
101 und mehr Plätze	153 *(16,4 %)*	45 *(8,9 %)*	94 *(24,3 %)*	14 *(33,3 %)*

Tabelle 4-3: Erstellte Datenbank, Stand Mai 2005.

Für die schriftliche Befragung wurden Einrichtungen aus jener Datenbank ausgewählt. Dabei musste aus Kosten- und Kapazitätsgründen die Zahl der zu befragenden Pflegeheime auf 442 beschränkt werden.

In einem *ersten Schritt* wurden die Einrichtungen nach den Trägerschaften aufgeteilt. Insgesamt beinhaltet die Datenbank lediglich 42 Einrichtungen, die einen öffentlich-rechtlichen Träger haben. Aufgrund dieser relativ geringen Anzahl wurden zur Sicherstellung einer ausreichend großen Fallzahl alle 42 Einrichtungen in die Stichprobe aufgenommen (disproportionale Stichprobe).

In einem *zweiten Schritt* wurden aus den Gruppen der privaten und freien Träger weitere 400 zu befragende Pflegeheime nach der Trägerform und den drei Kapazitätsgrößenklassen proportional gemäß der niedersächsischen Pflegestatistik 2003 gezogen.

---

133 Vgl. Niedersächsisches Landesamt für Statistik. Gesetzliche Pflegeversicherung. Ergebnisse der Pflegestatistik 2003, Hannover, 2005, S. 14.

1 Methodik

Pflegeheime	privat	frei gemeinnützig
1203 (Pflegestatistik 2003)	711 (59,1%)	492 (40,9%)
400 (Teilstichprobe)	236 (59,1%)	164 (40,9%)
442 (Gesamtstichprobe)	236 (53,3%)	164 (37,1%)

Tabelle 4-4: Stichprobenziehung nach Trägerschaft

Mit diesem Auswahlverfahren wurde erreicht, dass für die Durchführung der Erhebung eine umfangreiche und aktuelle Datengrundlage für die Auswahl einer Stichprobe bestand. Durch die disproportionale Stichprobenziehung in der ersten Stufe entstanden gegenüber der Grundgesamtheit leichte Abweichungen bei den Einrichtungen mit einem privaten bzw. einem freien Träger. Da alle für die Erhebung zur Verfügung stehenden Einrichtungen in öffentlich-rechtlicher Trägerschaft in die Stichprobe gelangten, war eine zweite Auswahlstufe nicht mehr möglich. Im Rahmen der zweiten Auswahlstufe wurde allerdings die Verteilung des Merkmals der Kapazitätsgrößenklassen entsprechend der niedersächsischen Pflegestatistik 2003 bei den anderen 400 auszuwählenden Einrichtungen berücksichtigt. Insgesamt ergaben sich Abweichungen bei dem Merkmal Kapazitätsgrößenklassen hinsichtlich der Grundgesamtheit nach der Pflegestatistik (Niedersachsen) 2003 nur in der prozentual kleinen Gruppe der Einrichtungen in öffentlicher Trägerschaft.

Die nachfolgende Abbildung stellt die endgültige Stichprobe aufgeteilt nach Trägerschaften und Kapazitätsgrößenklassen dar.

Kapitel 4: Quantitative Befragung von niedersächsischen Pflegeheimen

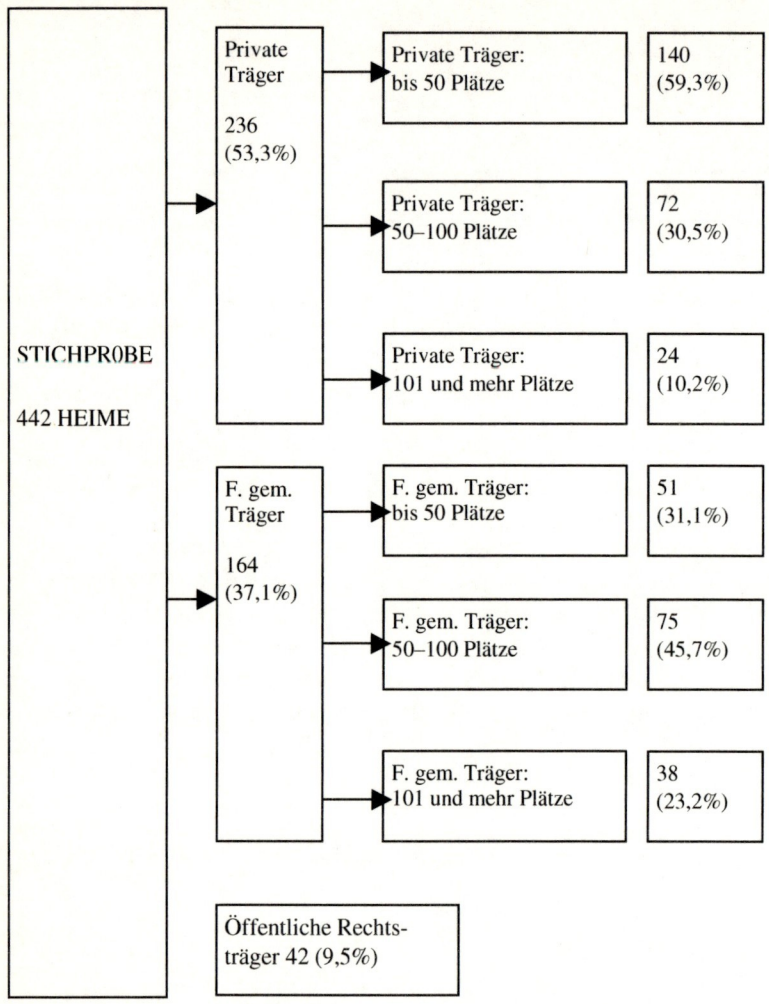

Abbildung 4-1: Stichprobenaufteilung

1.4 Durchführung von Expertenpanels

Zur Gewährleistung der Schlüssigkeit des Aufbaus des Fragebogens und um eine effektive und aussagekräftige Beantwortung der Fragen zu erreichen, wurde der Fragebogen von Experten, die über Feldkompetenz in der Pflege verfügen, im Aufbau und hinsichtlich der Eindeutigkeit der Fragestellungen beurteilt. Änderungsvorschläge wurden diskutiert und – soweit erforderlich – in den Fragebogen eingearbeitet. Anschließend wurde der Fragebogenkatalog ein weiteres Mal von zwei Heimleitungen aus NRW und Rheinland-Pfalz nach den Kriterien Aufbau, Inhalt und Organisation der Abfrage beurteilt. Im dritten Schritt wurde der Fragebogen von den Kooperationseinrichtungen ausgefüllt. Die Antworten wurden anschließend mit den im Rahmen der qualitativen Erhebung gewonnenen Daten verglichen und auf Übereinstimmungen bzw. Abweichungen geprüft. Hinweise und Empfehlungen der Heimleitungen zum Fragebogen wurden reflektiert und gegebenenfalls im Fragebogen eingearbeitet.

1.5 Feldzugang

Für die quantitative Befragung der Einrichtungen wurde mit dem Fragebogen ein Begleitschreiben versandt, in dem das Projekt und dessen Zielsetzungen dargestellt wurden. Ein Informationsblatt zum Datenschutz wurde ebenfalls entwickelt und dem Fragebogen beigelegt. Zur Verbesserung der Rücklaufquote wurde jeweils ein adressierter und bereits frankierter Briefumschlag zur Rücksendung den Unterlagen beigefügt.

Die Erhebung wurde am 19.05.05 mit dem Versenden der Fragebögen an die Einrichtungen begonnen. Im Anschreiben wurden die Einrichtungen um Rücksendung des ausgefüllten Fragebogens bis zum 15.06.05 gebeten. Für den ersten Erhebungszeitraum wurden damit dreieinhalb Wochen veranschlagt.

Am 15.06.05 wurden schließlich im Rahmen einer Nachfassphase diejenigen Einrichtungen angeschrieben, die bis zu dem Zeitpunkt noch nicht geantwortet hatten. An die Rücksendung des Fragebogens wurden mittels Fax oder Brief erinnert. Eine weitere Frist zur Rücksendung des ausgefüllten Fragebogens wurde bis zum 30.06.05 gesetzt. Lediglich zwei Briefe konnten im Rahmen der Nachfassphase nicht per Post zugestellt werden. Ein Brief trug einen Stempelvermerk: »Das Heim ist geschlossen«. Da in beiden Fällen aufgrund des Umstandes der Schließung davon auszugehen war, dass bereits der Fragebogen nicht durch die Post zugestellt worden war, wurde die Bruttostichprobe um diese beiden Einrichtungen auf 440 Einrichtungen reduziert.

1.6 Rücklaufquote

Bis einschließlich 20.07.05 sendeten 136 Einrichtungen den ausgefüllten Fragebogen zurück. Dies entspricht einer Rücklaufquote von 30,9 %.

Einrichtungsmerkmale	Antworten	
	absolut	in % der jeweiligen Kategorie (Trägerschaft/ Dauerpflegeplätze) der Bruttostichprobe
insgesamt	136	30,9
Trägerschaft		
privat	75	31,9
frei gemeinnützig	46	28,5
öffentlich-rechtlich	14	33,3
nicht zuzuordnen	1	-
Anzahl Dauerpflegeplätze		
1 – 50	58	28,9
51 – 100	52	31,9
101 und mehr	26	34,2

Tabelle 4-5: Rücklaufquote

Die Analyse der Rücklaufquote der Stichprobe nach der Trägereigenschaft der angeschriebenen Einrichtungen ergab, dass die Ausfälle beim Rücklauf des Fragebogens bei Einrichtungen, die in freier gemeinnützlicher Trägerschaft waren, am höchsten ausgefallen waren. Im Verhältnis dazu waren die Ausfälle bei den Heimen, die einen öffentlich-rechtlichen Träger haben, am geringsten. Die Ursachen und Gründe für diese Aufteilung ließen sich nicht eindeutig klären. Zwei Anrufe aus den angeschriebenen Einrichtungen ergaben allerdings Hinweise auf unterschiedliche Hemmnisse:

– Eine Einrichtungsleitung teilte im Telefonat ihre grundsätzliche Bereitschaft zur Teilnahme an der Befragung mit, verwies jedoch auf einen Vorstandsbeschluss des Einrichtungsträgers, dass Daten nur noch für gesetzlich verpflichtende Erhebungen (z. B. im Rahmen der Pflegestatistik nach dem Pflegestatistikgesetz) weitergegeben werden dürften.
– Aus einer anderen Einrichtung wurde ebenfalls die grundsätzliche Bereitschaft zur Teilnahme an der Befragung signalisiert. Doch wurde die Bearbeitung des Fragebogens aufgrund bevorstehender Urlaubszeiten als nicht realisierbar entschuldigt.

2 Darstellung der Einzelergebnisse aus der schriftlichen Befragung

In den folgenden Abschnitten dieses Kapitels werden die Ergebnisse aus den einzelnen Frageblöcken des Erhebungsbogens dargestellt. Dabei wird in der *Analysedarstellung* sowohl nach der *Rechtsträgerschaft* der Einrichtungen als auch nach den in den *Fragestellungen jeweils erfragten spezifischen Faktoren* (z. B. Beschäftigtenanzahl, Zeitkonten etc. sowie nach den *Kapazi-*

tätsgrößenklassen der Einrichtungen (im Folgenden als Kategorien gekennzeichnet) unterschieden. Innerhalb der Ergebnisdarstellung nach den Trägerschaften blieb eine nicht zuzuordnende Einrichtung unberücksichtigt.

2.1 Arbeitszeitmodelle im Pflegedienstplan

2.1.1 Private Träger

Nach den Eingangsfragen zur Trägerform und der Größe der Einrichtung wurde mit Frage Nr. 3 die Arbeitszeitorganisation in der Pflege erfragt. Dazu wurden die eingesetzten Arbeitszeitmodelle, z. B. im Schichtdienst, nachgefragt. Die Ergebnisse werden – wie eingangs beschrieben – unterteilt nach der Rechtsform der Trägerschaft der Heime und deren Größenkategorien dargelegt.

Von den insgesamt 75 Pflegeheimen in privater Trägerschaft wurde von einer Einrichtung die Frage nach den vorhandenen Arbeitszeitmodellen nicht beantwortet. Von den weiteren 74 Einrichtungen erfolgten insgesamt 192 Angaben zu den Arbeitszeitmodellen. Aus den Angaben konnte eine Reihung der bestehenden Arbeitszeitstrukturen erstellt werden:

Arbeitszeitmodelle	*Häufigkeit in Prozent*
Pflegekräfte arbeiten nur in Nachtschichten (ständige Nachtwachen)	66,2
Pflegekräfte arbeiten in Früh- *und* Spätschicht	63,5
Pflegekräfte arbeiten in Früh-, Spät- und Nachtschicht	54,1
Pflegekräfte arbeiten nur zu einer bestimmten Uhrzeit	31,1
Pflegekräfte arbeiten nur in Früh- *oder* Spätschicht	18,9
Pflegekräfte arbeiten in einem unregelmäßigen Schichtsystem von mehr als drei Schichten	18,9

Tabelle 4-6: Arbeitszeitstrukturen in der Pflege – private Träger

Fünf Einrichtungen nutzten die Möglichkeit der freien Antwort:
- In zwei Antworten wurde auf das Vorhandensein und die Notwendigkeit von Teildiensten (z. B. als Ausgleich für Ausfälle) verwiesen.
- In zwei Antworten wurde auf eine vorhandene Zwischenschicht bzw. eine teilweise vorhandene Kernarbeitszeit hingewiesen.
- Eine Einrichtung beschrieb ein vorhandenes Arbeitszeitmodell für Teilzeitkräfte.

76,1 % der privaten Pflegeheime kreuzten im Fragebogen zwischen einem und drei Arbeitszeitmodellen an (Modalwert: 2 Nennungen, arithmetisches Mittel: 2,59).

Kapitel 4: Quantitative Befragung von niedersächsischen Pflegeheimen

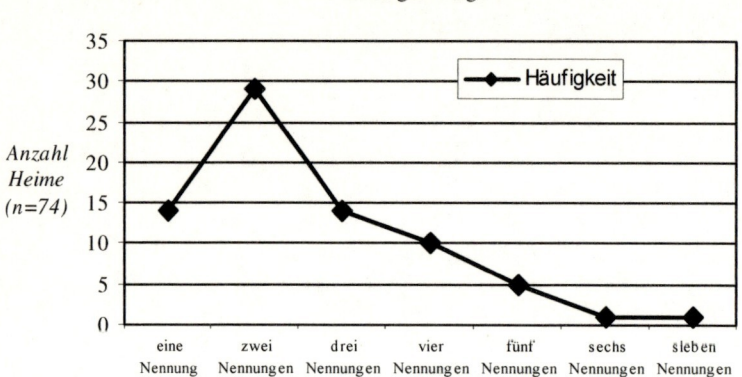

Abbildung 4-2: Nennungen Frage 3 – Private Träger

Annähernd 2/3 der privaten Einrichtungen verfügen über ständige Nachtwachen. Des Weiteren beschäftigen 54,1 % der Einrichtungen Pflegekräfte im Drei-Schichtsystem. 18,9 % der Pflegeheime gaben an, dass die Arbeiten in einem unregelmäßigen Schichtsystem von mehr als drei Schichten bewältigt werden.

Zwei Fragebögen konnten bezüglich der Frage 3 nur eingeschränkt ausgewertet werden, da auf beiden Bögen nur die Angabe enthalten war, dass die Pflegekräfte der Einrichtung in Früh- *und* Spätschicht arbeiten. Die organisatorische Besetzung in der Nachtzeit blieb offen, da weder ein Einsatz von ständigen Nachtwachen dargestellt wurde noch Hinweise auf Wechselschichtdienste gegeben wurden. Für die verbliebenen 72 Einrichtungen ergab sich folgende Auswertung bei den Nachtdiensten:

Ständige Nachtwachen	Häufigkeit in Prozent
Besetzung der Nachtschichten nur durch ständige Nachtwachen	36,1
Besetzung der Nachtdienste durch ständige Nachtwachen und von im Wechselschichtdienst Beschäftigten	31,9
Keine ständigen Nachtwachen	31,9

Tabelle 4-7: Beschäftigung von ständigen Nachtwachen – private Träger

Im Ergebnis deckt jedes dritte Pflegeheim die Nachtschichten nur durch so genannte Dauernachtwachen ab.

2.1.2 Freie gemeinnützige Träger

Von den 46 Einrichtungen in freier gemeinnütziger Trägerschaft erfolgten insgesamt 128 Nennungen. Folgende Rangliste der vorhandenen Arbeitszeitstrukturen konnte aus den Nennungen abgeleitet werden:

Arbeitszeitmodelle	*Häufigkeit in Prozent*
Pflegekräfte arbeiten nur in den Nachtschichten (ständige Nachtwachen)	80,4
Pflegekräfte arbeiten in Früh- *und* Spätschicht	65,2
Pflegekräfte arbeiten in Früh-, Spät- und Nachtschicht	54,3
Pflegekräfte arbeiten in einem unregelmäßigen Schichtsystem von mehr als drei Schichten	32,6
Pflegekräfte arbeiten nur in Früh- *oder* Spätschicht	15,2
Pflegekräfte arbeiten nur zu einer bestimmten Uhrzeit	15,2

Tabelle 4-8: Arbeitszeitstrukturen in der Pflege – freie gemeinnützige Träger

Sieben Einrichtungen machten von der Möglichkeit der freien Antwort Gebrauch:
– Drei Angaben nahmen Bezug auf die Nachtschichtarbeit (z. B. Urlaubsvertretungsregelung).
– Zwei Angaben verwiesen – wie schon bei den Heimen privater Träger festgestellt – auf das Vorhandensein und die Notwendigkeit von Teildiensten.
– Zwei Angaben bezogen sich auf die Qualifikation bzw. Funktion der Pflegekräfte (z. B. Bürodienst für die Wohnbereichsleitung).
– In einer Antwort wurden die Arbeitszeitformen und die Zahl der beschäftigten Pflegekräfte erläutert.

Die Mehrzahl (58,7 %) der Pflegeheime gab in der Befragung zwischen zwei und drei Arbeitszeitformen an (Modalwert: 2 Nennungen, arithmetisches Mittel: 2,78). Weitere 19,6 % der Einrichtungen verwiesen auf vier Arbeitszeitformen:

Kapitel 4: Quantitative Befragung von niedersächsischen Pflegeheimen

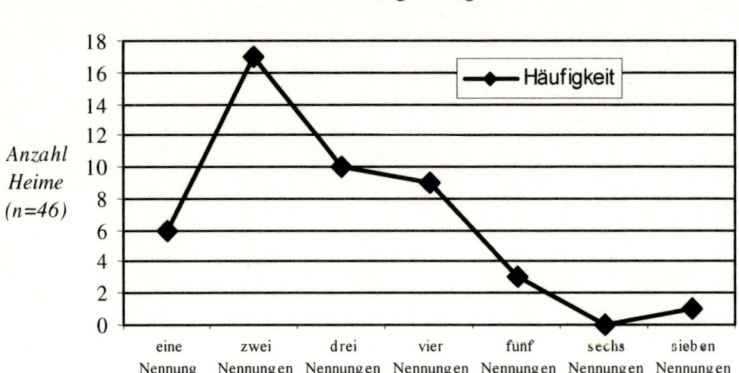

Abbildung 4-3: Nennungen Frage 3 – freie gemeinnützige Träger

Ständige Nachtwachen sind in mehr als 3/4 der freien gemeinnützigen Einrichtungen vorhanden. Im Weiteren beschäftigen 54,3 % der Einrichtungen Pflegekräfte z. T. im Drei-Schichtsystem. Gegenüber den privaten Pflegeheimen bemerkenswert hoch ist die Nennung eines unregelmäßigen Schichtsystems mit 32,6 %. Daraus resultiert folgendes Ergebnis:

Ständige Nachtwachen	*Häufigkeit in Prozent*
Besetzung der Nachtschichten durch ständige Nachtwachen und im Wechselschichtdienst Beschäftigte	47,8
Besetzung der Nachtdienste nur durch ständige Nachtwachen	32,5
Keine ständigen Nachtwachen	19,6

Tabelle 4-9: Beschäftigung von ständigen Nachtwachen – freie gemeinnützige Träger

Im Ergebnis deckt nahezu jedes dritte Pflegeheim in freier Trägerschaft die Nachtdienste durch Dauernachtwachen ab.

2.1.3 Öffentliche Träger

Von den 14 befragten Einrichtungen, die in öffentlich-rechtlicher Trägerschaft standen, wurden insgesamt 42 Nennungen zu den Arbeitszeitmodellen gemacht. Folgende Reihung der vorhandenen Arbeitszeitmodelle konnte daraus abgeleitet werden:

2 Darstellung der Einzelergebnisse aus der schriftlichen Befragung

Arbeitszeitmodelle	Häufigkeit in Prozent
Pflegekräfte arbeiten in Früh- *und* Spätschicht	78,6
Pflegekräfte arbeiten nur in Nachtschichten (Dauernachtwachen)	71,4
Pflegekräfte arbeiten nur zu einer bestimmten Uhrzeit	50,0
Pflegekräfte arbeiten in Früh-, Spät- und Nachtschicht	50,0
Pflegekräfte arbeiten nur in Früh- *oder* Spätschicht	21,4
Pflegekräfte arbeiten in einem unregelmäßigen Schichtsystem von mehr als drei Schichten	14,3

Tabelle 4-10: Arbeitszeitstrukturen in der Pflege – öffentliche Träger

Zwei Einrichtungen nutzten die Möglichkeit der freien Antwort:
- Pflegekräfte arbeiten in der Nachtschicht als Urlaubs- und Krankheitsvertretung der Nachtwache.
- Pflegekräfte arbeiten im Früh- und Zwischendienst oder Spätdienst.

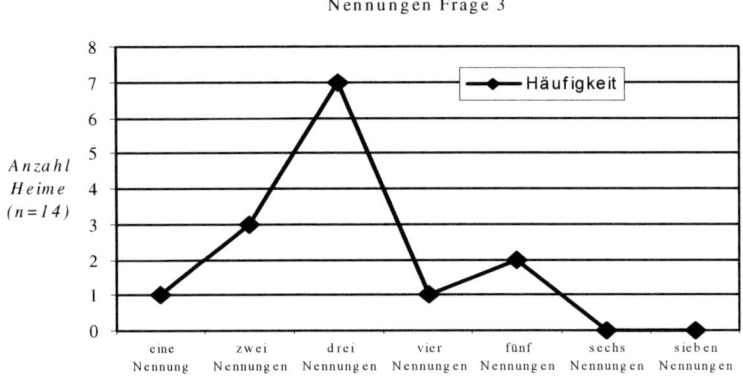

Abbildung 4-4: Nennungen Frage 3 – öffentliche Träger

Die Mehrzahl der Pflegeheime (71,4 %) gab den Einsatz von zwei bis drei Arbeitszeitformen für die Pflegedienstpläne an (Modalwert: Drei Nennungen, arithmetisches Mittel: 3,0).

71,4 % der Einrichtungen in öffentlicher Trägerschaft verfügen über Dauernachtwachen. Ebenso beschäftigen 50 % der Einrichtungen Pflegekräfte z. T. im Drei-Schichtsystem. 14,3 % der Pflegeheime gaben an, ein unregelmäßiges Schichtsystem von mehr als drei Schichten umzusetzen. Folgende Übersicht verdeutlicht dies:

Kapitel 4: Quantitative Befragung von niedersächsischen Pflegeheimen

Ständige Nachtwachen	Häufigkeit in Prozent
Besetzung der Nachtdienste nur durch ständige Nachtwachen	50,0
Keine ständigen Nachtwachen beschäftigt	28,6
Besetzung der Nachtschichten durch ständige Nachtwachen und im Wechselschichtdienst Beschäftigte	21,4

Tabelle 4-11: Beschäftigung von ständigen Nachtwachen – öffentliche Träger

Im Ergebnis deckt jedes zweite in öffentlicher Trägerschaft geführte Heim die Nachtdienste nur durch Dauernachtwachen ab.

2.1.4 Einrichtungen mit bis zu 50 Dauerpflegeplätzen

Von den 58 Einrichtungen der ersten Kategorie mit bis zu 50 Dauerpflegeplätzen wurden insgesamt 146 Angaben zu den Arbeitszeitmodellen getätigt. Daraus ergab sich folgende Skalierung im Einsatz von Arbeitszeitformen und Arbeitszeitstrukturen:

Arbeitszeitmodelle	Häufigkeit in Prozent
Pflegekräfte arbeiten nur in Nachtdiensten (Ständige Nachtwachen)	67,2
Pflegekräfte arbeiten in Früh- *und* Spätschicht	62,1
Pflegekräfte arbeiten in Früh-, Spät- und Nachtschicht	56,9
Pflegekräfte arbeiten nur zu einer bestimmten Uhrzeit	29,3
Pflegekräfte arbeiten nur in Früh- *oder* Spätschicht	17,2
Pflegekräfte arbeiten in einem unregelmäßigen Schichtsystem von mehr als drei Schichten	12,1

Tabelle 4-12: Arbeitszeitstrukturen – Einrichtungen mit bis zu 50 Plätzen

Vier der befragten Einrichtungen trafen auch frei formulierte Angaben:
– In zwei Antworten wurde Bezug genommen auf vorhandene Zwischenschichten in der Besetzung.
– In einer Antwort wurde auf das Vorhandensein und die Notwendigkeit von Teildiensten verwiesen.
– In einer Antwort wurde die Arbeitszeitgestaltung für Teilzeitkräfte skizziert.

Die Mehrzahl der Pflegeheime (63,8 %) gab an, in ihren Pflegedienstplänen zwischen zwei und drei Arbeitszeitmodelle umzusetzen (Modalwert: 2 Nennungen, arithmetisches Mittel: 2,52). Weitere 19 % machten dazu keine Angaben.

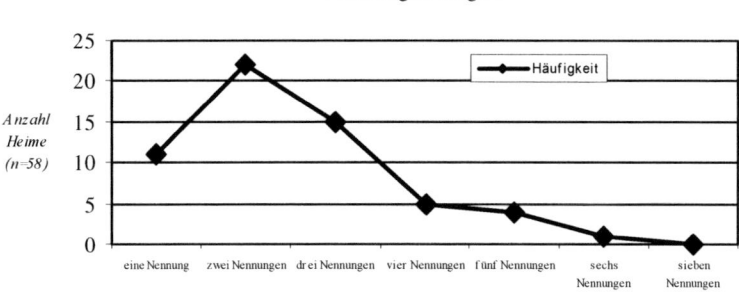

Abbildung 4-5: Nennungen Frage 3 – bis 50 Plätze

2/3 der Einrichtungen der ersten Kategorie mit bis zu 50 verfügbaren Dauerpflegeplätzen beschäftigen Dauernachtwachen. Über die Hälfte (56,9 %) beschäftigen ihre Pflegekräfte z. T. im Drei-Schichtsystem. 12,1 % der Pflegeheime gaben an, ihr Personal in einem unregelmäßigen Schichtsystem von mehr als drei Schichten einzusetzen.

Zwei Fragebögen waren bei der Beantwortung der Frage Nr. 3 nur eingeschränkt verwendbar. In beiden Fragebögen wurde lediglich auf den Früh- und Spätschichtdienst in der Pflege verwiesen. Die organisatorische Besetzung der Nachtdienste blieb offen, da weder auf den Einsatz von Dauernachtwachen noch auf Wechselschichtdienste hingewiesen wurde. Für die weiteren 56 Einrichtungen ergab sich folgende Struktur für den Nachtdienst:

Ständige Nachtwachen	Häufigkeit in Prozent
Besetzung der Nachtschichten nur durch ständige Nachtwachen	37,5
Besetzung der Nachtdienste durch ständige Nachtwachen und im Wechselschichtdienst Beschäftigte	32,1
Keine Besetzung durch ständige Nachtwachen	30,4

Tabelle 4-13: Beschäftigung von ständigen Nachtwachen – Einrichtungen mit bis zu 50 Plätzen

Im Ergebnis deckt daher jedes dritte kleinere Pflegeheim die Nachtschichten nur durch ständige Nachtwachen ab.

2.1.5 Einrichtungen mit 51 bis 100 Dauerpflegeplätzen

Insgesamt nahmen 52 Einrichtungen an der Befragung teil, die über 51 bis 100 Dauerpflegeplätze verfügen und damit der zweiten Größenkategorie zugeordnet wurden. Von diesen wurden insgesamt 150 Angaben zu den betriebsinternen Arbeitszeitstrukturen getätigt. Folgende Rangliste bei den vorhandenen Arbeitszeitstrukturen konnte festgestellt werden:

Arbeitszeitmodelle	Häufigkeit in Prozent
Pflegekräfte arbeiten nur in den Nachtschichten (Dauernachtwachen)	80,8
Pflegekräfte arbeiten in Früh- *und* Spätschicht	71,1
Pflegekräfte arbeiten in Früh-, Spät- und Nachtschicht	57,7
Pflegekräfte arbeiten in einem unregelmäßigen Schichtsystem von mehr als drei Schichten	26,9
Pflegekräfte arbeiten nur zu bestimmten Uhrzeiten	25,0
Pflegekräfte arbeiten nur innerhalb der Früh- *oder* Spätschicht	17,3

Tabelle 4-14: Arbeitszeitstrukturen – Einrichtungen mit 51 bis 100 Plätzen

Fünf Einrichtungen nutzten die Möglichkeit der freien Antwort:
– In zwei Antworten wurde Bezug genommen auf das Vorhandensein und die Notwendigkeit von Teildiensten.
– Eine Antwort thematisierte Zusammenhänge zwischen der Arbeitszeitform und dem Beschäftigungsumfang der Kräfte im Pflegedienst.
– Eine weitere Antwort sprach die Besetzung des Nachtdienstes an.

Von den erfassten Einrichtungen wenden 50 % insgesamt zwei bzw. drei Arbeitszeitmodelle in ihren Pflegedienstplänen an (Modalwert: Zwei Nennungen, arithmetisches Mittel: 2,88). Weitere 23,1 % gaben bei dieser Frage vier Arbeitszeitmodelle an.

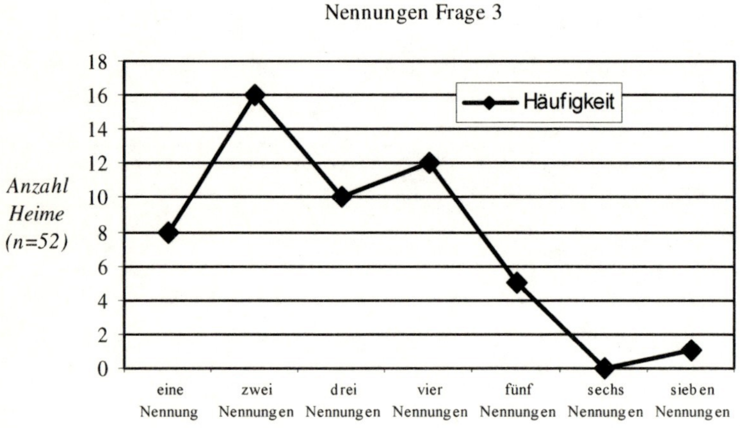

Abbildung 4-6: Nennungen Frage 3 – 51 bis 100 Plätze

Ständige Nachtwachen sind in über 80 % der Einrichtungen der zweiten Kategorie mit 51 bis 100 verfügbaren Dauerpflegeplätzen vorhanden. Über die Hälfte der Einrichtungen (57,7 %) beschäftigen Pflegekräfte teilweise im Drei-Schichtsystem. In 26,9 % der Pflegeheime müssen Pflegekräfte z. T. in einem unregelmäßigen Schichtsystem von mehr als drei Schichten arbeiten. Daraus ergeben sich folgende Strukturen:

Ständige Nachtwachen	*Häufigkeit in Prozent*
Besetzung der Nachtschichten durch ständige Nachtwachen und im Wechselschichtdienst Beschäftigte	46,2
Besetzung der Nachtdienste nur mit ständigen Nachtwachen	34,6
Keine Beschäftigte als ständige Nachtwachen	19,2

Tabelle 4-15: Beschäftigung von ständigen Nachtwachen – Einrichtungen mit 51 bis 100 Plätzen

Im Ergebnis deckt auch hier jedes dritte Pflegeheim der zweiten Kategorie die Nachtschichten durch den Einsatz ständiger Nachtwachen ab.

2.1.6 Einrichtungen mit 101 und mehr Dauerpflegeplätzen

Von den 26 befragten Einrichtungen der dritten Kategorie mit über 100 verfügbaren Dauerpflegeplätzen erfolgten nur von einer Einrichtung keine Aussagen zu den einrichtungsinternen Arbeitszeitstrukturen. Von den anderen 25 Einrichtungen kamen insgesamt 67 Angaben. Folgende Reihung der vorhandenen Arbeitszeitstrukturen konnte danach erschlossen werden:

Arbeitszeitmodelle	*Häufigkeit in Prozent*
Pflegekräfte arbeiten nur in Nachtschichten (Dauernachtwachen)	60,0
Pflegekräfte arbeiten in Früh- *und* Spätschicht	60,0
Pflegekräfte arbeiten in einem unregelmäßigen Schichtsystem von mehr als drei Schichten	40,0
Pflegekräfte arbeiten in Früh-, Spät- und Nachtschicht	40,0
Pflegekräfte arbeiten nur zu einer bestimmten Uhrzeit	28,0
Pflegekräfte arbeiten nur in Früh- *oder* Spätschicht	20,0

Tabelle 4-16: Arbeitszeitstrukturen – Einrichtungen mit 101 und mehr Plätzen

Fünf Einrichtungen machten von der Möglichkeit der freien Antwort Gebrauch:
– Zwei Antworten bezogen sich auf das Vorhandensein eines Zwischendienstes bzw. einer Kernarbeitszeit.
– Zwei Antworten bezogen sich auf den Nachtdienst.

– Eine Einrichtung wies auf einen so genannten Bürodienst für Wohnbereichsleitungen hin und gab an, bei Bedarf zusätzlich geteilte Dienste einzurichten.

Insgesamt gaben 65,4 % der hier befragten Pflegeheime an, zwischen zwei und drei Arbeitszeitformen in den Pflegedienstplänen anzuwenden (Modalwert: Zwei Nennungen, arithmetisches Mittel: 2,68).

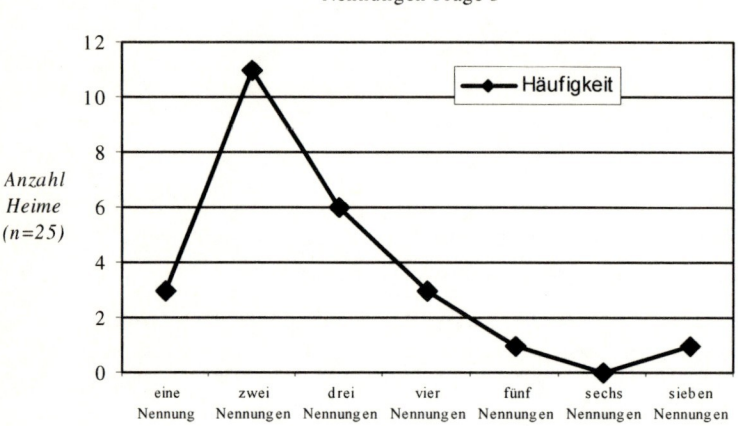

Abbildung 4-7: Nennungen Frage 3 – 101 und mehr Plätze

60 % der Einrichtungen der dritten Kategorie mit über 100 Dauerpflegeplätzen beschäftigen Dauernachtwachen. Des Weiteren beschäftigen 40 % der Heime Pflegekräfte zum Teil im Drei-Schichtsystem. Auch werden in 40 % der Pflegeheime Pflegekräfte z. T. in einem unregelmäßigem Schichtsystem von mehr als drei Schichten beschäftigt. Daraus resultiert folgende Gesamtübersicht:

Ständige Nachtwachen	*Häufigkeit in Prozent*
Keine ständigen Nachtwachen beschäftigt	40,0
Besetzung der Nachtdienste nur durch ständige Nachtwachen	36,0
Besetzung der Nachtdienste durch ständige Nachtwachen und Beschäftigte im Wechselschichtdienst	24,0

Tabelle 4-17: Beschäftigung von ständigen Nachtwachen – Einrichtungen mit über 100 Plätzen

Im Ergebnis deckt jedes dritte Pflegeheim der dritten Kategorie die Nachtschichten nur durch den Einsatz ständiger Nachtwachen ab.

2 Darstellung der Einzelergebnisse aus der schriftlichen Befragung

2.1.7 Gesamtauswertung

Im Rahmen der Befragung der Einrichtungen konnten von 135 Pflegeheimen die Angaben zu den Arbeitszeitmodellen im Pflegedienst berücksichtigt werden. Insgesamt wurden 363 Angaben getätigt. Hieraus ergibt sich folgende Reihung der vorhandenen Arbeitszeitmodelle:

Arbeitszeitmodelle	Häufigkeit in Prozent
Pflegekräfte arbeiten nur in den Nachtschichten (Dauernachtwachen)	71,1
Pflegekräfte arbeiten in Früh- *und* Spätschicht	65,2
Pflegekräfte arbeiten in Früh-, Spät- und Nachtschicht	54,1
Pflegekräfte arbeiten nur zu einer bestimmten Uhrzeit	27,4
Pflegekräfte arbeiten in einem unregelmäßigen Schichtsystem von mehr als drei Schichten	23,0
Pflegekräfte arbeiten nur in Früh- *oder* Spätschicht	17,8

Tabelle 4-18: Arbeitszeitstrukturen in der Pflege – Gesamt

Insgesamt nutzten 14 Einrichtungen die Möglichkeit der freien Antwort. Die Angaben bezogen sich zumeist auf den Nachtdienst, auf die Anwendung eines Teildienstes und auf vorhandene Zwischenschichten/Bürodienste oder die Kernarbeitszeit.

59,3 % der Pflegeheime gaben an, zwischen zwei und drei Arbeitszeitformen in ihren Pflegedienstplanungen einzusetzen (Modalwert: Zwei Nennungen, arithmetisches Mittel: 2,69). Weitere 16,2 % nannten hier eine Arbeitszeitform.

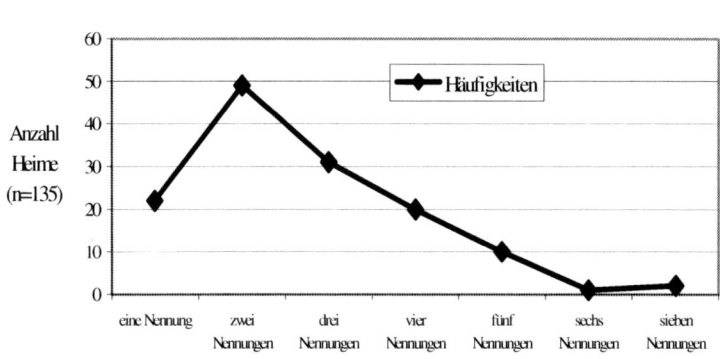

Abbildung 4-8: Nennungen Frage 3 – Gesamt

Insgesamt verfügen 71,1 % der an der Befragung teilnehmenden Einrichtungen über ständige Nachtwachen. Ebenso beschäftigen 54,1 % der Heime ihre Pflegekräfte z. T. im Drei-Schichtsystem. Nur 23 % gaben an, dass die beschäftigten Pflegekräfte zum Teil auch in einem unregelmäßigen Schichtsystem von mehr als drei Schichten arbeiten.

Allerdings konnten zu der dritten Frage dieses Fragebogenteils zwei Antworten nur eingeschränkt verwendet werden, da seitens der Einrichtungen jeweils nur angegeben worden war, dass Pflegekräfte in Früh- *und* Spätschichten arbeiten. Die Fragestellung nach der Organisation der Nachtzeit blieb offen, weil weder auf den Einsatz von Dauernachtwachen noch auf einen Wechselschichtdienst verwiesen wurde. Somit ergaben sich aufgrund der Auswertung der Angaben aller weiteren 133 Einrichtungen folgende Erkenntnisse:

Ständige Nachtwachen	*Häufigkeit in Prozent*
Besetzung der Nachtdienste nur durch ständige Nachtwachen	36,1
Besetzung der Nachtdienste durch ständige Nachtwachen und Beschäftigte im Wechselschichtdienst	36,1
Keine Beschäftigung von ständigen Nachtwachen	27,8

Tabelle 3-19: Beschäftigung von ständigen Nachtwachen – Gesamt

Im Ergebnis verzichtet jedes vierte befragte Pflegeheim aus arbeitsorganisatorischer Sicht auf die Beschäftigung von Dauernachtwachen. Jedes dritte Pflegeheim setzt zur Abdeckung der Nachtdienste nur ständige Nachtwachen ein.

2.2 Planungskriterien bei Schichtdiensten im Pflegebereich

2.2.1 Private Träger

Im Rahmen der schriftlichen Befragung wurden auch Angaben zu den Planungskriterien in der Pflege erfragt, z. B. zum Schichtdienstsystem oder den Anfangs- und Endzeiten. Insgesamt 67 der 75 privaten Pflegeheime (89,3 %) unterteilten die Früh- und Spätschichten in arbeitszeitlich unterschiedliche (gestufte) Dienste, z. B. F1 = 7.00 bis 13.00 Uhr und F2 = 7.30 bis 10.30 Uhr. Lediglich sieben Einrichtungen (9,3 %) verneinten dies. Eine Einrichtung (1,3 %) machte hierzu keine Angaben.

Ebenso eindeutig sind die Antworten bei der Frage nach festen Anfangs- und Endzeiten aller Schichten und Dienstzeiten: 69 Pflegeheime (92 %) bejahten dies, lediglich sechs (8 %) gaben die Existenz von Schichten/Diensten mit Gleitzeiten an.

Ebenso war festzustellen, dass bei den sieben Einrichtungen, die ihre Früh- und Spätschichten arbeitszeitlich nicht in gestufte Dienste einteilen, alle Beschäftigten in den Schichten festgelegte Anfangs- und Endzeiten hatten. Ob diese Arbeitszeiten nach einem spezifischen Arbeitsaufkommen festgelegt waren oder im Zusammenhang mit den kürzeren Schichtzeiten standen, war aus den Angaben nicht zu erschließen.

2.2.2 Freie gemeinnützige Träger

Alle 46 Einrichtungen in freier gemeinnütziger Trägerschaft teilen die Früh- und Spätschichten arbeitszeitlich in verschiedene Dienste auf. Die überwiegende Zahl von 38 Einrichtungen (82,6 %) gab an, für die Schichtdienste feste Anfangs- und Endzeiten vorzugeben. Nur in sieben Einrichtungen (15,2 %) wird mit Gleitzeit gearbeitet. Eine Einrichtung (2,2 %) machte hierzu keine Angaben.

2.2.3 Öffentliche Träger

Bei den Pflegeheimen in öffentlich-rechtlicher Trägerschaft werden in allen 14 Einrichtungen die Früh- und Spätschichten in zeitlich gestufte Dienste aufgeteilt. Die Mehrzahl (insgesamt 13 Einrichtungen, das sind 92,9 %) gab zudem an, feste Anfangs- und Enddienste zu haben. Lediglich eine Einrichtung (7,1 %) führte aus, auch im Pflegedienst Gleitzeiten zu haben.

Insgesamt ist somit festzustellen, dass in allen Trägerformen mehrheitlich nach zeitlich starr festgelegten und zeitlich versetzten (gestuften) Schichtdiensten gearbeitet wird.

2.2.4 Einrichtungen mit bis zu 50 Dauerpflegeplätzen

Von den 58 Pflegeheimen der ersten Kategorie mit bis zu 50 verfügbaren Dauerpflegeplätzen unterteilen 54 Früh- und Spätschichten in zeitlich unterschiedlich gestufte Dienste (93,1 %). Nur drei Einrichtungen (5,2 %) haben keine entsprechenden Aufteilungen. Eine Einrichtung (1,7 %) übermittelte hierzu keine Angaben.

54 Einrichtungen (93,1%) gaben feste Anfangs- und Endzeiten für die Dienstzeiten in den Schichten an. In vier Einrichtungen (6,9 %) wurden die Dienstzeiten mit Gleitzeiten verbunden.

2.2.5 Einrichtungen mit 51 bis zu 100 Dauerpflegeplätzen

Die Angaben aus 52 Einrichtungen der zweiten Kategorie mit 51 bis 100 Dauerpflegeplätzen stimmen mit denen der Einrichtungen der ersten Kategorie mit bis zu 50 Dauerpflegeplätzen nahezu überein. Insgesamt gaben 48 Pflegeheime (92,3 %) an, die Früh- und Spätschichten in zeitlich gestufte Dienste aufzuteilen. Nur vier Heime (7,7 %) verneinen dies.

Ebenso gab die Mehrzahl von 44 Einrichtungen (84,6 %) an, festgelegte Anfangs- und Endzeiten für die Schichten bzw. Dienste zu haben. Nur sieben Pflegeheime (13,5 %) legten dar, ihre Schichten/Dienste in Kombination mit

Kapitel 4: Quantitative Befragung von niedersächsischen Pflegeheimen

Gleitzeiten zu planen. Eine Einrichtung (1,9 %) machte keine Angaben zu diesem Frageteil.

2.2.6 Einrichtungen mit 101 und mehr Dauerpflegeplätzen

In den 26 Pflegeheimen der dritten Kategorie mit über 100 Dauerpflegeplätzen werden nach den Aussagen Früh- und Spätschichten ebenfalls zeitlich versetzt umgesetzt. In der Antwort auf die Frage nach einer vorhandenen Gleitzeitregelung spiegeln sich dagegen die Ergebnisse aus den Pflegeheimen der ersten und zweiten Größenkategorie wider: 23 Einrichtungen (88,5%) gaben an, festgelegte Anfangs- und Endzeiten in den Schichtdiensten zu haben. Die Gleitzeitregelung wird nur in drei Einrichtungen (11,5%) angewandt.

2.2.7 Gesamtauswertung

Die Angaben aus den 136 Pflegeheimen vermitteln eine überwiegend einheitliche Struktur und Gestaltung in den Schichtdiensten, indem die Früh- und Spätschichtdienste in zeitlichen Stufungen geplant werden, wie zum Beispiel in Frühdienst 1 und Frühdienst 2. Dabei werden für den Beginn und das Ende festgelegte verbindliche Anfangs- und Endzeiten vorgegeben.

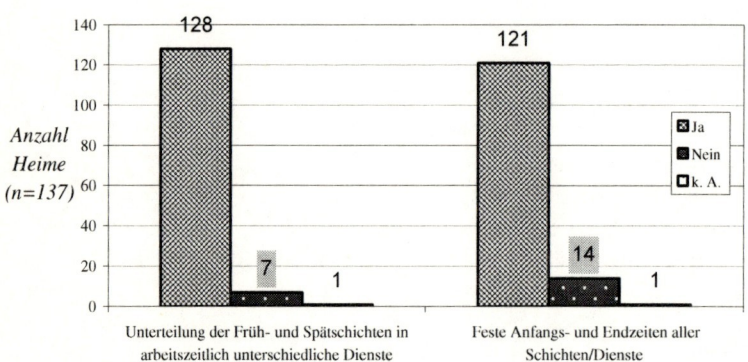

Abbildung 4-9: Planungskriterien von Schichtdiensten

Flexible Arbeitszeiten durch Gleitzeitregelungen haben dagegen in den Pflegeheimen eine untergeordnete Bedeutung. Lediglich jede 10. Einrichtung (10,3 %) gab an, Schichtdienste mit Gleitzeit zu verbinden. Eine Flexibilisierung erfolgt überwiegend durch die Verschiebung mehrerer Tagesschichten und deren unterschiedlichen Umfang.

2 Darstellung der Einzelergebnisse aus der schriftlichen Befragung

2.3 Angewandte Pflegesysteme

Um die Zusammenhänge zwischen der Dienstplanung und Organisation zu erschließen, wurde im Teil III des Fragebogens mit den Fragen Nr. 6 und Nr. 7 nach dem angewandten Pflegesystem gefragt. Im Fragebogen waren die Begriffe Bereichs-, Funktions- und Zimmerpflege jeweils definiert hinterlegt, um eine einheitliche Zuordnung zu erreichen. Die sechste Frage bezog sich auf die Wochentage von Montag bis Freitag, die siebte Frage auf das Wochenende. Bei der Beantwortung waren Mehrfachantworten möglich.

2.3.1 Private Träger

Von den Antworten der 75 privaten Pflegeheime konnten lediglich die Angaben einer Einrichtung zu diesem Frageteil nicht ausgewertet werden. Von den weiteren 74 Pflegeheimen wurden insgesamt 87 Angaben, bezogen auf den Zeitraum von Montag bis Freitag, und 81 Angaben, bezogen auf die Wochenenden, getätigt. Am häufigsten angegeben wurde die Bereichspflege.

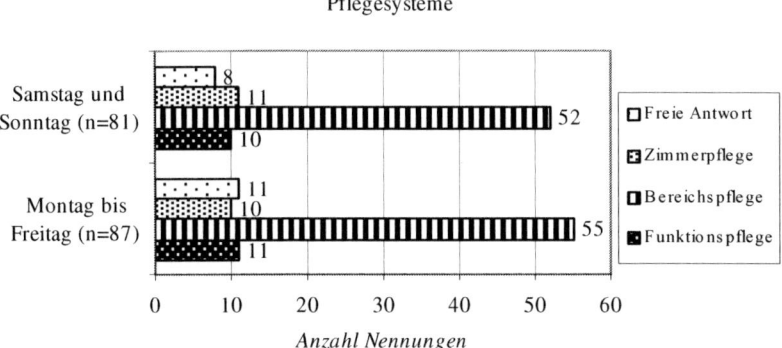

Abbildung 4-10: Angewandte Pflegesysteme – private Träger

Die Funktionspflege wird in den Einrichtungen sowohl werktags von montags bis freitags als auch an den Wochenenden durchgeführt und wird häufig in Kombination mit der Bereich- bzw. Zimmerpflege angegeben.

Kapitel 4: Quantitative Befragung von niedersächsischen Pflegeheimen

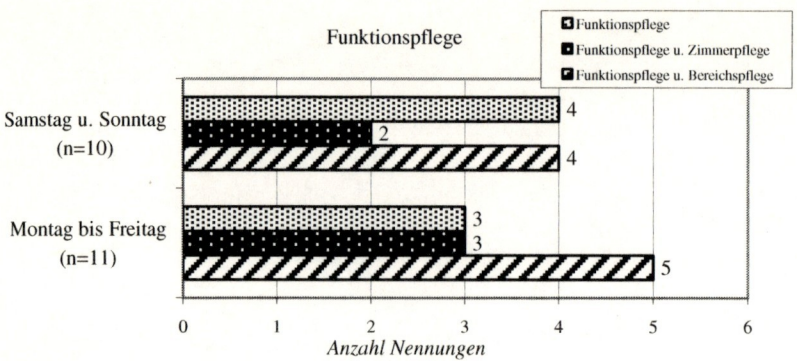

Abbildung 4-11: Funktionspflege –private Träger

Die Gründe für die Kombination wurden in dem Antwortteil für freie Stellungnahmen erkennbar. Danach sind meist die zu erledigenden Aufgaben für die Zuordnung zu einem Pflegesystem entscheidend. Es wurden elf freie Antworten bezüglich der Pflege im Wochenzeitraum von Montag bis Freitag angegeben. Acht Antworten betreffen die Pflege an den Wochenenden. Die so genannte Behandlungspflege wird nach medizinischer Delegation (z. B. Injektionen) in Form der Funktionspflege organisiert. Die übrige Pflege (Grundpflege) wird in Form der Bereichs- bzw. Zimmerpflege geleistet.

Sechs Einrichtungen benutzten bei der freien Antwort den Begriff »Bezugspflege« und beschrieben zum Teil, was sie darunter verstehen. Die Antworten zeigten, dass der Begriff in der Praxis nicht einheitlich verwendet wird (siehe hierzu die Ausführungen in diesem Kapitel unter 2.3.7).

Die Gesamtauswertung ergab, dass 64 private Pflegeheime (86,5 %) zur sechsten Frage, bezogen auf die Organisation der Pflege in der Woche von Montag bis Freitag und zur siebten Frage (Pflege am Sonnabend, Sonntag) identische Angaben machten. Weitere zehn Einrichtungen (13,5 %) machten unterschiedliche Angaben:

Montag bis Freitag	Sonnabend und Sonntag
Funktions- und Bereichspflege	Bereichspflege
Funktions- und Bereichspflege	Bereichspflege
Bereichs- und Zimmerpflege	Zimmerpflege
Bereichs- und Zimmerpflege	Bereichspflege
Bereichspflege	Funktionspflege
Bereichspflege	Zimmerpflege
Bereichspflege	Zimmerpflege
Funktions- und Zimmerpflege	Funktionspflege
Bereichs-Bezugspflege	Bereichspflege
Funktionspflege	Zimmerpflege

Tabelle 4-20: Pflegesysteme – private Träger

Ein mögliches Unterscheidungsmerkmal zwischen der werktäglichen Pflege und der Pflege am Wochenende scheint in der Kombination der angegebenen Pflegesysteme zu liegen. So gaben sechs Einrichtungen für die Woche Kombinationen aus zwei Systemen an. Diese entfallen alle am Wochenende. Eine generalisierbare Umwandlung der Arbeitsorganisation hin zu mehr funktionaler Aufgabenteilung ist aus den Antworten nicht erkennbar.

2.3.2 Freie gemeinnützige Träger

Aus den in freier gemeinnütziger Trägerschaft befindlichen Pflegeheimen wurden von 46 Einrichtungen insgesamt 53 Angaben zur Pflege während der Woche (montags bis freitags) und 52 Angaben zu den Wochenenden (Sonnabend und Sonntag) gemacht. Auch hier wurde häufig die Bereichspflege angegeben.

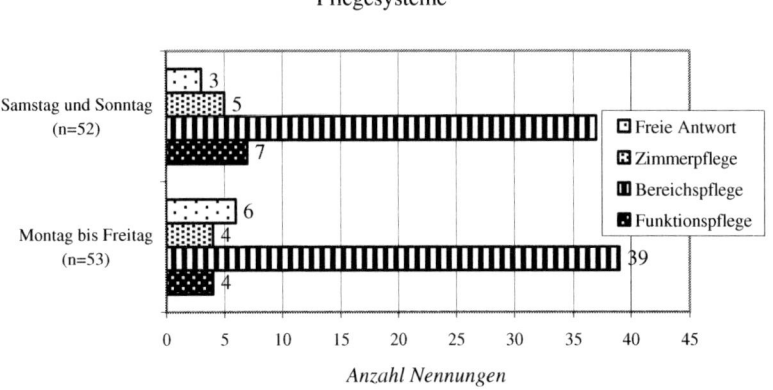

Abbildung 4-12: Angewandte Pflegesysteme – freie gemeinnützige Träger

Auffallend ist, dass für die Pflege an den Wochenenden verstärkt die Funktionspflege genannt wurde (von 7,5 auf 13, 5 %). Insgesamt wurde jedoch auch bei den freien gemeinnützigen Trägern die Funktionspflege in Kombination mit der Bereichspflege am häufigsten genannt.

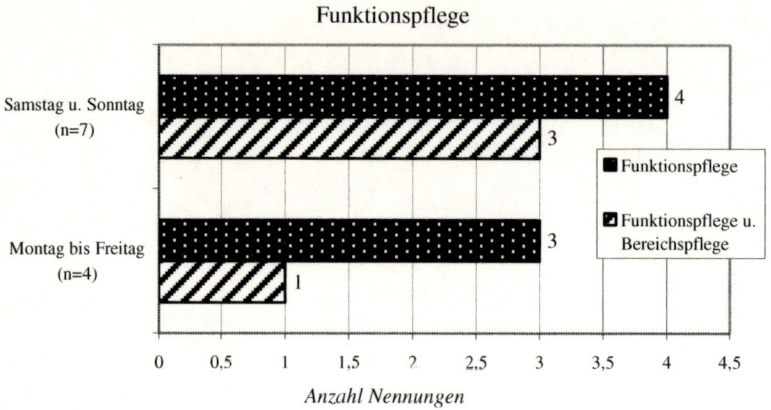

Abbildung 4-13: Funktionspflege – freie gemeinnützige Träger

Die freien Antworten, die ergänzend von Einrichtungen hinzugefügt wurden, zeigten, dass trotz der vorherigen Begriffsbestimmungen die Begriffsverwendung nicht immer eindeutig war.

Vierzig der freien gemeinnützigen Pflegeheime (87 %) gaben zur sechsten Frage (zum Pflegesystem in der Woche von Montag bis Freitag) und zur siebten Frage (angewandtes Pflegesystem am Sonnabend und Sonntag) identische Angaben. Die übrigen sechs Einrichtungen (13 %) trafen folgende unterschiedliche Aussagen:

Montag bis Freitag	Sonnabend und Sonntag
Bereichspflege	Funktionspflege
Bereichspflege	Funktions- und Bereichspflege
Bereichs- und Bezugspflege	Funktionspflege
Bereichs- und Bezugspflege	Bezugspflege
Bereichspflege	Bereichspflege (Bewohnergruppen sind größer als werktags)
Bezugspflege	Zimmerpflege

Tabelle 4-21: Pflegesysteme – freie gemeinnützigeTräger

Lediglich bei drei Einrichtungen sind die Gründe für die Veränderungen der Arbeitsorganisation, insbesondere hin zur Funktionspflege, aus den Antworten erkennbar. Aufschlussreich ist der Hinweis einer Einrichtung, dass die Funktionspflege aufgrund der unterschiedlichen Größen der Bewohnergruppen innerhalb der Woche und an den Wochenenden eingesetzt werde.

2.3.3 Öffentliche Träger

Von den 14 Pflegeheimen in öffentlich-rechtlicher Trägerschaft bezogen sich insgesamt achtzehn Angaben auf die Pflege an den Werktagen bzw. siebzehn Angaben auf die Pflege an den Wochenenden. Wie zuvor bei den privaten und freien gemeinnützigen Einrichtungen wurde am häufigsten die Bereichspflege angegeben.

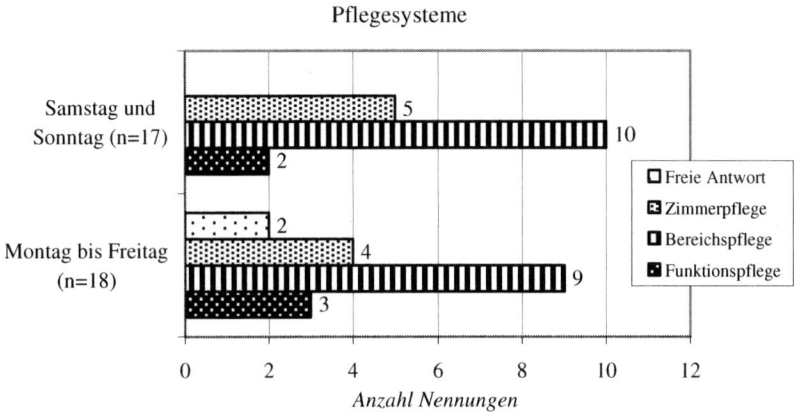

Abbildung 4-14: Angewandte Pflegesysteme – öffentliche Träger

Die Funktionspflege wurde nur in Kombination mit der Bereichs- bzw. Zimmerpflege genannt. Eine Einrichtung traf hier drei Angaben: Funktions-, Bereichs- und Zimmerpflege.

Bei den freien Antworten, die von zwei Einrichtungen erfolgten, wurde von beiden Einrichtungen die Bezugspflege als zentrales Pflegekonzept genannt.

Insgesamt machten zu der Frage Nr. 6 (Arbeitsorganisation im Bereich der Pflege von Montag bis Freitag und zu der Frage Nr. 7 (Pflege am Sonnabend und Sonntag) 12 der öffentlich-rechtlich getragenen Pflegeheime (85,7 %) identische Angaben. Zwei andere Einrichtungen (14,3 %) trafen dagegen folgende unterschiedliche Angaben:

Montag bis Freitag	Sonnabend und Sonntag
Funktions- und Bereichspflege	Bereichspflege
Bezugspflege	Bereichspflege

Tabelle 4-22: Pflegesysteme – öffentlich-rechtliche Träger

Kapitel 4: Quantitative Befragung von niedersächsischen Pflegeheimen

2.3.4 Einrichtungen mit bis zu 50 Dauerpflegeplätzen

Von den 58 Pflegeheimen der ersten Kategorie mit bis zu 50 verfügbaren Dauerpflegeplätzen gaben insgesamt 65 Einrichtungen Antworten zum Pflegesystem innerhalb der Woche, jeweils von Montag bis Freitag. Insgesamt 62 Angaben erfolgten zur Pflege an den Wochenendtagen. Überwiegend wurde die Bereichspflege genannt.

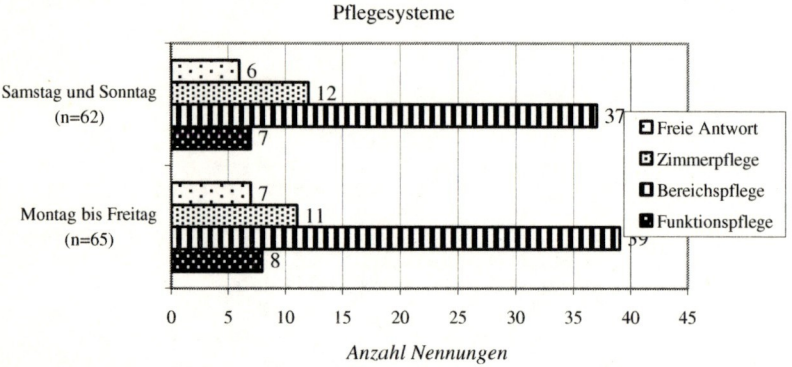

Abbildung 4-15: Angewandte Pflegesysteme – bis 50 Plätze

Die Funktionspflege wurde auch bei den kleineren Einrichtungen häufig in Kombination mit der Bereichspflege und Zimmerpflege genannt.

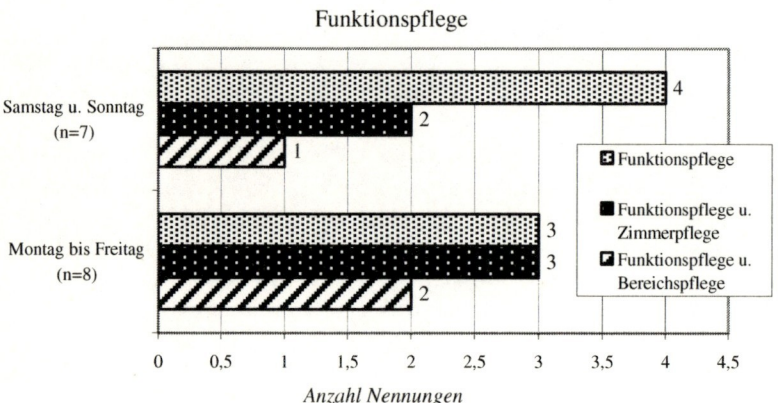

Abbildung 4-16: Funktionspflege – bis 50 Plätze

Die Gründe für diese Kombinationsform ergeben sich aus den frei formulierten Antworten. Unter Berücksichtigung des angewandten Pflegesystems und der Größe der Einrichtung verwiesen die Vertreter darauf, dass jede Pflegekraft für alle Aufgaben verantwortlich sein müsse und alle Beschäftigten mit den Heimbewohnern zusammenzuarbeiten haben. Hier wird deutlich, dass die Kombination der Pflegesysteme in engem Zusammenhang mit der Größe der Einrichtung zu sehen ist. Drei Einrichtungen verwandten im freien Antwortteil zur Kennzeichnung der Anforderungen den Begriff »Bezugspflege«.

Insgesamt gaben 50 befragte Pflegeheime der ersten Kategorie mit bis zu 50 verfügbaren Dauerpflegeplätzen (86,2 %) zu der sechsten Frage (Pflegesystem von montags bis freitags) und zur siebten Frage (Pflege am Sonnabend und Sonntag) identische Angaben an. Die übrigen acht Einrichtungen (13,8 %) machten folgende unterschiedliche Angaben:

Montag bis Freitag	Sonnabend und Sonntag
Bereichs- und Zimmerpflege	Zimmerpflege
Bereichs- und Zimmerpflege	Bereichspflege
Bereichspflege	Funktionspflege
Bereichspflege	Zimmerpflege
Funktions- und Bereichspflege	Bereichspflege
Funktions- und Zimmerpflege	Funktionspflege
Funktionspflege	Zimmerpflege
Bereichs-Bezugspflege	Bereichspflege

Tabelle 4-23: Pflegesysteme – Einrichtungen mit bis zu 50 Plätzen

Da alle acht Einrichtungen einen privaten Träger angaben, ist dieses Bild nahezu identisch mit der Ergebnisauswertung für die privaten Träger unter Gliederungspunkt 2.3.1.

2.3.5 Einrichtungen mit 51 bis 100 Dauerpflegeplätzen

Von den 52 Pflegeheimen der zweiten Kategorie mit 51 bis 100 verfügbaren Dauerpflegeplätzen konnten lediglich die Angaben einer Einrichtung nicht ausgewertet werden. Für die Auswertung wurden damit die Angaben von 51 Pflegeheimen mit insgesamt 63 Angaben zum Pflegesystem in der Woche (montags bis freitags) bzw. 60 Angaben zum Wochenende (Sonnabend und Sonntag) berücksichtigt. Am häufigsten wurde auch hier als Pflegekonzept die Bereichspflege genannt.

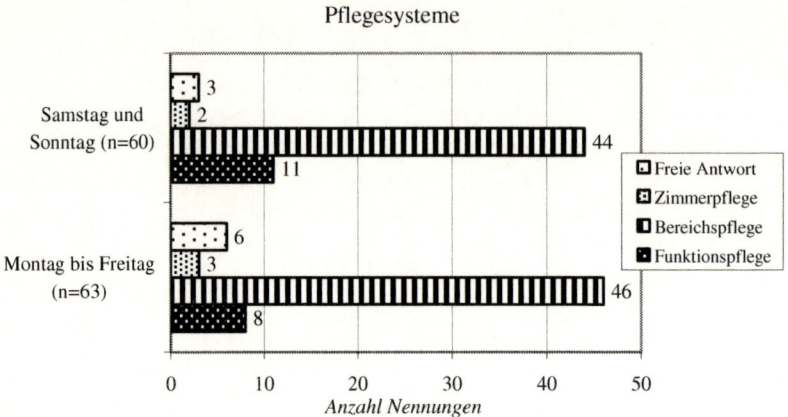

Abbildung 4-17: Angewandte Pflegesysteme – 51 bis 100 Plätze

Die Funktionspflege wurde häufig in Kombination mit der Bereichspflege angegeben.

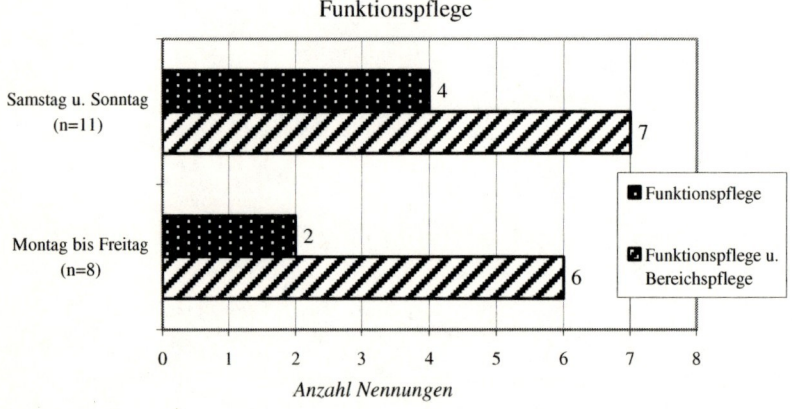

Abbildung 4-18: Funktionspflege – 51 bis 100 Plätze

Diese Kombination wurde auch hier – vergleichbar den Aussagen aus anderen Einrichtungen – damit begründet, dass die Behandlungspflege als Funktionspflege durch Fachpersonal für alle Wohnbereiche übergreifend organisiert werde.

Insgesamt sechsundvierzig Pflegeheime (90,2 %) machten zu der Frage Nr. 6 (Pflegesystem von Montag bis Freitag) und zu der Frage Nr. 7 (Pflegesystem am Wochenende) identische Angaben. Weitere fünf Einrichtungen (9,8 %) übermittelten folgende unterschiedliche Angaben:

Montag bis Freitag	Sonnabend und Sonntag
Bereichspflege	Funktionspflege
Bereichspflege	Funktions- und Bereichspflege
Bereichs- und Bezugspflege	Funktionspflege
Bereichs- und Zimmerpflege	Bereichspflege
Bereichs- und Bezugspflege	Bezugspflege

Tabelle 4-24: Pflegesysteme – Einrichtungen mit 51 bis 100 Plätzen

Da vier der fünf Einrichtungen eine freie gemeinnützige Trägerschaft vorweisen, ist dieses Ergebnis nahezu identisch mit den Befunden, die zuvor unter Gliederungspunkt 2.3.2 für diese Trägerschaft erhoben wurden.

2.3.6 Einrichtungen mit 101 und mehr Dauerpflegeplätzen

Für die Einrichtungen der dritten Kategorie mit mehr als 100 Pflegeplätzen wurden von sechsundzwanzig Pflegeheimen insgesamt 31 Angaben zum Pflegesystem in der Woche bzw. 29 Angaben zum Pflegesystem an den Wochenenden (Sonnabend und Sonntag) getätigt. Am häufigsten wurde als Pflegesystem die Bereichspflege angegeben.

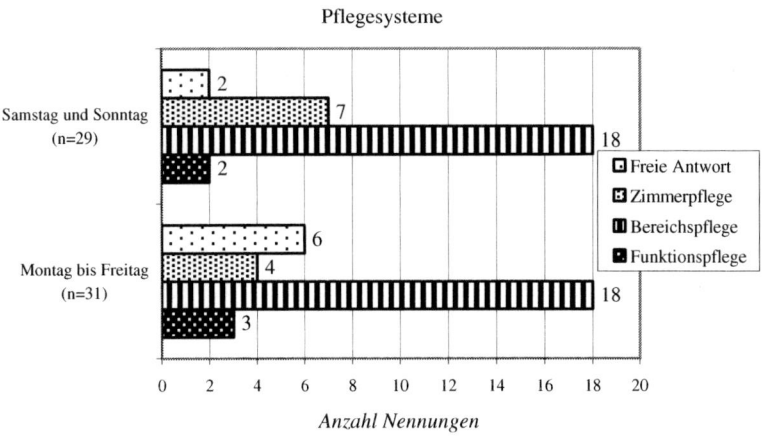

Abbildung 4-19: Angewandte Pflegesysteme – 101 und mehr Plätze

Die Funktionspflege wurde immer in Kombination mit der Bereichspflege bzw. Zimmerpflege angegeben. Nur eine Einrichtung wendet alle drei Pflegesysteme an.

Kapitel 4: Quantitative Befragung von niedersächsischen Pflegeheimen

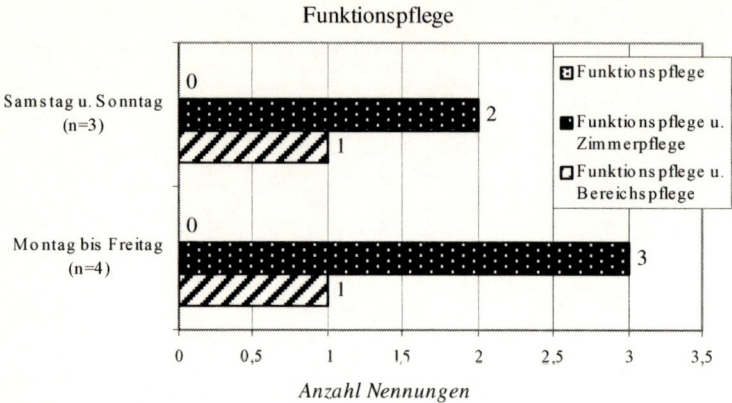

Abbildung 4-20: Funktionspflege – 101 und mehr Plätze

Eine Erklärung für diese Kombination ergibt sich aus den freien Antworten. Danach wird die Behandlungspflege, wie z. B. die Medikamentengabe, funktionsbezogen organisiert.

Zwanzig Pflegeheime mit über 100 verfügbaren Dauerpflegeplätzen (76,9 %) äußerten zu der Frage Nr. 6 (Pflegekonzept von montags bis freitags) und zu der Frage Nr. 7 (Pflegesystem am Sonnabend und Sonntag) identische Angaben. Von weiteren sechs Einrichtungen (23,1 %) erfolgten folgende unterschiedliche Angaben zu den Bereichen:

Montag bis Freitag	Sonnabend und Sonntag
Funktions- und Bereichspflege	Bereichspflege
Funktions- und Bereichspflege	Bereichspflege
Bereichspflege	Zimmerpflege
Bereichspflege	Bereichspflege (Bewohnergruppen größer als werktags)
Bezugspflege	Zimmerpflege
Bezugspflege	Bereichspflege

Tabelle 4-25: Pflegesysteme – Einrichtungen mit 101 und mehr Plätzen

Aus den Angaben ist kein Trend oder Unterscheidungsmerkmal erkennbar.

2.3.7 Gesamtauswertung

Von 136 Pflegeheimen konnte die Antwort einer Einrichtung nicht ausgewertet werden. Somit liegen insgesamt von 135 Einrichtungen 159 Angaben zum Pflegesystem von montags bis freitags bzw. 151 Angaben zum Pflegesystem am Sonnabend und Sonntag vor. Überwiegend wurde die Bereichspflege als Pflegesystem angegeben.

2 Darstellung der Einzelergebnisse aus der schriftlichen Befragung

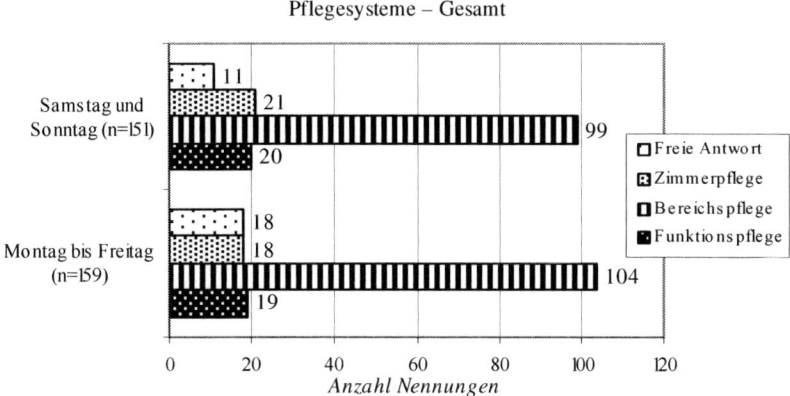

Abbildung 4-21: Angewandte Pflegesysteme – Gesamt

Die Funktionspflege wurde häufig in Kombination mit der Bereichs- und Zimmerpflege genannt. Eine Einrichtung machte hier drei Angaben und verwies auf die Funktions-, Bereichs- und Zimmerpflege.

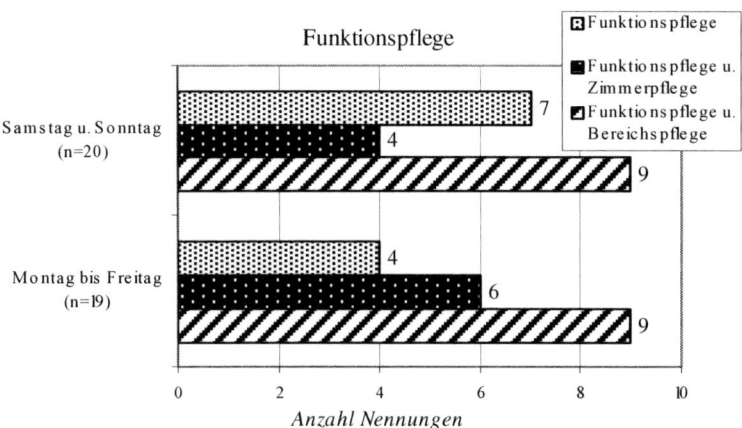

Abbildung 4-22: Funktionspflege – Gesamt

Hintergründe für diese Kombination fanden sich wiederholt in den frei formulierten Antworten. Danach werden vor allem Pflegeleistungen im Bereich der so genannten Behandlungspflege in Form der Funktionspflege organisiert. Häufig verwiesen die befragten Einrichtungen darauf, dass die

Funktionspflege gewählt worden sei, weil die Durchführung behandlungspflegerischer Maßnahmen durch Pflegefachkräfte erfolgen müsse.[134]

Neun Einrichtungen verwendeten bei ihren freien Antworten den Begriff »*Bezugspflege*«. Allerdings wird dieser Begriff nicht einheitlich verwendet. Die Bezugspflege wird auch häufig in Kombination mit der Bereichs- oder Zimmerpflege erklärt, wie folgendes Beispiel verdeutlicht:

> »Pflegekraft arbeitet auf eine[m] Bereich, betreut die Bewohner auf diesem Bereich die ganze Schicht/Dienst über«.

Drei Einrichtungen stimmten in ihren Inhaltsbeschreibungen mit den Merkmalen der Bezugspflege weitgehend überein. Sie gaben an, dass jeweils eine Pflegekraft einem Heimbewohner zugeordnet würde. Eine andere Einrichtung beschrieb die Bezugspflege allerdings wie folgt:

> »Eine[r] Gruppe PfK/PA sind eine[r] Gruppe Bewohner zugeordnet, bezüglich der Anwendung des Pflegeprozessmodells.«

Kleinere Pflegeheime mit bis zu 50 Pflegeplätzen vermischen Pflegesysteme, um damit der Einrichtungsgröße und dem damit verbundenen geringeren Personalbestand zu entsprechen:

> »Da die Einrichtung sehr klein ist, arbeiten alle Kollegen mit allen Heimbewohnern.«

Von den 135 Pflegeheimen werden in 116 Einrichtungen (85,9 %) sowohl während der Woche als auch an den Wochenenden durchgängig einheitliche Pflegesysteme verwandt. Aus den heterogenen Antworten weiterer neunzehn Einrichtungen (14,1 %) konnte kein einheitlicher Trend, z. B. für eine funktionsorientierte Pflege, abgeleitet werden.

Insgesamt ließ sich feststellen, dass 99 Einrichtungen durchgängig sowohl während der Woche und als auch am Wochenende die Bereichspflege für die Arbeitsorganisation verwenden. Einige Einrichtungen gaben zusätzlich an, dass an den Wochenenden die Bewohnergruppen, die im Rahmen der Bereichspflege versorgt werden, größer seien als in der Woche. Die Bereichspflege wird dann offensichtlich durch Änderungen der Gruppengrößen sichergestellt. Aufgrund der getätigten Angaben ließ sich allerdings keine Aussage darüber treffen, in welchem Umfang dies jeweils in den Pflegeeinrichtungen geschieht.

2.4 Einsatzplanung von Pflegefachkräften

Ergänzend zu den angewandten Pflegesystemen wurde die Einsatzplanung der Pflegefachkräfte mit zwei Fragen zum Themenkomplex »Arbeitsorganisation im Bereich der Pflege« erfragt. Frage Nr. 8 bezog sich auf den Einsatz an den Wochentagen. Mit der Frage Nr. 9 sollte die Einsatzplanung am Sonn-

---

134 Zu den Pflegefachkräften vgl. den nachfolgenden Gliederungspunkt 2.4.

abend und Sonntag erfasst werden. Es waren jeweils mehrere Antworten möglich.

2.4.1 Private Träger

Insgesamt beantworteten 74 Einrichtungen in privater Trägerschaft die Fragen. Nur eine Einrichtung machte zur Einsatzplanung der Pflegefachkräfte keine Angaben. Von den 73 Pflegeheimen erfolgten zu den Fragen nach der Einsatzplanung von montags bis freitags 85 und am Sonnabend und Sonntag 83 Angaben.

	Montag bis Freitag	*Sonnabend und Sonntag*
Besetzung mit mind. einer Pflegefachkraft in jeder Schicht i. d. Einrichtung	45 (52,9 %)	46 (55,4 %)
Besetzung mit mind. einer Pflegefachkraft in jeder Schicht in jedem Wohnbereich	19 (22,4 %)	19 (22,9 %)
Besetzung mit mind. einer Pflegefachkraft in jeder Schicht auf jeder Etage	15 (17,6 %)	11 (13,3 %)
freie Antwort	6 (7,1 %)	7 (8,4 %)

Tabelle 4-26: Besetzung der Dienste mit Pflegefachkräften – private Träger

Bei den hier erfassten Einrichtungen ist zu berücksichtigen, dass über die Hälfte der in privatrechtlicher Trägerschaft geführten Heime bis zu 50 verfügbare Dauerpflegeplätze aufweisen konnten.

Von drei Einrichtungen wurde in dem frei formulierbaren Antwortfeld darauf hingewiesen, dass die Einrichtung jeweils nur 17, 22 bzw. 30 Pflegeplätze umfasst. Die Größe dieser Einrichtung entsprach damit – vergleichsweise organisatorisch betrachtet – einem Wohnbereich in einem größeren Pflegeheim.

Von 32 der insgesamt 42 kleinen Einrichtungen der ersten Kategorie wurde eine Besetzung mit mindestens einer Pflegefachkraft pro Schicht angegeben.

Aufgrund verschiedener Hinweise in den Antworten ist davon auszugehen, dass mehr als drei Einrichtungen über eine geringe Pflegeplatzzahl verfügen und in ihrer Größe einem typischen Wohnbereich vergleichbar sind. Dies könnte eine Erklärung dafür sein, dass jede zweite private Einrichtung angab, eine Besetzung mit mindestens einer Fachkraft in jeder Schicht zu haben. Eine Einrichtung gab an, dass mindestens zwei Fachkräfte je Wohnbereich vorhanden seien. Zwei weitere Einrichtungen unterstrichen in der Antwort das Wort »mindestens«. Zwei der befragten Einrichtungen begründeten ihre personelle Besetzung mit der baulichen Struktur des Hauses. Danach ist – bis auf eine Ausnahme – die Aufteilung der Wohnbereiche jeweils nach den Etagen erfolgt.

Eine der Einrichtungen hob die Besetzung im Nachtdienst gesondert hervor und gab hier eine Besetzung mit einer Pflegefachkraft und zwei Pflegehelfern an.

Von den 74 befragten Einrichtungen erfolgten achtundsechzig identische Angaben zur Frage Nr. 8 und Nr. 9. Bei sechs Pflegeeinrichtungen waren abweichende Angaben festzustellen. Die folgende Darstellung stellt – bezogen auf die *Besetzungsangaben mit jeweils einer Fachkraft* – die Abweichungen im Vergleich der Werktage (Montag bis Freitag) zu den Wochenenden gegenüber:

Montag bis Freitag	Sonnabend und Sonntag
Etage	Einrichtung
Wohnbereich	Einrichtung
Etage und Einrichtung	Einrichtung
Etage und Wohnbereich	Wohnbereich
Etage und Wohnbereich und Einrichtung	Wohnbereich und Einrichtung
Einrichtung	Wohnbereich und Einrichtung

Tabelle 4-27: Abweichende Antworten zu den Fragen Nr. 8 und 9 – private Trägerform

Die Erhebung zeigt, dass an den Wochenenden die Besetzung mit Pflegefachkräften in den Einrichtungen reduziert ist.

2.4.2 Freie gemeinnützige Träger

Von den 46 in freier gemeinnütziger Trägerschaft befindlichen Pflegeheimen erfolgten zu den Fragen nach der Fachkraftbesetzung unter Frage Nr. 8 (Besetzung von Montag bis Freitag) 53 Angaben und bei der Frage Nr. 9 (Besetzung Sonnabend und Sonntag) 52 Angaben.

	Montag bis Freitag	Sonnabend und Sonntag
Besetzung mit mind. einer Pflegefachkraft in jeder Schicht i. d. Einrichtung	11 (20,8 %)	15 (28,8 %)
Besetzung mit mind. einer Pflegefachkraft in jeder Schicht in jedem Wohnbereich	29 (54,7 %)	25 (48,1 %)
Besetzung mit mind. einer Pflegefachkraft in jeder Schicht auf jeder Etage	10 (18,9 %)	9 (17,3 %)
freie Antwort	3 (5,7 %)	3 (5,8 %)

Tabelle 4-28: Besetzung mit Pflegefachkräften – freie gemeinnützige Trägerform

Im Vergleich zu den in privater Trägerform geführten Pflegeheimen wurde von den freien gemeinnützig getragenen Einrichtungen eine Besetzung mit mindestens einer Fachkraft für jede Schicht und in jedem Wohnbereich am häufigsten genannt. Für die Wochenenden zeigte sich eine dahingehende Änderung, dass *in jeder Schicht in der* Einrichtung eine Besetzung mit mindestens einer Pflegefachkraft erfolgt.

Eine Einrichtung wies im Bereich der frei zu formulierenden Antworten darauf hin, dass eine entsprechende Besetzung mit nur einer Fachkraft pro Schicht nur bei Personalengpässen erfolge. Üblich sei die Besetzung mit einer Fachkraft auf jeder Etage. Eine weitere Einrichtung verwies auf Besetzungsprobleme in der Urlaubszeit. In dieser Zeit müsse die Behandlungspflege von den diensthabenden Fachkräften vertretungsweise (tageweise) auch für andere Wohnbereiche mit abgedeckt werden, so dass eine Kraft für zwei Bereiche verantwortlich sei. Eine weitere Einrichtung gab an, dass an den Wochenenden jeweils mindestens zwei Pflegefachkräfte je Schicht für die Einrichtung eingesetzt werden. An den Wochentagen erfolge dann eine Besetzung mit mindestens einer Pflegefachkraft pro Schicht in jedem Wohnbereich. Von einer weiteren Einrichtung wurde sogar eine Besetzung mit drei Pflegefachkräften pro Schicht von montags bis freitags genannt. Dies geschah allerdings ohne nähere Angaben zur Größe der Einrichtung und der Anzahl der Wohnbereiche. Für die Wochenenden wird allerdings ebenfalls eine Reduzierung der Besetzung mit einer Fachkraft genannt.

Die Tatsache, dass eine Reduzierung der Fachkraftbesetzung an den Wochenenden erfolgt und auf den Mindeststandard für die *Einrichtung* zurückgefahren wird, zeigt sich ebenfalls in der Homogenität der Antworten. Von den 46 Einrichtungen waren in 35 Fällen identische Angaben zu den Fragen Nr. 8 und Nr. 9 erfolgt. Die Auswertung der elf abweichenden Antworten ergab folgende Änderungen im Vergleich zur Besetzung in der Woche und an den Wochenenden:

Montag bis Freitag	*Sonnabend und Sonntag*
Etage	Wohnbereich
Etage	Wohnbereich
Etage	Wohnbereich
Wohnbereich	mind. zwei Pflegefachkräfte in der Einrichtung
Wohnbereich	Einrichtung
Wohnbereich	Einrichtung
Wohnbereich	Einrichtung
Wohnbereich und Einrichtung	Einrichtung
Pro Schicht drei Pflegefachkräfte	Einrichtung
Wohnbereich	Etage
Wohnbereich	Etage

Tabelle 4-29: Abweichende Antworten zu den Fragen 8 und 9 – freie gem. Träger

Damit zeichnet sich auch bei den in freier gemeinnütziger Trägerschaft befindlichen Heimen eine Entwicklung dahingehend ab, weniger Fachkräfte am Wochenende als in der laufenden Woche einzusetzen.

2.4.3 Öffentliche Träger

Von den 14 Pflegeheimen erfolgten bei der Frage Nr. 8 und Nr. 9 zur Besetzung an den Werktagen von Montag bis Freitag und an den Wochenenden jeweils vierzehn Antworten.

	Montag bis Freitag	Sonnabend und Sonntag
Besetzung mit mind. einer Pflegefachkraft in jeder Schicht in der Einrichtung	3 (21,4 %)	6 (42,9 %)
Besetzung mit mind. einer Pflegefachkraft in jeder Schicht in jedem Wohnbereich	9 (64,3 %)	7 (50,0 %)
Besetzung mit mind. einer Pflegefachkraft in jeder Schicht auf jeder Etage	2 (14,3 %)	1 (7,1 %)
freie Antwort	0 (0,0 %)	0 (0,0 %)

Tabelle 4-30: Besetzung mit Pflegefachkräften – öffentliche Träger

Die Besetzung mit mindestens einer Pflegefachkraft in jeder Schicht in jedem Wohnbereich wurde am häufigsten genannt. Am Wochenende kommt es zu einer eindeutigen Verschiebung der Antworten zugunsten der Besetzung mit mind. einer Pflegefachkraft in *jeder Schicht in der Einrichtung*.

Vergleichbar den Angaben einer freien gemeinnützigen Einrichtung, machte hier eine Einrichtung kenntlich, dass die Organisation der Wohnbereiche den baulichen Gegebenheiten angepasst nach den Etagen folgt.

Von den 14 Einrichtungen erfolgten zehn identische Angaben zu den Fragen Nr. 8 und Nr. 9. In vier abweichenden Antworten ergaben sich folgende Konstellationen für die Fachkraftbesetzung:

Montag bis Freitag	Sonnabend und Sonntag
Etage	Einrichtung
Etage	Einrichtung
Wohnbereich	Einrichtung
Wohnbereich	Etage

Tabelle 4-31: Abweichende Antworten zu den Fragen 8 und 9 – öffentliche Träger

Insgesamt zeigt sich auch bei diesen Antworten die Entwicklung, die Zahl der geplanten Pflegefachkräfte am Wochenende auf den minimalen Standard einzuschränken.

2.4.4 Einrichtungen mit bis zu 50 Dauerpflegeplätzen

Nach Abschluss der Auswertungen zu den Aussagen der Einsatzplanung von Pflegefachkräften wurde die Verteilung der Angaben im Vergleich der Größenkategorien der Einrichtungen erschlossen, um Abweichungen sichtbar zu machen.

2 Darstellung der Einzelergebnisse aus der schriftlichen Befragung

Eine Einrichtung führte zur Einsatzplanung der Pflegefachkräfte keine Angaben aus. Die übrigen 57 Pflegeheime machten bei der Frage Nr. 8 (Planung von montags bis freitags) und Nr. 9 (Planung am Sonnabend und Sonntag) jeweils 64 Angaben.

	Montag bis Freitag	Sonnabend und Sonntag
Vorhandensein mind. einer Pflegefachkraft in jeder Schicht i. d. Einrichtung	38 (59,4 %)	41 (64,1 %)
Vorhandensein mind. einer Pflegefachkraft in jeder Schicht in jedem Wohnbereich	10 (15,6 %)	10 (15,6 %)
Vorhandensein mind. einer Pflegefachkraft in jeder Schicht auf jeder Etage	11 (17,2 %)	7 (10,9 %)
freie Antwort	5 (7,8 %)	6 (9,4 %)

Tabelle 4-32: Besetzung mit Pflegefachkräften – bis 50 Plätze

Drei Einrichtungen nahmen in dem frei zu formulierenden Antwortteil zur Größe ihrer Einrichtung Stellung. Die Einrichtungen hielten danach jeweils 17, 22 und 30 Pflegeplätze vor. Diese Einrichtungen entsprechen damit organisatorisch betrachtet einem Wohnbereich in größeren Einrichtungen. Aufgrund weiterer Hinweise kann allerdings vermutet werden, dass mehr als nur drei Einrichtungen gemessen an der Anzahl ihrer Pflegeplätze rein organisatorisch betrachtet in der Größe in etwa einem Wohnbereich eines größeren Hauses entsprechen.

38 der 57 kleinen Einrichtungen in der ersten Kategorie gaben an, dass mindestens eine Pflegefachkraft in jeder Schicht in der Einrichtung eingesetzt wird. Eine Einrichtung wies im freien Antwortteil darauf hin, dass eine Besetzung mit nur einer Pflegefachkraft in jeder Schicht allerdings nur bei Personalengpässen erfolge. Ansonsten sei eine Fachkraftbesetzung für jede Etage gewährleistet. Eine andere Einrichtung gab den Hinweis, dass mindestens zwei Pflegefachkräfte je Wohnbereich zur Regelbesetzung gehören. Für die Wochenenden werden dann allerdings Änderungen in der Besetzung dargelegt. An den Wochenenden wird eine Besetzung mit mindestens einer Pflegefachkraft in jeder Schicht in der Einrichtung gewährleistet.

Die Änderungen in der Personalbesetzung für die Wochenenden zeigen sich auch im Vergleich der Betrachtung aller erfolgten Antworten: Von den 57 Einrichtungen gaben 52 identische Angaben zu den Fragen Nr. 8 und Nr. 9. Aus den fünf abweichenden Antworten ergab sich folgende Besetzung im Vergleich der Werktage zu den Wochenendtagen:

Montag bis Freitag	Sonnabend und Sonntag
Etage	Einrichtung
Etage	Einrichtung
Etage und Einrichtung	Einrichtung
Wohnbereich	Einrichtung
Etage	Wohnbereich

Tabelle 4-33: Abweichende Antworten zu den Fragen Nr. 8 und Nr. 9 – Einrichtungen mit bis zu 50 Plätzen

Bei den abweichenden Antworten zeichnet sich der Trend ab, dass weniger Pflegefachkräfte am Wochenende eingeplant werden als in der Woche.

2.4.5 Einrichtungen mit 51 bis 100 Dauerpflegeplätzen

Von den 52 Pflegeheimen der zweiten Kategorie mit 51 bis 100 verfügbaren Dauerpflegeplätzen erfolgten 57 Angaben zu der Frage Nr. 8 (Besetzung von Montag bis Freitag) und insgesamt 56 Angaben zu der Frage Nr. 9 (Besetzung Sonnabend und Sonntag).

	Montag bis Freitag	Sonnabend und Sonntag
Besetzung mit mind. einer Pflegefachkraft in jeder Schicht i. d. Einrichtung	19 (33,3 %)	25 (44,6 %)
Besetzung mit mind. einer Pflegefachkraft in jeder Schicht in jedem Wohnbereich	29 (50,9 %)	24 (42,9 %)
Besetzung mit mind. einer Pflegefachkraft in jeder Schicht auf jeder Etage	8 (14,0 %)	6 (10,7 %)
freie Antwort	1 (1,8 %)	1 (1,8 %)

Tabelle 4-34: Besetzung mit Pflegefachkräften – Einrichtungen mit 51 bis 100 Plätzen

Im Vergleich zu den kleineren Heimen wurde am häufigsten eine Besetzung mit mindestens einer Pflegefachkraft pro Schicht in der Woche und für jeden Wohnbereich genannt. An den Wochenenden kommt es zu einer eindeutigen Verschiebung. Dann erfolgt eine Personalreduzierung auf mindestens eine Pflegefachkraft je Schicht für die Einrichtung.

Diese Personalreduzierung an den Wochenenden wird ebenfalls in einem Vergleich der abgegebenen Antworten sichtbar. Insgesamt waren bei 42 der 52 Einrichtungen die Angaben zu der achten und neunten Frage identisch. Aus den zehn abweichenden Antworten ergab sich folgende Tendenz in der Besetzung:

Montag bis Freitag	Sonnabend und Sonntag
Etage	Einrichtung
Etage und Wohnbereich	Wohnbereich
Wohnbereich	mind. zwei Pflegefachkräfte in der Einrichtung

Wohnbereich	Einrichtung
Wohnbereich	Einrichtung
Wohnbereich	Einrichtung
Wohnbereich	Einrichtung
Wohnbereich und Einrichtung	Einrichtung
Pro Schicht drei Pflegefachkräfte	Einrichtung
Einrichtung	Wohnbereich und Einrichtung

Tabelle 4-35: Abweichende Antworten zu den Fragen Nr. 8 und Nr. 9 – Einrichtungen mit 51 bis 100 Plätzen

2.4.6 Einrichtungen mit 101 und mehr Dauerpflegeplätzen

Von den 26 Pflegeheimen mit über 100 verfügbaren Dauerpflegeplätzen erfolgten jeweils 31 Antworten zu den Fragen Nr. 8 und Nr. 9.

	Montag bis Freitag	*Sonnabend und Sonntag*
Besetzung mit mind. einer Pflegefachkraft in jeder Schicht i. d. Einrichtung	2 (6,5 %)	3 (9,7 %)
Besetzung mit mind. einer Pflegefachkraft in jeder Schicht in jedem Wohnbereich	19 (61,3 %)	17 (54,8 %)
Besetzung mit mind. einer Pflegefachkraft in jeder Schicht auf jeder Etage	8 (25,8 %)	8 (25,8 %)
freie Antwort	2 (6,5 %)	3 (9,7 %)

Tabelle 4-36: Besetzung mit Pflegefachkräften – Einrichtungen mit 101 und mehr Plätzen

Im Vergleich zu den Pflegeeinrichtungen der ersten und zweiten Kategorie wurde sowohl für die Besetzung an den Werktagen in der Woche als auch für die Wochenenden am häufigsten eine Besetzung mit mindestens einer Pflegefachkraft *in jeder Schicht in jedem Wohnbereich* genannt. Eine Veränderung, insbesondere eine Reduzierung der Personalbesetzung an den Wochenenden, etwa hin zu einer Fachbesetzung in jeder Schicht in der Einrichtung, konnte aus den Angaben nicht entnommen werden.

Eine Einrichtung wies noch auf Zusammenhänge zwischen der baulichen Etagenstruktur und der Organisation der Wohnbereiche hin. In dieser Einrichtung wird aufgrund der Baulichkeit fast jede Etage – bis auf eine Ausnahme – organisatorisch auch als ein Wohnbereich geführt. Der Hinweis auf Personalengpässe, insbesondere in der Urlaubszeit, zeigte deutlich, dass die Fachkräfte sich in diesen Situationen wechselseitig vertreten müssen. Jeweils zwei Wohnbereiche müssen bei Engpässen kooperieren.

Eine weitere Einrichtung ging außerdem auf die Besetzung im Nachtdienst ein und legte dar, dass eine Pflegefachkraft und zwei Pflegehelfer ein Team bilden.

Von den 26 Einrichtungen dieser Größenordnung machten 19 Einrichtungen identische Angaben zu den Fragen Nr. 8. und Nr. 9. Aus den sieben abweichenden Antworten ergab sich folgende Besetzung:

Montag bis Freitag	Sonnabend und Sonntag
Etage und Wohnbereich und Einrichtung	Wohnbereich und Einrichtung
Etage	Wohnbereich
Etage	Wohnbereich
Wohnbereich	Einrichtung
Wohnbereich	Etage
Wohnbereich	Etage
Wohnbereich	Etage

Tabelle 4-37: Abweichende Antworten zu den Fragen Nr. 8 und Nr. 9 – Einrichtungen mit 101 und mehr Plätzen

Aus den abweichenden Antworten zeichnet sich – im Gegensatz zu den vorherigen Teilauswertungen – kein eindeutiger Hinweis dahingehend ab, dass für die Wochenenddienste weniger Pflegefachkräfte dienstplanmäßig eingeplant werden als in der laufenden Woche.

2.4.7 Gesamtauswertung

Von einer Einrichtung wurden keine Angaben zur Einsatzplanung von Pflegefachkräften gemacht. Von den verbliebenen 135 Pflegeheimen wurden zu der Frage Nr. 8 – zur Besetzung von montags bis freitags – insgesamt 152 Angaben getätigt und zu der Frage Nr. 9 – zur Besetzung am Sonnabend und Sonntag – erfolgten 151 Angaben.

	Montag bis Freitag	Sonnabend und Sonntag
Besetzung mit mind. einer Pflegefachkraft in jeder Schicht i. d. Einrichtung	59 (38,8 %)	69 (45,7 %)
Besetzung mit mind. einer Pflegefachkraft in jeder Schicht in jedem Wohnbereich	58 (38,2 %)	51 (33,8 %)
Besetzung mit mind. einer Pflegefachkraft in jeder Schicht auf jeder Etage	27 (17,8 %)	21 (13,9 %)
freie Antwort	8 (5,3 %)	10 (6,6 %)

Tabelle 4-38: Vorhandensein von Pflegefachkräften – Gesamt

Innerhalb der Woche (montags bis freitags) hat der Einsatz von mindestens einer Pflegefachkraft je Schicht und in jedem Wohnbereich in den Einrichtungen für die Dienstplanung einen vergleichbar hohen Stellenwert. An den Wochenenden wird der Einsatz von Pflegefachkräften dahin eingeschränkt, dass eine Besetzung mit mindestens einer Pflegefachkraft in jeder Schicht in den Einrichtungen erfolgt.

Von den Einrichtungen der ersten Kategorie mit bis zu 50 Dauerpflegeplätzen wird wochentags vorrangig eine Besetzung mit einer Fachkraft sichergestellt. Einrichtungen der zweiten Kategorie mit bis zu 100 Dauerpflegeplätzen planen den Einsatz von Pflegefachkräften jeweils nach den vorhandenen Wohnbereichen. Dabei ist zu berücksichtigen, dass die kleinen Einrichtungen der ersten Kategorie häufig eher die Größe eines Wohnbereichs haben. Für die Wochenenden wird gerade in den Einrichtungen der zweiten Größenkategorie eine Personalreduzierung beim Einsatz von Pflegefachkräften dahingehend vorgenommen, dass mindestens eine Pflegefachkraft in der Einrichtung Wochenenddienst leistet.

Von den 135 befragten Einrichtungen erfolgten aus 113 Heimen identische Angaben zu den Fragen Nr. 8 und Nr. 9. Die insgesamt 22 abweichenden Aussagen von anderen Pflegeheimen bezogen sich hinsichtlich der Einsatzplanung für eine Fachkraft auf folgende Bereiche:

Montag bis Freitag	*Sonnabend und Sonntag*
Etage und Wohnbereich und Einrichtung	Wohnbereich und Einrichtung
Etage und Wohnbereich	Wohnbereich
Etage	Wohnbereich
Etage	Wohnbereich
Etage	Wohnbereich
Etage und Einrichtung	Einrichtung
Etage	Einrichtung
Etage	Einrichtung
Etage	Einrichtung
Wohnbereich	mind. zwei Pflegefachkräfte in der Einrichtung
Wohnbereich	Einrichtung
Wohnbereich	Einrichtung
Wohnbereich	Einrichtung
Wohnbereich	Einrichtung
Wohnbereich	Einrichtung
Wohnbereich	Einrichtung
Wohnbereich und Einrichtung	Einrichtung
Pro Schicht drei Pflegefachkräfte	Einrichtung
Einrichtung	Wohnbereich und Einrichtung
Wohnbereich	Etage
Wohnbereich	Etage
Wohnbereich	Etage

Tabelle 4-39: Abweichende Antworten zu den Fragen Nr. 8 und Nr. 9 – Gesamt

Allerdings zeichnet sich auch bei den abweichenden Angaben eindeutig die Tendenz ab, dienstplanmäßig an den Wochenenden weniger Pflegefachkräfte einzusetzen als in der Woche.

2.5 Auftragsvergabe (Ausgliederung) hauswirtschaftlicher Dienstleistungen

2.5.1 Private Träger

Ein weiterer Teil der Befragung (Teil IV) diente dazu, das Aufgabenfeld der Hauswirtschaft in der Organisation und Einsatzplanung in Pflegeeinrichtungen zu erfassen. Die Fragestellungen zu Nr. 10 bis 15 bezogen sich insbesondere darauf, zu erschließen, ob und gegebenenfalls wie hauswirtschaftliche Aufgaben und Leistungen organisatorisch in Alteneinrichtungen integriert sind, ob sie eventuell ganz oder zum Teil ausgegliedert und damit an externe Dienstleistungsbetriebe vergeben sind bzw. wie die Diensteinsatzplanung ausgestaltet ist.[135] Dazu wurden die gewonnenen Daten nach den Trägerschaften und anschließend – kategorisiert nach der Größe der Einrichtungen – ausgewertet.

In der Gesamtbetrachtung ist festzustellen, dass von den 75 in privater Trägerschaft befindlichen Pflegeheimen von neun Einrichtungen keine Angaben zu diesem Befragungsteil erfolgten. Von diesen neun gab eine Einrichtung grundsätzlich zu den Fragen Nr. 10 bis 15 keinerlei Angaben. Dagegen gaben zehn Einrichtungen zu der Frage Nr. 10 an, dass bei ihnen keine Dienstleistungen, insbesondere keine hauswirtschaftlichen Leistungen, durch externe Dienstleistungsbetriebe erbracht werden.

Von insgesamt 56 Einrichtungen wurden 89 Nennungen zu diesem Erhebungsteil getätigt. Daraus leiten sich folgende Schwerpunkte bei den ausgelagerten Auftragsarbeiten ab:

Auftragsvergabe (Ausgliederung) hauswirtschaftlicher Aufgaben	*Häufigkeit in Prozent*
Wäschepflege durch Großwäschereien	57,3
Essensversorgung durch Cateringservice	32,0
Hausreinigung durch externe Reinigungsfirmen	25,1

Tabelle 4-40: Auftragsvergabe hauswirtschaftlicher Aufgaben – private Träger

Da die Einrichtungen in ihren Antworten unterschiedliche Angaben und Zusatzvermerke zu den ausgelagerten Aufgaben trafen, wurde eine weitergehende Analyse zu diesem Fragenteil durchgeführt. Hierbei zeigte sich, dass insgesamt zehn von vierundvierzig Einrichtungen die Auftragsvergabe bei der Wäschepflege beispielsweise nur auf die Flachwäsche, die Bettwäsche, die Handtücherreinigung oder nur auf die Bett- und Tischwäsche begrenzt haben. Bezüglich der Zubereitung der Mahlzeiten durch Großküchen gaben

---

135 Zu den Fragestellungen vgl. Teil IV des Fragebogens, Anhang 2.

2 Darstellung der Einzelergebnisse aus der schriftlichen Befragung

lediglich zwei von 24 Pflegeheimen an, die Bereitstellung und Lieferung der Mittagsmahlzeit in einen externen Servicebetrieb verlagert zu haben. Alle übrigen Mahlzeiten werden nach wie vor in den Heimeinrichtungen zubereitet.

In dem frei formulierbaren Antwortteil des Fragebogens ergänzten zwei Einrichtungen ihre Angaben um den Hinweis, dass das hauswirtschaftliche Personal von einem externen Servicebetrieb bereitgestellt werde. Eine Einrichtung verwies darauf, dass die Serviceleistungen der Haustechnik an eine externe Firma vergeben worden waren.

Von den 56 in privater Trägerschaft befindlichen Heimen wurden zwischen einem bis vier ausgegliederte Bereiche im Fragebogen genannt.

Anzahl Nennungen Frage 10

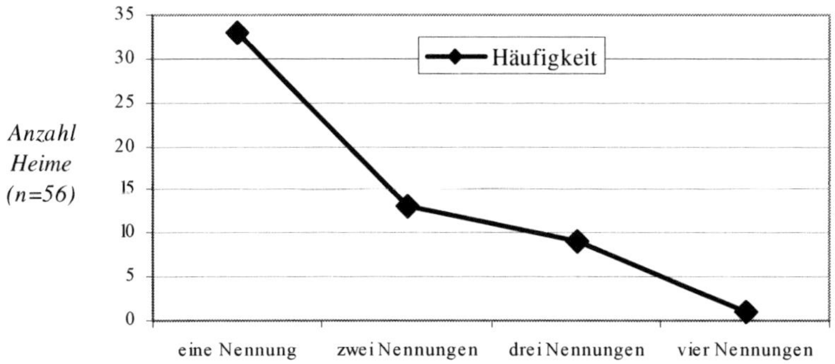

Abbildung 4-23: Nennungen Frage 10 – private Träger

2.5.2 Freie gemeinnützige Träger

Insgesamt nahmen 46 freie gemeinnützige Einrichtungen an der Erhebung teil.

Allerdings erfolgten von zwei Einrichtungen keine Angaben zur Auslagerung von Aufgaben an externe Dienstleistungsunternehmen. Die Angaben einer Einrichtung erwiesen sich als nicht auswertbar. Von sechs Einrichtungen wurde dargelegt, dass keine hauswirtschaftlichen Aufgaben an externe Betriebe vergeben worden waren.

Dagegen bestätigten 37 Einrichtungen, Aufgaben ausgelagert und als Auftragsleistung vergeben zu haben. Insgesamt wurden hierzu 58 Nennungen getätigt. Folgende Schwerpunkte bei der Auftragsvergabe hauswirtschaftlicher Aufgaben wurden genannt:

Kapitel 4: Quantitative Befragung von niedersächsischen Pflegeheimen

Auftragsvergabe (Ausgliederung) hauswirtschaftlicher Aufgaben	Häufigkeit in Prozent
Wäschepflege durch Großwäschereien	67,4
Hausreinigung durch externe Reinigungsfirmen	45,7
Essensversorgung durch Cateringservice	10,9

Tabelle 4-41: Auftragsvergabe Hauswirtschaft – freie gemeinnützige Träger

Ebenso wie bei den privaten Trägern zeigte sich auch bei den Einrichtungen in freier gemeinnütziger Trägerschaft, dass nur für bestimmte Aufgaben Aufträge vergeben wurden. Danach sind in den 37 Pflegeheimen zwischen einem bis drei Aufgabenbereiche an externe Unternehmen in Auftrag gegeben worden.

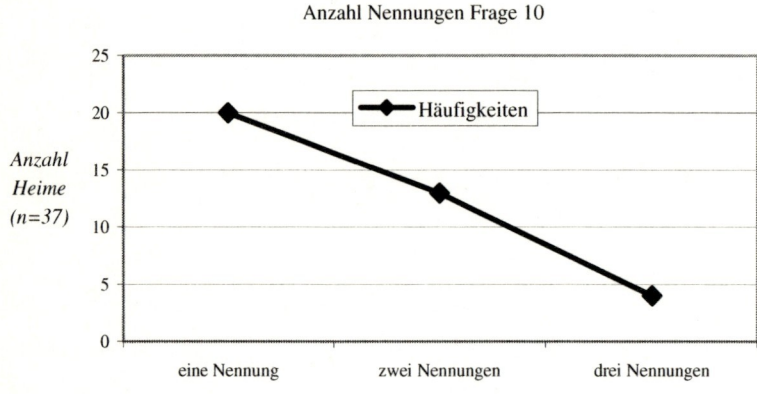

Abbildung 4-24: Nennungen Frage 10 – freie gemeinnützige Träger

2.5.3 Öffentliche Träger

Bei den öffentlichen Trägern wurden von zwei der 14 teilnehmenden Einrichtungen keine Angaben zur Auftragsvergabe gemacht. Eine Einrichtung gab an, keine Dienstleistungen der Hauswirtschaft an externe Betriebe vergeben zu haben. Von 11 Einrichtungen wurden insgesamt 19 Nennungen getätigt. Folgende Schwerpunkte bei den ausgelagerten Aufgaben waren aus den Nennungen zu entnehmen:

Auftragsvergabe (Ausgliederung) hauswirtschaftlicher Aufgaben	Häufigkeit in Prozent
Wäschepflege durch Großwäschereien	71,4
Hausreinigung durch externe Reinigungsfirmen	28,6
Essensversorgung durch Cateringservice	28,6

Tabelle 4-42: Auftragsvergabe Hauswirtschaft – öffentliche Träger

2 Darstellung der Einzelergebnisse aus der schriftlichen Befragung

Von den elf in öffentlich-rechtlicher Trägerschaft befindlichen Pflegeheimen wurden zwischen einem und drei ausgegliederten Aufgabenbereichen genannt.

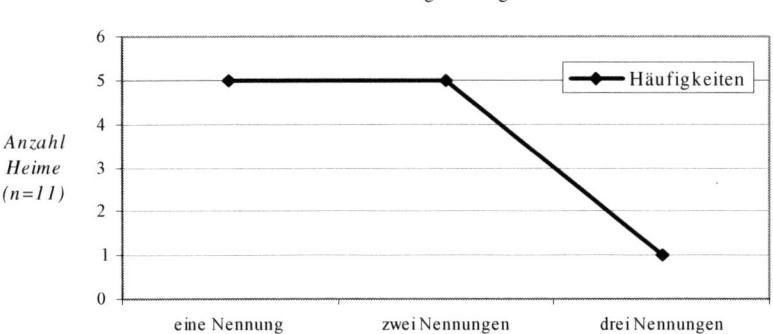

Abbildung 4-25: Nennungen Frage 10 – öffentliche Träger

2.5.4 Einrichtungen mit bis zu 50 Dauerpflegeplätzen

Von den 58 Pflegeheimen der ersten Größenkategorie mit bis zu 50 verfügbaren Dauerpflegeplätzen erfolgten von neun Einrichtungen keine Angaben. Eine Angabe war nicht auswertbar. Insgesamt zwölf Einrichtungen gaben an, keine Dienstleistungen aus dem Aufgabenfeld der Hauswirtschaft an externe Unternehmen vergeben zu haben. Folgende Schwerpunkte bei den Auftragsarbeiten konnten aus den Angaben entnommen werden:

Auftragsvergabe (Ausgliederung) hauswirtschaftlicher Aufgaben	Häufigkeit in Prozent
Wäschepflege durch Großwäschereien	48,3
Essensversorgung durch Cateringservice	24,1
Hausreinigung durch externe Reinigungsfirmen	15,5

Tabelle 4-43: Auftragsvergabe Hauswirtschaft – Einrichtungen mit bis zu 50 Plätzen

Aufgrund der unterschiedlichen Angaben in den Fragebögen wurden die Aufgabenbereiche, die von den Pflegeheimen an externe Unternehmen vergeben wurden, aufgeschlüsselt. Danach zeigte sich, dass z. B. in drei von elf Einrichtungen nur die Zubereitung und Bereitstellung des Mittagessens ausgelagert worden war.

Insgesamt wurden von 36 Pflegeeinrichtungen in unterschiedlichem Umfang Aufgabenverlagerungen an externe Betriebe vorgenommen. Die Angaben lagen in der Spannbreite zwischen einem Aufgabenbereich bis zu drei ausgegliederten Aufgabenbereichen aus der Hauswirtschaft.

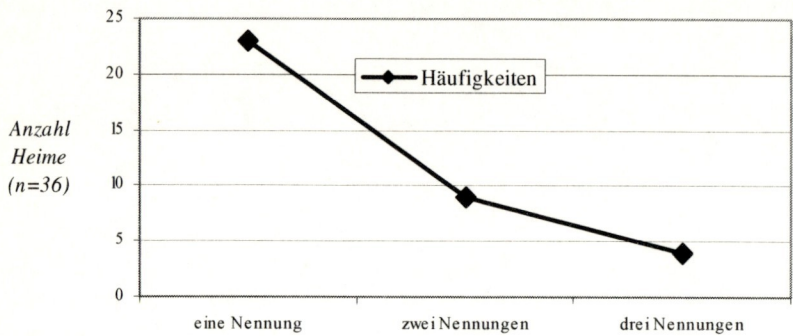

Abbildung 4-26: Nennungen Frage 10 – Einrichtungen mit bis zu 50 Plätzen

2.5.5 Einrichtungen mit 51 bis 100 Dauerpflegeplätzen

Bei den Einrichtungen der mittleren Kategoriegröße stellten drei von 52 Einrichtungen keine verwertbaren Angaben zur Verfügung. Ebenfalls drei Einrichtungen gaben an, keine Aufträge an externe Betriebe zu vergeben.

Von insgesamt 46 Einrichtungen erfolgten 78 Nennungen. Daraus ergaben sich folgende Schwerpunkte bei der Aufgabenverlagerung:

Auftragsvergabe (Ausgliederung) hauswirtschaftlicher Aufgaben	Häufigkeit in Prozent
Wäschepflege durch Großwäschereien	69,2
Hausreinigung durch externe Reinigungsfirmen	46,2
Essensversorgung durch Cateringservice	30,8

Tabelle 4-44: Auftragsvergabe Hauswirtschaft – Einrichtungen mit 51 bis 100 Plätzen

Auch hier wurden die Angaben nach den Aufgabenbereichen aufgeschlüsselt. So gaben neun von 36 Einrichtungen eine eingeschränkte Auftragsvergabe an. Diese Angaben bezogen sich beispielsweise auf die Reinigung der Wäsche, indem angeben wurde, dass zum Beispiel nur die Reinigung der Flachwäsche durch ein beauftragtes Reinigungsunternehmen erfolge.

In der Gesamtbetrachtung nannten 46 Pflegeheime zwischen einer Aufgabe und vier Aufgaben der Hauswirtschaft, die an externe Unternehmen vergeben waren.

2 Darstellung der Einzelergebnisse aus der schriftlichen Befragung

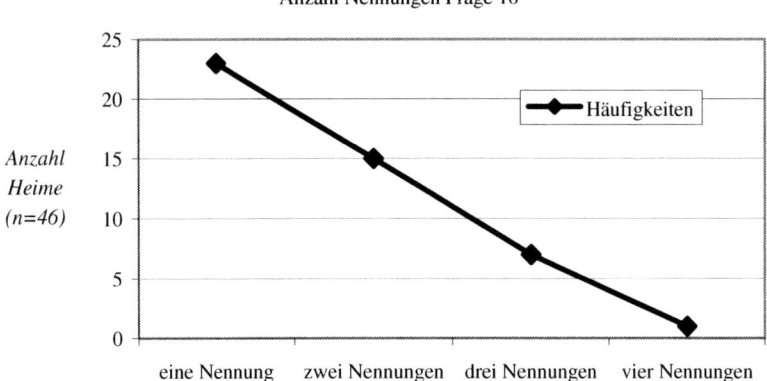

Abbildung 4-27: Nennungen Frage 10 – Einrichtungen mit 51 bis 100 Plätzen

2.5.6 Einrichtungen mit 101 und mehr Dauerpflegeplätzen

Von den 26 Einrichtungen der dritten Größenkategorie mit über 100 verfügbaren Dauerpflegeplätzen erfolgten aus einer Einrichtung keine Angaben. Weitere zwei Häuser gaben an, keine Aufgaben aus der Hauswirtschaft an externe Unternehmen zu vergeben. Von den verbleibenden 23 Einrichtungen erfolgten insgesamt 36 Nennungen. Die Schwerpunkte bei der Auftragsvergabe lagen hier wie folgt:

Auftragsvergabe (Ausgliederung) hauswirtschaftlicher Aufgaben	Häufigkeit in Prozent
Wäschepflege durch Großwäschereien	76,9
Hausreinigung durch externe Reinigungsfirmen	42,3
Essensversorgung durch Cateringservice	15,4

Tabelle 4-45: Auftragsvergabe Hauswirtschaft – Einrichtungen mit 101 und mehr Plätzen

Insgesamt gaben 23 Pflegeheime in der Befragung an, zwischen einer und bis zu drei Aufgaben ausgegliedert und damit externe Unternehmen beauftragt zu haben.

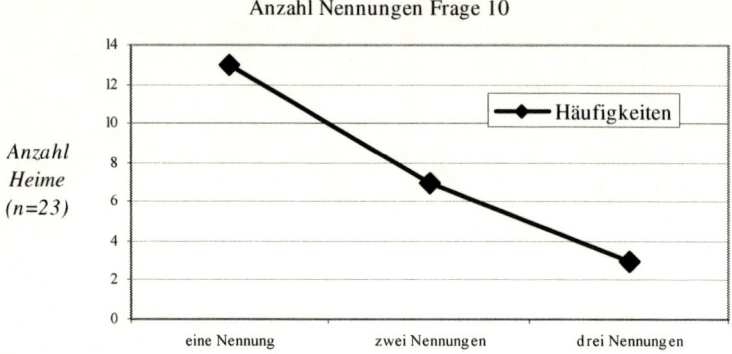

Abbildung *4-28: Nennungen Frage 10 – Einrichtungen mit 101 und mehr Plätzen*

2.5.7 Gesamtauswertung

In der Gesamtbetrachtung ergab sich folgende Feststellung: Von 13 der insgesamt 136 Pflegeeinrichtungen erfolgten, betrachtet nach den Einrichtungsgrößen, keine Angaben. Von 17 Einrichtungen war zu erfahren, dass keine Aufgaben aus dem Bereich der Hauswirtschaft an externe Dienstleistungsunternehmen vergeben waren. Die Angaben einer Einrichtung konnten nicht ausgewertet werden.

Von 105 Einrichtungen wurden insgesamt 167 Nennungen getätigt. Dabei ergaben sich für die ausgegliederten Aufgabenfelder folgende Schwerpunkte:

Auftragsvergabe (Ausgliederung) hauswirtschaftlicher Aufgaben	*Häufigkeit in Prozent*
Wäschepflege durch Großwäschereien	50,3
Hausreinigung durch externe Reinigungsfirmen	26,3
Essensversorgung durch Cateringservice	20,4

Tabelle 4-46: Auftragsvergabe Hauswirtschaft – Gesamt

Die Auswertung ergab zudem, dass in den Altenpflegeeinrichtungen Möglichkeiten der Fremdvergabe unterschiedlich genutzt werden. Beispielsweise begrenzen 18 von 84 Einrichtungen die Auftragsvergabe auf die Reinigung der Wäsche und hier zum Teil auf die Flachwäsche, die Bettwäsche oder auf Handtücher. Auch bei der Essensversorgung wird differenziert. Vier von 34 Einrichtungen erklärten, dass sie nur die Mittagsmahlzeit durch externe Küchendienste zubereiten und liefern lassen. Nur zwei Einrichtungen gaben in dem frei formulierbaren Antwortteil an, das gesamte hauswirtschaftliche Personal ausgegliedert zu haben und deren Aufgaben durch externe Betriebe wahrnehmen zu lassen.

Insgesamt gaben 105 Pflegeheime an, zwischen einer bis zu vier Aufgaben an Unternehmen vergeben zu haben. Über die Hälfte der Befragten (59) gab an, nur für einen Aufgabenbereich externe Dienstleistungsbetriebe beauftragt zu haben.

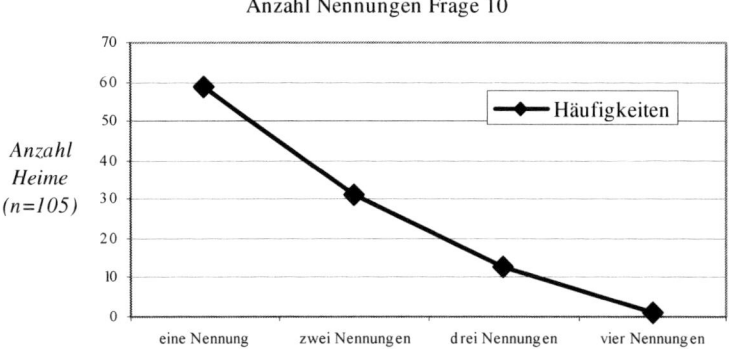

Abbildung *4-29: Nennungen Frage 10 – Gesamt*

2.6 Organisatorische Zuordnung des hauswirtschaftlichen Personals

Im Weiteren wurde anhand von zwei Fragen die organisatorische Zuordnung des angestellten hauswirtschaftlichen Personals in den Einrichtungen ergründet. Dabei sollte mit der Frage Nr. 11 zunächst erfasst werden, ob eine mögliche Zuordnung des Personals zu den Wohnbereichen erfolgt oder ob Personalpools bestehen. Die Frage Nr. 12 diente ergänzend zur vorhergehenden Frage der weiteren Prüfung, ob hauswirtschaftliches Personal durch eine Einbindung in die Diensteinsatzplanung der Wohnbereiche integriert wird und auf diesem Wege eine organisatorische Zuordnung zu den Wohnbereichen erfolgt.

2.6.1 Private Träger

Die Datenauswertung ergab folgendes Bild: Vier von 75 privaten Pflegeheimen (5,3 %) lieferten keine Angaben zur 11. Frage. Von den vier Einrichtungen gaben zwei Heime auch keine Antwort auf die 12. Frage.

34 Einrichtungen (45,3 %) rechneten in organisatorischer Hinsicht das hauswirtschaftliche Personal jeweils konkreten Wohnbereichen zu. Von insgesamt 29 Einrichtungen (38,7 %) wurde eine entsprechende Zuordnung verneint. Acht Einrichtungen (10,7 %) nutzten die Möglichkeit der freien Antwort. Hieraus ergaben sich auch in der Kennzeichnung der Kräfte vielfältige Aussagen: Beispielsweise sprachen zwei Einrichtungen von »Stationshilfen« oder »Servicekräften«. Eine Einrichtung trennte das hauswirtschaftliche

Personal von der »Hausreinigung«. Eine weitere Einrichtung verwies auf eine Sicherstellung der hauswirtschaftlichen Tätigkeiten durch Pflegehelfer innerhalb der Wohnbereiche. In den Aussagen wurde deutlich, dass zwischen »Reinigungskräften« und »Küchenpersonal« unterschieden wird.

Von den 34 Einrichtungen, die zu der 11. Frage eine Zuordnung hauswirtschaftlicher Kräfte zu den Wohnbereichen bejaht hatten, gaben 22 Einrichtungen in der 12. Frage an, die Einsatzplanung für dieses Personal durch die hauswirtschaftliche Leitung und nicht durch die Wohnbereichsleitungen umsetzen zu lassen. Diese Aussage trafen 64,7 % der Einrichtungen. Von weiteren elf Einrichtungen (32,4 %) wurde dann angegeben, dass das hauswirtschaftliche Personal in der Dienstplanung der jeweiligen Wohnbereiche mit eingeplant wird. Eine Einrichtung nutzte die Möglichkeit der freien Antwort und verwies auf eine Planung »*mit separatem Dienstplan*«.

Von den acht Pflegeheimen, die zur 11. Frage eine frei formulierte Antwort gaben, beantworteten vier anschließend auch die Frage Nr. 12 mit einer freien Antwort. Die Antwortkombinationen von vier Einrichtungen konnten jedoch nicht ausgewertet werden. Zwei Einrichtungen gaben an, einen so genannten »Personalpool« für anfallende hauswirtschaftliche Tätigkeiten in den Wohnbereichen zu haben. Das hauswirtschaftliche Personal sei in die Dienstplangestaltung des jeweiligen Wohnbereiches einbezogen. Zwei Pflegeheime gaben zwar zur Frage Nr. 11 keine Antworten, bejahten aber bei der Frage Nr. 12 eine Integration des hauswirtschaftlichen Personals durch Zuordnung zu den jeweiligen Wohnbereichen.

In der Gesamtbetrachtung wurde in den unter privater Trägerschaft geführten Einrichtungen eine überwiegend integrative Organisation durch die Zuordnung zu Wohnbereichen und eine in der Hand der hauswirtschaftlichen Leitung zentrierte Diensteinsatzplanung deutlich.

2.6.2 Freie gemeinnützige Träger

Bei den freien Trägern wurde von 26 der insgesamt 46 beteiligten Einrichtungen (56,5 %) eine organisatorische Zuordnung des hauswirtschaftlichen Personals zu den Wohnbereichen favorisiert. 14 Einrichtungen (30,4 %) gaben dagegen an, diese Organisation nicht umzusetzen. Sechs Einrichtungen (13,0 %) nutzten die Möglichkeit der freien Antwort. Zwei Einrichtungen begründeten im freien Antwortteil die Zuordnung zu den Wohnbereichen als notwendiges Kriterium für die Gestaltung ihres Hausgemeinschaftskonzeptes. Zwei Heime legten dar, dass eine Aufteilung des Personals nach Gruppen erfolge, eine Gruppe der Kräfte für die Hausreinigung und eine weitere Gruppe für sonstige hauswirtschaftliche Tätigkeiten. Von einer anderen Einrichtung wurde berichtet, dass eine Zuordnung von hauswirtschaftlichen Kräften nur für den Wohnbereich der demenziell erkrankten Bewohner erfolgt sei.

2 Darstellung der Einzelergebnisse aus der schriftlichen Befragung

Von den 26 Einrichtungen, die bei der Frage Nr. 11 eine verbindliche Zuordnung des hauswirtschaftlichen Personals zu den Wohnbereichen bejahten, gaben 18 Einrichtungen zu der Frage Nr. 12 an, dass die Dienstplanung des hauswirtschaftlichen Personals von der hauswirtschaftlichen Leitung durchgeführt werde (69,2 %). Weitere acht Einrichtungen (30,8 %) gaben an, dass die Dienstplanerstellung in den einzelnen Wohnbereichen auch für das dort tätige hauswirtschaftliche Personal erfolge. Insgesamt wurde aus den Antworten ersichtlich, dass die Diensteinsatzplanung für das Personal der Hauswirtschaft trotz organisatorischer Zuordnung zu den Wohnbereichen dennoch überwiegend zentralisiert durch die Hauswirtschaftsleitung erfolgt.

2.6.3 Öffentliche Träger

Von den Pflegeeinrichtungen, die sich in öffentlicher Trägerschaft befanden (7,1 %) beantwortete eine Einrichtung die beiden Fragen nicht. Fünf Einrichtungen (35,7 %) gaben an, das hauswirtschaftliche Personal organisatorisch den einzelnen Wohnbereichen zugeordnet zu haben. Allerdings verneinten acht Einrichtungen (57,1 %) dies auch.

Von den fünf Einrichtungen, die eine Zuordnung zu den Wohnbereichen bejahten, gaben alle zu der Frage Nr. 12 an, die Dienstplanung für dieses Personal dennoch durch die hauswirtschaftliche Leitung durchführen zu lassen.

Im Ergebnis wird damit auch für die in öffentlicher Trägerschaft befindlichen Einrichtungen deutlich, dass eine überwiegend zentralisierte Diensteinsatzplanung erfolgt.

2.6.4 Einrichtungen mit bis zu 50 Dauerpflegeplätzen

Nach Auswertung der gewonnenen Daten wurde anschließend – wie bei den vorherigen Fragenabschnitten – auch noch eine Analyse der Verteilung im Vergleich zu den Größenkategorien der Einrichtungen vorgenommen. Dies diente dazu, noch weitergehende Erkenntnisse zur Einsatzplanung und der organisatorischen Zuordnung der Hauswirtschaftskräfte zu erlangen. Die Einrichtungen waren dazu in drei Größenkategorien eingeteilt worden, orientiert an der Anzahl der verfügbaren Dauerpflegeplätze.

Bei den kleinen Einrichtungen der ersten Kategorie mit bis zu 50 verfügbaren Dauerpflegeplätzen erfolgten von fünf Heimen der insgesamt 58 beteiligten Pflegeheime (8,6 %) keine Angaben zu der Frage Nr. 11. Drei der fünf Einrichtungen gaben keine weiteren Hinweise zu der Frage Nr. 12.

Aus den Daten von 22 Einrichtungen (37,9 %) war zu entnehmen, dass das hauswirtschaftliche Personal organisatorisch jeweils den Wohnbereichen zugeordnet war. 25 Einrichtungen (43,1 %) verneinten dies. Sechs Einrichtungen (10,3 %) nutzten die Möglichkeit der freien Antwort.

Von den 22 Einrichtungen, die bei der Frage Nr. 11 eine Zuordnung bejahten, gaben zehn zusätzlich unter der Frage Nr. 12 an, dass die Dienstplanung für die Hauswirtschaftskräfte durch die Leitung der Hauswirtschaft erfolge (45,5 %). 12 Einrichtungen (54,5 %) vermerkten dagegen, dass aufgrund der Integration der Kräfte in die Wohnbereiche auch dort die Dienstplangestaltung erfolge.

Die Antwortkombinationen von vier Einrichtungen konnten nicht ausgewertet werden. Zwei gaben an, dass es einen »Personalpool« für anfallende hauswirtschaftliche Tätigkeiten in den Wohnbereichen gebe und das hauswirtschaftliche Personal in der Dienstplangestaltung des einzelnen Wohnbereiches einbezogen sei. Von zwei Pflegeheimen erfolgten keine Angaben zu Frage Nr. 11, wohl aber zu Frage Nr. 12.

Aus den Angaben wird ersichtlich, dass in den Einrichtungen der ersten Kategorie die hauswirtschaftlichen Kräfte organisatorisch überwiegend nicht den Wohnbereichen zugeordnet waren. Die Einsatzplanung erfolgt teils durch die hauswirtschaftliche Leitung, teils erfolgt sie aber auch in den Wohnbereichen.

2.6.5 Einrichtungen mit 51 bis 100 Dauerpflegeplätzen

Bei den Einrichtungen der zweiten Kategorie gaben dagegen 28 von 52 Einrichtungen (53,8 %) an, die hauswirtschaftlichen Kräfte jeweils den Wohnbereichen zuzuordnen. 19 Einrichtungen (36,5 %) verneinten dies. Fünf Einrichtungen (9,6 %) nutzten die Möglichkeit der freien Antwort.

Von den 28 Einrichtungen, die eine Zuordnung zu den Wohnbereichen bejahten, gaben 25 zu der Frage Nr. 12 an, dass die Dienstplanung für das hauswirtschaftliche Personal nach wie vor durch die hauswirtschaftliche Leitung erfolge (89,3 %). Nur von drei Einrichtungen (10,7 %) wurde angegeben, dass mit der Zuweisung der Kräfte zu den Wohnbereichen auch die Dienstplanung in die Wohnbereiche verlegt worden sei.

Im Ergebnis wird aus den Antworten deutlich, dass in den größeren Einrichtungen der Kategorie 51 bis 100 Pflegeplätze eine stärkere Zuweisung in die Wohnbereiche erfolgt. Dies trifft allerdings nicht für die Einsatzplanung zu, die überwiegend bei der Fachdienstleitung Hauswirtschaft liegt.

2.6.6 Einrichtungen mit 101 und mehr Dauerpflegeplätzen

Bei den größeren Pflegeheimen der dritten Kategorie ist dieser Trend ebenfalls festzustellen. Insgesamt haben 15 von 26 Einrichtungen (57,7 %) eine organisatorische Zuordnung ihres hauswirtschaftlichen Personals zu den einzelnen Wohnbereichen bejaht. Nur acht Einrichtungen (30,8 %) verneinten dies. Drei Einrichtungen (11,5 %) nutzten die Möglichkeit der freien Antwort.

Von den 15 Einrichtungen, die eine entsprechende Zuweisung bejaht hatten, gaben davon zehn zu der Frage Nr. 12 an, die Diensteinsatzplanung für das hauswirtschaftliche Personal in dem Verantwortungsbereich der Fachleitung Hauswirtschaft belassen zu haben (66,7 %). Von vier Einrichtungen

(26,7 %) wurde dagegen eine Verlagerung der Diensteinsatzplanung in die Wohnbereiche bejaht. Damit wurde auch für die größeren Einrichtungen der dritten Kategorie festgestellt, dass sie in stärkerem Maße hauswirtschaftliches Personal den Wohnbereichen zugewiesen haben. Die Diensteinsatzplanung für das hauswirtschaftliche Personal wird dort allerdings nur zum Teil umgesetzt.

2.6.7 Gesamtauswertung

In der Zusammenfassung ist festhalten, dass fünf von 136 Pflegeheimen (3,7 %) keine Angaben zur organisatorischen Zuordnung des hauswirtschaftlichen Personals leisteten. Davon beantworteten drei der fünf Einrichtungen nicht die Anschlussfrage zur Aufgabenkompetenz der Einsatzplanung.

Insgesamt zeigte sich, dass 65 Einrichtungen (47,8 %) das hauswirtschaftliche Personal auf Wohnbereiche verteilen und diesen zuordnen. Von 52 Einrichtungen (38,2 %) wurde eine entsprechende Zuweisung verneint. 14 Einrichtungen (10,3 %) nutzten die Möglichkeit der freien Antwort und bezeichneten die in den Wohnbereichen Beschäftigten u. a. als »Stationshilfen« bzw. »Servicekräfte«. Eine Einrichtung gab an, die hauswirtschaftlichen Leistungen in den Wohnbereichen durch den Einsatz von Pflegehelfern zu erbringen.

Von den 65 Einrichtungen, die bereits hauswirtschaftliches Personal den Wohnbereichen organisatorisch zugeordnet haben, gaben davon 45 an, die Dienstplanung durch die hauswirtschaftliche Fachleitung durchführen zu lassen (69,2 %). Nur in 19 Einrichtungen (29,2 %) wird die Dienstplanung für die hauswirtschaftlichen Kräfte in den Wohnbereichen umgesetzt. Eine Einrichtung (1,5 %) gab als frei formulierte Antwort »*mit separatem Dienstplan*« an.

Von 14 Einrichtungen erfolgten zu der Frage Nr. 11 frei formulierte Antworten und in sechs Fällen wurde auch die Anschlussfrage frei formuliert beantwortet. Von den Antwortkombinationen konnten vier Stellungnahmen nicht ausgewertet werden. Aus zwei Antworten ließ sich entnehmen, dass diese Einrichtungen über einen »Personalpool« von hauswirtschaftlichen Kräften für die Wohnbereiche verfügen und dass das hauswirtschaftliche Personal in der Dienstplangestaltung der Wohnbereiche mit eingeplant wird. Von zwei Pflegeheimen erfolgten zu der Frage Nr. 11 keine Angaben, allerdings zur anschließenden Frage Nr. 12.

Damit ist festzustellen, dass das hauswirtschaftliche Personal überwiegend nicht mehr getrennt zu den Wohnbereichen geführt wird sondern den Bereichen organisatorisch zugewiesen ist. Die Dienstplanung für das Personal liegt jedoch überwiegend bei der hauswirtschaftlichen Leitung.

Kapitel 4: Quantitative Befragung von niedersächsischen Pflegeheimen

2.7 Arbeitszeitmodelle in der hauswirtschaftlichen Dienstplanung

2.7.1 Private Träger

Die Frage Nr. 13 zu den Arbeitszeitmodellen im hauswirtschaftlichen Bereich zielte darauf ab, Erkenntnisse zu gewinnen, wie für diesen Bereich Dienstzeiten geplant werden und welche Formen der Arbeitszeitgestaltung in der Praxis zum Einsatz kommen. Mehrfachnennungen waren möglich.

Zu dieser Frage wurden von dreien der insgesamt 75 unter privater Trägerschaft stehenden Pflegeheime keine Angaben gemacht. Von den 72 Einrichtungen erfolgten insgesamt 98 Nennungen. Folgende Schwerpunkte in der Arbeitszeitgestaltung konnten daraus abgeleitet werden:

Angewandte Arbeitszeitmodelle	Häufigkeit in Prozent
HW-Kräfte arbeiten in Früh- *und* Spätschicht	52,8
HW-Kräfte arbeiten nur zu einer bestimmten Uhrzeit	52,0
HW-Kräfte arbeiten nur in Früh- *oder* Spätschicht	19,4
HW-Kräfte arbeiten in einem unregelmäßigen Schichtsystem (z. B. zusätzliche Zwischenschichten zu den vorhandenen Früh- und Spätschichten)	9,7

Tabelle 4-47: Arbeitszeitstrukturen Hauswirtschaft – private Träger

Drei Einrichtungen gaben frei formulierte Antworten.
- Eine Einrichtung nannte drei unterschiedliche Dienste (Früh-, Nachmittag- und Spätdienst).
- Eine Einrichtung wies auf zusätzlich vorhandene Wochenenddienste hin.
- Eine Einrichtung wies auf die unterschiedliche personelle Besetzung bei der Dienstplanung hin.

50 % der privat geführten Pflegeheime kreuzten im Fragebogen lediglich ein Arbeitszeitmodell an (Modalwert: 1 Nennung, arithmetisches Mittel: 1,36).

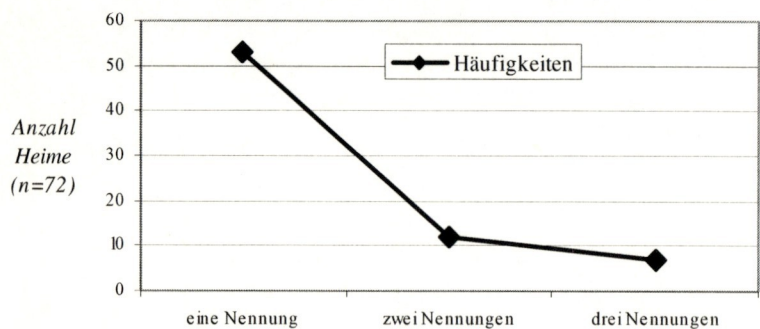

Abbildung 4-30: Nennungen Frage 13 – private Träger

2 Darstellung der Einzelergebnisse aus der schriftlichen Befragung

2.7.2 Freie gemeinnützige Träger

Von den 46 freien gemeinnützigen Einrichtungen erfolgten insgesamt 68 Nennungen. Folgende Schwerpunkte bei den genannten Arbeitszeitformen konnten daraus entnommen werden.

Angewandte Arbeitszeitmodelle	Häufigkeit in Prozent
HW-Kräfte arbeiten in Früh- *und* Spätschicht	65,2
HW-Kräfte arbeiten nur zu einer bestimmten Uhrzeit	43,5
HW-Kräfte arbeiten in einem unregelmäßigen Schichtsystem (z. B. zusätzliche Zwischenschichten zu den vorhandenen Früh- und Spätschichten)	26,1
HW-Kräfte arbeiten nur in Früh- *oder* Spätschicht	8,7

Tabelle 4-48: Arbeitszeitstrukturen Hauswirtschaft – freie gemeinnützige Träger

Zwei Einrichtungen gaben auch frei formulierte Antworten:
- Eine Einrichtung wies auf die Beschäftigung von Teilzeitkräften hin, die jeweils im Wechsel eine Woche Dienst und eine Woche dienstfrei haben.
- Eine Einrichtung nannte gekürzte Dienste oder Teildienste als Ausnahmeregelung.

Die Mehrzahl (58,7 %) der Pflegeheime nannte ein Arbeitszeitmodell in der Befragung (Modalwert: 1 Nennung, arithmetisches Mittel: 1,48).

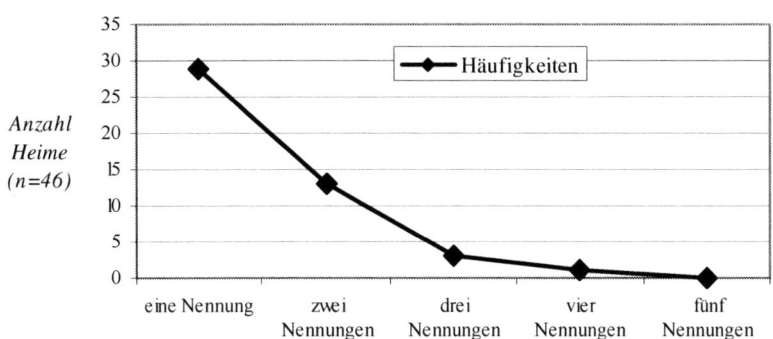

Abbildung 4-31: Nennungen Frage 13 – freie gemeinnützige Träger

2.7.3 Öffentliche Träger

Von 14 Einrichtungen öffentlicher Träger erfolgten insgesamt 22 Nennungen zu den bestehenden Arbeitszeitformen. Daraus leiteten sich die im

Folgenden genannten Schwerpunkte bei den angewandten Arbeitszeitmodellen ab:

Angewandte Arbeitszeitmodelle	Häufigkeit in Prozent
HW-Kräfte arbeiten nur zu einer bestimmten Uhrzeit	71,4
HW-Kräfte arbeiten in Früh- *und* Spätschicht	50,0
HW-Kräfte arbeiten nur in Früh- *oder* Spätschicht	14,3

Tabelle 4-49: Arbeitszeitstrukturen Hauswirtschaft – öffentliche Träger

Drei Einrichtungen machten von der Möglichkeit der freien Antwort Gebrauch:
– Eine Einrichtung legte dar, dass für die Hauswirtschaft keine Schichtarbeit bestehe.
– Eine Einrichtung gab für den Sonnabend einen Notdienst an.
– In einer Einrichtung arbeiten HW-Kräfte jede 6. Wochen im Spätdienst, zu den anderen Zeiten im Frühdienst.

Die Mehrzahl (57,1 %) der Pflegeheime gab an, in ihren HW-Dienstplänen zwei Arbeitszeitmodelle zu berücksichtigen (Modalwert: 2 Nennungen, arithmetisches Mittel: 1,57).

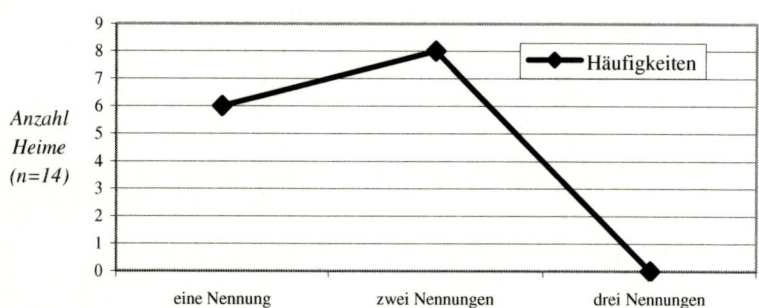

Abbildung 4-32: Nennungen Frage 13 – öffentliche Träger

2.7.4 Einrichtungen mit bis zu 50 Dauerpflegeplätzen

Von den 58 Einrichtungen der ersten Kategorie mit bis zu 50 verfügbaren Dauerpflegeplätzen wurden von drei Pflegeeinrichtungen zur Arbeitszeitgestaltung in der Hauswirtschaft keine Aussagen getroffen. Von den in der Auswertung berücksichtigten 55 Einrichtungen erfolgten insgesamt 71 Angaben zu der Frage Nr. 13. Die Auswertung ergab folgende Schwerpunkte:

2 Darstellung der Einzelergebnisse aus der schriftlichen Befragung

Angewandte Arbeitszeitmodelle	Häufigkeit in Prozent
HW-Kräfte arbeiten nur zu einer bestimmten Uhrzeit	50,9
HW-Kräfte arbeiten in Früh- *und* Spätschicht	45,5
HW-Kräfte arbeiten in einem unregelmäßigen Schichtsystem (z. B. zusätzliche Zwischenschichten zu den vorhandenen Früh- und Spätschichten)	16,4
HW-Kräfte arbeiten nur in Früh- *oder* Spätschicht	14,5

Tabelle 4-50: Arbeitszeitstrukturen Hauswirtschaft – Einrichtungen mit bis zu 50 Plätzen

Eine Einrichtung gab zudem eine frei formulierte Antwort.

In der Mehrzahl (70,7 %) wurde von den Pflegeheimen ein Arbeitszeitmodell für die HW-Dienstpläne angegeben (Modalwert: Eine Nennung, arithmetisches Mittel: 1,29).

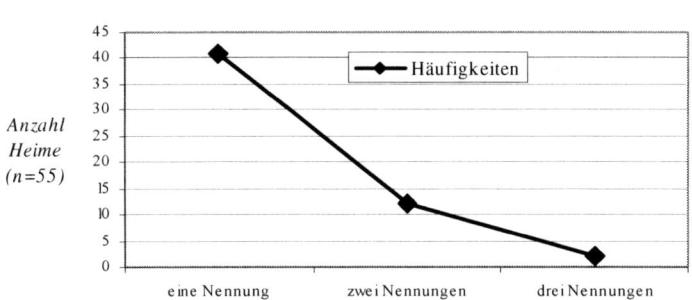

Abbildung 4-33: Nennungen Frage 13 – Einrichtungen mit bis zu 50 Plätzen

2.7.5 Einrichtungen mit 51 bis 100 Dauerpflegeplätzen

Von den 52 Einrichtungen in der zweiten Kategorie mit 51 bis 100 verfügbaren Dauerpflegeplätzen erfolgten insgesamt 77 Angaben zu den Arbeitszeitmodellen. Die nachfolgende Auflistung gibt einen Übersicht über die Schwerpunkte:

Angewandte Arbeitszeitmodelle	Häufigkeit in Prozent
HW-Kräfte arbeiten in Früh- *und* Spätschicht	65,4
HW-Kräfte arbeiten nur zu einer bestimmten Uhrzeit	44,2
HW-Kräfte arbeiten in einem unregelmäßigen Schichtsystem (z. B. zusätzliche Zwischenschichten zu den vorhandenen Früh- und Spätschichten)	17,3
HW-Kräfte arbeiten nur in Früh- *oder* Spätschicht	17,3

Tabelle 4-51: Arbeitszeitstrukturen Hauswirtschaft – Einrichtungen mit 51 bis 100 Plätzen

Zwei Einrichtungen nutzten die Möglichkeit der freien Antwort. Insgesamt ergab die Auswertung, dass 65,4 % der Pflegeheime ein Arbeitszeitmodell in ihren HW-Dienstplänen einsetzen (Modalwert: Eine Nennung, arithmetisches Mittel: 1,48).

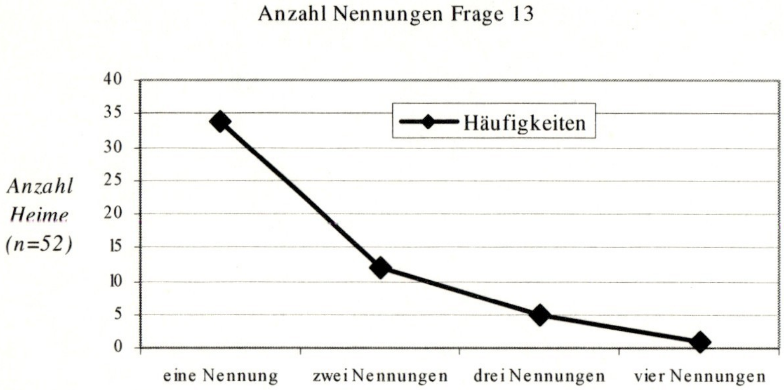

Anzahl Nennungen Frage 13

Abbildung 4-34: Nennungen Frage 13 – Einrichtungen mit 51 bis 100 Plätzen

2.7.6 Einrichtungen mit 101 und mehr Dauerpflegeplätzen

Von 26 Einrichtungen der dritten Kategorien mit mehr als 100 Dauerpflegeplätzen erfolgten insgesamt 41 Angaben. Die Schwerpunkte bei den eingesetzten Arbeitszeitmodellen lagen wie folgt:

Angewandte Arbeitszeitmodelle	Häufigkeit in Prozent
HW-Kräfte arbeiten in Früh- *und* Spätschicht	61,5
HW-Kräfte arbeiten nur zu einer bestimmten Uhrzeit	57,7
HW-Kräfte arbeiten nur in Früh- *oder* Spätschicht	11,5
HW-Kräfte arbeiten in einem unregelmäßigem Schichtsystem (z. B. zusätzliche Zwischenschichten zu den vorhandenen Früh- und Spätschichten)	7,7

Tabelle 4-52: Arbeitszeitstrukturen Hauswirtschaft – Einrichtungen mit 101 und mehr Plätzen

Fünf Einrichtungen nutzten die Möglichkeit der freien Antwort. 53,8 % der Pflegeheime verwiesen auf ein Arbeitszeitmodell. (Modalwert: Eine Nennung, arithmetisches Mittel: 2,58).

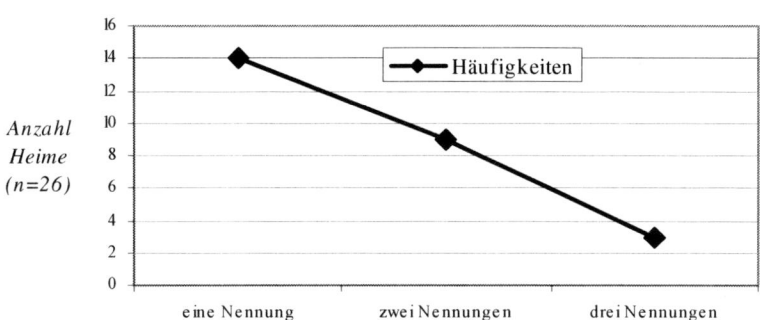

Abbildung 4-35: Nennungen Frage 13 – Einrichtungen mit 101 und mehr Plätzen

2.7.7 Gesamtauswertung

Von den 136 Einrichtungen, die an der Befragung teilgenommen haben, leisteten lediglich drei Pflegeheime keine Angaben über vorhandene Arbeitszeitmodelle. Von den verbliebenen 133 Pflegeheimen erfolgten insgesamt 189 Angaben. In der Gesamtauswertung ließen sich folgende Schwerpunkte bei den angewandten Arbeitszeitmodellen erkennen:

Arbeitszeitmodelle	Häufigkeit in Prozent
HW-Kräfte arbeiten in Früh- *und* Spätschicht	56,4
HW-Kräfte arbeiten nur zu einer bestimmten Uhrzeit	49,6
HW-Kräfte arbeiten nur in Früh- *oder* Spätschicht	15,0
HW-Kräfte arbeiten in einem unregelmäßigen Schichtsystem (z. B. zusätzliche Zwischenschichten zu den vorhandenen Früh- und Spätschichten)	15,0

Tabelle 4-53: Arbeitszeitstrukturen Hauswirtschaft – Gesamt

Von acht Einrichtungen erfolgten freie Antworten. Die Angaben erfassten unterschiedliche Aspekte der Arbeitszeitgestaltung, z. B. wurde auf zusätzliche Dienste oder Arbeitsrhythmen hingewiesen.

Insgesamt gaben 65,4 % der Pflegeheime an, dass sie in ihren Hauswirtschaftsdienstplänen lediglich ein Arbeitszeitmodell umsetzen (Modalwert: Eine Nennung, arithmetisches Mittel: 1,42).

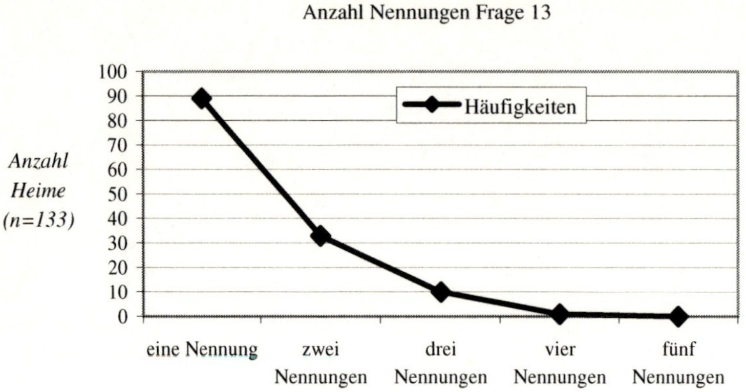

Kapitel 4: Quantitative Befragung von niedersächsischen Pflegeheimen

Anzahl Heime (n=133)

Anzahl Nennungen Frage 13

[Liniendiagramm: Häufigkeiten – eine Nennung ~90, zwei Nennungen ~32, drei Nennungen ~10, vier Nennungen ~1, fünf Nennungen ~0]

Abbildung 4-36: Nennungen Frage 13 – Gesamt

2.8 Gestaltung der Schichtdienste in der Hauswirtschaft

2.8.1 Private Träger

Im Anschluss an die Erschließung der Arbeitszeitmodelle wurden die Angaben zur Gestaltung der Schichtdienste, die mit der Frage Nr. 14 erfasst worden waren, ausgewertet. Hierbei zeigte sich, dass von 50 der 75 privaten Heimträger (66,7 %) die Früh- und Spätschichten in arbeitszeitlich unterschiedliche Dienste unterteilt werden. Beispielhaft dafür ist folgende Teilung in zwei Dienste: F1 = 7.00 bis 13.00 Uhr und F2 = 7.30 bis 10.30 Uhr. Von weiteren 23 Einrichtungen (30,7 %) wurde eine entsprechende Unterteilung verneint. Zwei Einrichtungen (2,7 %) trafen keine Aussagen.

Eindeutige Ergebnisse ergab die Frage Nr. 15 nach der Festlegung bestimmter Anfangs- und Endzeiten für aller Schichten bzw. Dienste: Insgesamt 71 Pflegeheime (94,7 %) bejahten diese Frage. Lediglich drei Einrichtungen (4 %) gaben an, Schichtdienste/Dienste mit Gleitzeit zu haben.

2.8.2 Freie gemeinnützige Träger

Vergleichbare Ergebnisse wurden auch für Pflegeheime in freier Trägerschaft festgestellt. 34 der 46 Pflegeheime freier Träger (73,9 %) unterteilen die Früh- und Spätschichten in arbeitszeitlich unterschiedliche Dienste. Zehn Einrichtungen (21,7 %) verneinten dies. Zwei Einrichtungen (4,3 %) gaben keine Angaben.

Ebenso gab die überwiegende Zahl von 39 Einrichtungen (84,8 %) an, für alle Schichten bzw. Dienste festgelegte Anfangs- und Endzeiten zu haben. Lediglich von fünf Einrichtungen (10,9 %) wurde hier auf die Möglichkeit der Gleitzeit hingewiesen. Zwei Einrichtungen (4,3 %) machten hierzu keine Angaben.

2.8.3 Öffentliche Träger

Aus der Zahl der Pflegeeinrichtungen mit öffentlich-rechtlicher Trägerschaft erklärten 11 Einrichtungen (78,6 %), die Früh- und Spätschichten in arbeitszeitlich unterschiedliche Dienste zu unterteilen. Zwei Einrichtungen (14,3 %) verneinten diese Frage. Eine Einrichtung (7,1 %) traf hierzu keine Angaben. Auch gab die Mehrzahl von 13 Einrichtungen (92,9%) für alle Schichten bzw. Dienste festgelegte Anfangs- und Endzeiten an. Dies entspricht den Aussagewerten von Einrichtungen der privaten und freien Träger. Eine Einrichtung (7,1 %) äußerte sich hierzu nicht.

2.8.4 Einrichtungen mit bis zu 50 Dauerpflegeplätzen

Bezogen auf die Größe aller erfassten Einrichtungen ergaben sich hinsichtlich des Einsatzes arbeitszeitlich unterschiedlicher Früh- und Spätschichten folgende Werte:

Von den 58 Pflegeheimen der ersten Kategorie mit bis zu 50 verfügbaren Dauerpflegeplätzen gaben 38 Einrichtungen an, die Früh- und Spätschichten in arbeitszeitlich unterschiedliche Dienste (65,5 %) zu teilen. 19 Einrichtungen (32,8 %) verfahren so nicht. Eine Einrichtung (1,7 %) traf hierzu keine Angaben.

54 Einrichtungen (93,1 %) gaben feste Anfangs- und Endzeiten für die Schichtendienste/Dienste an. Drei Einrichtungen (5,2 %) verfügen über Schichtdienste/Dienste mit Gleitzeiten. Auch hier traf eine Einrichtung (1,7 %) keine Aussagen.

2.8.5 Einrichtungen mit 51 bis 100 Dauerpflegeplätzen

Von den Pflegeeinrichtungen der zweiten Kategorie gaben 40 der 52 (76,9 %) Einrichtungen an, die Früh- und Spätschichten in arbeitszeitlich unterschiedliche Dienste zu teilen. Von zehn Heimen (19,2 %) wurde diese Frage verneint. Zwei Einrichtungen (3,8 %) äußerten sich nicht.

Ebenso gab die Mehrzahl von 45 Einrichtungen (84,5 %) festgelegte Anfangs- und Endzeiten für die Schichtdienste/Dienste an. Sechs Pflegeheime (11,5 %) setzen in ihren Schichtdiensten/Diensten die Möglichkeit der Gleitzeit ein. In einem Fall (1,9 %) wurde diese Frage nicht beantwortet.

2.8.6 Einrichtungen mit 101 und mehr Dauerpflegeplätzen

Bei den Einrichtungen der dritten Kategorie mit über 100 Dauerpflegeplätzen bejahten 18 Pflegeheime (69,2 %) die Frage Nr. 14. Die Früh- und Spätschichten werden danach in arbeitszeitlich unterschiedliche Dienste unterteilt. Sechs Einrichtungen (23,1 %) verneinten dies. Zwei Einrichtungen (7,7 %) trafen keine Angaben.

Bei der Beantwortung der Frage Nr. 15, betreffend den Einsatz von Gleitzeit, zeigten sich Deckungsgleichheiten zu den Aussagen der Einrichtungen der ersten Kategorie. 24 Einrichtungen, das heißt insgesamt 92,3 % der Befragten gaben an, für alle Schichten bzw. Dienste feste Anfangs- und Endzeiten zu haben. Zwei Einrichtungen (7,7 %) trafen hierzu keine Angaben.

2.8.7 Gesamtauswertung

Insgesamt ergibt sich aus den Antworten der 136 Pflegeheime ein homogenes Bild hinsichtlich der Gestaltung der Schichtdienste/Dienste im hauswirtschaftlichen Bereich:

Die Mehrzahl der Einrichtungen unterteilt Früh- und Spätschichten in arbeitszeitlich unterschiedliche Dienste. Ebenso gibt die Mehrzahl für alle Schichten/Dienste festgelegte Anfangs- und Endzeiten an.

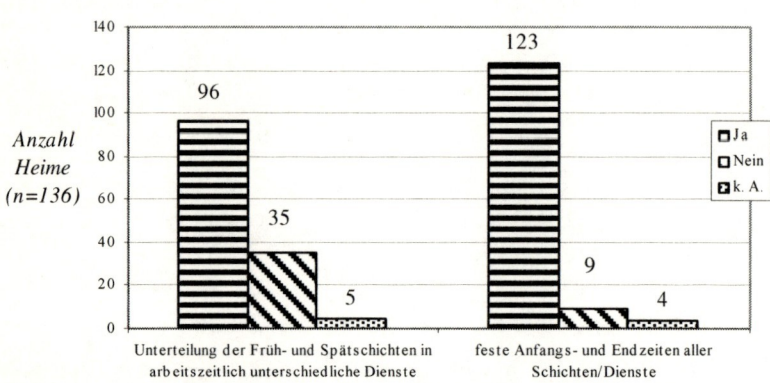

Abbildung 4-37: Eigenschaften von Schichtdiensten HW

2.9 Abweichende Arbeitszeiten bei vorhandenen Gruppen für demenziell erkrankte Bewohner

2.9.1 Private Träger

Eine weitere Fragestellung richtete sich darauf, die Arbeitszeitgestaltung für so genannte Dementengruppen zur erschließen. Aufgrund einer deutlichen Zunahme demenzieller Erkrankungen werden in Pflegeheimen zunehmend Wohnbereiche bzw. Wohngruppen für Heimbewohner mit Demenz geschaffen, in denen diese im Rahmen spezieller Wohnkonzepte betreut werden. Mit der Frage Nr. 16 wurde deshalb von den Einrichtungen erfragt, ob entsprechende Dementengruppen eingerichtet wurden und welche Besonderheiten bei der Arbeitszeit- und Dienstplanung im Bereich der Pflege bestehen. Die Ergebnisse der Auswertung werden ebenfalls getrennt nach den Trägerschaften und den Größenkategorien der Heime dargelegt.

Von den 75 Pflegeheimen, die in privater Trägerschaft geführt werden, gaben 57 (76 %) an, eine bzw. mehrere Gruppen für demenziell erkrankte Bewohner eingerichtet zu haben. Davon erklärten 46 Einrichtungen, keine speziellen Arbeitszeiten für die Pflege in diesen Gruppen zu haben. Von 11 Einrichtungen wurde die Frage nach Abweichungen in der Arbeitszeitgestaltung bejaht. Die Abweichungen wurden unterschiedlich beschrieben. Zum einen wurden dargelegt, dass für diese Gruppe festgelegte Arbeitszeiten vorgegeben seien. Zum anderen wurde allgemein darauf hingewiesen, dass die Arbeitszeiten nach den Bedürfnissen und den bewohnerorientierten Betreuungsangeboten ausgerichtet würden.

2.9.2 Freie gemeinnützige Träger

39 der 46 freien gemeinnützigen Pflegeheime (84,8 %) gaben an, eine bzw. mehrere Dementengruppen in ihrem Haus eingerichtet zu haben. Von diesen verneinten 24 Einrichtungen, für diese Wohngruppen im Vergleich zu den anderen Wohnbereichen gesonderte Arbeitszeiten für die Pflege festgelegt zu haben. Von 15 Pflegeheimen wurden Änderungen bei der Arbeitszeitgestaltung angegeben. Die Abweichungen in der Arbeitszeitgestaltung fielen auch hier – wie schon bei den Heimen privater Träger festzustellen war – unterschiedlich aus. Besondere Ausprägungen zeigen sich im Angebot der Betreuungsleistungen und zwar insbesondere in dem zeitlichen Umfang der Betreuungsangebote. Diese reichen von Betreuungszeiten, die überwiegend an den Vormittagen angeboten werden, bis hin zu umfangreichen täglichen Betreuungszeiten von 8.00 Uhr bis 18.00 Uhr. Von einer Pflegeeinrichtung wurde eine höhere Gesamtstundenzahl für die Dementenbetreuung im Vergleich zu anderen Wohngruppen angegeben.

2.9.3 Öffentliche Träger

Von den Einrichtungen in öffentlich-rechtlicher Trägerschaft gaben neun von 14 Pflegeheimen (64,2 %) an, eine bzw. mehrere Gruppen für demente Bewohner eingerichtet zu haben. Davon gaben dann acht Einrichtungen an, keine speziellen Arbeitszeiten für die Pflege im Vergleich zu den anderen Wohnbereichen für diese Gruppen getroffen zu haben. Nur eine Einrichtung gab Abweichungen bei den Arbeitszeiten an.

2.9.4 Einrichtungen mit bis zu 50 Dauerpflegeplätzen

Bei den Pflegeheimen der ersten Kategorie mit bis zu 50 verfügbaren Dauerpflegeplätzen gaben 43 von 58 Pflegeheimen (74,2 %) an, eine bzw. mehrere Dementengruppen im Hause zu haben. Von diesen erklärten 36 Einrichtungen, keine gesonderten Arbeitszeiten für die Pflege der Bewohner im Vergleich zu den anderen Wohnbereichen eingerichtet zu haben. Insgesamt sieben Pflegeheime bejahten Abweichungen in den Arbeitszeiten.

2.9.5 Einrichtungen mit 51 bis 100 Dauerpflegeplätzen

Bei den Pflegeheimen der zweiten Größenkategorie gaben 40 von 52 Einrichtungen (76,9 %) an, eine bzw. mehrere Dementengruppen in ihrem Haus zu haben. Insgesamt verneinen 27 Einrichtungen die Frage nach abweichenden Arbeitszeitregelungen in der Pflege. Von 13 Pflegeheimen wurde die Frage Nr. 16 bejaht.

2.9.6 Einrichtungen mit 101 und mehr Dauerpflegeplätzen

Von 26 Pflegeheimen der dritten Kategorie mit über 100 Dauerpflegeplätzen wurde von 23 Einrichtungen (88,5 %) die Einrichtung einer bzw. mehrerer Gruppen für demente Bewohner bejaht. Insgesamt 15 Einrichtungen verneinten jedoch, für diese Gruppen abweichende Arbeitszeiten in der Pflege getroffen zu haben. Insgesamt bejahten acht Pflegeheime die Frage Nr. 16.

2.9.7 Gesamtauswertung

Die Gesamtauswertung ergab, dass die Mehrzahl der erfassten 136 Einrichtungen (78 %) über eine bzw. mehrere Gruppen für demenziell erkrankte Bewohner verfügt. Von 78 Einrichtungen wurde dargelegt, dass bezüglich der Arbeitszeiten des Personals in der Pflege in diesen Wohngruppen keine Abweichungen im Vergleich zur Arbeitszeit in anderen Wohnbereichen getroffen wurden. Insgesamt bejahten 28 Pflegeheime diese Frage.

2.10 Angaben zum Personal und zu den arbeitsrechtlichen Rahmenbedingungen

2.10.1 Private Träger

Im sechsten Abschnitt des Fragebogens wurden Angaben zum Personalbestand und zu den Beschäftigungsarten erfragt. Der erste Fragenteil mit Frage Nr. 17 diente dazu, den realen Beschäftigtenstand zu erfassen. Im Anschluss daran sollten durch die Fragen Nr. 18 bis 21 die Anzahl der Teilzeitbeschäftigten und die Anzahl der Fachkräfte erschlossen werden, um differenzierte Daten zur Struktur der Beschäftigten zu gewinnen.

Von den 75 in privater Trägerschaft stehenden Pflegeheimen leisteten zwei Einrichtungen keine Angaben *zum Pflegepersonal*. Zwei weitere Einrichtungen übermittelten keine Aussage zur *Anzahl der hauswirtschaftlichen Kräfte* und sieben Einrichtungen vermerkten keine Angaben zum Betreuungspersonal.

2 Darstellung der Einzelergebnisse aus der schriftlichen Befragung

Drei Einrichtungen gaben ab, im Bereich der Hauswirtschaft externe Kräfte aus beauftragten Unternehmen einzusetzen. Eine Einrichtung gab an, kein hauswirtschaftliches Personal zu beschäftigen.

Für den *Aufgabenbereich der sozialen Betreuung* gaben 11 Einrichtungen an, kein speziell für diese Aufgabe angestelltes Personal zu beschäftigen. Vier Einrichtungen wiesen darauf hin, dass die Betreuung der Bewohner vom Pflegepersonal bzw. vom Personal der Hauswirtschaft mit übernommen werde. Eine Einrichtung gab den Einsatz von ehrenamtlichen Helfern an.

Fünf Einrichtungen übermittelten keine Angaben zur tariflich bzw. vertraglich festgelegten Wochenarbeitszeit. Zwei Angaben waren nicht auswertbar. Bei 61,8 % der Einrichtungen betrug die Wochenarbeitszeit 38,5 Stunden. Bei 25 % der Einrichtungen lag sie zum Zeitpunkt der Erhebung bei 40 Stunden wöchentlich. Die folgende Übersicht stellt die unterschiedlichen Angaben dar:

Wochenarbeitszeit/Std.	Angaben absolut	Angaben in Prozenten
30,0 – 40,0	1	1,5
36,0 – 38,5	1	1,5
29,5	1	1,5
37,0	1	1,5
37,5	1	1,5
38,5	42	61,8
39,0	2	2,9
39,5	2	2,9
40,0	17	25,0

Tabelle 4-54: Wochenarbeitszeiten – private Träger

Acht Einrichtungen trafen keine Aussagen zu der Frage, welcher Tarifvertrag bzw. welche Richtlinien für Arbeitsverträge (AVR) gelten. Eine Angabe war nicht auswertbar. Bei 61,3 % der in privater Trägerschaft geführten Pflegeeinrichtungen findet kein Tarifvertrag Anwendung. Bei 16 % der Einrichtungen besteht ein Haustarif.

Angabe zu Tarifverträgen/AVR	Angaben absolut	Angaben in Prozenten
keine Angabe	8	10,7
BAT	2	2,7
Haustarifvertrag	11	14,7
Haustarif nach BAT	1	1,3
kein Tarifvertrag	46	61,3
Anlehnung an BAT	6	8,0
nicht auswertbar	1	1,3

Tabelle 4-55: Tarifverträge – private Träger

Die Analyse der Angaben zu den Wochenarbeitszeiten in Kombination mit den Angaben zum gültigen Tarifvertrag bzw. zu den AVR ergab, dass bei jeder zweiten Einrichtung ohne Tarifbindung (25 von 43 Einrichtungen) bzw. mit einem Haustarif (7 von 11 Einrichtungen) eine Wochenarbeitszeit von 38,5 Stunden zu Grunde gelegt wird. Des Weiteren gab jede vierte Einrichtung ohne Tarifbindung (11 von 43 Einrichtungen) eine Wochenarbeitszeit von 40 Stunden an.

2.10.2 Freie gemeinnützige Träger

Von den befragten 46 Pflegeeinrichtungen in freier Trägerschaft erfolgten von einer Einrichtung keine Aussagen zur Anzahl des Pflegepersonals, drei Einrichtungen machten keine Aussagen zum hauswirtschaftlichen Personal und drei Einrichtungen äußerten sich nicht zur Anzahl des Betreuungspersonals.

Vier Einrichtungen gaben für die soziale Betreuung an, kein hierfür eigens angestelltes Personal zu beschäftigen. Eine Einrichtung wies darauf hin, dass nur für Bewohner ohne demenzielle Erkrankung für die Betreuung Personal beschäftigt werde.

Zur erfragten Wochenarbeitszeit wurde von einer Einrichtung keine Angabe zur vertraglich vereinbarten bzw. tariflichen Wochenarbeitszeit getätigt. In 84,4 % der Einrichtungen liegt nach den Auswertungen die Wochenarbeitszeit bei 38,5 Stunden. Eine Einrichtung gab 40,5 Stunden an. Von drei Einrichtungen wurde danach unterschieden, zu welchem Zeitpunkt Arbeitsverträge abgeschlossen worden waren: Die Angaben bezogen sich darauf, dass für so genannte Altverträge eine wöchentliche Arbeitszeit von 38,5 Stunden genannt wurde. Für neu abgeschlossene Arbeitsverträge wurde dagegen eine Wochenarbeitszeit von 40 Stunden angegeben.

Wochenarbeitszeit/Std.	Angaben absolut	Angaben in Prozenten
38,5 / 40,0	3	6,7
38,0	1	2,2
38,5	38	84,4
40,0	2	4,4
40,5	1	2,2

Tabelle 4-56: Wochenarbeitszeiten – freie gemeinnützige Träger

Zwei Einrichtungen übermittelten keine Aussagen zu den geltenden AVR bzw. den Tarifregelungen. Die Antworten zeigten, dass eine Vielfalt an Rechtsquellen gilt. Dies trifft insbesondere auf Einrichtungen in freier Trägerschaft zu. Die nachfolgende Tabelle gibt einen Überblick über die unterschiedlichen angegebenen Rechtsquellen:

2 Darstellung der Einzelergebnisse aus der schriftlichen Befragung

Angabe zu Tarifverträgen/ AVR	Angaben absolut	Angaben in Prozenten
keine Angabe	2	4,3
BAT	5	10,9
BAT/und Haustarifvertrag	1	2,2
BAT/ab 2003 Haustarifvertrag	1	2,2
BAT/ab 2005 BZA	1	2,2
AVR-C	7	15,2
AVR modern	13	28,3
AVR	4	8,7
DRK	1	2,2
DRK/Umstellung Haustarif	1	2,2
AWO	4	8,7
Haustarifvertrag	2	4,3
AVR angeglichen/Haustarifvertrag	1	2,2
Haustarifvertrag nach BAT	2	4,3
Anlehnung an BAT	1	2,2

Tabelle 4-57: Verbindliche Quellen – freie gemeinnützige Träger

Bei der Auswertung wurde auch festgestellt, dass in vier Einrichtungen ein Tarifwechsel erfolgt war. Dieser betraf vor allem drei Einrichtungen, in denen bislang der BAT entsprechend gegolten hatte und zuvor abgelöst worden war.[136]

Von drei Einrichtungen, die einen entsprechenden Tarifwechsel angegeben hatten, wurde zusätzlich darauf hingewiesen, dass mit dem Tarifwechsel auch gleichzeitig eine Erhöhung der Wochenarbeitszeit von 38,5 auf 40 Stunden verbunden gewesen sei.

2.10.3 Öffentliche Träger

Von den 14 Heimen in öffentlich-rechtlicher Trägerschaft erfolgten von zwei Einrichtungen keine Angaben zur Personalanzahl, eine weitere Einrichtung gab keine Zahlen zum Pflegepersonal und zum hauswirtschaftlichen Personal an. Zwei Einrichtungen trafen keine Aussagen zum Betreuungspersonal. Für den Aufgabenbereich der sozialen Betreuung gab eine Einrichtung an, kein eigens hierfür angestelltes Personal zu beschäftigen.

Eine Einrichtung machte keine Angaben zur vertraglich vereinbarten oder tariflichen Wochenarbeitszeit. Für die übrigen 13 Einrichtungen wurde festgestellt, dass die Wochenarbeitszeit bei 38,5 Stunden liegt. Diese Angaben

---

136 Nach Abschluss der Befragung trat am 1. Oktober 2005 der Tarifvertrag für den öffentlichen Dienst (TVöD) in Kraft. Vgl. http://www.verdi.de [21.01.2006].

korrespondieren mit den Aussagen aller 14 Einrichtungen, dass bei ihnen der BAT angewandt wird.

2.10.4 Einrichtungen mit bis zu 50 Dauerpflegeplätzen

Von den 58 Pflegeheimen der ersten Kategorie übersandte eine Einrichtung keine Daten zur Anzahl des Pflegepersonals, drei Einrichtungen machten keine Aussagen zur Anzahl des hauswirtschaftlichen Personals und sechs Einrichtungen keine zur Beschäftigtenzahl bei den Betreuungskräften.

Eine Einrichtung gab an, dass hauswirtschaftliches Personal nicht beschäftigt werde. Zwei Einrichtungen verwiesen darauf, dass ihnen Personal von einem externen Dienstleister gestellt werde.

Für den Bereich der sozialen Betreuung legten 11 Einrichtungen dar, dass sie für diese Aufgabe kein gesondert angestelltes Personal beschäftigen. Drei Einrichtungen wiesen darauf hin, dass die Betreuung vom Pflegepersonal bzw. vom Personal der Hauswirtschaft mit übernommen werde. Eine Einrichtung beschäftigt dafür ehrenamtliche Kräfte.

Drei der befragten Einrichtungen erbrachten keine Angabe zur tariflichen bzw. vertraglich vereinbarten Wochenarbeitszeit. Eine Angabe war nicht auswertbar. Insgesamt war festzustellen, dass in 68,5 % der Einrichtungen die Wochenarbeitszeit bei 38,5 Stunden liegt. Eine Minderheit von 20,4 % der Einrichtungen gab eine wöchentliche Arbeitszeit von 40 Stunden an. Die nachfolgende Übersicht listet die genannten Wochenarbeitszeiten auf:

Wochenarbeitszeit/Std.	Angaben absolut	Angaben in Prozenten
30,0 – 40,0	1	1,9
29,5	1	1,9
37,5	1	1,9
38,0	1	1,9
38,5	37	68,5
39,0	1	1,9
39,5	1	1,9
40,0	11	20,4

Tabelle 4-58: Wochenarbeitszeiten – Einrichtungen mit bis zu 50 Plätzen

Fünf Einrichtungen übermittelten keine Aussagen darüber, welcher Tarifvertrag bzw. welche Richtlinien für Arbeitsverträge (AVR) gelten. Andere Einrichtungen gaben aufgrund eines Tarifwechsels Mehrfachnennungen an. Insgesamt konnte festgestellt werden, dass in jedem zweiten Pflegeheim dieser Größenkategorie kein Tarifvertrag Anwendung findet.

Angaben zu Tarifverträgen/ AVR	Angaben absolut	Angaben in Prozenten
keine Angabe	5	8,6
BAT	5	8,6
AVR-C	2	3,4
AVR modern	5	8,6
AVR	1	1,7
Haustarifvertrag	6	10,3
AVR angeglichen/Haustarifvertrag	1	1,7
kein Tarifvertrag	30	51,7
Anlehnung BAT	3	5,2

Tabelle 4-59: Tarifverträge/AVR – Einrichtungen mit bis zu 50 Plätzen

2.10.5 Einrichtungen mit 51 bis 100 Dauerpflegeplätzen

Von den 52 Pflegeheimen der zweiten Kategorie mit mehr als 51 Pflegeplätzen wurden von zwei Einrichtungen keine Beschäftigtenzahlen zum Pflegedienst genannt. Zwei Einrichtungen leisteten keine Zahlenangaben zum hauswirtschaftlichen Personal. Sechs Einrichtungen machten keine Angaben zum Betreuungspersonal. Eine Einrichtung legte dar, ausschließlich Personal aus externen Dienstleistungsunternehmen in der Hauswirtschaft einzusetzen. Im Bereich der sozialen Betreuung gaben vier Einrichtungen an, für die soziale Betreuung kein Personal zu beschäftigen.

Zwei Einrichtungen leisteten keine Angaben zur vertraglich vereinbarten bzw. tariflichen Wochenarbeitszeit. Eine Antwort war nicht auswertbar. In 73,5 % der Einrichtungen betrug die Wochenarbeitszeit 38,5 Stunden. 14,3 % der Einrichtungen gaben eine Wochenarbeitszeit von 40 Stunden an. In zwei Einrichtungen wurde bei den Angaben nach dem Zeitpunkt des Arbeitsvertragsabschlusses differenziert. Danach wurde für so genannte Altverträge eine wöchentliche Arbeitszeit von 38,5 Stunden angegeben. Für neu abgeschlossene Arbeitsverträge beläuft sich diese auf 40 Stunden wöchentlich.

Wochenarbeitszeit/Std.	Angaben absolut	Angaben in Prozenten
38,5 / 40,0	2	4,1
36,0–38,5	1	2,0
37,0	1	2,0
38,5	36	73,5
39,0	1	2,0
39,5	1	2,0
40,0	7	14,4

Tabelle 4-60: Wochenarbeitszeiten – Einrichtungen mit 51 bis 100 Dauerpflegeplätzen

Von fünf Einrichtungen erfolgten keine Angaben zur Geltung eines Tarifvertrages bzw. von Richtlinien für Arbeitsverträge (AVR). Eine Angabe war nicht auswertbar. Folgende Rechtsquellen wurden genannt:

Angaben zu Tarifverträgen/AVR	Angaben absolut	Angaben in Prozenten
keine Angabe	5	9,6
BAT	7	13,5
BAT und Haustarifvertrag	1	1,9
AVR-C	5	9,6
AVR modern	3	5,8
AVR	3	5,8
DRK	1	1,9
DRK/Umstellung Haustarifvertrag	1	1,9
AWO	3	5,8
Haustarifvertrag	4	7,7
Haustarifvertrag nach BAT	2	3,8
kein Tarifvertrag	15	28,8
Anlehnung an BAT	1	1,9
nicht auswertbar	1	1,9

Tabelle 4-61: Tarifverträge/AVR – Einrichtungen mit 51 bis 100 Dauerpflegeplätzen

2.10.6 Einrichtungen mit 101 und mehr Dauerpflegeplätzen

Von den 26 Pflegeheimen der dritten Kategorie erfolgten in drei Fällen keine Zahlenangaben zum Pflegepersonal. Vier Einrichtungen leisteten keine Angaben zum hauswirtschaftlichen Personal und von zwei Einrichtungen wurden keine Angaben zum Betreuungspersonal gemacht.

Bezüglich der Beschäftigung von hauswirtschaftlichem Personal wurde von einer Einrichtung darauf hingewiesen, dass Fremdpersonal eingesetzt wird. Für den Aufgabenbereich der sozialen Betreuung gab eine Einrichtung an, kein eigenes Personal zu beschäftigen. Eine Einrichtung hob hervor, dass Betreuungspersonal für Bewohner beschäftigt werde, die nicht an einer demenziellen Erkrankung leiden. Für Bereiche, in denen demente Bewohner leben, werde das Personal der Pflege zugeordnet.

Von zwei Einrichtungen erfolgten keine Angaben zur Wochenarbeitszeit. In 87,5 % der Fälle betrug die Wochenarbeitszeit 38,5 Stunden. Lediglich eine Einrichtung gab eine Arbeitszeit von 40,5 Stunden wöchentlich an. Eine andere Einrichtung legte dar, dass sich die Wochenarbeitszeit nach dem Zeitpunkt des Vertragsschlusses richte und für Altverträge 38,5 Stunden umfasst. Bei den neuen Vertragsabschlüssen nach dem Tarifwechsel bzw. Tarifausstieg wurde hingegen die Wochenarbeitszeit auf 40 Stunden ausgedehnt.

Wochenarbeitszeit/Std.	Angaben absolut	Angaben in Prozenten
38,5/40,0	1	4,2
38,5	21	87,5
40,0	1	4,2
40,5	1	4,2

Tabelle 4-62: Wochenarbeitszeiten – Einrichtungen mit 101 und mehr Plätzen

Die Angaben zu den Rechtsquellen aus allen Einrichtungen mit Mehrfachangaben zeigt folgende Übersicht:

Angaben zu Tarifverträgen/AVR	Angaben absolut	Angaben in Prozenten
BAT	9	34,6
BAT/ab 2003 Haustarifvertrag	1	3,8
BAT/ab 2005 BZA	1	3,8
AVR modern	5	19,2
AVR	1	3,8
AWO	1	3,8
Haustarifvertrag	3	11,5
Haustarifvertrag nach BAT	1	3,8
kein Tarifvertrag	1	3,8
Anlehnung an BAT	3	11,5

Tabelle 4-63: Tarifverträge/AVR – Einrichtungen mit 101 und mehr Plätzen

2.10.7 Gesamtauswertung

Insgesamt leisteten sechs von den 136 Pflegeheimen keine Angaben zur Anzahl des Pflegepersonals, neun Einrichtungen trafen keine Aussagen zum hauswirtschaftlichen Personal und vierzehn Einrichtungen keine zum Betreuungspersonal. Im Bereich der Hauswirtschaft ergab sich, dass vier Einrichtungen Mitarbeiter aus Auftragsunternehmen einsetzen. Eine Einrichtung gab an, kein hauswirtschaftliches Personal zu beschäftigen. Für den Aufgabenbereich der sozialen Betreuung gaben 16 Einrichtungen an, kein eigens hierfür angestelltes Personal zu beschäftigen. Von vier Einrichtungen wurde erklärt, dass diese Aufgabe von den Pflegekräften bzw. den hauswirtschaftlichen Kräften mit übernommen wird. Eine Einrichtung gab an, ehrenamtliche Kräfte einzusetzen.

Insgesamt leisteten sieben Einrichtungen keine Angaben zur tariflich oder vertraglich festgelegten Wochenarbeitszeit. In zwei Fällen waren die Angaben nicht auswertbar. In nahezu 3/4 aller Einrichtungen betrug die Wochenarbeitszeit 38,5 Stunden. In jeder siebten Einrichtung immerhin 40 Stunden. Eine Einrichtung gab sogar 40,5 Stunden an. Drei Einrichtungen gaben unterschiedliche Wochenarbeitszeiten an und differenzierten zwischen so genannten Altverträgen mit 38,5 Stunden und neuen Verträgen mit einer Arbeitszeit von 40 Stunden wöchentlich.

Wochenarbeitszeit/Std.	Angaben absolut	Angaben Prozent
38,5 / 40,0	3	2,4
30,0 – 40,0	1	0,8
36,0 – 38,5	1	0,8
29,5	1	0,8
37,0	1	0,8
37,5	1	0,8
38,0	1	0,8
38,5	94	74,0
39,0	2	1,6
39,5	2	1,6
40,0	19	15,0
40,5	1	0,8

Tabelle 4-64: Wochenarbeitszeiten – Gesamt

Von zehn Einrichtungen erfolgten keine Angaben zum geltenden Tarifvertrag bzw. zu geltenden Richtlinien für Arbeitsverträge. Eine Angabe war nicht auswertbar. Insgesamt belegt die Auswertung, dass unterschiedliche Tarifverträge bzw. verschiedene Richtlinien (AVR) sowie weitere Rechtsquellen nach den Angaben aus den Einrichtungen Anwendung finden. In jedem dritten Pflegeheim wird kein Tarifvertrag bzw. keine AVR angewandt.

Angaben zu Tarifverträgen/AVR	Angaben absolut	Angaben Prozent
keine Angabe	10	7,4
BAT	21	15,4
BAT/und Haustarifvertrag	1	0,7
BAT/ab 2003 Haustarifvertrag	1	0,7
BAT/ab 2005 BZA	1	0,7
AVR-C	7	5,1
AVR modern	13	9,6
AVR	5	3,7
DRK	1	0,7
DRK/Umstellung Haustarifvertrag	1	0,7
AWO	4	2,9
Haustarifvertrag	13	9,6
AVR angeglichen/Haustarif-vertrag	1	0,7
Haustarifvertrag nach BAT	3	2,2
kein Tarifvertrag	46	33,8
Anlehnung an BAT	7	5,1
nicht auswertbar	1	0,7

Tabelle 4-65: Tarifverträge/AVR – Gesamt

2 Darstellung der Einzelergebnisse aus der schriftlichen Befragung

2.11 Teilzeitbeschäftigung

2.11.1 Private Träger

2.11.1.1 Quote der Teilzeitbeschäftigungen

Ein wichtiger Aspekt für die Arbeitszeit- und Dienstplangestaltung ist die Anzahl der Teilzeitbeschäftigungen und deren zeitliche Ausgestaltung, da Teilzeitkräfte in der Zusammenarbeit mit Vollzeitkräften in der Dienstplanung zu integrieren sind. Im Folgenden werden die gewonnenen Ergebnisse jeweils nach der Trägerschaft der Einrichtungen und den Kapazitätsgrößenklassen der Einrichtungen (Kategorien nach Anzahl der Pflegebetten) dargestellt.

Von den 75 in die Erhebung einbezogenen privaten Pflegeheimen, erfolgten von zwei Einrichtungen keine Angaben zur Anzahl der Teilzeitbeschäftigungen. Die Angaben von zehn Einrichtungen zu den Beschäftigten in den Tätigkeitsbereichen Pflege, Hauswirtschaft und soziale Betreuung konnten nicht ausgewertet werden. Bei weiteren zwei Einrichtungen waren lediglich die Angaben zum Pflegepersonal, bei einer anderen Einrichtung waren nur die Angaben zum hauswirtschaftlichen Personal nicht verwendbar. Insgesamt konnten die Angaben von jeder fünften Einrichtung nicht im Rahmen der Auswertung berücksichtigt werden.

Ausgehend von den Antworten der 60 verbleibenden Heime, die in privater Trägerschaft stehen, ergab sich folgender Beschäftigtenstand:

Beschäftigungsbereich	Beschäftigte zum 1. 5. 2005	davon Teilzeitbeschäftigte
Pflege	1487	609 (41 %)
Hauswirtschaft	535	340 (64 %)
Soziale Betreuung	84	56 (67 %)

Tabelle 4-66: Teilzeitbeschäftigung – private Träger

Die Zahlen belegen, dass der Pflegebereich die größte Beschäftigtengruppe stellt, die – mit Abstand – zweitgrößte Gruppe bildet das hauswirtschaftliche Personal. Die Beschäftigten in der Betreuung stellen zahlenmäßig die kleinste Gruppe. Statistisch betrachtet beschäftigt ein privates Pflegeheim im Durchschnitt 24,8 Pflegekräfte, 8,8 Hauswirtschaftskräfte und 1,4 Betreuungskräfte. Dabei ist zu berücksichtigen, dass nahezu 2/3 der Hauswirtschaftskräfte und über 2/3 der Betreuungskräfte in Teilzeit beschäftigt sind. Bei den Pflegekräften sind es dagegen 41 %.

Beschäftigungsverhältnisse in Form von Teilzeitarbeit sind in den Einrichtungen sehr unterschiedlich ausgeprägt und schwanken zwischen null bis 100 %. In der Pflege zeichnet sich die Tendenz zu einer relativ niedrigen Quote Teilzeitbeschäftigter ab. 58,3 % der privaten Pflegeheime gaben bei den Teilzeitbeschäftigungen eine Quote zwischen null und 39 % an.

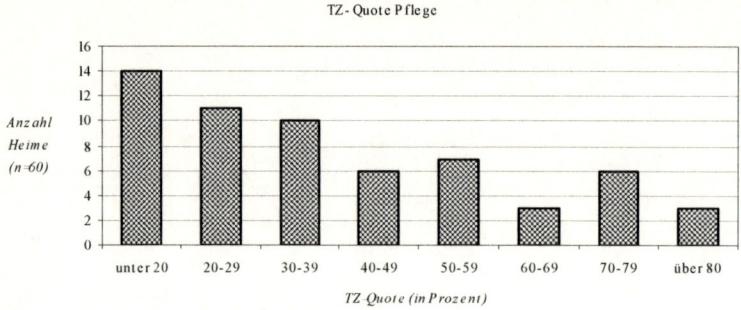

Abbildung 4-38: TZ-Quote Pflege – private Träger

Für die Hauswirtschaftskräfte ergibt sich im Vergleich zu den Pflegekräften ein anderes Bild.

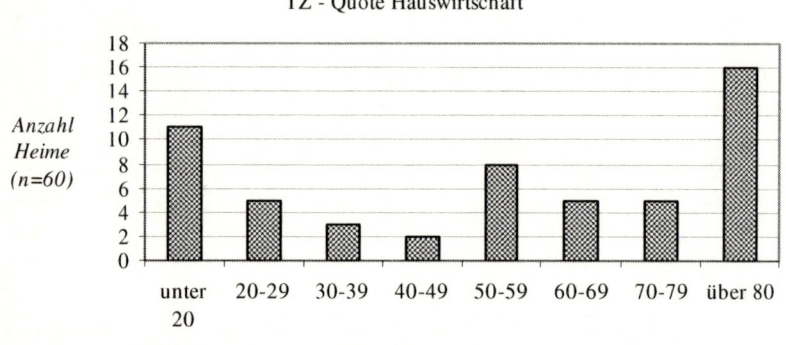

Abbildung 4-39: TZ-Quote Hauswirtschaft – private Träger

Bezüglich des Umfangs der Teilzeitbeschäftigung lassen sich die Einrichtungen in drei Gruppengrößen einteilen: Einrichtungen mit Teilzeitbeschäftigungen unter 20 % (20 % der Einrichtungen), solche mit Teilzeitbeschäftigungen im Umfang von 50 bis 59 % (14,5 % der Einrichtungen) und Einrichtungen mit über 80 % Teilzeitbeschäftigungen im Bereich der Hauswirtschaft (29,1 % der Einrichtungen).

Für den Aufgabenbereich der sozialen Betreuung ist vorab festzustellen, dass diese Beschäftigtengruppe stellenplanmäßig nur untergeordnete Bedeutung hat. Von den 60 sich in privater Trägerschaft befindenden Pflegeheimen, verfügten 16 Einrichtungen (26,7 %) über kein eigens für diese Aufgabe angestelltes Betreuungspersonal. Von den verbleibenden 44 Einrichtungen gaben insgesamt 65,6 % eine Teilzeitquote von 100 % an.

2 Darstellung der Einzelergebnisse aus der schriftlichen Befragung

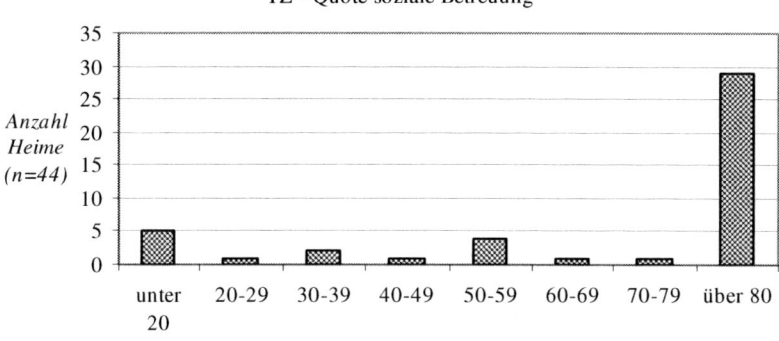

Abbildung 4-40: *TZ-Quote soziale Betreuung – private Träger*

Es kann daher festgehalten werden, dass Beschäftigte, die für die soziale Betreuung der Bewohner verantwortlich sind, zum überwiegenden Teil in einem Teilzeitarbeitsverhältnis tätig sind.

2.11.1.2 Zeitumfang der Teilzeitbeschäftigungen

Von den 60 Einrichtungen, die in privater Trägerschaft sind und Aussagen zur Teilzeitbeschäftigung getroffen hatten, ließen sich letztlich von sieben Einrichtungen keine weiter verwendbaren Hinweise zum Umfang der Arbeitszeit der Teilzeitbeschäftigten entnehmen. In die Auswertung einbezogen werden konnten deshalb die Angaben von 53 Einrichtungen.

Zum zeitlichen Umfang der Teilzeitbeschäftigung ergaben sich folgende Ergebnisse:

Beschäftigungsbereich	Zeitumfang der Teilzeitbeschäftigung		
	über 50 %	50 % und weniger, aber nicht geringfügig beschäftigt	geringfügig beschäftigt (bis 400 Euro)
Pflege	283 51 %	121 22 %	150 27 %
Hauswirtschaft	159 49 %	78 24 %	86 27 %
Soziale Betreuung	24 48 %	9 18 %	17 34 %

Tabelle 4-67: *Beschäftigungsumfang von Teilzeitbeschäftigten – private Träger*

In allen drei Beschäftigungsbereichen zeigte sich, dass nahezu jede zweite Teilzeitkraft ein Arbeitszeitvolumen von über 50% aufweist.

2.11.1.3 Geschlechterverteilung bei Teilzeitbeschäftigten

Aus den Angaben von 60 privaten Pflegeheimen können zur Geschlechterverteilung folgende Aussagen getroffen werden: In allen drei Bereichen ist der Frauenanteil dominierend. Im Bereich der Pflege sind nur 7,4 % der Teilzeitbeschäftigten männlichen Geschlechts, im Bereich der sozialen Betreuung sind es 7,1 %. Unter den teilzeitbeschäftigten Hauswirtschaftskräften befinden sich 3,5 % Männer.

2.11.2 Freie gemeinnützige Träger

2.11.2.1 Quote der Teilzeitbeschäftigungen

Von den 46 Pflegeheimen in freier gemeinnütziger Trägerschaft waren lediglich die Angaben einer Einrichtung zum Beschäftigtenstand in den Bereichen der Pflege und Hauswirtschaft nicht auswertbar. Von weiteren fünf Einrichtungen fehlten Angaben zum Pflegepersonal. Bei weiteren vier Einrichtungen waren die Angaben zum hauswirtschaftlichen Personal nicht verwendbar. Daher konnten in dieser Stichprobe die Angaben von jeder fünften Einrichtung nicht in der Auswertung berücksichtigt werden. Insgesamt ließen sich aus den Daten der 36 freien gemeinnützigen Pflegeheime folgende Ergebnisse gewinnen:

Beschäftigungsbereich	Beschäftigte zum 1. 5. 2005	davon Teilzeitbeschäftigte
Pflege	1507	890 (59 %)
Hauswirtschaft	677	513 (76 %)
Soziale Betreuung	64	51 (80 %)

Tabelle 4-68 Teilzeitbeschäftigung – freie gemeinnützige Träger

Die Zahlen verdeutlichen, dass die Beschäftigtengruppe in der Pflege am höchsten ist. Dann folgt – mit Abstand – die Gruppe der Hauswirtschaftskräfte. Die Beschäftigten für den Aufgabenbereich der sozialen Betreuung der Bewohner bilden zahlenmäßig die kleinste Beschäftigtengruppe. Dies entspricht den Feststellungen, die bereits bei den unter privater Trägerschaft stehenden Pflegeheimen getroffen wurden.

Statistisch betrachtet beschäftigt ein freies gemeinnütziges Pflegeheim im Durchschnitt 41,9 Pflegekräfte, 18,8 Hauswirtschaftskräfte sowie 1,8 Betreuungskräfte. Dabei fällt auf, dass im Vergleich zu den sich in privater Trägerschaft befindlichen Einrichtungen die Quote der Teilzeitbeschäftigungen bei den freien gemeinnützigen Einrichtungen erheblich höher ausfällt. Dies gilt sowohl für den Bereich der Pflege und der Hauswirtschaft als auch der sozialen Betreuung.

Eine Analyse der Teilzeitquote zeigt, dass diese im Pflegebereich zwischen 26 % und 100 % liegt. Im Vergleich zu den privaten Trägern werden in den Pflegeeinrichtungen der freien Träger somit mehr Teilzeitkräfte in der Pflege beschäftigt. 22,2 % der freien gemeinnützigen Einrichtungen gaben eine Teilzeitquote zwischen 40 und 49 % an. Bei 41,7 % der Einrichtungen ergab sich eine Beschäftigungsquote bei den Teilzeitkräften von 70 bis 100 %. Bei den Teilzeitbeschäftigungen in der Pflege besteht somit eine deutliche Abweichung im Vergleich zu den privaten Trägern.

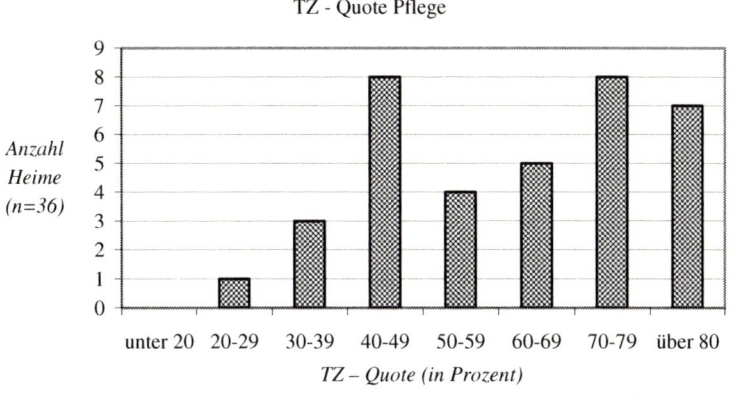

Abbildung 4-41: TZ-Quote Pflege – freie gemeinnützige Träger

Im Bereich der Hauswirtschaft ist eine starke Verbreitung von Teilzeitbeschäftigungen festzustellen: Die Mehrzahl der Einrichtungen (55,6 %) beschäftigt über 80 % der hauswirtschaftlichen Kräfte in dieser Form.

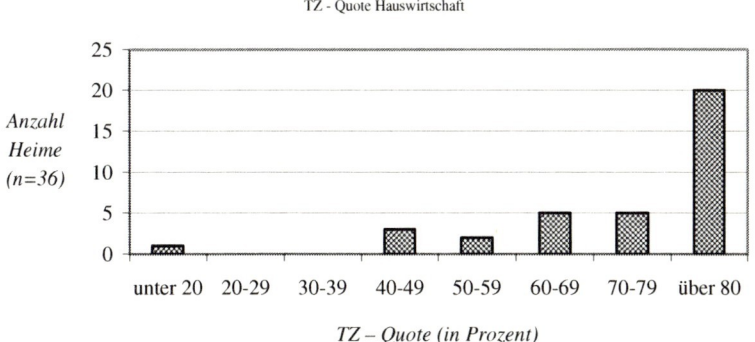

Abbildung 4-42: TZ-Quote Hauswirtschaft – freie Träger

Für den Aufgabenbereich der sozialen Betreuung sind die Ergebnisse mit jenen (s.o.) vergleichbar, die aus den Angaben der privatrechtlich geführten Einrichtungen gewonnen wurden. Diese Beschäftigtengruppe ist nach den Stellenplänen von untergeordneter Bedeutung. Es verfügen sechs von den 36

Kapitel 4: Quantitative Befragung von niedersächsischen Pflegeheimen

teilnehmenden Pflegeheimen (16,7 %) über keine Beschäftigten in der sozialen Betreuung. Von den verbliebenen 30 Einrichtungen der freien Träger, die speziell für die Betreuung der Bewohnerschaft Personal beschäftigen, gaben 63,3 % eine Teilzeitquote von 100 % an.

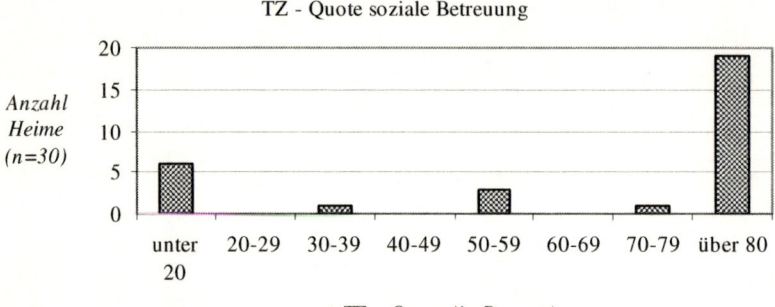

Abbildung 4-43: TZ-Quote soziale Betreuung – freie Träger

Damit ist festzuhalten, dass Beschäftigungsverhältnisse im Aufgabenfeld der sozialen Betreuung, soweit sie vorhanden sind, zum größten Teil in Form von Teilzeitbeschäftigungen bestehen.

2.11.2.2 Zeitumfang der Teilzeitbeschäftigungen

Von den 36 freien gemeinnützigen Einrichtungen, die jeweils Angaben zu den Teilzeitbeschäftigungen bereitgestellt hatten, machten vier Einrichtungen keine oder nicht auswertbare Angaben zum Umfang der Beschäftigungen. Insgesamt konnten die Angaben von 32 freien gemeinnützigen Einrichtungen ausgewertet werden.

Bei der Auswertung der Antworten zum Arbeitszeitumfang der Teilzeitarbeitsverhältnisses ergaben sich folgende Erkenntnisse:

Beschäftigungs-bereich	*Zeitumfang der Teilzeitbeschäftigung*		
	über 50 %	50 % und weniger, aber nicht geringfügig beschäftigt	geringfügig beschäftigt (bis 400 Euro)
Pflege	395 49 %	246 31 %	161 20 %
Hauswirtschaft	213 45 %	105 22 %	158 33 %
Soziale Betreuung	24 55 %	10 23 %	10 23 %

Tabelle 4-69 Beschäftigungsumfang von Teilzeitbeschäftigten – freie gemeinnützige Träger

Im Tätigkeitsfeld der Pflege und in der Betreuung ist nach den Ergebnissen nahezu jede zweite teilzeitbeschäftigte Kraft mit einem Arbeitszeitumfang von über 50% tätig. Im Bereich der Hauswirtschaft stellt die Gruppe der Teilzeitbeschäftigten mit über 50 % Arbeitszeitumfang die größte Gruppe. Im Vergleich zu Pflegeheimen privater Träger ist jede dritte Teilzeitkraft geringfügig (bis 400 Euro) beschäftigt.

2.11.2.3 Geschlechterverteilung

Aufgrund der Angaben der 36 freien gemeinnützigen Pflegeheime können zur Geschlechterverteilung folgende Angaben getroffen werden: In allen drei Bereichen dominieren Frauen das Bild bei den Teilzeitbeschäftigten. Im Bereich der Pflege sind nur 4,3 % der Teilzeitbeschäftigten männlich, im Bereich der sozialen Betreuung 7,8 %. Unter den in Teilzeit tätigen Hauswirtschaftskräften befinden sich 3,9 % Männer.

2.11.3 Öffentliche Träger

2.11.3.1 Quote der Teilzeitbeschäftigungen

Von den 14 in öffentlich-rechtlicher Trägerschaft stehenden Pflegeheimen waren die Angaben von drei Einrichtungen zu den Teilzeitbeschäftigungen in der Pflege, der Hauswirtschaft und der sozialen Betreuung nicht auswertbar. Von einer weiteren Einrichtung waren die Angaben zum hauswirtschaftlichen Bereich nicht verwendbar. Aufgrund der sehr geringen Fallzahl und der damit zu erwartenden statistischen Verzerrungen ist ein Vergleich mit den privaten oder freigemeinnützigen Trägern nicht möglich. Die Ergebnisse werden deshalb nur kurz dargestellt.

Beschäftigungsbereich	Beschäftigte zum 1. 5. 2005	davon Teilzeitbeschäftigte
Pflege	397	164 (41 %)
Hauswirtschaft	146	84 (58 %)
Soziale Betreuung	16	11 (69 %)

Tabelle 4-70: Teilzeitbeschäftigung – öffentliche Träger

Statistisch betrachtet, beschäftigt ein Pflegeheim in öffentlich-rechtlicher Trägerschaft im Durchschnitt 39,7 Pflegekräfte, 14,6 Hauswirtschaftskräfte sowie 1,6 Betreuungskräfte.

2.11.3.2 Zeitumfang der Teilzeitbeschäftigungen

Von zehn Einrichtungen der öffentlich-rechtlichen Träger erfolgten Angaben zur Teilzeitbeschäftigung. Zwei Einrichtungen gaben keine bzw. keine auswertbaren Angaben zum zeitlichen Beschäftigungsumfang der Teilzeitkräfte. Es konnten deshalb nur die Angaben von acht Einrichtungen ausgewertet werden. Aufgrund der zu kleinen Stichprobe wird auf eine differenzierte Darlegung verzichtet.

2.11.3.3 Geschlechterverteilung

Aus den Angaben der zehn Pflegeheime können zur Geschlechterverteilung bei den Beschäftigten folgende Aussagen getroffen werden: In allen drei Bereichen haben Frauen einen dominierenden Anteil an den Teilzeitbeschäftigten. Im Bereich der Pflege sind 11,6 % der Teilzeitbeschäftigten männlich, im Bereich der sozialen Betreuung 9,1 %. Unter den teilzeitbeschäftigten Hauswirtschaftskräften befinden sich keine Männer.

2.11.4 Einrichtungen mit bis zu 50 Dauerpflegeplätzen

2.11.4.1 Quote der Teilzeitbeschäftigungen

Neben der Ermittlung der Teilzeitquote waren die Auswertungen auch darauf gerichtet, zu erschließen, ob die Zahl der Teilzeitbeschäftigten in Abhängigkeit zu der Größe der Einrichtungen steht. Dazu wurden die Angaben zum Personal im Verhältnis zu den im Teil I, Frage Nr. 2 des Fragebogens ermittelten Größenangaben der Einrichtungen (Anzahl der Pflegeplätze) in Beziehung gesetzt.

Von den 58 Pflegeheimen der ersten Kategorie mit bis zu 50 Dauerpflegeplätzen erfolgten von zwei Einrichtungen keine Angaben zur Anzahl der Teilzeitbeschäftigungen. Die Angaben von weiteren zwei Einrichtungen zum Umfang der Teilzeitkräfte in der Pflege, der Hauswirtschaft und der sozialen Betreuung waren nicht auszuwerten. Ebenso wurden bei einer fünften Einrichtung nur Angaben zum Pflege- und Hauswirtschaftspersonal, bei einer sechsten Einrichtung ausschließlich Angaben bezogen auf das Pflegepersonal getroffen. Schließlich erfolgten von drei weiteren Einrichtungen nur Angaben zum hauswirtschaftlichen Personal. Insgesamt ergibt sich somit aus den ausgewerteten Angaben von 49 Pflegeheimen der ersten Kategorie folgendes Bild:

Beschäftigungsbereich	Beschäftigte zum 1. 5. 2005	davon Teilzeitbeschäftigte
Pflege	798	384 (48 %)
Hauswirtschaft	266	155 (58 %)
Soziale Betreuung	45	34 (76 %)

Tabelle 4-71: Teilzeitbeschäftigung – Einrichtungen mit bis zu 50 Plätzen

Statistisch betrachtet beschäftigt ein Pflegeheim der ersten Kategorie im Durchschnitt 16,3 Pflegekräfte, 5,4 Hauswirtschaftkräfte sowie 0,9 Betreuungskräfte.

Betrachtet man die Teilzeitquote der einzelnen Aufgabenbereiche differenzierter, so schwanken diese zwischen den einzelnen Pflegeeinrichtungen

2 Darstellung der Einzelergebnisse aus der schriftlichen Befragung

von null bis 100 %. Im Bereich der Pflege zeigt sich ein leichter Trend zu einer eher niedrigeren Teilzeitbeschäftigungsquote. Insgesamt 49 % der Pflegeheime dieser Kategorie gaben einen Teilzeitanteil bei den Beschäftigten zwischen null und 39 % an.

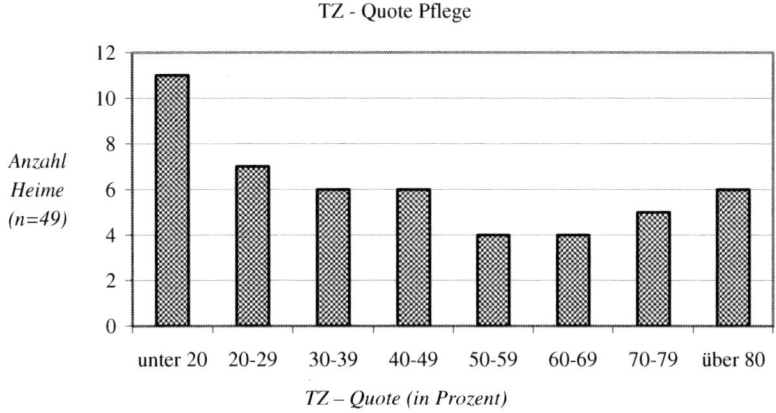

Abbildung 4-44: TZ-Quote Pflege – bis 50 Plätze

Im Bereich der Hauswirtschaft ergibt sich dagegen ein anderes Bild:

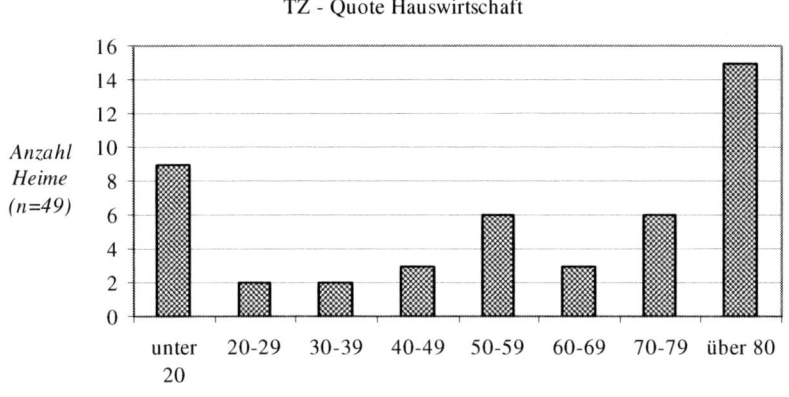

Abbildung 4-45: TZ-Quote Hauswirtschaft – bis 50 Plätze

Hier zeigt sich ein Trend zu einer höheren Teilzeitquote bei den Beschäftigungen.

Für die soziale Betreuung ist festzustellen, dass das Personal diesen Aufgabenbereich zum größten Teil in Teilzeitbeschäftigung ausübt. Allerdings gaben 16 Einrichtungen an, kein eigens für die Betreuung angestelltes Personal zu haben. Von den 33 Einrichtungen, die über Betreuungspersonal verfügen, gaben 24 eine Teilzeitquote von 100 % an.

2.11.4.2 Zeitumfang der Teilzeitbeschäftigungen

Von den 49 Einrichtungen der ersten Kategorie, deren Angaben zu den Teilzeitbeschäftigten ausgewertet werden konnten, übermittelten sieben Einrichtungen keine konkreten Angaben zum zeitlichen Umfang der Teilzeitbeschäftigung. Es konnten daher die Angaben von 42 Einrichtungen mit bis zu 50 Dauerpflegeplätzen ausgewertet werden.

Die Ergebnisse zum Zeitumfang stellt folgende Übersicht dar:

Beschäftigungsbereich	*Zeitumfang der Teilzeitbeschäftigung*		
	über 50 %	50 % und weniger, aber nicht geringfügig beschäftigt	geringfügig beschäftigt (bis 400 Euro)
Pflege	160 48 %	99 30 %	73 22 %
Hauswirtschaft	67 46 %	45 31 %	34 23 %
Soziale Betreuung	7 24 %	8 28 %	14 48 %

Tabelle 4-72: Beschäftigungsumfang von Teilzeitbeschäftigten – Einrichtungen mit bis zu 50 Plätzen

Im Beschäftigungsbereich der Pflege und der Hauswirtschaft zeigt sich, dass je geringer der zeitliche Beschäftigungsumfang ist, umso kleiner ist die Anzahl der Beschäftigten. Dagegen ist die Zahl der Beschäftigten im Betreuungsbereich, die mit einer Arbeitszeit unter 50 % tätig sind, ansteigend.

2.11.4.3 Geschlechterverteilung

Aus den Angaben von 49 Pflegeheimen der ersten Kategorie mit bis zu 50 Dauerpflegeplätzen kann zur Geschlechterverteilung folgende Feststellung getroffen werden: In allen drei Bereichen dominieren die Frauen bei den Teilzeitbeschäftigten. Im Bereich der Pflege sind nur 5,2 % der Teilzeitbeschäftigten männlich. In dem Aufgabenfeld der sozialen Betreuung sind es 11,8 %. Unter den als Teilzeitkraft tätigen Hauswirtschaftskräften sind 1,9 % männlichen Geschlechts.

2 Darstellung der Einzelergebnisse aus der schriftlichen Befragung

2.11.5 Einrichtungen mit 51 bis 100 Dauerpflegeplätzen

2.11.5.1 Quote der Teilzeitbeschäftigungen

Von den 52 Pflegeheimen der zweiten Kategorie mit 51 bis 100 Dauerpflegeplätzen erwiesen sich die Angaben von sechs Einrichtungen zur Teilzeitquote als nicht auswertbar. Von weiteren drei Einrichtungen waren die Angaben zur Teilzeitarbeit in der Pflege nicht auswertbar. Bei weiteren drei Einrichtungen erwiesen sich die Angaben zur Teilzeitarbeit im hauswirtschaftlichen Bereich als nicht auswertbar. Insgesamt ergab sich aus den Auswertungen von 40 Pflegeheimen folgende Verteilung:

Beschäftigungsbereich	Beschäftigte zum 1. 5. 2005	davon Teilzeitbeschäftigte
Pflege	1376	716 (52 %)
Hauswirtschaft	571	385 (67 %)
Soziale Betreuung	64	42 (66 %)

Tabelle 4-73: Teilzeitbeschäftigung – Einrichtungen mit 51 bis 100 Plätzen

Statistisch betrachtet beschäftigt ein Pflegeheim mit 51 bis 100 Dauerpflegeplätzen im Durchschnitt 34,4 Pflegekräfte, 14,3 Hauswirtschaftskräfte sowie 1,6 Betreuungskräfte. Hier zeigt sich im Vergleich zu den Pflegeheimen mit bis zu 50 Dauerpflegeplätzen ein deutlicher Anstieg der Teilzeitbeschäftigten je Einrichtung.

Die Anzahl der teilzeitbeschäftigten Personen ist in den verschiedenen Aufgabenbereichen unterschiedlich stark ausgeprägt. In der Pflege schwankt sie zwischen 8 und 91 %. Daraus folgt, dass im Gegensatz zu den Pflegeheimen der ersten Kategorie jedes Pflegeheim der zweiten Kategorie mit 51 bis 100 Pflegeplätzen teilzeitbeschäftigte Pflegekräfte einsetzt.

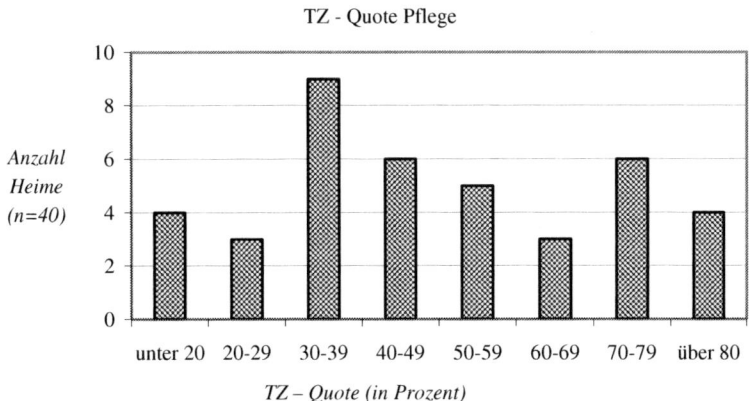

Abbildung 4-46: TZ-Quote Pflege – 51 bis 100 Plätze

Bei den Pflegeheimen der zweiten Kategorie besteht ein relativ ausgewogenes Mischverhältnis zwischen Vollzeit- und Teilzeitkräften. Die Hälfte der Einrichtungen gaben Teilzeitquoten zwischen 30 und 59 % an. Dies ändert sich für das Personal der Hauswirtschaft: Hier ist eine Entwicklung hin zu einer sehr hohen Quote an Teilzeitbeschäftigten zu erkennen, denn bei der Hälfte der Einrichtungen liegt die Quote der Teilzeitbeschäftigungsverhältnisse zwischen 70 und 100 %. Die folgende Übersicht verdeutlicht diese Entwicklung:

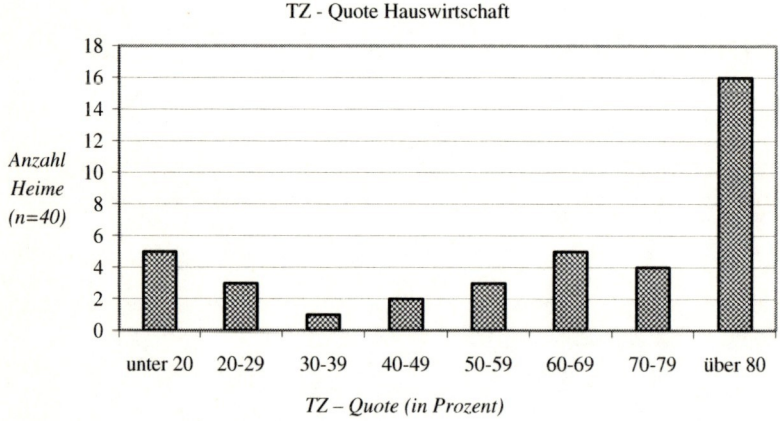

Abbildung 4-47: TZ-Quote Hauswirtschaft – 51 bis 100 Plätze

Am stärksten ausgeprägt ist die Teilzeitbeschäftigung beim Personal des sozialen Betreuungsdienstes. Soweit Einrichtungen eigens Personal für die Betreuung der Bewohner beschäftigen, geschieht dies zum größten Teil in Form von Teilzeitbeschäftigungen. Acht Einrichtungen beschäftigen kein Personal eigens für die soziale Betreuung der Bewohner. Von den weiteren 32 Einrichtungen gaben 19 Einrichtungen die Zahl der Teilzeitbeschäftigungen in diesem Aufgabenbereich mit 100 % an.

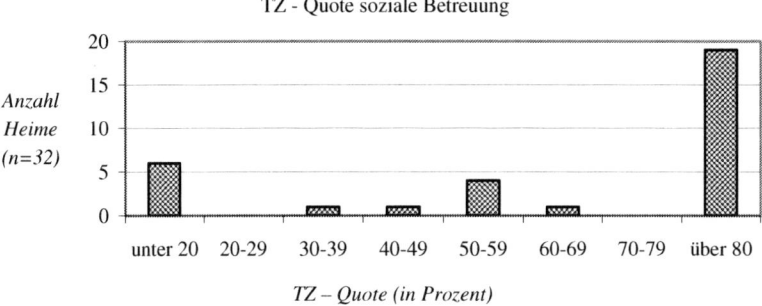

Abbildung 4-48: TZ-Quote soziale Betreuung – 51 bis 100 Plätze

2.11.5.2 Zeitumfang der Teilzeitbeschäftigungen

Von den 40 Einrichtungen der zweiten Kategorie mit 51 bis 100 Dauerpflegeplätzen, von denen Angaben zur Teilzeitbeschäftigung erfragt worden waren, gaben zwei Einrichtungen keine bzw. keine auswertbaren Daten zum zeitlichen Beschäftigungsumfang der Teilzeitkräfte an. Daher konnten letztlich die Angaben aus 38 Einrichtungen der zweiten Kategorie ausgewertet werden.

Zur zeitlichen Gestaltung der Teilzeitbeschäftigung in den Einrichtungen ergab sich folgendes Ergebnis:

Beschäftigungsbereich	*Zeitumfang der Teilzeitbeschäftigung*		
	über 50 %	*50 % und weniger, aber nicht geringfügig beschäftigt*	*geringfügig beschäftigt (bis 400 Euro)*
Pflege	316 45 %	210 30 %	176 25 %
Hauswirtschaft	148 39 %	103 27 %	131 34 %
Soziale Betreuung	21 52 %	10 25 %	9 23 %

Tabelle 4-74: Beschäftigungsumfang von Teilzeitbeschäftigten – Einrichtungen mit 51 bis 100 Plätzen

Jeder zweite auf Teilzeitbasis Beschäftigte in der sozialen Betreuung weist einen Arbeitszeitumfang von über 50 % im Vergleich zu einer Vollzeitkraft auf. Im Bereich der Hauswirtschaft ist jeder dritte Teilzeitbeschäftigte entweder geringfügig – auf 400 Euro Basis – beschäftigt oder mit einer Arbeitszeit von mehr als 50 % tätig.

2.11.5.3 Geschlechterverteilung

Aus den Antworten der 40 Pflegeheime der zweiten Kategorie mit 51 bis 100 Dauerpflegeplätzen ergaben sich hinsichtlich der Geschlechterverteilung folgende Feststellungen: In allen drei Aufgabenbereichen ist der Frauenanteil dominierend. In der pflegerischen Versorgung sind nur 6 % der Teilzeitbeschäftigten männlich. In der sozialen Betreuung sind es 4,8 %. Unter den in Teilzeitarbeit beschäftigten Hauswirtschaftskräften sind lediglich 2,9 % männlichen Geschlechts.

2.11.6 Einrichtungen mit 101 und mehr Dauerpflegeplätzen

2.11.6.1 Quote der Teilzeitbeschäftigungen

Von den 26 Pflegeheimen der dritten Kategorie mit über 100 Dauerpflegeplätzen gaben zwei Einrichtungen zur Teilzeitbeschäftigung in ihrem Hause keine Antworten. Eine weitere Einrichtung machte keine Aussagen zur Teilzeitbeschäftigung bei den Pflegekräften und dem hauswirtschaftlichen Personal. Von zwei Einrichtungen wurden zwar zur Teilzeitbeschäftigung Aussagen gemacht, doch waren diese nicht auswertbar. Des Weiteren konnten in drei Fällen die Angaben zum Pflegepersonal und bei einer Einrichtung die Angaben zum hauswirtschaftlichen Personal nicht ausgewertet werden.

Aufgrund der Einschränkungen bei dieser kleinen Stichprobe konnte jede dritte Einrichtung nicht von der Auswertung erfasst werden. Ein Vergleich der Stichprobe mit den beiden anderen Kapazitätsgrößenklassen war daher mit Blick auf die zu erwartenden statistischen Verzerrungen nicht möglich. Die folgenden Ausführungen beschränken sich deshalb auf eine Darstellung der Angaben der 17 Pflegeheime:

Beschäftigungsbereich	*Beschäftigte am 1. 5. 2005*	*davon Teilzeitbeschäftigte*
Pflege	1217	563 (46 %)
Hauswirtschaft	521	397 (76 %)
Soziale Betreuung	55	42 (76 %)

Tabelle 4-75: Teilzeitbeschäftigung – Einrichtungen mit 101 und mehr Plätzen

Statistisch betrachtet beschäftigt ein privates Pflegeheim im Durchschnitt 71,6 Pflegekräfte, 30,6 Hauswirtschaftkräfte sowie 3,2 Betreuungskräfte.

Die Quote der Teilzeitbeschäftigung, betrachtet nach den Berufsfeldern, liegt beim Pflegepersonal zwischen 13 und 79 %. Beim hauswirtschaftlichen Personal schwankt sie zwischen 21 und 100 %. Dabei wurde eine Einrichtung nicht einbezogen, da sie über kein angestelltes hauswirtschaftliches Personal verfügt.

TZ-Quote (in Prozent)	Angaben: Pflege	Angaben: Hauswirtschaft
unter 20	1	0
20–29	2	1
30–39	2	0
40–49	3	1
50–59	4	1
60–69	2	3
70–79	3	2
über 80	0	8

Tabelle 4-76: Teilzeitbeschäftigtenquote – Einrichtungen mit 101 und mehr Plätzen

Im Bereich der sozialen Betreuung ist das Personal– soweit vorhanden – überwiegend in Teilzeitarbeit beschäftigt. Von 14 Einrichtungen weisen 11 bei den Teilzeitbeschäftigungen eine Quote zwischen 75 und 100 % auf. Drei Einrichtungen beschäftigen speziell für die soziale Betreuung der Bewohnerschaft kein Personal.

2.11.6.2 Zeitumfang der Teilzeitbeschäftigungen

Neben der Anzahl der Teilzeitbeschäftigungen wurde auch der Arbeitszeitumfang des in Teilzeit beschäftigten Personals erfasst, da – wie bereits im ersten Kapitel zum Teilzeit- und Befristungsgesetz dargestellt wurde – die Spannbreite hinsichtlich des Arbeitszeitumfangs bei Teilzeitkräften variieren kann und Auswirkungen auf die Arbeitsorganisation hat.

Von den insgesamt 17 Einrichtungen, deren Angaben zur Teilzeitbeschäftigung in die Auswertung kamen, wurden von drei Einrichtungen keine bzw. keine zu verwertenden Angaben zum Zeitumfang getroffen. Die folgenden Ergebnisse basieren auf den Angaben von 14 Einrichtungen der dritten Kategorie mit über 100 Dauerpflegeplätzen.

Beschäftigungsbereich	Zeitumfang der Teilzeitbeschäftigung		
	über 50 %	50 % und weniger, aber nicht geringfügig beschäftigt	geringfügig beschäftigt
Pflege	281 61 %	99 21 %	84 18 %
Hauswirtschaft	215 61 %	58 16 %	80 23 %
Soziale Betreuung	23 72 %	5 16 %	4 13 %

Tabelle 4-77: Beschäftigungsumfang von Teilzeitbeschäftigten – Einrichtungen mit 101 und mehr Plätzen

In allen drei Beschäftigungsbereichen ergab sich bei der Arbeitszeit der Teilzeitkräfte ein Zeitumfang von über 50 %. Aufgrund der kleinen Stichprobe kann dieses Ergebnis allerdings nicht als repräsentativ gelten.

2.11.6.3 Geschlechterverteilung

Hinsichtlich der Geschlechtsverteilung können aus den Angaben von 17 Pflegeheimen mit über 100 Dauerpflegeplätzen folgende Aussagen getroffen werden: In allen drei Bereichen dominiert der Frauenanteil bei den Teilzeitbeschäftigten. In der pflegerischen Versorgung sind lediglich 6,9 % der Teilzeitbeschäftigten männlich. Im Aufgabenbereich der sozialen Betreuung sind es 7,1 %. In der Hauswirtschaft sind 4,5 % der Teilzeitbeschäftigten männlichen Geschlechts.

2.11.7 Gesamtauswertung

2.11.7.1 Quote der Teilzeitbeschäftigungen

In der Gesamtbetrachtung lassen sich zum Erhebungsteil und zur Verbreitung der Teilzeitarbeit und deren Arbeitszeitvolumen folgende Feststellungen treffen: Zwar konnten aus unterschiedlichen Gründen nicht alle Antworten ausgewertet werden. Dies lag zum Teil daran, dass von den insgesamt 136 Pflegeheimen, von denen der Fragebogen zurückgesandt wurde, in drei Fällen keine Angaben erfolgten bzw. die Angaben in 13 Fällen nicht ausgewertet werden konnten. In anderen Fällen erfolgten nur Teilantworten entweder zum Pflegepersonal (sieben Fälle) oder nur zum hauswirtschaftlichen Personal (sechs Fälle) oder es erfolgten Angaben zum Pflegepersonal und zum Personal in der Hauswirtschaft, die nicht ausgewertet werden konnten (ein Fall). Es konnte daher jede fünfte Einrichtung aus den genannten Gründen bei der Auswertung nicht einbezogen werden. Die Auswertung der Angaben von 106 Pflegeheimen führte zu folgenden Ergebnissen:

Beschäftigungsbereich	Beschäftigte zum 1.5.2005	davon Teilzeitbeschäftigte
Pflege	3391	1663 (49 %)
Hauswirtschaft	1358	937 (69 %)
Soziale Betreuung	164	118 (72 %)

Tabelle 4-78: Teilzeitbeschäftigung – Gesamt

Die Zahlen bestätigen die bereits in den Teilauswertungen deutlich gewordenen Beschäftigtengrößen in der Pflege. Beschäftigte des Pflegepersonals stellen eindeutig die größte Beschäftigtengruppe in der stationären Altenpflege. Es folgt – als zweite Gruppe – das Personal der Hauswirtschaft. Im Vergleich dazu ist die Beschäftigtengruppe für die soziale Betreuung von geringer Bedeutung.

2 Darstellung der Einzelergebnisse aus der schriftlichen Befragung

Dies zeigt auch eine statistische Betrachtung. Danach beschäftigt ein Pflegeheim im Durchschnitt 32,0 Pflegekräfte, 12,9 Hauswirtschaftskräfte sowie 1,5 Betreuungskräfte. Dazu ist zu berücksichtigen, dass über 2/3 der hauswirtschaftlichen Kräfte und nahezu 3/4 der Betreuungskräfte in Teilzeitbeschäftigungen tätig sind. Bei den Pflegekräften ist nahezu jede zweite Pflegekraft teilzeitbeschäftigt.

Betrachtet man die Beschäftigtenquote bei den Teilzeitkräften für die Arbeitsfelder Pflege, Hauswirtschaft und die soziale Betreuung differenzierter, so wird ersichtlich, dass der Anteil der Teilzeitkräfte in den einzelnen Pflegeeinrichtungen zwischen null und bis zu 100 % erheblich schwankt. Für den Pflegebereich ließ sich keine eindeutige Entwicklung zu einer tendenziell steigenden oder sinkenden Quote von Teilzeitbeschäftigten erkennen.

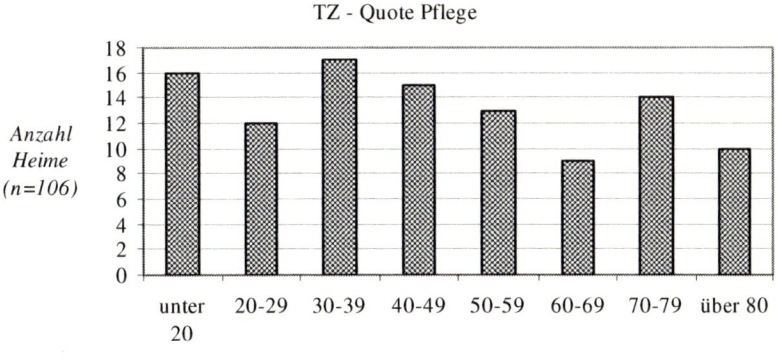

Abbildung 4-49: TZ-Quote Pflege – Gesamt

Gänzlich anders stellt sich die Zahl der Teilzeitbeschäftigten in der Hauswirtschaft dar. Hier zeigt sich eine eindeutige Tendenz zu einer hohen Quote an Teilzeitbeschäftigten.

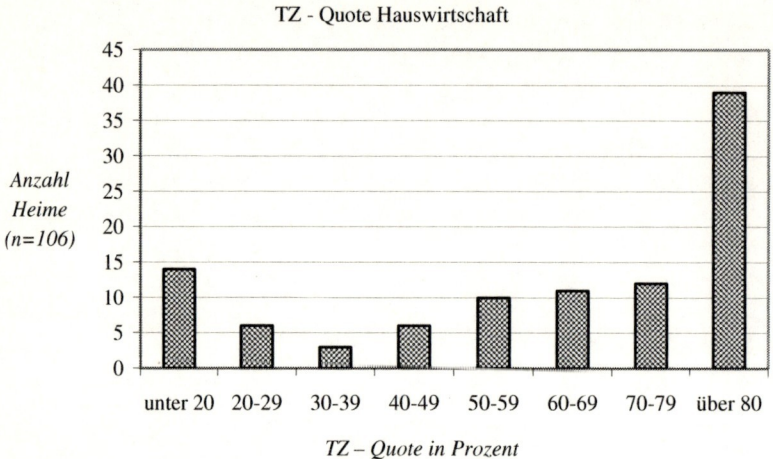

Abbildung 4-50: TZ-Quote Hauswirtschaft – Gesamt

Für den Tätigkeitsbereich der sozialen Betreuung ist zunächst ein Rückgang der Beschäftigten festzustellen. Soweit Einrichtungen noch Kräfte eigens für Betreuungsaufgaben beschäftigen, ist das Personal überwiegend in Teilzeitbeschäftigungen tätig. Nahezu jede vierte Einrichtung (23,6 %) beschäftigt kein Personal speziell für den Bereich der sozialen Betreuung der Bewohner. Von den 81 Einrichtungen, die entsprechendes Personal haben, gaben 51 Einrichtungen an, dass sie das Personal in Teilzeit beschäftigen. Die Quote liegt zwischen 80 und 100 %.

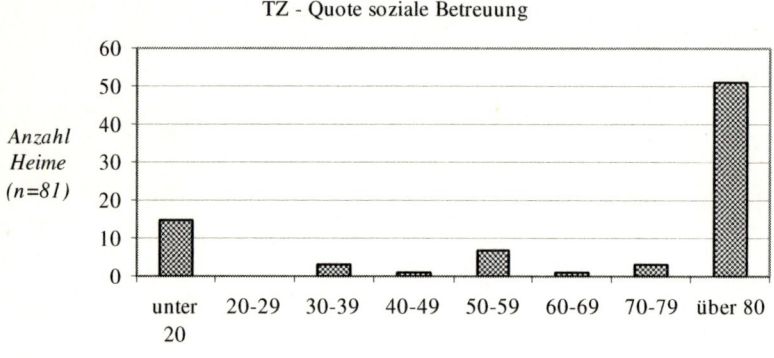

Abbildung 4-51: TZ-Quote soziale Betreuung – Gesamt

2 Darstellung der Einzelergebnisse aus der schriftlichen Befragung

2.11.7.2 Zeitumfang der Teilzeitbeschäftigungen

Von den insgesamt 106 Einrichtungen, die auswertbare Angaben zur Anzahl der Teilzeitbeschäftigten gegeben hatten, erbrachten dann allerdings 13 Einrichtungen keine oder zumindest nicht verwendbare Angaben zum Arbeitszeitumfang ihrer Teilzeitkräfte. In diesen Teil der Auswertung konnten somit die Angaben von 93 Einrichtungen einbezogen werden.

Die Auswertung der getätigten Angaben zum Zeitumfang der Teilzeitbeschäftigten ergab folgende Feststellungen:

Beschäftigungsbereich	*Zeitumfang der Teilzeitbeschäftigung*		
	über 50 %	*50 % und weniger, aber nicht geringfügig beschäftigt*	*geringfügig beschäftigt (bis 400 Euro)*
Pflege	748 51 %	395 27 %	314 22 %
Hauswirtschaft	412 48 %	200 23 %	244 29 %
Soziale Betreuung	51 50 %	23 23 %	27 27 %

Tabelle 4-79: Beschäftigungsumfang von Teilzeitbeschäftigten – Gesamt

In allen drei Beschäftigungsbereichen liegen die Arbeitszeiten bei fast jedem zweiten Teilzeitbeschäftigten bei über 50 %.

2.11.7.3 Geschlechterverteilung

Aufgrund der Angaben von 106 Pflegeheimen kann zur Geschlechterverteilung folgende Aussage getroffen werden: In allen drei Bereichen (Pflege, Hauswirtschaft, soziale Betreuung) sind vorrangig Frauen in Teilzeitbeschäftigungen tätig. Im Aufgabenbereich der Pflege sind nur 6,1 % der Teilzeitbeschäftigten männlich, im Bereich der sozialen Betreuung sind es 7,6 %. Unter den in Teilzeit beschäftigten Hauswirtschaftskräften befinden sich 3,4 % Männer.

2.12 Fachkräfte

2.12.1 Private Träger

2.12.1.1 Anteil der Fachkräfte

Gefragt wurde in den Praxiseinrichtungen auch nach der Anzahl der Fachkräfte in den zentralen Leistungsbereichen. Dabei wurde sowohl die Gesamtzahl der ausgebildeten Fachkräfte als auch deren Arbeitszeitumfang in Voll- bzw. Teilzeit sowie das Geschlecht erfragt. Die Fragestellungen bezogen sich wiederum auf die Bereiche der Pflege, der Hauswirtschaft und der sozialen

Kapitel 4: Quantitative Befragung von niedersächsischen Pflegeheimen

Betreuung. Die Darstellung der Ergebnisse erfolgt wiederum jeweils unterteilt nach der Trägerschaft und den Kapazitätsgrößenklassen der Einrichtungen (Kategorien nach Anzahl der Pflegebetten).

Von den 75 Pflegeheimen in privater Trägerschaft erfolgten von drei Einrichtungen keine Angaben zu den Fachkräften in den genannten Bereichen. Von sechs Einrichtungen waren die Angaben zu diesem Fragenbereich in Gänze nicht auswertbar. Auch zeigte sich, dass bei einer Einrichtung die Angaben zum Pflege- und Hauswirtschaftspersonal und bei einer weiteren Einrichtung die Angaben zum Pflegepersonal nicht ausgewertet werden konnten. Insgesamt konnten jedoch die Angaben von 64 Pflegeheimen von privaten Trägern herangezogen werden. Die folgende Übersicht stellt die Ergebnisse dar:

Beschäftigungsbereich	Beschäftigte zum 1. 5. 2005	davon Fachkräfte
Pflege	1589	839 (53 %)
Hauswirtschaft	569	116 (20 %)
Soziale Betreuung	91	60 (66 %)

Tabelle 4-80: Fachkräfte – private Träger

Die erhobenen Zahlen belegen, dass die Beschäftigten, die in der sozialen Betreuung tätig sind, zahlenmäßig von untergeordneter Bedeutung sind, hier allerdings die höchste Fachkraftquote im Vergleich der drei Beschäftigungsbereiche besteht. Im Weiteren ist auffällig, dass bei den Hauswirtschaftskräften nur jeder fünfte Beschäftigte als Fachkraft ausgewiesen ist.

Bei näherer Betrachtung der Fachkraftquoten in den jeweiligen Aufgabenbereichen zeigt sich, dass die Schwankungsbreite bei der Fachkraftquote zwischen den einzelnen Pflegeeinrichtungen von null bis 100 % reicht.

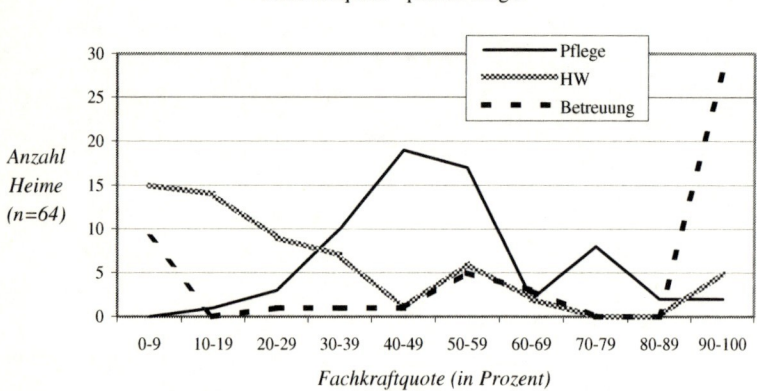

Abbildung 4-52: Fachkraftquote – private Träger

2 Darstellung der Einzelergebnisse aus der schriftlichen Befragung

2.12.1.2 Arbeitszeitumfang bei Fachkräften

Von den 64 Einrichtungen in privater Trägerschaft, die Angaben zur Anzahl der beschäftigten Fachkräfte erbracht hatten, gaben allerdings sechs Einrichtungen keine oder zumindest nicht verwertbare Angaben zum zeitlichen Beschäftigungsumfang ihres Fachpersonals. Die Angaben von 58 Einrichtungen konnten aber ausgewertet werden. Die Ergebnisse zeigt folgende Übersicht:

Beschäftigungsbereich	*Arbeitszeitumfang bei Fachkräften*			
	Vollzeit	*über 50 %*	*50 % und weniger, aber nicht geringfügig beschäftigt*	*geringfügig beschäftigt (bis 400 Euro)*
Pflege	476 68 %	150 21 %	44 6 %	29 4 %
Hauswirtschaft	79 72 %	18 17 %	4 4 %	8 7 %
Soziale Betreuung	20 36%	17 30 %	11 20 %	8 14 %

Tabelle 4-81: Beschäftigungsumfang von Fachkräften – private Träger

2.12.1.3 Geschlechterverteilung bei den Fachkräften

Auf der Basis der Angaben von 64 Pflegeheimen in privater Trägerschaft ergeben sich hinsichtlich der Geschlechterverteilung folgende Feststellungen: In allen drei Bereichen ist der Frauenanteil bei den Fachkräften dominierend. Im Bereich der Pflege sind 11,1 % der Fachkräfte männlich, im Aufgabenbereich soziale Betreuung sind es 8,3 %. Überraschend ist allerdings die Feststellung, dass bei den Hauswirtschaftsfachkräften 23,3 % männlichen Geschlechts sind. Danach ist nahezu jede vierte hauswirtschaftliche Fachkraft in den in privater Trägerschaft geführten Pflegeheimen männlich.

2.12.2 Freie gemeinnützige Träger

2.12.2.1 Anteil der Fachkräfte

Erfragt wurden von 46 Pflegeeinrichtungen in freier Trägerschaft Angaben zum Anteil der Fachkräfte bei den Beschäftigten. Die Angaben einer Einrichtung zu den Tätigkeitsbereichen Pflege und Hauswirtschaft konnten nicht ausgewertet werden. Drei Einrichtungen hatten keine ausreichenden Angaben zum Hauswirtschaftspersonal, eine weitere Einrichtung keine konkreten Angaben zum Pflegepersonal erbracht. Insgesamt wurden die Anga-

Kapitel 4: Quantitative Befragung von niedersächsischen Pflegeheimen

ben von 41 freien gemeinnützigen Pflegeheimen ausgewertet und erbrachten folgende Ergebnisse:

Beschäftigungsbereich	Beschäftigte zum 1. 5. 2005	davon Fachkräfte
Pflege	1754	836 (48 %)
Hauswirtschaft	773	148 (19 %)
Soziale Betreuung	73	50 (68 %)

Tabelle 4-82: Fachkräfte – freie gemeinnützige Träger

Die Zahlen verdeutlichen, dass auch bei den freien Trägern die Personalzahlen innerhalb des sozialen Betreuungsdienstes im Vergleich zu den anderen Aufgabenbereichen gering sind. Allerdings weisen die Betreuungsdienste die höchste Fachkraftbesetzung im Vergleich zur Pflege und Hauswirtschaft auf. Dieses Ergebnis deckt sich mit den Feststellungen, die bereits für Pflegeheime in privater Trägerschaft getroffen wurden. Auffällig ist, dass in der Hauswirtschaft nur nahezu jeder fünfte Beschäftigte als Fachkraft qualifiziert ist.

Betrachtet man die Fachkraftquoten der einzelnen Bereiche differenzierter, so schwanken diese innerhalb der einzelnen Pflegeeinrichtungen von null bis 100 %.

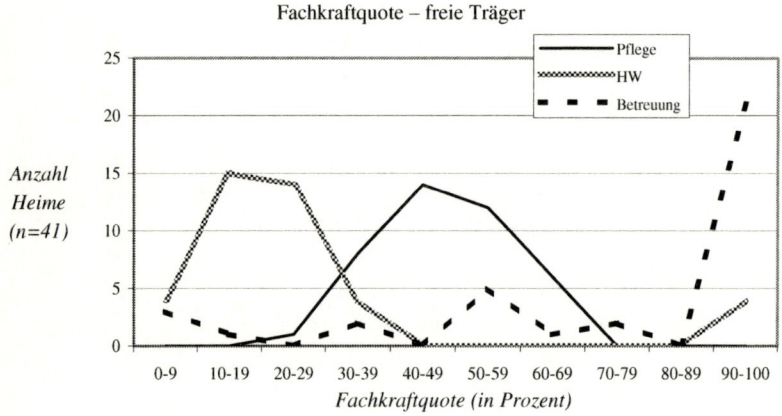

Abbildung 4-53: Fachkraftquote – freie Träger

2.12.2.2 Arbeitszeitumfang bei Fachkräften

Von den 41 freien gemeinnützigen Einrichtungen, die Angaben zur Anzahl der beschäftigten Fachkräfte gaben, leisteten allerdings vier Einrichtungen keine oder nicht auswertbare Angaben zum Arbeitszeitvolumen bei den Fachkräften. Für die Analyse wurden letztlich die Angaben von 37 in freier

Trägerschaft stehenden Einrichtungen herangezogen. Daraus ergaben sich folgende Feststellungen:

Beschäftigungs-bereich	Arbeitszeitumfang bei Fachkräften			
	Vollzeit	über 50 %	50 % und weniger, aber nicht geringfügig beschäftigt	geringfügig beschäftigt (bis 400 Euro)
Pflege	329 43 %	288 38 %	103 13 %	44 6 %
Hauswirtschaft	70 50 %	51 37 %	12 9 %	6 4 %
Soziale Betreuung	12 27%	21 48 %	8 18 %	3 7 %

Tabelle 4-83: Beschäftigungsumfang von Fachkräften – freie gemeinnützige Träger

2.12.2.3 Geschlechterverteilung bei den Fachkräften

Aus den Angaben der 41 in freier Trägerschaft befindlichen Pflegeheime ließen sich zur Geschlechterverteilung folgende Aussagen treffen: Ebenso wie bei den in privater Trägerschaft befindlichen Einrichtungen stellen auch bei den freien Trägern Frauen den überwiegenden Anteil an Fachkräften. Im Pflegebereich sind 9,4 % der Fachkräfte männlich. In Betreuungsbereich sind es 10,0 %. Allerdings sind von den Hauswirtschaftsfachkräften 20,3 % Männer, das heißt jede fünfte hauswirtschaftliche Fachkraft in den freien gemeinnützigen Pflegeheimen ist männlich.

2.12.3 Öffentliche Träger

2.12.3.1 Anteil der Fachkräfte

Von den 14 Einrichtungen der öffentlich-rechtlichen Träger erfolgten von zwei Einrichtungen keine Angaben zur Anzahl der Fachkräfte. Die im Fragebogen enthaltenen Angaben einer Einrichtung waren nicht auswertbar. Ebenso ließen sich in einer Einrichtung die Angaben zum hauswirtschaftlichen Personal und bei einer anderen Einrichtung die Angaben zum Pflegepersonal nicht auswerten. Die Daten von rund jeder dritten Einrichtung konnten bei der Ermittlung des Fachkräfteanteils nicht berücksichtigt werden. Insgesamt ergab sich aus den auswertbaren Angaben von neun öffentlichen Pflegeheimen folgendes Bild:

Beschäftigungsbereich	Beschäftigte zum 1. 5. 2005	davon Fachkräfte
Pflege	307	145 (47 %)
Hauswirtschaft	115	15 (13 %)
Soziale Betreuung	12	6 (50 %)

Tabelle 4-84: Fachkräfte – öffentliche Träger

Aufgrund der kleinen Stichprobe ist eine vergleichbare Analyse wie bei den anderen Trägergruppen nicht möglich.

2.12.3.2 Arbeitszeitumfang bei Fachkräften

Aufgrund der kleinen Stichprobe wird auf eine differenzierte Betrachtung der Daten verzichtet.

2.12.3.3 Geschlechterverteilung bei den Fachkräften

Aufgrund der Angaben von neun Pflegeheimen in öffentlich-rechtlicher Trägerschaft ergeben sich zur Geschlechterverteilung folgende Feststellungen: Der Frauenanteil bei den Fachkräften ist in allen drei Tätigkeitsbereichen dominierend. Im Bereich der Pflege sind allerdings auch 11,7 % der Fachkräfte männlich. Auffällig ist, dass im Bereich der sozialen Betreuung und unter den Hauswirtschaftsfachkräften jede dritte Kraft männlich ist.

2.12.4 Einrichtungen mit bis zu 50 Dauerpflegeplätzen

2.12.4.1 Anteil der Fachkräfte

Im Anschluss an die Auswertung nach den Trägerformen erfolgte eine Analyse des Fachkräfteanteils nach den Einrichtungsgrößen, um zu erschließen, ob und gegebenenfalls welche Unterschiede bei den Fachkräfteanteilen bestehen.

Von den 58 Einrichtungsträgern der ersten Heimkategorie mit bis zu 50 Dauerpflegeplätzen erfolgten von zwei Einrichtungen keine Angaben zu der Anzahl der Fachkräfte in den unterschiedlichen Tätigkeitsbereichen. Auch erwiesen sich die Angaben einer Einrichtung insgesamt als nicht auswertbar, teils waren die Angaben zum Pflegepersonal nicht auswertbar (eine Einrichtung), teils betraf dies die Angaben zum Hauswirtschaftspersonal (zwei Einrichtungen). Die Auswertung der Angaben von letztlich 52 Heimträgern dieser Größenkategorie ergab folgende Ergebnisse:

2 Darstellung der Einzelergebnisse aus der schriftlichen Befragung

Beschäftigungsbereich	Beschäftigte zum 1. 5. 2005	davon Fachkräfte
Pflege	845	429 (51 %)
Hauswirtschaft	278	81 (29 %)
Soziale Betreuung	49	32 (65 %)

Tabelle 4-85: Fachkräfte – Einrichtungen mit bis zu 50 Plätzen

Zwar sind die Beschäftigtenzahlen in der sozialen Betreuung zahlenmäßig am geringsten, doch ist der Anteil der Fachkräfte hier am höchsten. Ebenso ist in der Hauswirtschaft der Anteil der Fachkräfte mit 29 % auch im Vergleich zu den Trägergruppen relativ hoch.

Eine nähere Betrachtung der Fachkraftanteile in den einzelnen Aufgabenbereichen zeigt, dass die Quote bei den Pflegeeinrichtungen von null bis 100 % reicht.

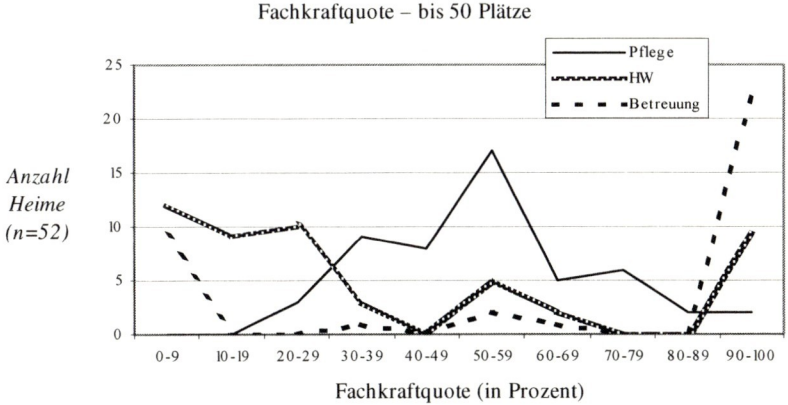

Abbildung 4-54: Fachkraftquote – bis 50 Plätze

2.12.4.2 Arbeitszeitumfang bei Fachkräften

Von den 52 Einrichtungen der ersten Kategorie mit bis zu 50 Dauerpflegeplätzen erbrachten zwar alle Einrichtungen Zahlen zum Anteil der Fachkräfte in ihrem Hause, doch gaben fünf Einrichtungen keine bzw. keine auswertungsfähigen Daten zu deren Arbeitszeitvolumen. Es konnten deshalb letztlich die Angaben von 47 Einrichtungen für die Auswertung herangezogen werden.

Folgende Ergebnisse zum Arbeitszeitumfang der Fachkräfte ließen sich treffen:

Beschäftigungs-bereich	Arbeitszeitumfang bei Fachkräften			
	Vollzeit	über 50 %	50 % und weniger, aber nicht geringfügig beschäftigt	geringfügig beschäftigt (bis 400 Euro)
Pflege	222 55 %	117 29 %	40 10 %	24 6 %
Hauswirtschaft	40 53 %	24 32 %	6 8 %	6 8 %
Soziale Betreuung	8 28%	9 31 %	7 24 %	5 17 %

Tabelle 4-86: Beschäftigungsumfang von Fachkräften – Einrichtungen mit bis zu 50 Plätzen

2.12.4.3 Geschlechterverteilung bei den Fachkräften

Auf der Basis der Angaben aus den 52 Pflegeheimen der ersten Kategorie ergeben sich folgende Feststellungen zur Geschlechterverteilung: In allen drei Aufgabenbereichen, der Pflege, der Hauswirtschaft und der sozialen Betreuung sind die Fachkräfte überwiegend Frauen. Im Pflegebereich sind 8,4 % der Fachkräfte männlich, im Bereich der sozialen Betreuung nur 3,1 %. Allerdings sind bei den Hauswirtschaftsfachkräften 16,0 % männlichen Geschlechts.

2.12.5 Einrichtungen mit 51 bis 100 Dauerpflegeplätzen

2.12.5.1 Anteil der Fachkräfte

Bei der Befragung erfolgten von 52 Pflegeheimen der zweiten Kategorie mit 51 bis 100 Dauerpflegeplätzen Angaben zum Fachkräfteanteil. Allerdings wurden von vier Einrichtungen keine auszuwertenden Angaben zu den Fachkräften in der Pflege, der Hauswirtschaft und der sozialen Betreuung getroffen. Eine Einrichtung gab keine verwendbaren Daten zum Fachpersonal in der Pflege an. Bei vier Einrichtungen waren die Angaben zum hauswirtschaftlichen Personal und bei einer Einrichtung die Angaben zu den Pflegekräften und dem hauswirtschaftlichen Personal nicht verwendbar. Deshalb fiel jede fünfte Einrichtung für die Auswertung der Daten zum Fachkräfteanteil aus. Die Auswertung der Angaben aus den verbliebenen 42 Einrichtungen führte zu folgenden Feststellungen:

Beschäftigungsbereich	Beschäftigte zum 1. 5. 2005	davon Fachkräfte
Pflege	1428	650 (46 %)
Hauswirtschaft	582	110 (19 %)
Soziale Betreuung	68	46 (68 %)

Tabelle 4-87: Fachkräfte – Einrichtungen mit 51 bis 100 Plätzen

Die erhobenen Zahlen zeigen, dass im Aufgabenbereich der sozialen Betreuung zahlenmäßig die wenigsten Beschäftigten sind, dieser Bereich allerdings den höchsten Fachkraftanteil aufweist. Auffällig ist hier, dass in der Hauswirtschaft der Fachkräfteanteil mit 19 % erheblich niedriger ausfällt als bei den Pflegeheimen der ersten Kategorie.

Betrachtet man die Fachkraftquote in den einzelnen Bereichen differenzierter, so ist festzustellen, dass sie bei den Pflegeeinrichtungen zwischen null und 100 % liegt.

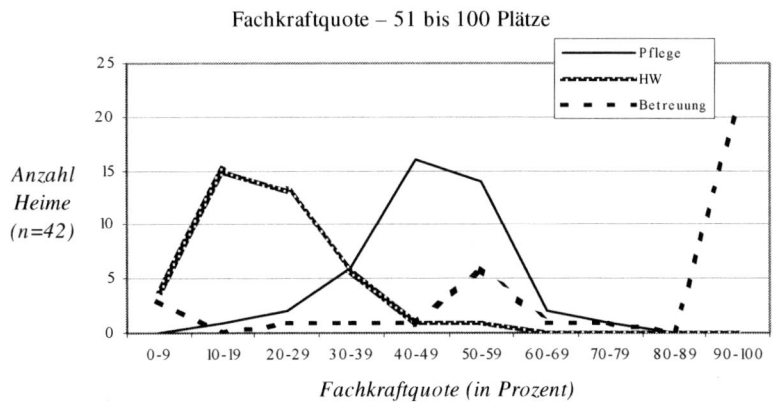

Abbildung 4-55: Fachkraftquote – 51 bis 100 Plätze

2.12.5.2 Arbeitszeitumfang bei Fachkräften

Von den 42 Einrichtungen der zweiten Kategorie mit 51 bis 100 Dauerpflegeplätzen, die bereits Angaben zu der Anzahl der beschäftigten Fachkräfte gegeben hatten, erfolgten jedoch bei drei Einrichtungen keine bzw. keine verwendbaren Angaben zum zeitliche Arbeitsumfang bei den Fachkräften. Die Angaben von insgesamt 39 Einrichtungen konnten ausgewertet werden.

Hierbei wurden folgende Erkenntnisse zum Arbeitszeitumfang der Fachkräfte gewonnen:

Beschäfti-gungsbereich	Arbeitszeitumfang bei Fachkräften			
	Vollzeit	über 50 %	50 % und weniger, aber nicht gering-fügig beschäftigt	geringfügig beschäftigt (bis 400 Euro)
Pflege	328 55 %	160 27 %	74 13 %	30 5 %
Hauswirtschaft	75 72 %	14 13 %	9 9 %	6 6 %
Soziale Be-treuung	15 34 %	13 30 %	11 25 %	5 11 %

Tabelle 4-88: Beschäftigungsumfang von Fachkräften – Einrichtungen mit 51 bis 100 Plätzen

2.12.5.3 Geschlechterverteilung bei Fachkräften

Aufgrund der Angaben aus den 42 an der Erhebung beteiligten Pflegeheime der zweiten Kategorie ergaben sich zur Geschlechterverteilung folgende Feststellungen: Sowohl in der Pflege als auch in der Hauswirtschaft und Betreuung ist der Frauenanteil dominierend. Im Pflegebereich sind 8,2 % der Fachkräfte männlich. Im Aufgabenfeld der sozialen Betreuung sind es 10,9 %. Auffällig ist, dass unter den Fachkräften in der Hauswirtschaft 21,8 % männlichen Geschlechts sind. Jede fünfte Fachkraft in der Hauswirtschaft in den Pflegeheimen mit 51 bis 100 Dauerpflegeplätzen ist männlich.

2.12.6 Einrichtungen mit 101 und mehr Dauerpflegeplätzen

2.12.6.1 Anteil der Fachkräfte

Von den 26 Pflegeheimen der dritten Kategorie mit mehr als 100 Dauerpflegeplätzen traf lediglich eine Einrichtung keine Angaben zum Fachkräfteanteil. Drei Einrichtungen trafen keine auswertbaren Angaben zu den Fachkräften im Pflegebereich, der Hauswirtschaft und im Betreuungsdienst. Ebenso erwiesen sich bei drei weiteren Einrichtungen die Angaben zum Pflegepersonal sowie bei einer weiteren Einrichtung die Angaben zum Pflegepersonal und zum hauswirtschaftlichen Personal als nicht verwendbar. Daher wurden die Angaben von jeder fünften Einrichtung nicht in die Auswertung einbezogen. Die Ergebnisse von 20 Pflegeheimen sind in der folgenden Übersicht dargestellt:

Beschäftigungsbereich	Beschäftigte zum 1. 5. 2005	davon Fachkräfte
Pflege	1377	651 (47 %)
Hauswirtschaft	597	88 (15 %)
Soziale Betreuung	59	38 (64 %)

Tabelle 4-89: Fachkräfte – Einrichtungen mit 101 und mehr Plätzen

Ebenso wie in den zuvor dargestellten Analysen zu den Pflegeheimen der ersten und zweiten Kategorie verdeutlichen auch hier die Zahlen, dass die Beschäftigten im Betreuungsdienst zwar zahlenmäßig die kleinste Gruppe bilden; sie weisen allerdings die höchste Fachkraftquote im Vergleich zu den beiden anderen Beschäftigungsbereichen auf.

Betrachtet man die Fachkraftquoten unterteilt nach den Aufgabenbereichen, dann zeigt sich, dass Schwankungen zwischen den einzelnen Pflegeeinrichtungen bestehen, die von null bis zu 100 % reichen.

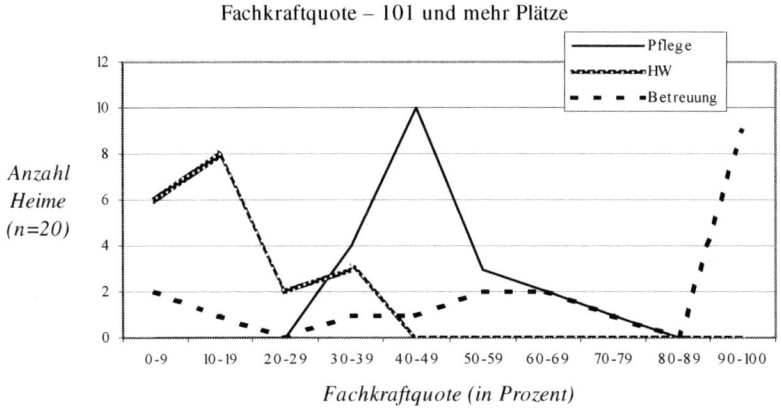

Abbildung 4-56: Fachkraftquote –101 und mehr Plätze

2.12.6.2 Arbeitszeitumfang bei Fachkräften

Von den 20 Einrichtungen mit über 100 Dauerpflegeplätzen, die Angaben zur Anzahl ihrer Fachkräfte getätigt hatten, erfolgten jedoch von drei Einrichtungen keine bzw. keine verwendbaren Angaben zum Zeitumfang. Die Angaben von 17 Einrichtungen konnten ausgewertet werden. Der Arbeitszeitumfang stellt sich wie folgt dar:

Beschäftigungs-bereich	Arbeitszeitumfang bei Fachkräften			
	Vollzeit	über 50 %	50 % und weniger, aber nicht geringfügig beschäftigt	geringfügig beschäftigt (bis 400 Euro)
Pflege	315 54 %	206 35 %	47 8 %	20 3 %
Hauswirtschaft	47 57 %	33 40 %	1 1 %	2 2 %
Soziale Betreuung	11 33 %	19 58 %	2 6 %	1 3 %

Tabelle 4-90: Beschäftigungsumfang von Fachkräften – Einrichtungen mit 101 und mehr Plätzen

2.12.6.3 Geschlechterverteilung bei Fachkräften

Ausgehend von den Angaben von 20 Pflegeheimen der dritten Kategorie ergibt sich folgende Geschlechterverteilung: Ebenso wie in den vorangegangenen Auswertungen zu den Pflegeheimen der ersten und zweiten Kategorie zeigt sich auch bei den größeren Einrichtungen mit mehr als 100 Pflegebetten, dass der Frauenanteil in allen drei untersuchten Bereichen deutlich überwiegt. Im Bereich der Pflege sind 13,8 % der Fachkräfte männlich, im Betreuungsdienst 15,8 %. Unter den Fachkräften der Hauswirtschaft ist jeder vierte Beschäftigte männlichen Geschlechts (28,4 %).

2.12.7 Gesamtauswertung

2.12.7.1 Fachkraftquote

In der Gesamtbetrachtung ist festzustellen, dass von den insgesamt 136 Pflegeheimen, die an diesem Befragungsteil teilnahmen, lediglich drei Einrichtungen keinerlei Angaben zur Zahl der beschäftigten Fachkräfte in der Pflege sowie in der Hauswirtschaft und der sozialen Betreuung trafen. Von acht Einrichtungen wurden keine ausreichenden Daten zur Anzahl der Fachkräfte in den nachgefragten Aufgabenfeldern bereitgestellt. Bei drei weiteren Einrichtungen fehlten die gewünschten Angaben zum Pflegepersonal, bei sechs Einrichtungen fehlten jeweils die Angaben zum hauswirtschaftlichen Personal und schließlich erwiesen sich die Angaben von zwei Einrichtungen zu den Pflegekräften und dem hauswirtschaftlichen Personal als nicht verwendbar. Damit lagen der Auswertung insgesamt die Angaben von 114 Pflegeheimen unterschiedlicher Trägerschaften und Größenkategorien zu Grunde:

Beschäftigungsbereich	Beschäftigte zum 1. 5. 2005	davon Fachkräfte
Pflege	3650	1730 (47 %)
Hauswirtschaft	1457	279 (19 %)
Soziale Betreuung	176	116 (66 %)

Tabelle 4-91: Fachkräfte – Gesamt

Wie bereits im Rahmen der Teilanalysen dargelegt wurde, bilden die Beschäftigten im Aufgabenbereich der sozialen Betreuung die kleinste Beschäftigtengruppe, doch liegt der Anteil der Fachkräfte bei ihnen am höchsten. Im hauswirtschaftlichen Bereich ist jede fünfte beschäftigte Person eine Fachkraft.

Betrachtet man die Fachkraftquoten der einzelnen Bereiche differenziert nach den Einrichtungen, so schwankt die Quote zwischen den einzelnen Pflegeeinrichtungen von null bis 100 %.

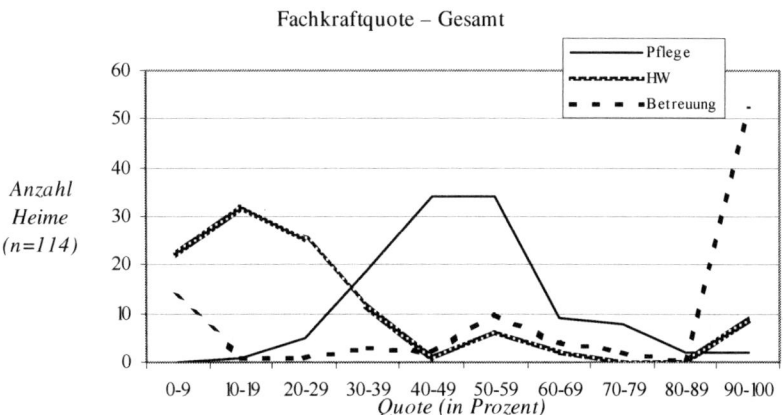

Abbildung 4-57: Fachkraftquote –Gesamt

2.12.7.2 Arbeitszeitumfang bei Fachkräften

Von den insgesamt 114 Einrichtungen, die Angaben zur Anzahl der Fachkräfte gegeben hatten, erfolgten von 11 Einrichtungen dann keine bzw. keine in die Auswertung einzubeziehenden Angaben zum zeitlichen Beschäftigungsumfang der Fachkräfte. Der Auswertung lagen letztlich die Angaben von 103 Einrichtungen zu Grunde. Deren Auswertung lieferte weitergehende Einblicke zum Arbeitszeitumfang der Fachkräfte in der Pflege, der Hauswirtschaft und dem Bereich soziale Betreuung:

Beschäftigungs-bereich	Arbeitszeitumfang von Fachkräften			
	Vollzeit	über 50 %	50 % und weniger, aber nicht geringfügig beschäftigt	geringfügig beschäftigt (bis 400 Euro)
Pflege	865 55 %	483 30 %	161 10 %	74 5 %
Hauswirtschaft	162 62 %	71 27 %	16 6 %	14 5 %
Soziale Betreuung	34 32 %	41 39 %	20 19 %	11 10 %

Tabelle 4-92: Beschäftigungsumfang von Fachkräften – Gesamt

2.12.7.3 Geschlechterverteilung bei Fachkräften

Aus den Angaben von 114 Pflegeheimen ergaben sich folgende Ergebnisse zur Geschlechterverteilung: In allen drei Bereichen ist der Frauenanteil bei den Fachkräften dominierend. Lediglich 10,3 % der Fachkräfte im Pflegebereich und im Aufgabenbereich des sozialen Betreuungsdienstes sind männlichen Geschlechts. Allerdings ist bei den Fachkräften der Hauswirtschaft jeder fünfte Beschäftigte männlich (22,2 %).

2.13 Arbeitszeitkonten

2.13.1 Private Träger

2.13.1.1 Einführung von Arbeitszeitkonten

Einen weiteren Untersuchungsgegenstand bildete die Einsetzung von Arbeitszeitkonten, die eine flexible Arbeitszeitgestaltung, z. B. bei Belastungsspitzen oder bei weniger Personalbedarf, ermöglichen und dem Personal in einem zu vereinbarenden Rahmen Zeitautonomie einräumen. Die Fragestellungen im Teil VII des Fragebogens dienten dazu, sowohl den Verbreitungsgrad als auch die Inhalte vorhandener Zeitkonten zu erschließen. Im Folgenden werden die Ergebnisse – wiederum differenziert nach den Trägern und der Größe der Pflegeeinrichtungen – dargestellt. Hinsichtlich der rechtlichen Ausführungen zu den Arbeitszeitkonten wird auf das erste Kapitel verwiesen.

Von den 75 Pflegeheimen in privater Trägerschaft lieferten allein zwei Einrichtungen keine Angaben darüber, ob überhaupt Arbeitszeitkonten in den Einrichtungen eingeführt waren.

Allerdings verneinten insgesamt 36 befragte Einrichtungen (48,0 %) die Frage nach dem Vorhandensein von Arbeitszeitkonten. Weitere 25 Einrichtungen (33,3 %) gaben an, mit ihren Mitarbeitern mündlich Arbeitszeitkonten vereinbart zu haben. Weitere 12 Einrichtungen (16,0 %) verwiesen auf das Vorhandensein schriftlich vereinbarter Arbeitszeitkonten.

Von den 37 Einrichtungen, die jeweils die Existenz von Arbeitszeitkonten bejaht hatten, wurden zur inhaltlichen Gestaltung unterschiedliche Angaben gemacht: Von einer Einrichtung (2,7 %) wurden keine Angaben zur Ansammlung von möglichen Zeitschulden durch Minusstunden geleistet. Von 12 Einrichtungen (32,4 %) wurden Maximalgrenzen für die Ansammlung von Minusstunden bestimmt. Weitere 22 Einrichtungen (59,5 %) gaben an, keine Obergrenze für Zeitschulden festgelegt bzw. vereinbart zu haben. Auch gaben zwei Einrichtungen (5,4 %) an, dass keine Zeitschulden gemacht werden dürften.

Ähnliche Ergebnisse brachte die Auswertung des Fragenteils nach Möglichkeiten, Zeitguthaben anzusammeln. Von einer Einrichtung (2,7 %) wurden keinerlei Angaben zur Möglichkeit der Ansammlung von Plusstunden gegeben. Neun Einrichtungen (24,3 %) legten dar, eine Maximalgrenze bei den Plusstunden festgelegt zu haben und 27 Einrichtungen (73,0 %) erklärten, keine Obergrenze für die Zeitguthaben vereinbart zu haben.

Insgesamt 35 Einrichtungen (94,6 %) verneinten die Frage nach einer festgelegten Verfallsfrist für Zeitguthaben. Nur von zwei Einrichtungen (5,4 %) wurde angegeben, dass es für den Ausgleich von Plusstunden Fristen gebe.

Hinsichtlich der Frage nach der innerbetrieblichen Verbreitung von Arbeitszeitkonten gaben 32 Einrichtungen (86,5 %) an, dass ihr eingeführtes Arbeitszeitkontenmodell für alle Beschäftigungsbereiche in der Pflegeeinrichtung gelte. Allerdings beschränken auch vier Einrichtungen (10,8 %) den Geltungsbereich auf das Pflegepersonal. Die Angaben eines Hauses (2,7 %) konnten nicht verwendet werden.

	mündlich vereinbarte Arbeitszeitkonten vorhanden	*schriftlich vereinbarte Arbeitszeitkonten vorhanden*	*Keine Arbeitszeitkonten installiert*
	33,3 %	16,0 %	48,0 %
weitere Angaben von Einrichtungen mit vorhandenen AZ-Konten:			
Maximalgrenzen für Minusstunden bestimmt	32,4 %		
Keine Obergrenze für Zeitschulden festgelegt	59,5 %		
Zeitschulden dürfen nicht gemacht werden	5,4 %		

Maximalgrenzen für Plusstunden bestimmt	24,3 %
Keine Obergrenze für Zeitguthaben festgelegt	73,0 %
Keine Verfallsfrist für Zeitguthaben festgelegt	94,6 %
Ausgleichsfrist für Zeitguthaben festgelegt	5,4 %

Tabelle 4-93: Arbeitszeitkonten – private Träger

2.13.1.2 Arbeitszeitkonten und Tarifvertrag

Da Arbeitszeitkonten vielfach über Tarifverträge eröffnet werden bzw. im Rahmen der Mitbestimmungsrechte durch Betriebsvereinbarungen ausgestaltet werden und in der Regel der Schriftform bedürfen, wurde die Analyse auch unter Berücksichtigung der Geltung von Tarifverträgen (vgl. Frage 19) durchgeführt.

Danach war festzustellen, dass in 46 der in privater Trägerschaft stehenden Einrichtungen kein Tarifvertrag Anwendung findet. Aus dieser Gruppe verneinten 23 Einrichtungen die Existenz von Arbeitszeitkonten in ihrer Einrichtung (50 %). Insgesamt 16 Einrichtungen (34,8 %) gaben an, mündlich vereinbarte Arbeitszeitkonten zu führen. Lediglich sieben Einrichtungen (15,2 %) bejahten die Existenz schriftlich vereinbarter Arbeitszeitkonten.

Von 20 Einrichtungen wurde angegeben, dass ein Tarifvertrag Anwendung findet. In dieser Gruppe wurde von acht Einrichtungen das Bestehen von Arbeitszeitkonten in der jeweiligen Einrichtung (40 %) verneint. Sieben Einrichtungen (35 %) gaben mündlich vereinbarte und vier Einrichtungen (20 %) gaben schriftlich vereinbarter Arbeitszeitkonten an. Eine Angabe konnte nicht ausgewertet werden.

2.13.1.3 Besonderheiten

Von den 36 Einrichtungen, die angegeben hatten, keine Arbeitszeitkonten vereinbart zu haben, erfolgten dennoch insgesamt von 14 Einrichtungen (38,9 %) Angaben zur Ansammlung von Minusstunden. Von einer Einrichtung wurde angegeben, dass eine Maximalgrenze für die Ansammlung von Minusstunden festgelegt worden sei. Doch gaben auch sieben Einrichtungen an, keine Obergrenze für die Anhäufung von Zeitschulden festgelegt zu haben. Sechs Einrichtungen verwiesen darauf, dass die Ansammlung von Zeitschulden nicht möglich sei.

Ähnliche Feststellungen erbrachte die Frage nach der Ansammlung von Plusstunden. 13 Einrichtungen trafen dazu keine Angaben. Vier Einrichtungen hatten eine Maximalgrenze für Plusstunden festgelegt. Neun Einrichtungen hatten keine Obergrenze für Zeitguthaben festgelegt.

Ebenso verneinten 11 Einrichtungen das Bestehen einer Verfallsfrist für angesammelte Zeitguthaben. Lediglich zwei Einrichtungen bejahten diese Frage.

2.13.2. Freie gemeinnützige Träger

2.13.2.1 Einführung von Arbeitszeitkonten

Von den 46 Pflegeheimen, die in freier Trägerschaft geführt werden, übermittelte eine Einrichtung keine Aussagen zur Existenz von Arbeitszeitkonten.

Insgesamt 21 Einrichtungen (45,7 %) verneinten die Frage nach bestehenden Arbeitszeitkonten in ihrer Einrichtung. 12 Einrichtungen (26,1 %) nannten jeweils vereinbarte Arbeitszeitkonten, die mündlich mit den Mitarbeitern vereinbart werden. 12 Einrichtungen (26,1 %) gaben schriftlich vereinbarte Arbeitszeitkonten an.

Von den 24 Einrichtungen, die Arbeitszeitkonten mit ihren Mitarbeitern vereinbart hatten, waren in 12 Einrichtungen (50,0 %) auch Maximalgrenzen für die Anhäufung von Minusstunden festgelegt worden. Allerdings hatten auch 11 Einrichtungen (45,8 %) keine entsprechende Obergrenze für Zeitschulden festgelegt. Ebenso erklärte eine Einrichtung (4,2 %), dass keine Zeitschulden anfallen dürften.

Die Frage nach der Möglichkeit der Ansammlung von Plusstunden ergab ein ähnliches Bild: Insgesamt 13 Einrichtungen (54,2 %) gaben an, eine Maximalgrenze für die Ansammlung von Plusstunden festgelegt zu haben. In 11 Einrichtungen (45,8 %) waren keine Maximalgrenzen für anzusparende Zeitguthaben vereinbart worden. Insgesamt 20 Einrichtungen (83,3 %) gaben an, keine Verfallsfrist für angesammelte Zeitguthaben zu haben. Lediglich vier Einrichtungen (16,7 %) bejahten diese Frage. In 19 Einrichtungen (79,2 %) bestand ein Arbeitszeitkontenmodell für alle Beschäftigungsbereiche. In fünf Einrichtungen (20,8) war allerdings der Geltungsbereich des Arbeitszeitkontenmodells auf den Pflegebereich begrenzt worden.

	mündlich vereinbarte Arbeitszeitkonten vorhanden	*schriftlich vereinbarte Arbeitszeitkonten vorhanden*	*Keine Arbeitszeitkonten installiert*
	26,1 %	26,1 %	45,7 %
weitere Angaben von Einrichtungen mit vorhandenen AZ-Konten:			
Maximalgrenzen für Minusstunden bestimmt	50,0 %		

Keine Obergrenze für Zeitschulden festgelegt	45,8 %
Zeitschulden dürfen nicht gemacht werden	4,2 %
Maximalgrenzen für Plusstunden bestimmt	54,2 %
Keine Obergrenze für Zeitguthaben festgelegt	45,8 %
keine Verfallsfrist für Zeitguthaben festgelegt	83,3 %
Ausgleichsfrist für Zeitguthaben festgelegt	16,7 %

Tabelle 4-94: Arbeitszeitkonten – freie gemeinnützige Träger

2.13.2.2 Arbeitszeitkonten und Tarifvertrag

Die Analyse, ob und inwiefern Zeitkontenmodelle aufbauend auf normativen Regelungen, zum Beispiel Tarifverträgen oder Richtlinien für Arbeitsverträge/AVR), umgesetzt werden, ergab folgende Ergebnisse:

In 24 der freien gemeinnützigen Pflegeheime finden Arbeitsvertragsrichtlinien (AVR) Anwendung. Insgesamt 12 Einrichtungen aus dieser Gruppe verneinten das Bestehen von Arbeitszeitkonten in ihrer Einrichtung (50 %). Sieben Einrichtungen (29,2 %) gaben mündliche Vereinbarungen an und vier Einrichtungen (16,7 %) konnten auf schriftlich vereinbarte Arbeitszeitkonten verweisen. Eine Einrichtung (4,2 %) gab keine Antworten zur Umsetzung von Arbeitszeitkonten.

Vier der befragten Einrichtungen gaben einen Wechsel des Tarifvertrages an. Drei Einrichtungen dieser Gruppe gaben zusätzlich an, kein Arbeitszeitkontenmodell in ihrer Einrichtung (75,0 %) umgesetzt zu haben. Lediglich eine Einrichtung (25,0 %) bejahte die Umsetzung eines mit den Beschäftigten mündlich vereinbarten Arbeitszeitkontenmodells.

2.13.2.3 Besonderheiten

Bei den 21 Einrichtungen, die keine vereinbarten Arbeitszeitkonten angegeben hatten, erfolgten dennoch von neun Einrichtungen (42,9 %) Angaben zur Sammlung von Zeitschulden. Zwei Einrichtungen erklärten, eine Maximalgrenze für die Ansammlung von Minusstunden festgelegt zu haben. Fünf Einrichtungen hatten keine Obergrenze für Zeitschulden vereinbart. Zwei Einrichtungen gaben an, dass Zeitschulden nicht entstehen dürften.

Bei den Plusstunden ergaben sich ähnliche Ergebnisse: Ebenfalls neun Einrichten machten hierzu Angaben. Eine Einrichtung gab an, eine Maximalgrenze für Plusstunden festgelegt zu haben. Von acht Einrichtungen wurde angegeben, dass keine Obergrenze für Zeitguthaben vereinbart worden sei.

Sieben von acht Einrichtungen verneinten die Frage nach einer Verfallsfrist für angesammelte Plusstunden. Nur von einer Einrichtung wurde die Frage bejaht.

2.13.3 Öffentliche Träger

2.13.3.1 Einführung von Arbeitszeitkonten

Von den 14 Pflegeheimen in öffentlich-rechtlicher Trägerschaft erfolgten von einer Einrichtung keine Angaben über das Vorhandensein von Arbeitszeitkonten.

Von sechs Einrichtungen (42,9 %) wurde diese Frage verneint. Allerdings verwiesen vier weitere Einrichtungen (28,6 %) auf die Existenz mündlich vereinbarter Arbeitszeitkonten. Drei Einrichtungen (21,4 %) erklärten, schriftliche Vereinbarungen über ihre Arbeitszeitkonten getroffen zu haben.

Von den insgesamt sieben Einrichtungen, die mündliche bzw. schriftliche Vereinbarungen zu Arbeitszeitkonten getroffen hatten, war zu erfahren, dass in drei Einrichtungen (42,9 %) auch eine Maximalgrenze für Minusstunden festgelegt worden waren. In den anderen vier Einrichtungen (57,1 %) bestand eine entsprechende Festlegung nicht.

In zwei Einrichtungen (28,6 %) bestand eine Maximalgrenze für Plusstunden, fünf Einrichtungen (71,4 %) hatten keine Obergrenze für Zeitguthaben festgelegt.

Auch verneinten fünf Einrichtungen (71,4 %) die Frage nach der Existenz von Verfallsregelungen für Plusstunden. Lediglich zwei Einrichtungen (28,6 %) bejahten diese.

Sechs Einrichtungen (85,7 %) gaben an, dass ihr Arbeitszeitkontenmodell für alle Beschäftigungsbereiche gelte. Nur in einer Einrichtung (14,3 %) war das Modell auf den Pflegebereich begrenzt.

	mündlich vereinbarte Arbeitszeitkonten vorhanden	*schriftlich vereinbarte Arbeitszeitkonten vorhanden*	*Keine Arbeitszeitkonten installiert*
	28,6 %	21,4 %	42,9 %
weitere Angaben von Einrichtungen mit vorhandenen *AZ-Konten:*			
Maximalgrenzen für Minusstunden bestimmt	42,9 %		

Keine Obergrenze für Zeitschulden festgelegt	57,1 %	
Zeitschulden dürfen nicht gemacht werden	-	
Maximalgrenzen für Plusstunden bestimmt	28,6 %	
Keine Obergrenze für Zeitguthaben festgelegt	71,4 %	
keine Verfallsfrist für Zeitguthaben festgelegt	85,7 %	
Ausgleichsfrist für Zeitguthaben festgelegt	28,6 %	

Tabelle 4-95: Arbeitszeitkonten – öffentliche Träger

2.13.3.2 Arbeitszeitkonten und Tarifvertrag

In allen 14 öffentlich-rechtlich getragenen Pflegeheimen fand zum Zeitpunkt der Erhebungen der BAT Anwendung. Eine weitergehende Betrachtung vereinbarter Arbeitszeitkonten auf der Grundlage anderer tariflicher Regelungen erübrigt sich daher.

2.13.3.3 Besonderheiten

Von sechs Einrichtungen, die zuvor die Existenz von Arbeitszeitkonten verneint hatten, wurden dennoch von zwei Einrichtungen (33,3 %) Angaben zur Ansammlung von Minusstunden gemacht. Eine Einrichtung hatte keine Obergrenze für Zeitschulden vereinbart. Eine weitere Einrichtung gab an, dass Zeitschulden nicht anfallen dürften.

Ein ähnliches Bild ergibt sich hinsichtlich der Plusstunden. Auch hierzu trafen zwei Einrichtungen keine Aussagen. Eine Einrichtung gab an, eine Maximalgrenze für Plusstunden festgelegt zu haben. Eine weitere Einrichtung gab an, keine Obergrenze für Zeitguthaben vereinbart zu haben.

Zwei Einrichtungen verneinten die Frage nach einer Verfallsfrist für angesammelte Plusstunden.

2.13.4 Einrichtungen mit bis zu 50 Dauerpflegeplätzen

2.13.4.1 Einführung von Arbeitszeitkonten

Im Anschluss an die Auswertung nach den Trägerformen orientierte sich die weitere Analyse wiederum an den Einrichtungsgrößen, um zu erschließen, ob und gegebenenfalls welche Unterschiede bei der Umsetzung von Arbeitszeitkonten bestehen.

Von den 58 Pflegeheimen der ersten Kategorie mit bis zu 50 Dauerpflegeplätzen leisteten drei Einrichtungen keine Angaben zur Frage, ob Arbeitszeitkonten in der Einrichtung bestehen.

Von 26 Einrichtungen (44,8 %) wurde die Frage nach installierten Arbeitszeitkonten verneint. 18 Einrichtungen (32,1 %) gaben an, in mündlicher Absprache mit den Mitarbeitern Arbeitszeitkonten vereinbart zu haben. Nur von 11 Einrichtungen (19,0 %) wurde eine schriftliche Vereinbarung von Arbeitszeitkonten bestätigt.

Von den 29 Einrichtungen, die Arbeitszeitkonten betrieblich vereinbart hatten, erfolgten unterschiedliche Angaben zu den vereinbarten Inhalten. Eine Einrichtung (3,4 %) machte keine Angaben zur Anhäufung von Minusstunden. In neun Einrichtungen (31,0 %) fanden sich Maximalgrenzen für Minusstunden. 18 Einrichtungen (62,1 %) hatten dagegen keine Begrenzungen für Zeitschuldenkontingente festgelegt. Eine Einrichtung (3,4 %) gab an, dass keine Zeitschulden anfallen dürften.

Ähnliche Feststellungen ergaben sich bezüglich der Frage nach Vereinbarungen über die Buchung von Plusstunden. Nur eine Einrichtung (3,4 %) traf keine Angaben. Sieben Einrichtungen (24,1 %) gaben an, eine Maximalgrenze für Plusstunden festgelegt zu haben. Insgesamt 21 Einrichtungen (72,4 %) verneinten die Festlegung einer Obergrenze für Zeitguthaben.

25 Einrichtungen (86,2 %) verneinen die Frage nach einer Verfallsfrist für angesammelte Plusstunden. Vier Einrichtungen (13,8 %) bejahten die Frage.

23 Einrichtungen (79,3 %) gaben an, dass sich ihre Arbeitszeitkontenregelung auf alle Beschäftigungsbereiche in der Einrichtung erstreckt. Nur fünf (17,2 %) Einrichtungen begrenzten ihr Modell auf den Pflegebereich. Die Angaben aus einer Einrichtung (3,4 %) konnte nicht in die Auswertung einbezogen werden.

	mündlich vereinbarte Arbeitszeitkonten vorhanden	*schriftlich vereinbarte Arbeitszeitkonten vorhanden*	*Keine Arbeitszeitkonten installiert*
	32,1 %	19,0 %	44,8 %
weitere Angaben von Einrichtungen mit vorhandenen AZ-Konten:			
Maximalgrenzen für Minusstunden bestimmt	31,0 %		
Keine Obergrenze für Zeitschulden festgelegt	62,1 %		

Zeitschulden dürfen nicht gemacht werden	3,4 %
Maximalgrenzen für Plusstunden bestimmt	24,1 %
Keine Obergrenze für Zeitguthaben festgelegt	72,4 %
keine Verfallsfrist für Zeitguthaben festgelegt	86,2 %
Ausgleichsfrist für Zeitguthaben festgelegt	13,8 %

Tabelle 4-96: Arbeitszeitkonten – Einrichtungen mit bis zu 50 Plätzen

2.13.4.2 Arbeitszeitkonten und Tarifvertrag

30 Pflegeheime der ersten Kategorie mit bis zu 50 Dauerpflegeplätzen unterlagen nicht dem Geltungsbereich eines Tarifvertrages. Von dieser Gruppe verneinten 16 (53,3 %) die Existenz von Arbeitszeitkonten in ihrer Einrichtung. Neun Einrichtungen (30,0 %) gaben mündlich vereinbarte und fünf Einrichtungen (16,7 %) gaben schriftlich vereinbarte Arbeitszeitkonten an.

2.13.4.3 Besonderheiten

Von den 26 Einrichtungen, die erklärten hatten, keine Vereinbarungen über Arbeitszeitkonten zu haben, erfolgten dennoch von 10 Einrichtungen (38,5 %) Angaben zur Ansammlung von Minusstunden. Eine Einrichtung gab an, eine Maximalgrenze für Minusstunden festgelegt zu haben. Fünf andere Einrichtungen verwiesen dagegen darauf, keine Obergrenze für Zeitschulden vereinbart zu haben. Vier Einrichtungen gaben lediglich an, dass keine Zeitschulden beim Personal anfallen dürften.

Vergleichbare Feststellungen lassen sich auch für die Anhäufung von Plusstunden treffen. Von neun Einrichtungen erfolgten hierzu keine Angaben. Drei Einrichtungen erklärten, eine Maximalgrenze bei den Plusstunden festgelegt zu haben. Dagegen hatten sechs Einrichtungen keine Obergrenze für Zeitguthaben festgelegt.

Insgesamt sieben Einrichtungen verneinten die Frage nach einer Verfallsfrist für Zeitguthaben. Zwei Einrichtungen bejahten diese Frage.

2.13.5 Einrichtungen mit 51 bis 100 Dauerpflegeplätzen

2.13.5 1 Einführung von Arbeitszeitkonten

Von den 52 Pflegeheimen der zweiten Kategorie mit 51 bis 100 Dauerpflegeplätzen verneinten 24 Einrichtungen (46,2 %) die Frage nach bestehenden Arbeitszeitkonten in ihrer Einrichtung. 19 Einrichtungen (36,5 %) gaben an, mündliche Vereinbarungen über Arbeitszeitkonten mit ihren Mitarbeitern getroffen zu haben. Neun Einrichtungen (17,3 %) legten dar, eine schriftliche Vereinbarung über Arbeitszeitkonten zu haben.

Von den 28 Einrichtungen, die erklärten, Regelungen über Arbeitszeitkonten mit ihren Beschäftigten vereinbart zu haben, hatten 10 Einrichtungen (35,7 %) auch eine Maximalgrenze für die Ansammlung von Minusstunden festgelegt. In 16 Einrichtungen (57,1 %) war dies jedoch nicht der Fall. Von zwei Einrichtungen (7,1 %) kam die Anmerkung, dass es keine Zeitschulden geben dürfte.

Auch bei den Angaben zu Verbuchung von Zeitguthaben gab es unterschiedliche Stellungnahmen und Antworten. Von 10 Einrichtungen (35,7 %) waren auch Maximalgrenzen für die Ansammlung von Plusstunden festgelegt worden. In 18 Einrichtungen (64,3 %) war dagegen keine Obergrenze für Zeitguthaben vereinbart worden.

Insgesamt 26 Einrichtungen (92,9 %) verneinten die Frage nach einer Verfallsfrist für angesammelte Plusstunden. Lediglich zwei Einrichtungen (7,1 %) bejahten diese Frage.

Insgesamt 24 Einrichtungen (85,7 %) gaben an, dass ihre Arbeitszeitkontenregelung für alle Beschäftigte gelte. Nur vier Einrichtungen (14,3 %) hatten deren Geltung auf das Pflegepersonal begrenzt.

	mündlich vereinbarte Arbeitszeitkonten vorhanden	*schriftlich vereinbarte Arbeitszeitkonten vorhanden*	*Keine Arbeitszeitkonten installiert*
	36,5 %	17,3 %	46,2 %
weitere Angaben von Einrichtungen mit vorhandenen AZ-Konten:			
Maximalgrenzen für Minusstunden bestimmt	35,7 %		
Keine Obergrenze für Zeitschulden festgelegt	57,1 %		
Zeitschulden dürfen nicht gemacht werden	7,1 %		
Maximalgrenzen für Plusstunden bestimmt	35,7 %		

Keine Obergrenze für Zeitguthaben festgelegt	64,3 %
keine Verfallsfrist für Zeitguthaben festgelegt	92,9 %
Ausgleichsfrist für Zeitguthaben festgelegt	7,1 %

Tabelle 4-97: Arbeitszeitkonten – Einrichtungen mit 51 bis 100 Plätzen

2.13.5.2 Arbeitszeitkonten und Tarifvertrag

15 Pflegeheime der zweiten Kategorie mit 51 bis 100 Dauerpflegeplätzen fallen nicht unter den Geltungsbereich eines Tarifvertrages. Von dieser Gruppe verneinten sechs Einrichtungen die Frage nach bestehenden Arbeitszeitkonten (40,0 %). Sieben Einrichtungen (46,2 %) gaben mündlich vereinbarte und zwei Einrichtungen (13,3 %) gaben schriftlich vereinbarte Regelungen für Arbeitszeitkonten an.

Insgesamt 11 Einrichtungen verwiesen darauf, dass für sie Arbeitsvertragrichtlinien (AVR) zur Anwendung kommen. Aus dieser Gruppe wurde von fünf Einrichtungen (45,5 %) die Frage nach der Existenz von Arbeitszeitkonten verneint. Weitere fünf Einrichtungen (45,5 %) gaben an, Arbeitszeitkonten mündlich vereinbart zu haben. Eine Einrichtung (9,0 %) bejahte die Existenz einer schriftlichen Vereinbarung.

2.13.5.3 Besonderheiten

Von den 24 Einrichtungen, die angegeben hatten, keine vereinbarten Arbeitszeitkonten zu haben, erklärten sieben Einrichtungen (29,2 %) Minusstunden zu akzeptieren. Vier Einrichtungen legten dar, keine Obergrenze für Zeitschulden vereinbart zu haben. Drei Einrichtungen gaben an, dass keine Zeitschulden entstehen dürften.

Ähnliche Ergebnisse wurden bezüglich der Ansammlung von Zeitguthaben festgestellt: Sieben Einrichtungen trafen dazu keine Angaben. Eine Einrichtung gab an, eine Höchstgrenze für Plusstunden festgelegt zu haben. In sechs Einrichtungen war dagegen keine Obergrenze für Zeitguthaben vereinbart worden.

Fünf Einrichtungen gaben an, keine Verfallsfrist für angesammelte Zeitguthaben festgelegt zu haben. Lediglich eine Einrichtung bejahte diese Frage.

2 Darstellung der Einzelergebnisse aus der schriftlichen Befragung

2.13.6 Einrichtungen mit 101 und mehr Dauerpflegeplätzen

2.13.6.1 Einführung von Arbeitszeitkonten

Abschließend werden auch die Ergebnisse zum Einsatz von Arbeitszeitkonten in Einrichtungen der dritten Kategorie mit über 100 Dauerpflegeplätzen dargestellt: Von den 26 Pflegeheimen dieser Kategorie erfolgten von einer Einrichtung keine Angaben zum Einsatz entsprechender Konten.

Die Frage nach bestehenden Arbeitszeitkonten verneinten 13 Einrichtungen (50,0 %). Vier Einrichtungen (15,4 %) gaben an, mit ihren Mitarbeitern mündliche Vereinbarungen über Arbeitszeitkonten getroffen zu haben. Immerhin acht Einrichtungen (30,8 %) erklärten, schriftliche Vereinbarungen getroffen zu haben.

Von den 12 Einrichtungen, die entsprechende Zeitkonten mit ihren Beschäftigten vereinbart hatten, waren von acht Einrichtungen (66,7 %) auch jeweils Höchstgrenzen für die maximale Zahl von Minusstunden festgelegt worden. Vier Einrichtungen (33,3 %) hatten dagegen keine Höchstgrenze für Zeitschulden vereinbart. In sieben Einrichtungen (58,3 %) waren Höchstgrenzwerte für Plusstunden festgelegt worden. Dagegen gaben fünf Einrichtungen (41,7 %) an, keine Obergrenze für Zeitguthaben vereinbart zu haben.

Von neun Einrichtungen (75 %) wurde die Frage nach einer Verfallsfrist für angesammelte Plusstunden verneint. Drei Einrichtungen (25 %) bejahten die Frage.

Aus 11 Einrichtungen (91,7 %) erfolgte der Hinweis, dass das Arbeitszeitkontenmodell für alle Beschäftigungsbereiche in der Einrichtung angewandt wird. Lediglich ein Pflegeheim (8,3 %) hatten die Anwendung der Arbeitszeitkontenregelung auf die Pflegekräfte der Einrichtung begrenzt.

	mündlich vereinbarte Arbeitszeitkonten vorhanden	*schriftlich vereinbarte Arbeitszeitkonten vorhanden*	*Keine Arbeitszeitkonten installiert*
	15,4 %	30,8 %	50,0 %
weitere Angaben von Einrichtungen mit vorhandenen AZ-Konten:			
Maximalgrenzen für Minusstunden bestimmt	66,7 %		
Keine Obergrenze für Zeitschulden festgelegt	33,3 %		
Zeitschulden dürfen nicht gemacht werden	-		
Maximalgrenzen für Plusstunden bestimmt	58,3 %		

Keine Obergrenze für Zeitguthaben festgelegt	41,7 %
keine Verfallsfrist für Zeitguthaben festgelegt	91,7 %
Ausgleichsfrist für Zeitguthaben festgelegt	8,3 %

Tabelle 4-98: Arbeitszeitkonten – Einrichtungen mit 101 und mehr Plätzen

2.13.6.2 Arbeitszeitkonten und Tarifvertrag

Eine Pflegeeinrichtung der zweiten Kategorie mit über 100 Dauerpflegeplätzen gab im Rahmen der Befragung an, keiner Tarifbindung zu unterliegen. Von 14 Einrichtungen wurde als anzuwendender Tarifvertrag der BAT genannt: In insgesamt acht Einrichtungen fand der BAT fortlaufend Anwendung, zwei Einrichtungen gaben an, vom BAT zu einem anderen Tarifvertrag gewechselt zu sein. Eine Einrichtung nannte in dem Zusammenhang einen Haustarif, drei Einrichtungen verwiesen darauf, den BAT entsprechend anzuwenden.

Aus dieser Gruppe verneinen sieben Einrichtungen die Frage nach der Existenz von Arbeitszeitkonten in ihrer Einrichtung (50,0 %). Zwei Einrichtungen (14,3 %) gaben an, mündlich Vereinbarungen zu Arbeitszeitkonten getroffen zu haben und fünf Einrichtungen (35,7 %) gaben schriftlich festgelegte Arbeitszeitregelungen an.

2.13.6.3 Besonderheiten

Von den 13 Einrichtungen, die angegeben hatten, keine Arbeitszeitkonten zu führen, trafen dennoch acht Einrichtungen (61,5 %) die Aussage, eine Anhäufung von Minusstunden zu akzeptieren. Zwei Einrichtungen nannten hier Vereinbarungen mit Höchstgrenzen für mögliche Zeitschulden. Vier Einrichtungen gaben an, keine Höchstgrenzen für Minusstunden vereinbart zu haben. Zwei Einrichtungen merkten an, dass Zeitschulden nicht anfallen dürften.

Ähnliche Feststellungen zeigten sich bei der Frage nach der Handhabung von Plusstunden. Hierzu tätigten acht Einrichtungen Angaben. Bei zwei Einrichtungen waren Höchstgrenzen für die Ansammlung von Plusstunden festgelegt. Dagegen erfolgte von sechs Einrichtungen die Aussage, dass keine Obergrenze für Zeitguthaben vereinbart worden sei. Von allen acht Einrichtungen wurde die Frage nach einer Verfallsfrist für angesammelte Plusstunden verneint.

2 Darstellung der Einzelergebnisse aus der schriftlichen Befragung

2.13.7 Gesamtauswertung

2.13.7.1 Regelungen zu Arbeitszeitkonten

In der Gesamtbetrachtung ergeben sich folgende Erkenntnisse: Die Auswertung der Daten von insgesamt 136 Pflegeheimen ergab, dass lediglich vier Einrichtungen keine Angaben zum Vorhandensein von Arbeitszeitkonten getroffen hatten.

63 Einrichtungen (46,3 %) verneinten die Frage nach dem Einsatz von Arbeitszeitkonten. 41 Einrichtungen (30,1 %) gaben an, aufgrund mündlicher Vereinbarungen mit den Beschäftigten Arbeitszeitkonten im Betrieb zu führen. Nur 28 Einrichtungen (20,6 %) verwiesen auf schriftliche Vereinbarungen über Arbeitszeitkonten.

Bei den 69 Einrichtungen mit einem Arbeitszeitkontenmodell waren unterschiedliche Regelungsinhalte festzustellen: Eine Einrichtung (1,4 %) nannte keine Festlegung für die Ansammlung von Minusstunden. In 27 Einrichtungen (39,1 %) wurde festgestellt, dass eine Höchstgrenze für Minusstunden festgelegt worden war. Bei 38 Einrichtungen (55,1 %) waren nach den Angaben keine Höchstgrenzen für Zeitschulden vereinbart worden. Von drei Einrichtungen (4,3 %) wurde angegeben, dass Zeitschulden nicht anfallen dürften.

Die Auswertung zur Frage nach der Kumulierung von Plusstunden auf Konten ergab ebenfalls unterschiedliche Feststellungen: Eine Einrichtung (1,4 %) machte hierzu keinerlei Angaben. 24 Einrichtungen (34,8 %) verfügen über Höchstgrenzen für die Sammlung von Plusstunden. Insgesamt 44 Einrichtungen (63,8 %) verfügten über keine Höchstgrenzenregelung für Zeitguthaben. Von 60 Einrichtungen (87 %) wurde die Frage nach einer vereinbarten Verfallsfrist für angesammelte Plusstunden verneint. Neun Einrichtungen (13 %) bejahten die Frage.

58 Einrichtungen (84,1 %) gaben an, dass ihr Arbeitszeitkontenmodell für alle Beschäftigungsbereiche gelte. In 10 Einrichtungen (14,5 %) war der Geltungsbereich auf den Pflegebereich und die dort tätigen Pflegekräfte eingegrenzt. Eine Angabe (1,4 %) konnte nicht ausgewertet werden.

	mündlich vereinbarte Arbeitszeitkonten vorhanden	*schriftlich vereinbarte Arbeitszeitkonten vorhanden*	*Keine Arbeitszeitkonten installiert*
	30,1 %	20,6 %	46,3 %
weitere Angaben von Einrichtungen mit vorhandenen *AZ-Konten:*			
Maximalgrenzen für Minusstunden bestimmt	39,1 %		

Keine Obergrenze für Zeitschulden festgelegt	55,1 %
Zeitschulden dürfen nicht gemacht werden	4,3 %
Maximalgrenzen für Plusstunden bestimmt	34,8 %
Keine Obergrenze für Zeitguthaben festgelegt	63,8 %
keine Verfallsfrist für Zeitguthaben festgelegt	87,0 %
Ausgleichsfrist für Zeitguthaben festgelegt	13,0 %

Tabelle 4-99: Arbeitszeitkonten – Gesamt

2.13.7.2 Arbeitszeitkonten und Tarifvertrag

In 46 Pflegeheimen findet kein Tarifvertrag Anwendung. Aus dieser Gruppe verneinten 23 die Existenz von Arbeitszeitkonten in ihrer Einrichtung (50 %). 16 Einrichtungen (34,8 %) erklärten, mündliche Vereinbarungen über Arbeitszeitkonten getroffen zu haben. Sieben Einrichtungen (15,2 %) gaben auch schriftliche Vereinbarungen an.

In 25 Pflegeheimen fanden zum Zeitpunkt der Befragung Arbeitsvertragrichtlinien Anwendung. Aus dieser Gruppe gab eine Einrichtung (4,0 %) keine Information, ob Arbeitszeitkonten eingesetzt wurden. 12 Heime verneinten den Einsatz von Arbeitszeitkonten in ihrer Einrichtung (48,0 %). Sieben Einrichtungen (28,0 %) gaben an, dass die Arbeitszeitkonten mündlich vereinbart worden seien, vier Einrichtungen (16 %) legten eine schriftliche Festlegung dar.

Von vier Einrichtungen wurde auf einen Wechsel des Tarifvertrages hingewiesen. Aus dieser Gruppe verneinten drei Einrichtungen die Existenz von Arbeitszeitkonten in ihrer Einrichtung (75,0 %). Eine Einrichtung (25,0 %) gab an, Arbeitszeitkonten auf der Basis mündlicher Vereinbarungen zu führen.

2.13.7.3 Besonderheiten

Von den 63 Einrichtungen, die keine vereinbarten Arbeitszeitkonten genannt hatten, erfolgten dennoch aus 35 Einrichtungen (55,6 %) Angaben zur Möglichkeit, Minusstunden anzuhäufen. Aus den Aussagen von drei Einrichtungen wurde deutlich, dass eine Höchstgrenze für Minusstunden bestand. In 13 Einrichtungen war eine solche Höchstgrenze für Zeitschulden nicht vereinbart worden. Neun Einrichtungen merkten an, dass keine Zeitschulden gemacht werden dürften.

Beim Umgang mit Plusstunden zeigten sich ähnliche Ergebnisse: 24 Einrichtungen äußerten sich hierzu nicht. Sechs Einrichtungen hatten eine Maximalgrenze für Plusstunden festgelegt. Keine Höchstgrenzenregelungen für Zeitguthaben wurden von 18 Einrichtungen gemeldet.

20 Einrichtungen verneinten zudem die Frage nach einer Verfallsregelung für angesammelte Plusstunden. Nur von drei Einrichtungen wurde diese Frage bejaht.

2.14 Einführungszeitpunkt der aktuellen Arbeitszeit- und Dienstplangestaltung sowie mögliche Änderungsplanungen

2.14.1 Private Träger

Abschließend wurden die Pflegeeinrichtungen danach befragt, wann die bestehenden Arbeitszeitstrukturen und Dienstpläne eingeführt wurden und ob Änderungen geplant sind. Die folgenden Ausführungen geben die Ergebnisse – wiederum differenziert nach den Trägern und der Größe der Pflegeeinrichtungen – wieder.

Von den in privater Trägerschaft befindlichen Einrichtungen gaben 43 von 75 Pflegeheimen (57,3 %) an, ihre bestehende Arbeitszeitorganisation vor mehr als drei Jahren eingeführt zu haben. Weitere 13 Einrichtungen nannten einen Zeitraum von mehr als zwei Jahren (17,3 %) und 10 Einrichtungen (13,3 %) erklärten, diese vor mehr als einem Jahr eingeführt zu haben. Fünf Pflegeheime nutzten die Möglichkeit der freien Antwort (6,7 %) und von vier Einrichtungen erfolgten keine Angaben (5,3 %).

54 Einrichtungen in privater Trägerschaft verneinen die Frage nach anstehenden geplanten Änderungen (72,0 %). Von 16 Einrichtungen (21,3 %) wurde die Frage nach geplanten Änderungen bejaht. Von fünf Einrichtungen erfolgten hierzu keine Aussagen (6,7 %).

2.14.2 Freie gemeinnützige Träger

Insgesamt 30 von 46 freien gemeinnützigen Pflegeheimen (65,2 %) führten die vorhandenen Arbeitszeitstrukturen und Dienstpläne vor mehr als drei Jahren ein, vier Einrichtungen vor mehr als zwei Jahren (8,7 %) und neun Einrichtungen vor mehr als einem Jahr (19,6 %). Drei Einrichtungen nutzten hier die Möglichkeit der freien Antwort (6,5 %).

34 der freien gemeinnützigen Einrichtungen gaben an, keine aktuellen Pläne zur Änderung der Arbeitszeitorganisation und den Schichtbesetzungen zu verfolgen (73,9 %). Von 11 Einrichtungen wurde die Frage nach geplanten

Änderungen bejaht (23,9 %). Eine Einrichtung machte hierzu keine Angaben (2,2 %).

2.14.3 Öffentliche Träger

Von den 14 in öffentlich-rechtlicher Trägerschaft stehenden Pflegeheimen äußerten 11 (78,6 %), dass die vorhandene Arbeitszeitorganisation und Dienstplanung vor mehr als drei Jahren eingeführt wurde. Bei drei Einrichtungen liegt dieser Zeitpunkt mehr als zwei Jahre zurück (21,4 %).

Sechs Einrichtungen verneinten die Frage nach Änderungsabsichten bei den derzeitigen Plänen (42,9 %), sieben Einrichtungen bejahten die Frage (50,0 %). Eine Einrichtung machte keine Angaben (7,1 %).

2.14.4 Einrichtungen mit bis zu 50 Dauerpflegeplätzen

Die anschließende Auswertung unter Berücksichtigung der Größenzuordnungen der Einrichtungen ergab folgende Ergebnisse:

Von den 58 Pflegeheimen (60,3 %) der ersten Kategorie gaben insgesamt 35 an, die derzeit vorhandenen Arbeitszeit- und Dienstpläne vor mehr als drei Jahren eingeführt zu haben. Bei sieben Einrichtungen war dies vor mehr als zwei Jahren erfolgt (12,1 %) und bei neun Einrichtungen vor mehr als einem Jahr (15,5 %). Vier Einrichtungen nutzten hier die Möglichkeit der freien Antwort (6,9 %) und drei machten keine Angaben zu dieser Frage (5,2 %).

Von 42 Einrichtungen wurde die Frage nach anstehenden Änderungen bei den Arbeitszeiten und Schichtbesetzungen verneint (72,4 %). 12 Einrichtungen gaben geplante Änderungen an (20,7 %). Von vier Einrichtungen erfolgten hierzu keine Angaben (6,9 %).

2.14.5 Einrichtungen mit 51 bis 100 Dauerpflegeplätzen

Bei 34 von 52 Pflegeheimen der zweiten Kategorie (65,3 %) wurde aus den Angaben deutlich, dass die bestehenden Arbeitszeit- und Dienstpläne vor mehr als drei Jahren eingeführt wurden, bei neun Einrichtungen vor mehr als zwei Jahren (17,3 %) und bei sechs Einrichtungen vor mehr als einem Jahr (11,5 %). Zwei Pflegeheime nutzten hier die Möglichkeit der freien Antwort (3,8 %). Eine Einrichtung äußerte sich nicht (1,9 %).

36 Einrichtungen verneinen die Frage nach Änderungsabsichten in der Arbeitszeitgestaltung (69,2 %). Von 14 Pflegeheimen wurde die Frage bejaht (26,9 %). Zwei Einrichtungen trafen keine Angaben (3,8 %).

2.14.6 Einrichtungen mit 101 und mehr Dauerpflegeplätzen

Bei den größeren Pflegeeinrichtungen der dritten Kategorie gaben 16 von 26 Pflegeheimen (61,5 %) an, die bestehenden Arbeitszeiten und Dienstpläne vor mehr als drei Jahren eingeführt zu haben. Bei vier Einrichtungen geschah dies vor mehr als zwei Jahren (15,4 %) und bei weiteren vier Einrichtungen vor mehr als einem Jahr (15,4 %). Zwei Einrichtungen nutzten hier die Möglichkeit der freien Antwort (7,7 %).

Insgesamt 16 Einrichtungen verneinten die Frage nach geplanten Änderungen bei den Arbeitszeiten und den Schichtbesetzungen (61,5 %). Neun Einrichtungen bejahten, Änderungen zu planen (34,6 %). Eine Einrichtung traf hierzu keine Aussagen (3,8 %).

2.14.7 Gesamtauswertung

Die Auswertung aller 136 Fragebögen ergab, dass 85 Pflegeheime (62,5 %) die vorhandenen Arbeitszeit- und Dienstpläne vor mehr als drei Jahren eingeführt hatten. Bei 20 Einrichtungen war dies vor mehr als zwei Jahren der Fall (14,7 %) und bei 19 Einrichtungen vor mehr als einem Jahr (14,0 %). Acht Pflegeheime nutzten hier die Möglichkeit der freien Antwort (5,9 %). Von vier Pflegeheimen erfolgten hierzu keine Angaben (2,9 %).

Fünf der frei formulierten Antworten verdeutlichten, dass die Einführung vor weniger als einem Jahr erfolgte.

Insgesamt 94 Einrichtungen verneinten die Frage nach bestehenden Änderungsplänen bei den Arbeitszeiten und der Schichtbesetzung (69,1 %). 35 Häuser bejahten die Frage (25,7 %). Keine Antwort gaben sieben Einrichtungen (5,1 %).

Die frei formulierten Änderungspläne zeigten keine einheitliche Tendenz dahingehend, welche Veränderungen schwerpunktmäßig beabsichtigt sind. Während zum Beispiel eine Einrichtung ihre ständigen Nachtwachen abschaffen wollte, plante eine andere Pflegeeinrichtung, diese wieder einzuführen. Andere beabsichtigten, verstärkt Flexibilisierungsmaßnahmen umzusetzen (z. B. Gleitzeitmodelle zu realisieren oder eine höhere Anzahl von Teilzeitbeschäftigungen anzustreben).

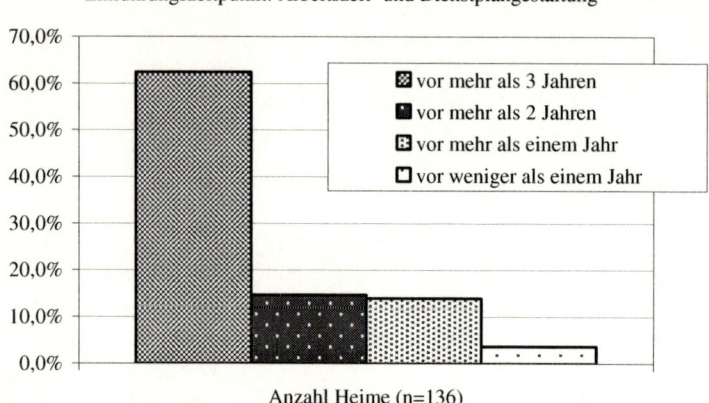

Abbildung 4-58: Einführungszeitpunkt der aktuellen Arbeitszeit- und Dienstplangestaltung

3 Zusammenfassende Darstellung der Ergebnisse

3.1 Forschungsdesign und Stichprobe

Die Ergebnisse der vorliegenden Studie zur Arbeitszeit- und Dienstplangestaltung basieren auf einer Kombination verschiedener Methoden:

Die Grundlage bildeten die rechtlichen Rahmenvorgaben zur Arbeitszeit nach dem Arbeitszeitgesetz sowie darauf aufbauend die Tarifverträge bzw. die Richtlinien für Arbeitsverträge für die kirchlich getragenen Einrichtungen.

Flankierend erfolgte die Erhebung qualitativer Daten zur Praxis der Dienstplanung. Eine wichtige Informationsquelle waren die Dienstpläne aus unterschiedlichen Praxiseinrichtungen, deren Analyse erste detaillierte Informationen insbesondere zu den Dienstzeiten, deren Aufteilungen, zum Anfang und Ende der Schichtdienste, deren Besetzung und zum Teil zu Plus- bzw. Minusstunden lieferten. Das Erhebungsverfahren wurde durch eine Expertenbefragung ergänzt. Dies diente teils der Erfassung von Planungsstrukturen und der Verantwortungszuweisung für die Planung, zum anderen der Erhebung von Einschätzungen und Sichtweisen von Leitenden und Verantwortlichen zum Thema der Arbeitsorganisation und Dienstplanung.

Die Ergebnisse dieses Erhebungsverfahrens bildeten die zentrale Grundlage für die quantitative Erhebung durch die Befragung von niedersächsischen Pflegeheimen zur gegenwärtigen Arbeitszeit- und Dienstplangestaltung. Bei der Entwicklung des Erhebungsinstrumentariums zur Dokumentenanalyse konnte zum einen auf einzelne veröffentlichte Berichte zurückgegriffen werden. Vor allem aber boten die von den Kooperationspartnern bereitgestellten Dokumente und begleitenden Beobachtungen sowie der fachliche Austausch und die Zusammenarbeit mit der Praxis die Möglichkeit, einen die Thematik umfassenden, standardisierten Fragebogen zu erstellen. Durch systematische Hinweise der Befragten sowie durch Zusatzbemerkungen in den freien Antwortteilen wurden Informationen beigegeben, die ebenfalls einbezogen wurden.

Die hier präsentierten Ergebnisse basieren auf einer schriftlichen Befragung aus 442 stationären Pflegeheimen. Sie ermöglichte Erkenntnisse zu den Details der Planungsstrukturen und zu der Beschäftigtenentwicklung sowie zur Umsetzung und »Handhabung« der Arbeitszeitorganisation und Diensteinsatzplanung. Ergänzend dazu sind die Daten aus den Experteninterviews zu bewerten, welche die Einschätzungen von Verantwortlichen in der Praxis zur Geltung bringen.

Nachfolgend werden die einzelnen Ergebnisse der Befragung zusammengefasst dargestellt und interpretiert. Detaillierte Auswertungen zur den einzelnen Fragestellungen lassen sich in diesem Kapitel unter Gliederungspunkt 4.2 nachschlagen. Zum Abschluss werden exemplarisch ausgewählte Vergleich zur zusätzlichen Veranschaulichung herangezogen um daran anschließend im folgenden Kapitel Schlussfolgerungen zu ziehen.

3.2 Rahmenbedingungen – Tarifvertrag, AVR, Arbeitszeitkonten

Für das Bundesland Niedersachen wurden in 442 vollstationären Pflegeeinrichtungen Befragungen zur Arbeitszeit- und Dienstplangestaltung durchgeführt, die den Einsatz des Pflegepersonals, des hauswirtschaftlichen Personals und des Betreuungspersonal umfassen. Die Erhebung erfolgte durch postalisch zugestellte Fragebögen einschließlich einer Nachfassphase.

Da zwei Einrichtungen mangels Erreichbarkeit gänzlich ausfielen, reduzierte sich die Stichprobe auf 440 vollstationäre Pflegeeinrichtungen. Insgesamt beteiligten sich 136 Einrichtungen und damit 30,9 % der angeschriebenen Pflegeeinrichtungen an der Befragung.

1. Bezogen auf *die Anwendung kollektiver Rechtsregelungen*, insbesondere von Tarifverträgen (bzw. bei den freien Trägern die Anwendung von Arbeitsvertragsrichtlinien) wurde festgestellt, dass jedes dritte an der Befragung teilnehmende Pflegeheim keine Tarifbindung hat. Arbeitsvertragsrichtlinien, die als kirchliche Arbeitsvertragsordnung keine Tarife im Sinne des Tarifvertragsgesetzes[137] sind, weil sie nicht auf einer Vereinbarung eines Arbeitgebers bzw. einer Arbeitgebervereinigung mit einer Gewerkschaft beruhen, gelten in 18,4 % der Einrichtungen.

---

137 Ständige Rechtsprechung des BAG, vgl. u. a. Urteil v. 15.11.2001 – 6AZR 88/01.

Kapitel 4: Quantitative Befragung von niedersächsischen Pflegeheimen

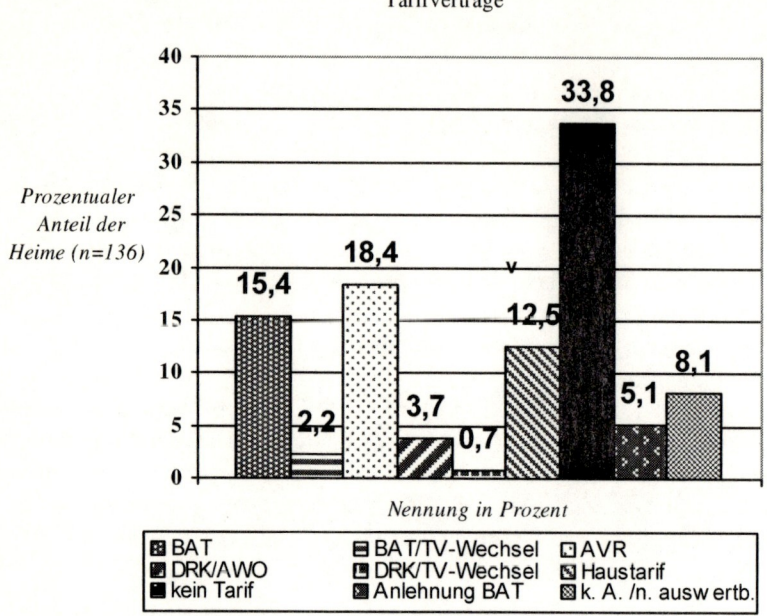

Abbildung 4-59: Tarifverträge

Neben den kirchlichen Arbeitsvertragsordnungen und den Richtlinien für Arbeitsverträge fand zum Zeitpunkt der Erhebung in der Mehrzahl der Einrichtungen, die eine Tarifbindung angaben, der BAT Anwendung[138]. Dies ist insofern beachtenswert, als in der stationären Altenpflege der Anteil der öffentlich-rechtlich getragenen Pflegeeinrichtungen im Vergleich zu den privaten und freien Trägern relativ gering ist. In Niedersachsen lag nach den Daten des Landesamtes für Statistik im Jahre 2003 der Anteil der öffentlichen Träger bei 4 %.[139] An dieser Befragung nahmen 14 Einrichtungen öffentlicher Träger teil. Es erfolgten 21 Nennungen zum BAT als geltendem Tarifvertrag. Allerdings zeigten die Auswertungen zur Tarifbindung, dass der BAT zum Teil auch für Einrichtungen der freien Träger Anwendung findet. Dies ergab die Analyse der geltenden Tarifverträge in Einrichtungen der freien Träger.[140] Die Auswertungen zeigten zudem, dass in den letzten Jahren von zumindest drei Einrichtungen der freien Träger eine Ablösung vom BAT eingeleitet worden war. Dies kennzeichnet eine Tendenz, durch einen Tarif-

---

138 Zum Geltungsbereich des BAT und dessen Ablösung durch den TVöD vergleiche die Ausführungen in Kapitel 1, Gliederungspunkt 5.
139 Vgl. zur Stichprobe Kapitel 4. unter 1.3.2.
140 Siehe Kapitel 4 unter 2.13.6.2.

3 Zusammenfassende Darstellung der Ergebnisse

wechsel andere arbeitsvertragliche Konditionen, zum Beispiel durch eine Verlängerung der Wochenarbeitszeit, wie dies von den Einrichtungen auch dargelegt wurde, zu erreichen. Mit Blick auf die Mehrfachnennungen zur Tarifbindung wird allerdings auch zu berücksichtigen sein, dass beim Ausscheiden eines Trägers aus dem tarifschließenden Verband die bis dahin geltenden Tarifregelungen gemäß § 3 TVG zeitlich nachwirken.[141] Ebenso sind im Falle eines Inhaberwechsels durch Betriebsübergang zugunsten der Arbeitnehmerschaft die geltenden Tarifregelungen gemäß § 613 a BGB grundsätzlich noch mindestens ein Jahr bindend.[142]

2. Die *Wochenarbeitszeit* betrug bei fast 3/4 aller teilnehmenden Einrichtungen 38,5 Stunden. In jeder siebten Einrichtungen betrug sie bereits 40 Stunden wöchentlich. Eine Einrichtung gab ohne weitere Anmerkungen eine Wochenarbeitszeit von 40,5 Stunden an.

Dort, wo ein Tarifaustritt und Wechsel angegeben wurde, hatte dies in den Einrichtungen eine Verlängerung der Wochenarbeitszeit zur Folge. Dies konnte aus den Zusatzvermerken im Fragebogen entnommen werden. Dort, wo eine Abkehr vom BAT erfolgt war, wurden von den Einrichtungen unterschiedliche Wochenarbeitszeiten für das Personal genannt. Danach galt für so genannte Altverträge, das heißt für Beschäftigte, die sich bereits bei der Ablösung des Tarifs in einem laufenden Arbeitsverhältnis befanden, weiterhin eine Wochenarbeitszeit von 38,5 Stunden. Für die neu eingestellten Beschäftigten wurde in diesen Fällen eine Wochenarbeitszeit von 40 Stunden zu Grunde gelegt.

Jede vierte Einrichtung ohne Tarifbindung gab eine Wochenarbeitszeit von 40 Stunden an. Somit ist der Anteil der Einrichtungen mit einer 40-Stunden-Woche in der Gruppe der nicht Tarifgebundenen höher als in der Gesamtstichprobe. Dabei ist zu berücksichtigen, dass zum Zeitpunkt der Befragung die 38,5-Stunden-Woche sowohl in den Tarifverträgen als auch in den unterschiedlichen Arbeitsvertragsrichtlinien (AVR) als regelmäßige Arbeitszeit festgelegt war.[143]

3. Eine Anpassung an Belastungsspitzen und deren Ausgleich bei geringerer Belastung sowie eine flexiblere Reaktion auf bedürfnisorientierte Nachfrage erlauben *flexible Arbeitszeitformen*. Eine Möglichkeit der Flexibilisierung der Arbeitszeit besteht in der *Gestaltung und Vereinbarung von*

---

141 So sank im Zeitraum 2001 bis 2003 die Zahl der Pflegeheime, die in öffentlicher Trägerschaft standen, von 57 auf 50. Vgl. dazu Niedersächsisches Landesamt für Statistik 2001, S. 16 sowie Niedersächsisches Landesamt für Statistik, Pflegestatistik 2003, S. 14.

142 Vgl. § 613 a Abs.1 S. 2 ff. BGB.

143 Vgl. § 15 BAT; differenzierend jetzt § 6 TVöD ab 1.10.2005: (Bund = 39 Std., Mitglieder der VKA – West = 38,5 nebst Verlängerungsmöglichkeit auf 40 Std.; Tarifgebiet Ost = 40 Std. Zu den AVR Caritas und AVR-K für Einrichtungen der evangelischen Kirche siehe Kapitel 1 unter Gliederungspunkt 2.

Arbeitszeitkonten. Sie erlauben Betrieben, auf schwankenden Arbeitskräftebedarf zu reagieren und Kosten zu sparen. In der Befragung wurden Arbeitszeitkonten wie folgt definiert:

Mit Arbeitszeitkonten sind sämtliche Arbeitszeitmodelle (Überstundenkonten, Gleitzeitkonten, Jahresarbeitszeitmodelle, Arbeitszeitkorridore, Ansparmodelle usw.) gemeint, die es ermöglichen, Zeitguthaben (Plusstunden) und/oder Zeitschulden (Minusstunden) zu bilden, die zu einem anderen Zeitpunkt ausgeglichen werden. Meistens ist ein Ausgleichszeitraum vereinbart, innerhalb dessen die vertraglich vereinbarte oder tarifliche Arbeitszeit im Durchschnitt erreicht werden muss. Der Ausgleichszeitraum kann eine Woche, mehrere Wochen, ein Jahr oder mehr betragen.

Die Frage nach bestehenden Arbeitszeitkontenmodellen wurde von den befragten Heimen wie folgt beantwortet:

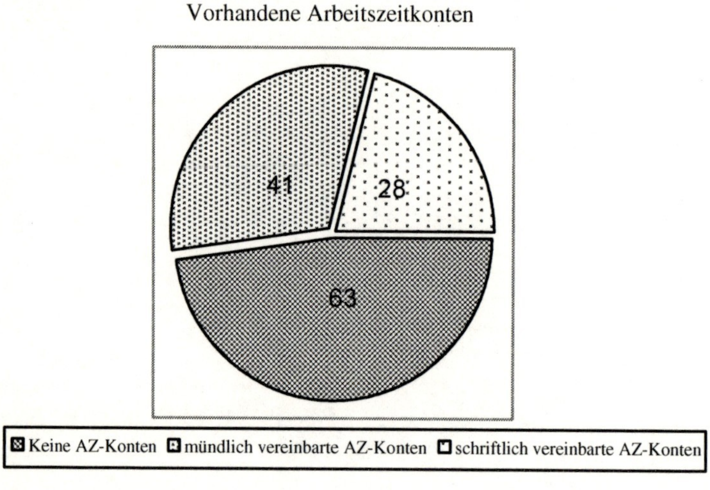

Vorhandene Arbeitszeitkonten

[Kreisdiagramm: 41 | 28 | 63]

⊠ Keine AZ-Konten ▨ mündlich vereinbarte AZ-Konten ▢ schriftlich vereinbarte AZ-Konten

Abbildung 4-60: Vorhandene Arbeitszeitkonten

Jede zweite Pflegeeinrichtung, die an der Befragung teilgenommen hatte gab an, in der Einrichtung Arbeitszeitkonten zu führen.

Von den 69 Einrichtungen, die eine Vereinbarung über Arbeitszeitkonten bejaht hatten,
– erfolgte aus einer Einrichtung (1,4 %) keine Aussage hinsichtlich der Möglichkeiten, Minusstunden anzusammeln.
– gaben 27 Einrichtungen (39,1 %) an, eine Maximalgrenze bei den Minusstunden festgelegt zu haben,
– legten 38 Einrichtungen (55,1 %) dagegen dar, keine Obergrenze für Zeitschulden vereinbart zu haben.

– gaben drei Einrichtungen (4,3 %) an, dass keine Zeitschulden gemacht werden dürften.

Ähnlich unterschiedliche Aussagen ergaben sich zu der Frage nach der Sammlung von Zeitguthaben:
– Eine Einrichtung (1,4 %) übermittelte hierzu keine Angaben.
– 24 Einrichtungen (34,8 %) gaben an, eine Maximalgrenze für Plusstunden festgelegt zu haben.
– 44 Einrichtungen (63,8 %) gaben allerdings an, keine Obergrenze für Zeitguthaben vereinbart zu haben.

Auf die Frage, ob von der Möglichkeit der *Vereinbarung einer so genannten Verfallsfrist* für den Ausgleich von Zeitguthaben Gebrauch gemacht worden sei, beantworteten 60 Einrichtungen (87 %) diese Frage mit »nein«. Lediglich neun Einrichtungen (13 %) bejahten die Frage.

58 Einrichtungen (84,1 %) gaben an, dass die Arbeitszeitkontenregelung für alle Tätigkeitsbereiche im Hause gelte. Allerdings beschränkten zehn Einrichtungen (14,5 %) deren persönlichen Geltungsbereich auf die in der Einrichtung tätigen Pflegekräfte. Die Angaben aus einer Einrichtung (1,4 %) waren nicht auswertbar.

Die Ergebnisse der Auswertung legen nahe, dass in der Altenpflege zur Handhabung und Umsetzung von Arbeitszeitkonten erheblicher Informationsbedarf besteht. Dafür spricht, dass nahezu 48 % der Einrichtungen zum Zeitpunkt der Befragung über keinerlei Arbeitszeitkonten verfügten.

Repräsentative Erhebungen in anderen Wirtschaftszweigen, z. B. in der Investitionsgüterbranche belegen, dass der Anteil der Unternehmen und der Anteil der Beschäftigten, die Arbeitszeitkonten führen, in den vergangenen Jahren stark zugenommen hat.[144] Allerdings wurde hier auch festgestellt, dass die geringste Verbreitung von Arbeitszeitkonten im Dienstleistungsbereich zu finden war und Zeitkontenmodelle im Gesundheits- und Sozialwesen »eher selten« anzutreffen sind.[145]

Dabei haben Arbeitszeitkonten je nach den Interessenlagen Vorteile bzw. Nachteile. Vorteile können z. B. darin liegen, dass teure Überstunden reduziert werden bzw. entfallen. Belastungen und damit Schwankungen beim Personalbedarf können besser ausgeglichen werden. Arbeitnehmer erhalten andererseits im Rahmen der Ausgleichsregelung dann mehr Freizeitausgleich. Durch die Ansparung von Plusstunden können mehr Freizeiträume neben dem Urlaub erworben werden. Zudem gewinnen Arbeitnehmer mehr Zeitsouveränität, was sich auf die Motivation positiv auswirken kann. Ar-

---

144 Bauer, Groß, Munz, Sayin, Arbeits- und Betriebszeiten 2001. 2002; Groß, Munz, Seifert, Verbreitung und Struktur von Arbeitszeitkonten, Arbeit 2000, S. 217 ff.
145 Zur Verbreitung nach Wirtschaftszweigen: Bauer, Groß, Munz, Sayin, Arbeits- und Betriebszeiten 2001, S. 142 ff.; speziell zum Gesundheits- und Sozialwesen, S. 143 f.

beitszeitkonten bedürfen allerdings in jedem Fall der betrieblichen Ausgestaltung und der Beachtung der tariflichen bzw. sonstigen Rahmenregelungen.

Erstaunlich ist die Feststellung, dass bei der überwiegenden Zahl der Einrichtungen, die bereits Arbeitszeitkonten umgesetzt hatten, diese *in Form von mündlichen Absprachen* getroffen wurden. Schriftliche Vereinbarungen wurden verneint. Begründungen dafür gab es nicht. Ebenso fällt auf, dass in 63,8 % der Einrichtungen mit Arbeitszeitkonten *keine festgelegte Obergrenze* für Zeitguthaben bestand und 55,1 % der Einrichtungen keine Maximalgrenze für Minusstunden vereinbart hatten.

Dies widerspricht den geltenden Tarifregelungen und den Richtlinien für Arbeitsverträge (AVR). Zwar enthalten nicht alle Tarifverträge inhaltliche Vorgaben für Arbeitszeitkonten. Der BAT beispielsweise enthält keine Vorgaben für Arbeitszeitkonten. Erst mit dem TVöD, der den BAT seit dem 1.10.2005 weitgehend abgelöst hat, wurden in § 10 TVöD umfangreiche Regelungen für die Einrichtung von Arbeitszeitkonten durch Betriebs- oder Dienstvereinbarungen fixiert. Solche Tarifnormen enthalten inhaltliche Vorgaben, unter anderem zur höchstmöglichen Zeitschuld (bis 40 Stunden) und zu dem höchstzulässigen Zeitguthaben (bis zu einem Vielfachen von 40 Stunden), § 10 Abs. 5 TVöD. In anderen Rechtsquellen, z. B. in den Richtlinien für Arbeitsverträge in den Einrichtungen des Deutschen Caritasverbandes oder in den Arbeitsvertragsrichtlinien des Diakonischen Werkes der Evangelischen Kirche in Deutschland sind schon vor einigen Jahren verbindliche Rahmenbedingungen für Dienstvereinbarungen über Arbeitszeitkonten festgelegt worden.[146] Danach werden sowohl der persönliche Geltungsbereich, als auch die Zeitarten als Plus- und Minusstunden sowie Höchstgrenzen (z. B. 115,5 bzw. 120 Stunden bei Vollzeitbeschäftigung) bestimmt.

Schwer nachvollziehbar ist die Tatsache, dass von den 63 Einrichtungen, die angaben, keine Arbeitszeitkontenregelung zu haben, dennoch 35 Einrichtungen (55,6 %) Angaben zur Anhäufung von Zeitschulden und von Zeitguthaben machten: Drei Einrichtung gaben an, eine Maximalgrenze bei den Minusstunden festgelegt zu haben. Von 13 Einrichtungen wurde angegeben, dass keine Vereinbarung über höchstzulässige Zeitschulden getroffen wurde. Neun Einrichtungen erklärten, dass keine Zeitschulden anfallen dürften. Ebenso erfolgten zu der Frage nach der Möglichkeit der Ansammlung von Plusstunden Angaben aus 24 Einrichtungen. Sechs Einrichtungen gaben an, eine Höchstgrenze bei den Plusstunden festgelegt zu haben. 18 Einrichtungen

---

146 Vgl. zum Beispiel § 9 a des Allgemeinen Teil der AVR in den Einrichtungen des Deutschen Caritasverbandes i. V. m. Anlage 5b »Mobilzeit durch Dienstvereinbarung«, § 3, Stand Oktober 2004. Im Weiteren: Beyer, Papenheim, Arbeitsrecht der Caritas, zu Anlage 5 b – § 3 Arbeitszeitkonten. Vgl. ferner § 8 II, §11 III AVR modern. Ebenso: Arbeitsvertragsrichtlinien der Konföderation evangelischer Kirchen in Niedersachsen für Einrichtungen, die sich dem ARRGD angeschlossen haben (AVR-K), Stand 2006.

verneinten dies. Insgesamt 20 Einrichtungen verneinen die Frage nach festgelegten Verfallsfristen für Plusstunden. Drei Einrichtungen bejahten die Frage.

Da diese Angaben aus Einrichtungen stammen, die zuvor schriftliche bzw. mündliche Vereinbarungen über Arbeitszeitkonten mit ihren Mitarbeitern verneint hatten, können deren Angaben nur im Kontext der Arbeitszeitregelungen und der Tarifregelungen/AVR zur Berechnung des Durchschnitts der regelmäßigen wöchentlichen Arbeitszeit interpretiert werden.[147]

3.3 Arbeitszeit- und Dienstplangestaltung im Bereich der Pflege

3.3.1 Arbeitszeitumfang von Pflege-(fach)kräften

Ein weiterer Erhebungsteil bezog sich auf die *Ermittlung der Arbeitszeitvolumen und der Verbreitung der Teilzeitarbeit* in der Pflege, Hauswirtschaft und sozialen Betreuung. Von den 136 an der Befragung teilnehmenden Pflegeheimen konnten die Abgaben von fast jeder fünften Einrichtung nicht berücksichtigt werden, da entweder Angaben fehlten oder diese nicht auswertbar waren. Eine mögliche Ursache kann in der Sensibilität des Themas liegen, da Praxiseinrichtungen Personalzahlen auch wegen deren Bedeutung für die Leistungs- und Qualitätsvereinbarungen gemäß § 80a SGB XI und den individuellen Pflegesatzverhandlungen kaum aufdecken. Eine anonymisierte Auswertung und Gewährleistung des Datenschutzes wurde allerdings jeder Einrichtung zugesichert.

Insgesamt konnten die Angaben von 106 Einrichtungen ausgewertet werden und ergaben folgende Feststellungen:

Im Mai 2005 waren in 106 Pflegeheimen 3391 Personen in der Pflege beschäftigt, davon 1663 als Teilzeitkräfte (49 %).[148]

---

147 So wird beispielsweise in § 1 Abs. 1 Anlage 5 AVR Caritas geregelt, dass für die Berechnung des Durchschnitts der 38,5 Std. in der Regel ein Zeitraum von 13 Wochen zugrunde gelegt wird. Ein Zeitraum von 52 Wochen ist aufgrund einer Dienstvereinbarung möglich. Auch der BAT sah eine ähnliche Regelung vor; der neue TVöD gibt einen Zeitraum von bis zu einem Jahr für die Berechnung des Durchschnitts der regelmäßigen wöchentlichen Arbeitszeit vor.
148 Vgl. unter 2.11.7 in diesem Kapitel.

Arbeitszeitumfang Pflegekräfte

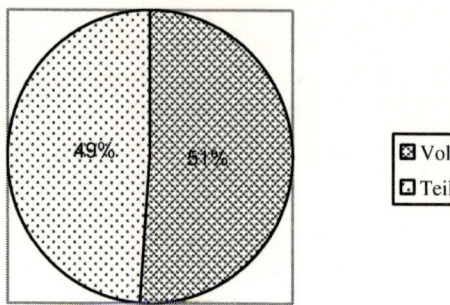

Abbildung 4-61: Arbeitszeitumfang Pflegekräfte

Die *Quote der Teilzeitbeschäftigungen* in der Pflege reichte, bei Berücksichtigung von Schwankungsbreiten zwischen den einzelnen Pflegeeinrichtungen, von null bis 100 %. Eine eindeutige Tendenz zu einer eher höheren oder niedrigeren Quote bei den Teilzeitbeschäftigungen ließ sich nicht ermitteln. Der Median liegt bei 45 %.

Aus den Angaben von 93 Einrichtungen ließen sich ausschnittsweise Erkenntnisse zum Stand des Arbeitszeitumfangs bei den Pflegekräften erschließen.

Arbeitszeitumfang der Beschäftigten in der Pflege			
Vollzeit	über 50 %	50 % und weniger, aber nicht geringfügig beschäftigt	*geringfügig beschäftigt (bis 400 Euro)*
1520 51 %	748 25 %	395 13 %	314 11 %

Tabelle 4-100: Arbeitszeitumfang – Pflege

Danach war zum Zeitpunkt der Erhebung in diesen Einrichtungen die überwiegende Zahl der Pflegekräfte in Vollzeit tätig. Die mit 11 % kleinste Beschäftigtengruppe bildeten die geringfügig beschäftigten Pflegekräfte.

Betrachtet man in diesem Zusammenhang die Arbeitszeit von Pflegefachkräften, so zeigt sich bei den Fachkräften die Tendenz zu einem höheren Arbeitszeitumfang im Vergleich zur Gesamtzahl der in der Pflege Beschäftigten.[149]

---

[149] Es konnten die Angaben von 103 Pflegeheimen bzgl. des Arbeitszeitumfangs von Fachkräften ausgewertet werden. Vgl. auch unter 2.12.7.2.

Umfang der Arbeitszeit bei Pflegefachkräfte			
Vollzeit	über 50 %	50 % und weniger, aber nicht geringfügig beschäftigt	geringfügig beschäftigt (bis 400 Euro)
865 55 %	483 30 %	161 10 %	74 5 %

Tabelle 4-101: Beschäftigungsumfang von Pflegefachkräften

In geringfügiger Beschäftigung standen lediglich 5 % der Fachkräfte.

Betrachtet man die *Quote der Fachkräfte* bei den Pflegekräften je Pflegeheim, so schwankt diese zwischen 19 und 100 %.[150] Der Median liegt bei 48 %.

Zum Teil daraus resultierende niedrige Fachkraftquoten in einzelnen Einrichtungen lassen sich unter anderem daraus erklären, dass die Einrichtungen im Fragebogen aufgefordert worden waren, bei den Personalangaben nicht die Planstellen sondern die Anzahl der »Köpfe« zu zählen.

In der Gesamtbetrachtung reichte die Bandbreite der Arbeitszeiten der Pflegekräfte von der Vollzeitbeschäftigung bis zur geringfügigen Beschäftigung. Folgende Aussagen ließen sich treffen:
– Nahezu jede zweite Pflegekraft war teilzeitbeschäftigt, wobei die Quote der Teilzeitbeschäftigungen je Pflegeheim insgesamt zwischen null und 100 % lag. Der Median liegt bei einer Teilzeitbeschäftigtenquote von 45 %.
– Fachkräfte in der Pflege wiesen einen höheren Arbeitszeitumfang auf, als alle Pflegekräfte zusammen betrachtet im Vergleich. Dies bedeutet im Umkehrschluss für Nicht-Fachkräfte, dass sie im Vergleich zu den Fachkräften grundsätzlich einen niedrigeren Arbeitszeitumfang aufwiesen.
– Geringfügig Beschäftigte im Bereich der Pflege waren zahlenmäßig von untergeordneter Bedeutung. Jede zehnte Pflegekraft wurde geringfügig beschäftigt, bei den Pflegefachkräften traf dies auf jede 20. Person zu.

3.3.2 Arbeitszeitmodelle im Pflegedienstplan

Aus den Nennungen konnte folgende *Rangliste der vorhandenen Arbeitszeitmodelle* im Pflegedienstplan ermittelt werden:

---

150 Wobei hier nicht die Fachkraftquote im Sinne der HeimPersV erhoben wurde.

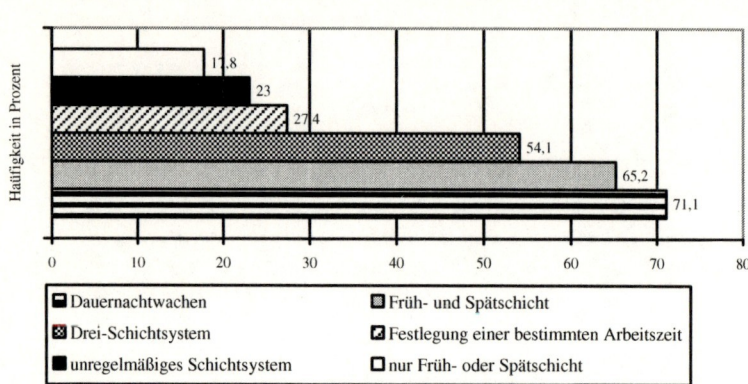

Abbildung 4-62: Arbeitszeitmodelle in der Pflege

59,3 % der Pflegeheime gaben zwischen zwei und drei Arbeitszeitmodelle in ihren Pflegedienstplänen an. Weitere 16,2 % der Einrichtungen machten keine Angaben.

Zur *Besetzung der Nachtdienste* konnten im Rahmen der Auswertung unterschiedliche Strukturen festgestellt werden. Jeweils 36,1 % der befragten Pflegeheime setzten bei der Abdeckung des Nachtdienstes eines der beiden folgenden Modelle ein:
- Besetzung der Nachtschichten nur durch Dauernachtwachen oder
- Besetzung der Nachtschichten durch Dauernachtwachen und Wechselschichtmitarbeiter.

Immerhin jede vierte Einrichtung, die an der Befragung teilgenommen hatte, beschäftigte nach eigenen Angaben keine Dauernachtwachen mehr.

Die Angaben aus den Einrichtungen verdeutlichen, dass die traditionelle Besetzung mit Dauernachtwachen zugunsten eines Drei-Schichtsystems verändert wird. Durch die Zusammenführung des Tag- und Nachtdienstes wird eine einheitliche Dienstplanung geschaffen.

Dennoch sind *traditionelle Dienstplanstrukturen*, wie Einteilungen in Früh, Spät- und Nachtdienst einschließlich Wechselschicht, weiterhin für die Dienstpläne prägend. Nur jede vierte Einrichtung ermöglichte es ihren Pflegekräften, zu bestimmten Uhrzeiten zu arbeiten. Jede sechste Einrichtung ermöglicht ihren Pflegekräften, ausschließlich in Früh- oder Spätschicht zu arbeiten. Ein unregelmäßiges Schichtsystem von mehr als drei Schichten wurde von nahezu jedem viertem Pflegeheim angegeben.

Ebenso verläuft die Planung der Schichtdienste im Pflegebereich in vorgegebenen festen Zeitrahmen. Zwar unterteilt die überwiegende Zahl der Einrichtungen die Früh- und Spätschichten in arbeitszeitlich unterschiedliche Dienste. Die zuvor verbreitete Einteilung in zeitlich gleich lange Früh- und

Spätschichten ist weitgehend aufgegeben. Gleichwohl verlaufen die Schichtdienste/Dienste in der überwiegenden Zahl der Einrichtungen in zeitlich festgelegten Anfangs- und Schlusszeiten. Das bedeutet, dass Gleitzeitmodelle zur Flexibilisierung der Arbeitszeit- und der Dienstplangestaltung in Pflegeheimen nach wie vor eine untergeordnete Bedeutung haben. Die Auswertung ergab, dass lediglich jede zehnte Einrichtung (10,3 %) in Verbindung mit den Schichtdiensten auch Möglichkeiten der Gleitzeit vorhält.

3.3.3 Im Dienstplan zu berücksichtigende Arbeitsorganisation der Pflege

Einen wesentlichen *Einfluss auf die Arbeitsorganisation haben die zugrunde liegenden Pflegemodelle*. Aus der Befragung geht mit einer Nennung von über 90 % eindeutig hervor, dass in den niedersächsischen Pflegeheimen die Bereichspflege das vorrangig angewandte Pflegemodell ist. Andere Pflegemodelle wie die Zimmerpflege bzw. die Bezugspflege wurden in der Befragung nur nachrangig erwähnt. In den freien Antworten der Teilnehmer wurde deutlich, dass für das Modell der Bezugspflege keine einheitliche Begriffsbestimmung in der Praxis besteht. Hier besteht weiterer Klärungsbedarf.

Von jeder siebten Einrichtung, die an der Befragung teilnahm, wurde – bei der Frage nach der Arbeitsorganisation in der Pflege – die Funktionspflege genannt. Dies geschah häufig in Verbindung mit Bezugs- oder Zimmerpflege. Aus den frei formulierten Antwortteilen wurde ebenfalls ersichtlich, dass vor allem die so genannte Behandlungspflege in Form der Funktionspflege in den Einrichtungen organisiert wurde.

85,9 % der Pflegeheime trafen identische Angaben zur Arbeitsorganisation des Pflegedienstes innerhalb der Woche von Montag bis Freitag und für die Wochenenden. Grundsätzlich wird in der überwiegenden Zahl der Pflegeheime die Arbeitsorganisation in der Woche und an den Wochenenden konstant geplant. Allerdings ist die Besetzung beim Pflegepersonal an den Wochenenden teilweise reduziert, so dass die Bewohnergruppen, die vom Pflegedienst versorgt werden müssen, größer gefasst sind als in der Woche. Insgesamt 99 Einrichtungen gaben an, sowohl an den Werktagen als auch an den Wochenenden die Bereichspflege durchzuführen. Dabei kann angenommen werden, dass die dienstführenden Pflegekräfte z. T. an den Wochenenden mehr Bewohner zu versorgen haben, da dann teilweise weniger Personal dienstplanmäßig eingeplant wird. Eine Zunahme der Funktionspflege an den Wochenenden wurde durch die Befragung nicht erkennbar.

Die *Einsatzplanung von Pflegefachkräften* stellt einen weiteren Einflussfaktor bei der Dienstplangestaltung dar. Aus den frei formulierten Antworten verschiedener Einrichtungen wurde ersichtlich, dass die Besetzung mit Fachkräften, die insbesondere die Behandlungspflege leisten müssen bei der Einsatzplanung besondere Berücksichtigung findet. Die Befragung ergab, dass nahezu jedes sechste Pflegeheim bei der Einsatzplanung der Pflegefachkräfte zwischen den Werktagen in der Woche und den Wochenenden unterscheidet. Aus den Antworten zur Diensteinsatzplanung dieser Einrichtungen ergibt sich, dass für die Wochenenden die diensthabenden Pflegefachkräfte für eine größere Zahl von Bewohnern in der Pflege zuständig sind. Daraus ist zu schließen, dass für die Wochenenden weniger Pflegefachkräfte eingeplant werden als in der Woche.

3.4 Arbeitszeit- und Dienstplangestaltung im Bereich der Hauswirtschaft

3.4.1 Ausgegliederte Dienstleistungen/Bereiche der Hauswirtschaft

Die Auftragsvergabe von hauswirtschaftlichen Aufgaben an externe Dienstleistungsunternehmen hat unmittelbare Auswirkungen auf den Personalbestand und die Dienstplanung eines Pflegeheims.

Über 60 % der befragten Pflegeheime gaben an, zumindest teilweise Aufgaben, wie die Reinigung der Wäsche, in Wäschereien ausgelagert zu haben. Nahezu jedes dritte Pflegeheim ließ zudem die Hausreinigung durch externe Reinigungsfirmen durchführen. Jedes vierte Pflegeheim stellte auch die Essensversorgung für die Bewohner durch einen Cateringservice sicher.

Dagegen gab jede achte Einrichtung an, auf die Auslagerung und Fremdvergabe hauswirtschaftlicher Leistungen zu verzichten.

Von den Einrichtungen, die bereits Dienstleistungen an externe Unternehmen übertragen hatten, gaben 59 % an, nur einen Aufgabenbereich ausgegliedert zu haben.

3.4.2 Arbeitszeitumfang bei Hauswirtschafts-(fach)kräften

Zum Zeitpunkt der Befragung waren in den 106 Pflegeheimen, deren Angaben zum Personal in die Auswertung einbezogen werden konnten, insgesamt 1358 Personen im Bereich der Hauswirtschaft/Küche beschäftigt. Davon standen 937 in einer Teilzeitbeschäftigung (69 %).

Diese Zahlen verdeutlichen den Stellenwert von Pflegekräften in Pflegeheimen. Auf eine Kraft in der Hauswirtschaft kommen 2,5 Pflegekräfte. Die *Quote der Teilzeitbeschäftigung bei den Hauswirtschaftskräften* fiel damit erheblich höher aus als bei den Pflegekräften. In der Verteilung zwischen den einzelnen Pflegeeinrichtungen reichte sie von null bis 100 %. Der Median liegt bei 70 %.

Von den 106 Einrichtungen erbrachten 93 Pflegeeinrichtungen auch weitergehende Angaben zum zeitlichen Beschäftigungsumfang ihrer Hauswirtschaftskräfte. Die nachfolgende Übersicht stellt die Ergebnisse zum Stand des zeitlichen Arbeitsumfangs dar:

3 Zusammenfassende Darstellung der Ergebnisse

Arbeitszeitumfang der Beschäftigten in der Hauswirtschaft			
Vollzeit	über 50 %	50 % und weniger, aber nicht geringfügig beschäftigt	geringfügig beschäftigt
368 30 %	412 34 %	200 16 %	244 20 %

Tabelle 4-102: Arbeitszeitumfang – Hauswirtschaft

Jede fünfte Hauswirtschaftskraft war demnach als so genannte geringfügig beschäftigte Kraft tätig. Jede dritte Kraft in der Hauswirtschaft wies einen zeitlichen Beschäftigungsumfang von über 50 % auf. Nur 30 % der Hauswirtschaftskräfte waren als Vollzeitkräfte beschäftigt.

Betrachtet man in diesem Kontext den *zeitlichen Beschäftigungsumfang der hauswirtschaftlichen Fachkräfte*, zeigt sich eine eindeutige Verschiebung zu einem höheren zeitlichen Beschäftigungsumfang bei den Fachkräften.[151]

Arbeitszeitumfang der beschäftigten Hauswirtschaftsfachkräfte			
Vollzeit	über 50 %	50 % und weniger, aber nicht geringfügig beschäftigt	geringfügig beschäftigt
162 62 %	71 27 %	16 6 %	14 5 %

Tabelle 4-103: Arbeitszeitumfang von Hauswirtschaftsfachkräften

Lediglich fünf Prozent der Fachkräfte wurden geringfügig beschäftigt. Dagegen waren 60 % der hauswirtschaftlichen Fachkräfte als Vollzeitkräfte tätig. Betrachtet man die Quote der Fachkräfte im Bereich der Hauswirtschaft je Pflegeheim, so schwankte diese zwischen null und 100 %.[152] Der Median liegt bei 20 %.

In der Gesamtbetrachtung reicht die Bandbreite der Arbeitszeiten des Personals in der Hauswirtschaft von Vollzeitbeschäftigungen bis zu geringfügigen Beschäftigungen. Folgende Ausprägungen waren festzustellen:
- Nicht einmal jede dritte Hauswirtschaftskraft wurde als Vollzeitkraft beschäftigt, wobei die Anzahl der Teilzeitbeschäftigten je Pflegeheim insgesamt zwischen null und 100 % lag.
- Fachkräfte im Bereich der Hauswirtschaft wiesen im Vergleich betrachtet einen eindeutig höheren Arbeitszeitumfang auf als alle Hauswirtschaftskräfte zusammen. Hauswirtschaftskräfte ohne Fachabschluss wiesen im

---

151 Siehe unter 3.3.1 in diesem Kapitel.
152 Nicht erhoben wurde hier die Fachkraftquote im Sinne der HeimPersV.

Kapitel 4: Quantitative Befragung von niedersächsischen Pflegeheimen

Vergleich zu den Fachkräften einen niedrigeren zeitlichen Beschäftigungsumfang auf.
- Geringfügig Beschäftigte sind zahlenmäßig in der Hauswirtschaft stärker vertreten als in der Pflege. Jede fünfte Kraft in der Hauswirtschaft wurde auf der Basis einer so genannten geringfügigen Tätigkeit beschäftigt. Bei den Pflegekräften traf dies auf jede 10. Kraft zu.

3.4.3 (Arbeits-) Organisation im Bereich der Hauswirtschaft

Die Angaben der befragten Einrichtungen verweisen auf eine überwiegend zentralisierte Organisation der Hauswirtschaft in den Pflegeheimen. Nahezu jedes zweite Pflegeheim legte dar, dass hauswirtschaftliches Personal den einzelnen Wohnbereichen organisatorisch zugeordnet sei. Für die Dienstplanerstellung gilt dies jedoch nicht. Nur jede 14. Einrichtung gab an, dass mit der Zuordnung des hauswirtschaftlichen Personals auch die Diensteinsatzplanung in den jeweiligen Wohnbereichen mit übernommen werde. Die Mehrzahl der Befragten legte dar, dass die Dienstplanung für die hauswirtschaftlichen Kräfte von der Hauswirtschaftsleitung umgesetzt werde.

3.4.4 Arbeitszeitmodelle in Dienstplänen der Hauswirtschaft

Aus den Nennungen konnte folgende Rangliste der vorhandenen *Arbeitszeitmodelle* in Dienstplänen der Hauswirtschaft erstellt werden:

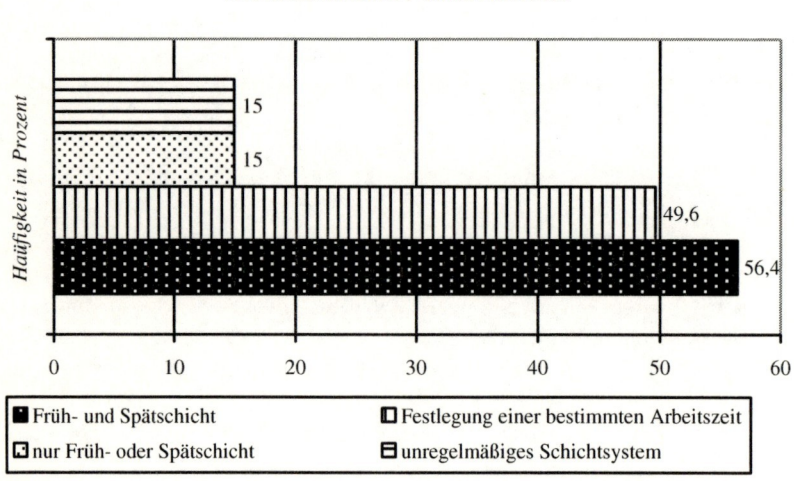

Abbildung 4-63: Arbeitszeitmodelle – Hauswirtschaft

65,4 % der Pflegeheime gaben ein Arbeitszeitmodell in ihren HW-Dienstplänen an.

Im hauswirtschaftlichen Bereich ließen sich zwei wiederkehrende Arbeitszeitformen feststellen. Jedes zweite Pflegeheim gab an, dass die Hauswirtschaftskräfte in einem Zwei-Schicht-System (Früh- und Spätschicht) arbeiten. Ebenso traf nahezu jedes zweite Heim die Aussage, dass die Hauswirtschaftskräfte stets zu festgelegten Uhrzeiten arbeiten.

Eine Flexibilisierung der Arbeitszeiten erfolgt dadurch, dass die Früh- und Spätschichten in arbeitszeitlich unterschiedliche Dienste unterteilt werden. Diese Regelung war auch bereits für den Pflegebereich festgestellt worden. Eine weitere Flexibilisierung der Arbeitszeit, z. B. durch Gleitzeit, wird kaum umgesetzt. Lediglich 6,6 % der Pflegeheime gaben an, im hauswirtschaftlichen Dienst auch Schichten mit Gleitzeit zu haben.

3.5 Beschäftigungsstrukturen im Aufgabenbereich »Soziale Betreuung«

Für die *Betreuung demenziell erkrankter Bewohner* werden in Pflegeheimen zunehmend Wohngruppen für Demente eingerichtet. Die Mehrzahl der 136 Einrichtungen (78 %) gab das Vorhandensein einer bzw. mehrerer Dementengruppen an. Von ihnen verneinten 78 die Frage nach dem Bestehen abweichender Arbeitszeiten für die Pflege im Vergleich zu den anderen Wohnbereichen. Von 28 Pflegeheimen wurde diese Frage bejaht.

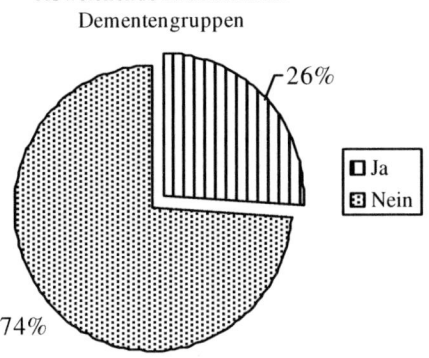

Abbildung 4-64: Abweichende Arbeitszeiten in Dementengruppen

Aus den Antworten der Pflegeeinrichtungen wurde deutlich, dass für die Dementengruppen sehr unterschiedliche Betreuungsangebote bereitgestellt werden. Zum Teil erstreckt sich das Betreuungsangebot auf den Vormittag und den Nachmittag. Lediglich drei Einrichtungen gaben an, ihr Betreuungsangebot auf den Vormittag begrenzt zu haben. Auch gaben fünf Einrichtun-

Kapitel 4: Quantitative Befragung von niedersächsischen Pflegeheimen

gen an, für die soziale Betreuung auch Ergotherapeuten bzw. Sozialarbeiter einzusetzen.

In der Gesamtbetrachtung war für den Aufgabenbereich der sozialen Betreuung festzustellen, dass in den 106 Pflegeheimen, die an der Befragung teilgenommen hatten, 164 Beschäftigte im Bereich der sozialen Betreuung tätig waren. Davon wurden 71 % in Teilzeit beschäftigt.[153]

Tendenziell werden Stellen, die gesondert für die soziale Betreuung bestehen, jedoch abgebaut. Fast jede vierte Einrichtung (23,6 %) verfügte nach eigenen Angaben nicht (mehr) über Personal, das eigens für die soziale Betreuung angestellt war. Die Betreuung muss daher vom Pflegepersonal oder sonstigem Personal des Hauses mit übernommen werden. Von den 81 Einrichtungen, die eigens Betreuungspersonal beschäftigten, gaben 51 Einrichtungen für dieses Personal eine Teilzeitbeschäftigungsquote zwischen 80 und 100 % an.

Arbeitszeitumfang im Beschäftigungsbereich: »Soziale Betreuung«			
Vollzeit	über 50 %	50 % und weniger, aber nicht geringfügig beschäftigt	geringfügig beschäftigt (bis. 400 Euro)
46 31 %	51 35 %	23 16 %	27 18 %

Tabelle 4-104: Arbeitszeitumfang – Betreuung

Bemerkenswert ist, dass nahezu 2/3 des Betreuungspersonals nach Angaben der Pflegeheime Fachkräfte sind.

Umfang der Arbeitszeit bei Betreuungsfachkräften			
Vollzeit	über 50 %	50 % und weniger, aber nicht geringfügig beschäftigt	geringfügig beschäftigt bis 400 Euro)
34 32 %	41 39 %	20 19 %	11 10 %

Tabelle 4-105: Arbeitszeitumfang bei Betreuungsfachkräften

Ebenso wie die Pflege- und Hauswirtschaftsfachkräfte weisen auch die Betreuungsfachkräfte eine höhere vertragliche Wochenarbeitszeit auf als der Durchschnitt. Insgesamt zeigte sich im Rahmen der Auswertung, dass das für die soziale Betreuung beschäftigte Personal zahlenmäßig zwar die kleinste Gruppe der Beschäftigten im Vergleich zur Gesamtzahl der Beschäftigten in den Pflegeheimen bildet, doch liegt der Anteil der Fachkräfte hier am höchsten.

---

153 Zur Problematik der Ausfälle von Angaben im Vergleich der Beschäftigten siehe die Ausführungen unter Abschnitt 3.1.

4 Interpretation der Ergebnisse

4.1 Hypothesenbestätigung und -verwerfung

Es wurden sieben Hypothesen geprüft, die anhand der Befragung bestätigt bzw. widerlegt werden sollten.

Hypothese 1: *Im Bereich der pflegerischen Versorgung haben Pflegefachkräfte arbeitsvertraglich eher höhere Wochenarbeitsstunden als Pflegehilfskräfte.*

	Zeitlicher Beschäftigungsumfang			
	Vollzeit	über 50 %	50 % und weniger, aber nicht geringfügig beschäftigt	geringfügig beschäftigt
Pflegekräfte	51 %	25 %	13 %	11 %
Pflegefachkräfte	55 %	30 %	10 %	5 %

Tabelle 4-106: Zeitlicher Beschäftigungsumfang Pflege-(fach)kräfte

Aus der Gegenüberstellung des Beschäftigungsumfangs aller Pflegekräfte und der Pflegefachkräfte[154] wird deutlich, dass Fachkräfte vertraglich höhere Wochenarbeitsstunden aufweisen als der Durchschnitt der Pflegekräfte. 85 % der Fachkräfte üben ihre Beschäftigung mit einem Arbeitszeitumfang von über 50 % aus. Dem stehen 76 % aller Pflegekräfte mit gleichem zeitlichem Beschäftigungsumfang gegenüber. Daraus ist zu schließen, dass Pflegehilfskräfte eine vertraglich niedrigere Zahl an Wochenarbeitsstunden haben müssen, damit der ermittelte Durchschnitt aller Pflegekräfte zustande kommen kann. Die Hypothese 1 ist damit bestätigt worden.

Hypothese 2: *Im Bereich der Hauswirtschaft/Küche sind überwiegend Arbeitsverhältnisse in Teilzeitbeschäftigung vorzufinden.*

Von 1358 Beschäftigten im Bereich der Hauswirtschaft waren 937 teilzeitbeschäftigt (69 %). Zwar schwankt bei differenzierter Betrachtung die Quote der Teilzeitbeschäftigungen zwischen den Pflegeheimen von null bis 100 %. Dennoch weisen 61,4 % der Einrichtungen eine Quote bei den Teilzeitbeschäftigungen zwischen 60 und 100 % auf. Der Median liegt bei 70 %. Die Hypothese 2 ist damit bestätigt worden.

---

154 Vgl. zur Datengrundlage nach den Angaben der Einrichtungen unter 3.3.1.

Hypothese 3: *Beschäftigte im Bereich »Soziale Betreuung« sind nicht mehr bzw. sehr reduziert in den stationären Pflegeeinrichtungen vertreten.*

Im Bereich der sozialen Betreuung gab nahezu jedes vierte Pflegeheim, das an der Befragung teilnahm, an, kein eigens für die soziale Betreuung zuständiges Personal zu beschäftigen. Insgesamt wurden 164 Beschäftigte für die soziale Betreuung angegeben. Im Vergleich dazu steht eine Gesamtzahl von 3391 Pflegekräften. Hinzu kommt, dass aufgrund der Angaben aus den Einrichtungen insgesamt 72 % der für die soziale Betreuung Beschäftigten in Teilzeitform beschäftigt wurden. Im Vergleich dazu gaben die Einrichtungen bei den Pflegekräften eine Teilzeitquote von 49 % an. Die Hypothese 3 ist damit bestätigt worden.

Hypothese 4: *Die hauswirtschaftliche Versorgung wird überwiegend zentralisiert organisiert.*

Zwar zeigte sich bei der Auswertung, dass nahezu jede zweite Einrichtung angab, dass das Personal der Hauswirtschaft den Wohnbereichen organisatorisch zugeordnet sei. Doch wurde ebenso deutlich, dass nur in jedem 14. Pflegeheim eine Integration des hauswirtschaftlichen Personals durch Planung der Diensteinsätze in den Wohnbereichen erfolgte. Bei 90 % der Pflegeheime erfolgte die Dienstplanung traditionell zentral durch die Leitung der Hauswirtschaft. Die Hypothese 4 ist somit ebenfalls bestätigt worden.

Hypothese 5: *Eine Flexibilisierung im Dienstplan erfolgt durch arbeitszeitlich unterschiedliche Dienste innerhalb der Früh- und Spätschicht, jedoch nicht durch Gleitzeitmodelle.*

Über 90 % der an der Befragung teilnehmenden Pflegeheime gaben eine Unterteilung der Früh- und Spätschichten in arbeitszeitlich unterschiedliche Dienste an. 10,3 % gaben die Existenz von Schichten/Diensten mit Gleitzeit an. Eine Flexibilisierung erfolgt somit hauptsächlich über die Unterteilung der Tagesschichten in arbeitszeitlich unterschiedliche Dienste. Die Hypothese 5 ist damit bestätigt worden.

Hypothese 6: *Im Rahmen der Arbeitszeitflexibilisierung finden in den Pflegeeinrichtungen vermehrt Arbeitszeitmodelle Anwendung, die es ermöglichen, Zeitguthaben und/oder Zeitschulden zu bilden, die zu einem anderen Zeitpunkt ausgeglichen werden.*

63 Einrichtungen (46,3 %) verneinten die Frage, ob es in ihrer Einrichtung Arbeitszeitkonten gebe. 41 Einrichtungen (30,1 %) gaben *mündlich* mit den Mitarbeitern vereinbarte Arbeitszeitkonten an, 28 Einrichtungen (20,6 %) hingegen gaben *schriftlich* vereinbarte Arbeitszeitkonten an.

Im Vergleich zu repräsentativen Erhebungen aus anderen Wirtschaftszweigen, bei denen schon ein hoher Anteil von Unternehmen Arbeitszeitkonten führt, erscheint der Anteil in der Altenpflege als nicht sehr hoch.[155] Allerdings zeigen die Werte im Vergleich zu früheren Feststellungen, nach denen Arbeitszeitkonten im Gesundheits- und Sozialwesen als »eher selten« bestimmt wurden, doch eine Zunahme.[156] Die Hypothese 6 ist damit bestätigt worden.

Hypothese 7: *In den niedersächsischen Pflegeeinrichtungen werden überwiegend so genannte »Dauernachtwachen« beschäftigt.*

71,1 % der an der Befragung teilnehmenden Pflegeheime gaben die Beschäftigung von Dauernachtwachen an. Die Hypothese 7 ist damit bestätigt worden.

4.2 Ausgewählte Vergleiche

Nachfolgend werden zwei der erhobenen Merkmale verglichen:
– Zum einen werden die Angaben zu den Beschäftigten im Bereich der Pflege bezüglich des Arbeitszeitumfangs und der jeweils vorgefundenen Arbeitszeitmodelle analysiert. Hintergrund hierfür bildet die Tatsache, dass Pflegekräfte die größte Beschäftigtengruppe in der stationären Altenpflege darstellen und aufgrund der gesetzlichen Bestimmungen der Pflegeversicherung der Leistungsschwerpunkt im Bereich der Pflege liegt.
– Zum anderen werden die Angaben zu vorhandenen Arbeitszeitkonten gesondert analysiert. Anlass dafür sind die unterschiedlichen Aussagen zu den Vereinbarungen und zu den Inhalten der Arbeitszeitkonten, die auf Informationsdefizite zu den rechtlichen Rahmenbedingungen und zur Umsetzung von Arbeitszeitkonten schließen lassen.

Beide Merkmale werden sowohl im Kontext der Kapazitätsgrößenklassen der Pflegeheime als auch der Trägerschaften analysiert, um so mögliche Zusammenhänge erkennen zu können. Da jedoch Pflegeheime in öffentlicher Trägerschaft in Niedersachsen zahlenmäßig nur einen geringen Anteil stellen, werden nur die privaten und freien gemeinnützigen Einrichtungen bei den Analysen berücksichtigt.

---

155 Vgl. Bauer, Groß, Munz, Sayin, Arbeits- und Betriebszeiten 2001, 2002. Vgl. im Weiteren unter 3.1. dieses Kapitels.
156 Zur Verbreitung nach Wirtschaftszweigen: Bauer, Groß, Munz, Sayin, Arbeits- und Betriebszeiten 2001, S. 142 ff.; speziell zum Gesundheits- und Sozialwesen, S. 143 f.

Kapitel 4: Quantitative Befragung von niedersächsischen Pflegeheimen

4.2.1 Vergleich der Pflegeheime nach Kapazitätsgrößenklassen

4.2.1.1 Beschäftigungsumfang von Pflegekräften

Vergleicht man die Quote der Teilzeitbeschäftigten bei den Pflegekräften in den Heimen der drei Größenkategorien, so ergeben sich unterschiedliche Kurvenverläufe.

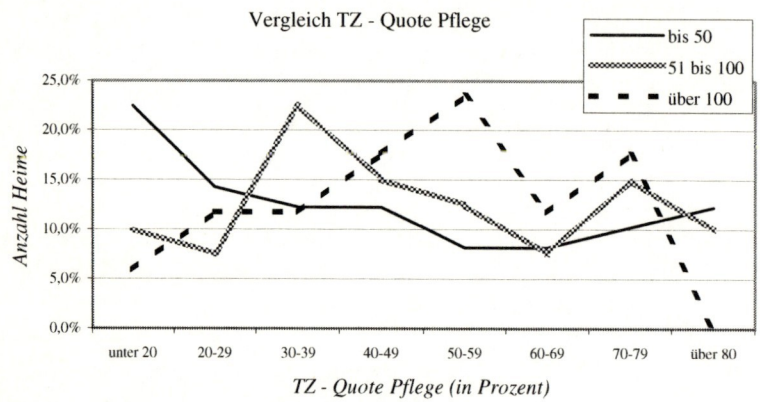

Abbildung 4-65: Vergleich I TZ – Quote Pflege

Der Median liegt:
– bei Pflegeheimen mit bis zu 50 Dauerpflegeplätzen bei 41 %,
– bei Pflegeheimen mit 51 bis 100 Dauerpflegeplätzen bei 46 %
– bei Pflegeheimen mit 101 und mehr Dauerpflegeplätzen bei 51 %.

Hieraus könnte der Schluss gezogen werden, dass mit der Zunahme der Größe der Einrichtung auch ein Anstieg der Quote der Teilzeitbeschäftigungen bei den Pflegekräften zu erwarten ist. In größeren Pflegeheimen der dritten Kategorie mit über 100 Pflegeplätzen finden sich höhere Anteile an Teilzeitbeschäftigungen als in den kleineren Einrichtungen der ersten Kategorie mit bis zu 50 Pflegeplätzen. Ein entsprechender statistischer Zusammenhang zwischen der Kapazitätsgrößenklasse von Pflegeheimen und der Teilzeitbeschäftigungsquote bei den Pflegekräften konnte jedoch nicht nachgewiesen werden.

Bei differenzierter Betrachtung des Arbeitszeitumfangs der Pflegekräfte in Verbindung mit der Einrichtungsgröße fallen im Besonderen die Pflegeheime der zweiten Größenkategorie mit 51 bis 100 Dauerpflegeplätzen auf:

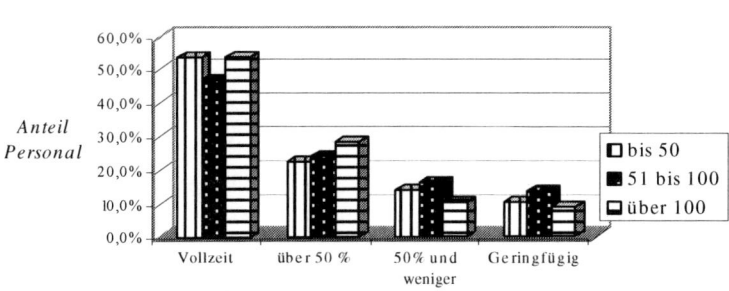

Abbildung 4-66: Vergleich I Arbeitszeitumfang – Pflegekräfte

Während in den Pflegeheimen der ersten und dritten Kategorie über 53 % der Pflegekräfte in Vollzeit beschäftigt sind, liegt der Wert bei den Einrichtungen der zweiten Kategorie mit 46,6 % deutlich niedriger. Allerdings beschäftigen diese Einrichtungen verstärkt Pflegekräfte mit einem Arbeitszeitumfang von 50% und weniger im Vergleich zu den Vollzeitkräften.

Auch im Vergleich der Fachkraftquoten der einzelnen Pflegeheime zeigen sich Unterschiede. Bei den Einrichtungen der dritten Kategorie mit über 100 Pflegeplätzen verläuft die Verteilungskurve sehr steil. Bei kleineren Pflegeheimen der ersten Kategorie mit bis zu 50 Plätzen verläuft sie flacher und breiter.

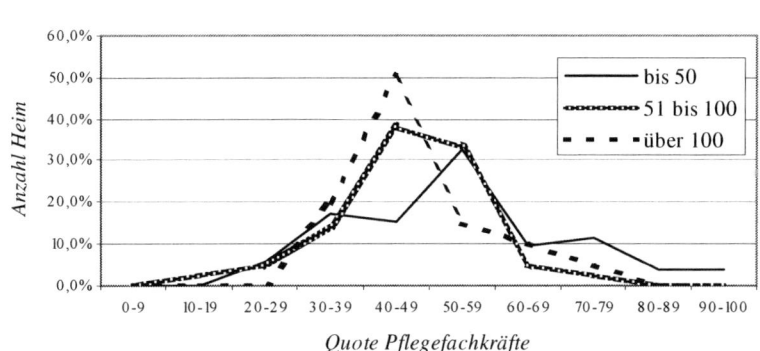

Abbildung 4-67: Vergleich I Pflegefachkraftquote

Kapitel 4: Quantitative Befragung von niedersächsischen Pflegeheimen

Der Median der Fachkraftquote[157] liegt:
– bei Pflegeheimen mit bis zu 50 Dauerpflegeplätzen bei 53 %,
– bei Pflegeheimen mit 51 bis 100 Dauerpflegeplätzen bei 47 %
– bei Pflegeheimen mit 101 und mehr Dauerpflegeplätzen bei 45 %.

Bei einem Vergleich des Arbeitszeitumfanges aller Pflegekräfte im Verhältnis zu den Pflegefachkräften ist allerdings kein Zusammenhang zwischen der Kapazitätsgrößenklasse der Einrichtungen und den Arbeitszeitumfängen festzustellen gewesen. Die Pflegefachkräfte wiesen bei allen Einrichtungsgrößen einen durchschnittlich höheren zeitlichen Beschäftigungsumfang auf als alle Pflegekräfte zusammen. Die folgende Abbildung verdeutlicht einzelne punktuelle Unterschiede.

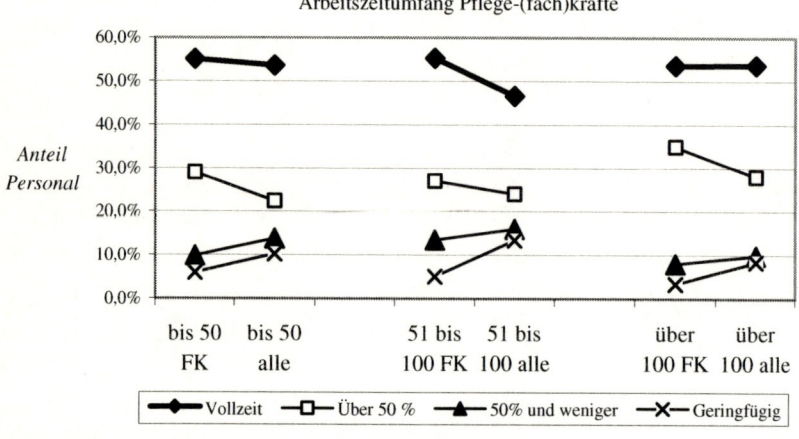

Abbildung 4-68: Vergleich I Arbeitszeitumfang Pflege-(fach)kräfte

So fällt bei den Pflegeheimen der zweiten Kategorie der hohe Anteil an vollzeitbeschäftigten Pflegefachkräften im Vergleich zum Anteil aller vollzeitig beschäftigten Pflegekräfte auf.

Im Weiteren ist ersichtlich, dass bei den großen Pflegeheimen der dritten Kategorie der Anteil der vollzeitbeschäftigten Pflegefachkräfte fast identisch ist mit dem Anteil aller vollzeitbeschäftigten Pflegekräfte.

Dagegen ist bei Pflegeheimen der ersten und dritten Kategorie ein verhältnismäßig höherer Anteil an Pflegefachkräften mit über 50 % Arbeitszeit im Vergleich zum Anteil aller Pflegekräfte festzustellen. Bei den Pflegeheimen der zweiten Größenkategorie ist diese Relation weniger stark ausgeprägt.

---

157 Es wurde bei der Befragung nicht die Fachkraftquote im Sinne des § 5 HeimPersV ermittelt, sondern die lediglich die Quote nach »Köpfen«.

4.2.1.2 Arbeitszeitmodelle im Pflegedienstplan

Ein Vergleich der Arbeitszeitmodelle zeigt, dass vor allem Pflegeheime mit 51 bis 100 Dauerpflegeplätzen die traditionellen Formen der Dauernachtwachen und den Personaleinsatz im Wechsel von Früh- und Spätschicht anwenden.

Auffällig ist auch der hohe Anteil an Pflegeeinrichtungen der dritten Kategorie mit über 100 Dauerpflegeplätzen, bei denen Pflegekräfte in einem unregelmäßigen Schichtsystem von mehr als drei Schichten arbeiten müssen.

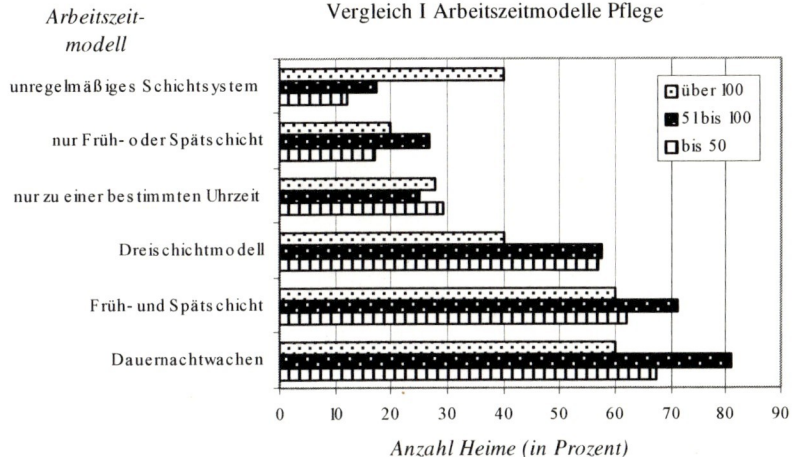

Abbildung 4-69: Vergleich I Arbeitszeitmodelle Pflege

4.2.1.3 Vergleich Arbeitszeitmodelle

Bereits am Anfang der zusammenfassenden Darstellung wurde darauf hingewiesen, dass der Einsatz von Arbeitszeitkonten in der Altenpflege zugenommen hat. Die nachfolgende Übersicht gibt die Angaben zu bestehenden bzw. nicht getroffenen Kontenvereinbarungen nach den zu Grunde gelegten Kategorien (Kapazitätsgrößenklassen) wieder:

Kapazitätsgrößenklasse	keine Arbeitszeitkonten installiert	mündlich vereinbarte Arbeitszeitkonten	schriftlich vereinbarte Arbeitszeitkonten
Bis 50 Plätze	44,8 %	32,1 %	19,0 %
51 bis 100 Plätze	46,2 %	36,5 %	17,3 %
101 und mehr Plätze	50,0 %	15,4 %	30,8 %

Tabelle 4-107: Vergleich Arbeitszeitmodelle – Kapazitätsgrößenklasse

Aufgrund früherer Studien zu Arbeits- und Betriebszeiten in anderen Wirtschaftszweigen, insbesondere im verarbeitenden Gewerbe, ist bekannt, dass sich bei deren Verbreitung auch ein Betriebsgrößeneffekt niederschlägt. Danach wird eine überdurchschnittliche Verbreitung von Arbeitszeitkonten im verarbeitenden Gewerbe zum Teil auf einen hohen Anteil an Mittel- und Großbetriebe zurückgeführt.[158] Ein solcher Zusammenhang zwischen der Kapazitätsgrößenklasse der Pflegeheime und dem Einsatz von Arbeitszeitkonten konnte in der vorliegenden Untersuchung nicht festgestellt werden.

4.2.2 Vergleich der Pflegeheime nach Trägerschaften

4.2.2.1 Arbeitszeitumfang von Pflegekräften

Ein Vergleich der Quoten der teilzeitbeschäftigten Pflegekräfte nach den Trägerschaften der Pflegeeinrichtungen zeigt gegensätzliche Tendenzen auf:
– 66,6 % von 36 Heimen in freier gemeinnütziger Trägerschaft gaben an, dass 50 % und mehr der beschäftigten Pflegekräfte in Teilzeit beschäftigt sind. Dagegen gaben von 60 Heimen in privater Trägerschaft 31,7 % an, dass 50 % und mehr ihrer Pflegekräfte teilzeitbeschäftigt wären.
– Während bei den Pflegeheimen in freier Trägerschaft keine Einrichtung eine Teilzeitquote unter 20 % angab, waren die Angaben bei den Einrichtungen der privaten Träger gerade umgekehrt. Hier gaben 23,3 % der privaten Träger an, dass ihre Teilzeitquote bei den Pflegekräften unter 20 % liege.

Die nachfolgende Abbildung legt dar, wie sich die Teilzeitbeschäftigungsquoten im Verhältnis zwischen den privaten und den freien Trägereinrichtungen darstellen.

---

158 Vgl. Bauer, Groß, Munz, Sayin, Arbeits- und Betriebszeiten 2001, 2002, S. 143 f.

4 Interpretation der Ergebnisse

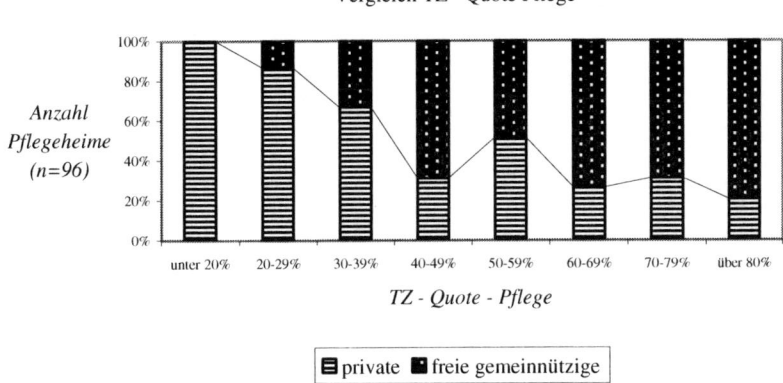

Abbildung 4-70: Vergleich II TZ-Quote Pflege

Statistisch kann ein geringfügiger Zusammenhang der Variablen »Trägerschaft« und »Teilzeitbeschäftigungsquote« nachgewiesen werden. Im Ergebnis ist damit festzustellen, dass freie Träger tendenziell mehr Teilzeitkräfte in der Pflege beschäftigen als private Trägereinrichtungen.

Betrachtet man den Arbeitszeitumfang von Pflegekräften im Zusammenhang mit der Trägerschaft, so ist bei genauer Analyse und im Vergleich der Trägerschaften festzustellen, dass ein höherer Anteil an Vollzeitbeschäftigten in privaten Pflegeheimen im Vergleich zu freien gemeinnützigen Pflegeheimen besteht.

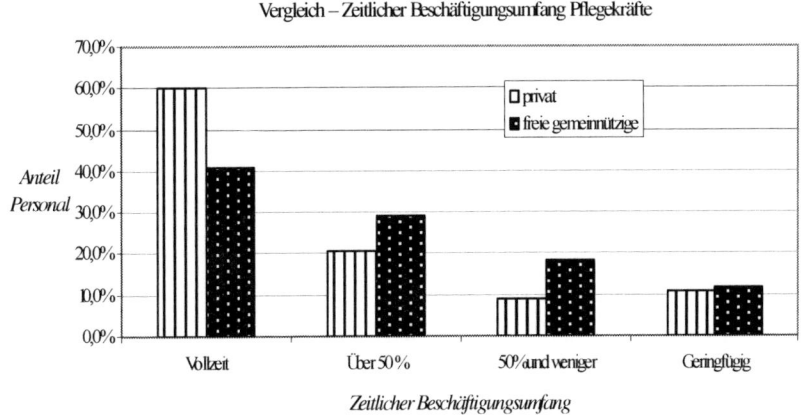

Abbildung 4-71: Vergleich – Zeitlicher Beschäftigungsumfang Pflegekräfte

Kapitel 4: Quantitative Befragung von niedersächsischen Pflegeheimen

Hinsichtlich der Anzahl der Fachkräfte zeigen sich im Vergleich der einzelnen Einrichtungen kaum Unterschiede:

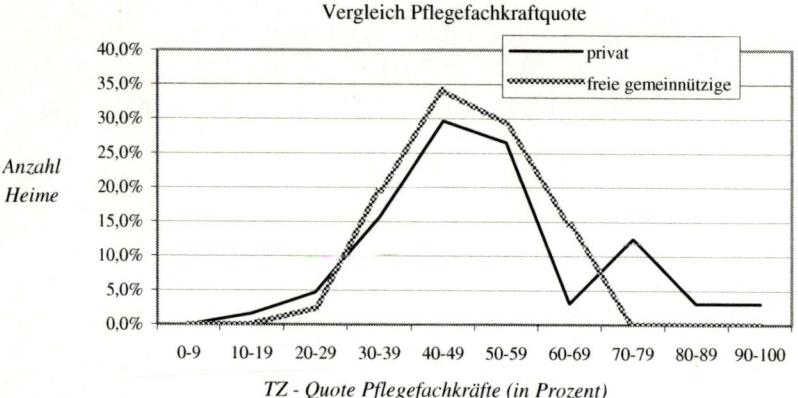

Abbildung 4-72: Vergleich II Pflegefachkraftquote

Der Median liegt bei der Fachkraftquote[159]:
- bei privaten Pflegeheimen bei 49 %,
- bei freien gemeinnützigen Pflegeheimen bei 47 %.

In der Gegenüberstellung des Arbeitszeitumfangs aller Pflegekräfte zu den Arbeitszeiten der Pflegefachkräfte zeigt sich wiederholt die Tendenz, dass Pflegefachkräfte einen durchschnittlich höheren zeitlichen Beschäftigungsumfang aufweisen als alle anderen Pflegekräfte zusammengenommen. Die folgende Abbildung verdeutlicht jedoch auch punktuelle Unterschiede.

---

[159] Es wurde bei der Befragung nicht die Fachkraftquote gemäß § 5 HeimPersV ermittelt, sondern die Quote nach »Köpfen«. Zur Datengrundlage siehe unter 3.3.1.

4 Interpretation der Ergebnisse

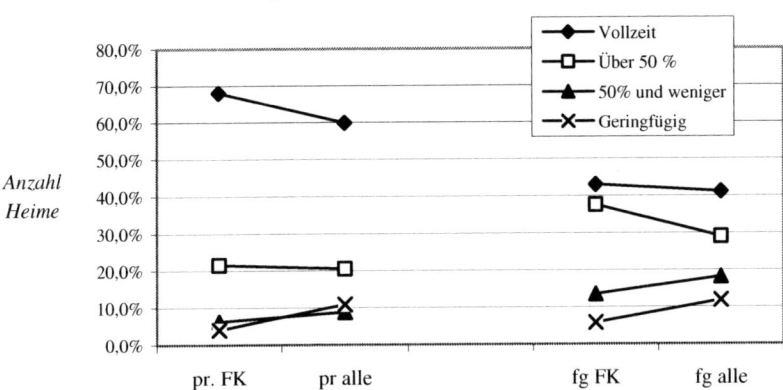

Abbildung 4-73: Vergleich II Beschäftigungsumfang Pflege-(fach)kraftquote

Bei den Pflegeheimen in privater Trägerschaft fällt ein hoher Anteil an Pflegefachkräften auf, die als Vollzeitkräfte arbeiten. Deren Anteil liegt höher als der Anteil aller vollzeitig beschäftigten Pflegekräfte. Dagegen ist bei den Pflegeheimen der freien Träger der Anteil der vollzeitbeschäftigten Pflegefachkräfte fast identisch mit dem Anteil aller vollzeitbeschäftigten Pflegekräfte. Im Vergleich mit den privaten Trägereinrichtungen liegt der Anteil der vollzeitbeschäftigten Pflege-(fach)kräfte bei den freien Trägern deutlich niedriger.

Allerdings fällt bei den freien gemeinnützigen Pflegeheimen ein hoher Anteil an Pflegefachkräften mit über 50 % Arbeitszeitanteil auf. Dieser Anteil liegt auch im Vergleich zum Anteil aller Pflegekräfte höher. Bei den in privater Trägerschaft geführten Pflegeheimen ist diese Relation weniger stark ausgeprägt. Insgesamt liegt hier der Anteil der Pflege-(fach)kräfte mit einer Arbeitszeit von über 50 % weit unter dem Anteil der in freier Trägerschaft stehenden Heime.

4.2.2.2 Arbeitszeitmodelle im Pflegedienstplan

Ein Vergleich der eingesetzten Arbeitszeitmodelle nach der Trägerschaft zeigt, dass vor allem freie gemeinnützige Pflegeheime verstärkt traditionelle Modelle anwenden. Dies sind insbesondere Dauernachtwachen oder unregelmäßige Schichtsysteme.

Dagegen beschäftigen die privaten Träger weniger Dauernachtwachen und setzen Pflegekräfte auch nur zu bestimmten Uhrzeiten oder Schichten ein.

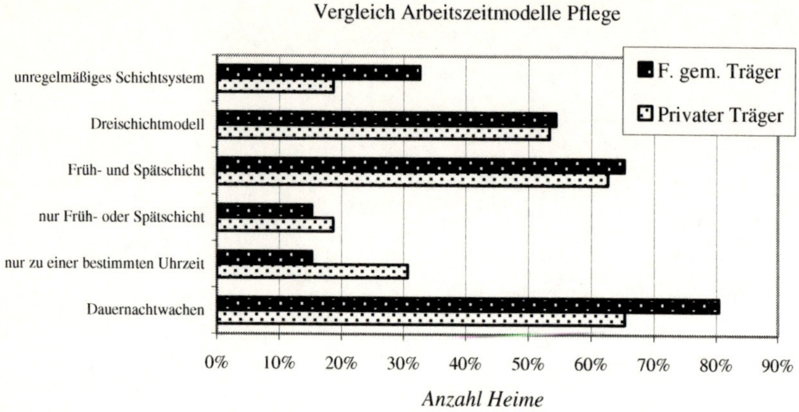

Kapitel 4: Quantitative Befragung von niedersächsischen Pflegeheimen

Vergleich Arbeitszeitmodelle Pflege

Abbildung 4-74: Vergleich II Arbeitszeitmodelle Pflege

4.2.2.3 Vergleich der Arbeitszeitmodelle

Im Rahmen der Analyse konnte zwischen den Trägerschaften und der Gestaltung von Arbeitszeitkonten kein statistischer Zusammenhang hergestellt werden.

5 Datenqualität der Studie

5.1 Verteilung nach Trägerschaft

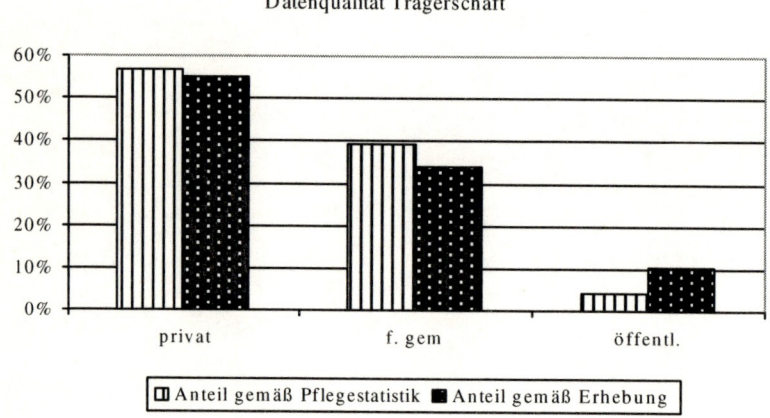

Abbildung 4-75: Datenqualität Trägerschaft

Betrachtet man das Verhältnis der statistisch erfassten Pflegeeinrichtungen in Niedersachsen in ihrer Verteilung nach Trägerformen mit der Verteilung der eingegangenen Fragebögen, dann zeigt sich ein hoher Grad an Übereinstimmung der Daten hinsichtlich der privaten und der freien Träger. Lediglich der Anteil der öffentlichen Träger ist in der Studie überproportional abgebildet worden. Dies erklärt sich aus der disproportionalen Stichprobe und der überdurchschnittlich hohen Rücklaufquote aus den öffentlich-rechtlich getragenen Pflegeeinrichtungen.

Bezüglich der Verteilung der Trägerschaft bei den erfassten Einrichtungen kann die Studie als repräsentativ bezeichnet werden.

5.2 Verteilung nach Kapazitätsgrößenklassen

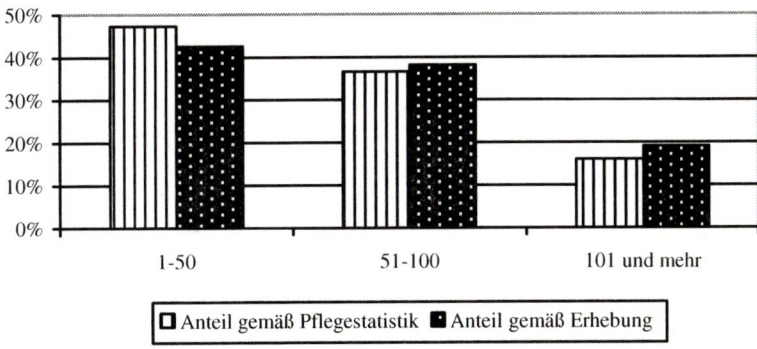

Abbildung 4-76: Datenqualität Kapazitätsgrößenklassen

Bezogen auf die Kapazitätsgrößenklassen der Einrichtungen kann die Studie als weitgehend repräsentativ bezeichnet werden.

5.3 Verteilung nach Trägerschaften und deren Kapazitätsgrößenklassen

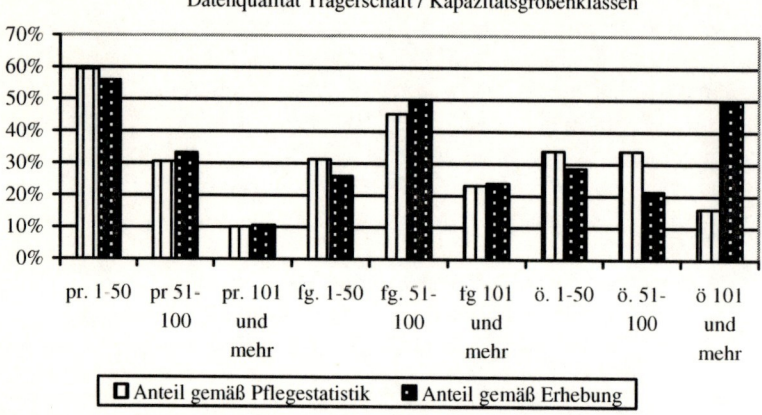

Abbildung 4-77: Datenqualität Trägerschaft / Kapazitätsgrößenklassen

Die Übersicht zeigt, dass in der Verteilung der Kapazitätsgrößenklassen und der Trägerform die Auswahl für die privaten und die freien Träger eine große Übereinstimmung mit der Pflegestatistik erreicht. Bei den öffentlich-rechtlichen Trägereinrichtungen wurden die Einrichtungen der zweiten Kategorie (50 bis 100 Dauerpflegeplätze) und der dritten Kategorie (über 100 Dauerpflegeplätze) nicht proportional zu den statistischen Daten abgebildet. Ursächlich dafür ist die Stichprobenziehung (einstufig) und die kleine Teilstichprobe.

Zusammenfassend ist festzuhalten, dass die Studie in mehrfacher Hinsicht auf Erhebungsdaten beruht, die einer realen Verteilung der niedersächsischen stationären Pflegeeinrichtungen nach den Trägerschaften und den Strukturen entsprechen. Daraus resultieren Zahlen und Ergebnisse, die für die Rechtstatsachen- und die Pflegeforschung als Grundlage für weitergehende Modellbildungen dienen können.

Kapitel 5: Resümee und Entwicklungspotenziale

Das Forschungsprojekt diente dem Ziel, die Arbeitszeitgestaltung in der stationären Altenpflege zu erforschen. Dazu sollten die Arbeitszeitorganisation und die Arbeitszeitstrukturen des Personaleinsatzes ermittelt und die dazu in den Einrichtungen als relevant berücksichtigten Planungsgrundlagen erhoben werden.

Zentrale Zielsetzungen bestanden somit darin, die gegenwärtige Praxis der Arbeitszeitorganisation, deren Planung und die Ausgestaltung der Dienstzeiten sowie die Verteilung der Arbeitszeit zu erschließen. Zu diesem Zweck sollte erhoben werden, welche Formen und Arbeitszeitmodelle für die Dienstplangestaltung in stationären Altenpflegeeinrichtungen angewandt werden, zum Beispiel, ob festgelegte Schichtdienste in den Einrichtungen überwiegen und ob flexible Arbeitszeitformen zum Einsatz kommen. Ob neben Vollzeitbeschäftigungen auch Formen der Teilzeitbeschäftigung und – im Weiteren – ob Teildienste eingesetzt werden, war eine weitere Fragestellung.

Ein weiteres wichtiges Ziel des Forschungsprojektes lag darin, zu untersuchen, inwiefern bei der Arbeitszeitgestaltung der gesetzliche bzw. tarifliche Gestaltungsrahmen innerhalb der stationären Altenpflege genutzt, insbesondere ob hierbei flexibilisierte Arbeitszeitmodelle umgesetzt und die Arbeitsformen variabel je nach den Wohn- und Versorgungsformen gestaltet werden.

Angesetzt wurde bei der zentralen Aufgabe der Pflegeeinrichtungen, für eine an den Bedürfnissen der Bewohner orientierte Versorgung und Betreuung zu sorgen und diese auch sicherzustellen. Nachfolgend werden zentrale Ergebnisse des Forschungsprojektes dargestellt und die daraus resultierenden Entwicklungspotenziale für Pflegeheime abgeleitet.

1 Festgestellte Arbeitszeitstrukturen

Resümee

Aus einer zu Beginn des Projekts durchgeführten qualitativen Studie wurde die Tendenz ersichtlich, in den Pflegeheimen Planstellen für Vollzeitkräfte in Teilzeitstellen umzuwandeln. Diese Entwicklung betrifft alle Leistungsbereiche in der Altenpflege, den Pflegebereich, den hauswirtschaftlichen Bereich und den Bereich Soziale Betreuung.[160] Diese Entwicklung wurde zu-

---

160 Vgl. Kapitel 3, Gliederungspunkt 1.2.1.

nächst im Rahmen von Experteninterviews mit leitenden Kräften in der stationären Altenpflege offenkundig. Im Rahmen der quantitativen Befragung niedersächsischer Einrichtungen wurde nach dem Personalbestand der Vollzeitbeschäftigten und Teilzeitbeschäftigten gefragt. Durch die gewonnenen Daten und durch zusätzliche Antwortmöglichkeiten der befragten Einrichtungen wurde die Entwicklung, mehr Teilzeitbeschäftigte anstelle von Vollzeitkräften zu beschäftigen, bestätigt.[161] Als wesentlicher Grund für den Abbau von Vollzeitstellen und die Schaffung von Teilzeitstellen erwies sich, dass in den Einrichtungen die Notwendigkeit gesehen wird, die Flexibilität des Personals im Diensteinsatz und damit auch für die Dienstplanung zu erhöhen.[162]

Eine Flexibilisierung der Diensteinsatzplanung manifestiert sich primär in der Verkürzung von Dienstzeiten.[163] Im Rahmen der Schichtdienste wird mit unterschiedlichen Dienstzeiten gearbeitet, z. B in Form von Regeldiensten mit 8,5 Stunden oder mit so genannten kurzen Diensten. Entsprechende Planungsstrukturen wurden sowohl im Rahmen der qualitativen Studie als auch innerhalb der quantitativen Ist-Erhebung festgestellt.[164]

Eine weitere allmähliche Veränderung geht dahin, neben einer Verkürzung der Dienstzeiten mehr variable Formen an Arbeitszeitmodellen bei der Verteilung der Arbeitszeit umzusetzen.[165]

Zwar belegen die Ergebnisse der quantitativen Ist-Erhebung in niedersächsischen Pflegeeinrichtungen, dass nach wie vor die traditionellen Arbeitszeitmodelle, insbesondere mit Dauernachtwachen und Früh- und Spätschichten die Pflegedienstplanung prägen. Die Erhebungen zeigen jedoch auch, dass in den Einrichtungen zunehmend mehr Variationsbreiten bei der Gestaltung der Dienstzeiten zum Einsatz kommen. Beispielsweise wurden im Rahmen der Befragung bis zu sieben verschiedene Planungsformen für die Arbeitszeit in den Dienstplänen angegeben. Über 59 % der Pflegeheime gab an, zwischen zwei und drei Arbeitszeitformen in ihrer Pflegedienstplanung

---

161 Beispielsweise sind 49 % der Pflegekräfte bei den befragten Pflegeheimen teilzeitbeschäftigt, vgl. hierzu Kapitel 4, Gliederungspunkt 3.3.1. Im Ländervergleich wurde bei der Feststellung der Beschäftigtenzahlen in Pflegeheimen in der Pflegestatistik 2003 ebenfalls eine deutliche Zunahme der Teilzeitbeschäftigten von 2001 bis 2003 festgestellt. Die Zahl der Vollzeitbeschäftigten stagnierte, vgl. Statistisches Bundesamt, 4. Bericht: Pflegestatistik 2003, S. 4.
162 Vgl. die Ausführungen in Kapitel 3, Gliederungspunkt 1.2.1.
163 Vgl. hierzu auch die Ergebnisse der Dienstplananalyse in Kapitel 2, Gliederungspunkt 3.1.
164 Vgl. die Bestätigung der Hypothese 5, Kapitel 4, Gliederungspunkt 4.1.
165 Zum Beispiel wurden innerhalb der quantitativen Erhebung bis zu sieben verschiedene Arbeitszeitplanungen für den Pflegebereich angegeben. Vgl. Kapitel 4, Abschnitt 2.1.7.

einzusetzen.[166] Im Kontext der Dienstplangestaltung stehen dann, wie sich aus den Expertenaussagen aus der qualitativen Studie ableiten lässt, vorrangig die Bewohnerbedürfnisse. Allerdings belegen Aussagen von Pflegedienstleitungen, dass auch Mitarbeiterbedürfnisse soweit wie möglich in der Planung berücksichtigt werden sollen.[167]

Im Ergebnis verdeutlichen die Erkenntnisse der verschiedenen Studien, dass die in der Altenpflege grundsätzliche Tendenz, mehr Teilzeit statt Vollzeitkräfte zu beschäftigen, auch Auswirkungen auf die Dienstplangestaltung hat. Die Einrichtungen erlangen auf diesem Wege Flexibilität in der Diensteinsatzplanung und der Gestaltung der Dienstzeiten.

Diese Flexibilisierungstendenzen in den Arbeitszeitstrukturen wirken sich auch rein organisatorisch auf die Dienstplanung aus, indem eine Planungsausweitung in Form von Dienstplanlegenden notwendig wird. Dies zeigten die Dienstplananalysen[168]. Hinzu kommen unterschiedliche EDV-Dienstplansysteme mit z. T. standardisierten Hinterlegungen für die Dienstplanung, deren Potentiale in der Praxis allerdings noch mehr genutzt werden müssten.[169]

Entwicklungspotenziale

Insgesamt zeigen sich in der stationären Altenpflege Veränderungen zu einer flexibleren Gestaltung der Arbeitszeit und des Diensteinsatzes. Veränderte Personalstrukturen, insbesondere durch verstärkte Teilzeitbeschäftigung, verlangen eine stärkere Steuerung der Dienstplanung. Eine verbesserte Steuerung könnte beispielsweise bei der EDV-Modellierung des Dienstplanprogramms durch spezifische Zuschnitte auf die Strukturen der Einrichtung realisiert werden.[170] Dies setzt voraus, dass entsprechende Dienstplanhinterlegungen von den verantwortlichen Leitungen den betrieblichen Erfordernissen angepasst werden müssen.

---

166 Vgl. Kapitel 4, Gliederungspunkt 2.1.7.
167 Vgl. die Ergebnisse der qualitativen Studie unter Kapitel 3, Gliederungspunkt 1.5. Zur Perspektive der Pflegekräfte: Höpfner, Analyse zur Arbeitszeitgestaltung in der Altenpflege aus der Perspektive des Pflegepersonals, 2005 unveröffentlicht.
168 Zum Beispiel waren bis zu 19 verschiedene Frühdienste in einer Dienstplanlegende hinterlegt. Siehe Kapitel 2, Gliederungspunkt 3.1.
169 Vgl. die Ausführungen in Kapitel 3, Gliederungspunkt 1.3.
170 Siehe hierzu exemplarisch die Erfahrungen des Klinikums Saarbrücken mit der Einführung einer integrierten Softwarelösung für Arbeitszeitmanagement, Merk, Flexible Arbeitszeiten im Klinikum Saarbrücken, In: Das Krankenhaus, Heft 8, 2004, S. 653-654. An die EDV-Dienstplanung stellt sich die Anforderung, beliebig viele Arbeitszeitformen zugrunde legen zu können, vgl. Miller, Die intelligente Dienstplanung, In: Die Schwester/Der Pfleger, Heft 7, 2005, S. 551.

2 Wochenenddienste

Resümee

Wochenenddienste stellen in den Altenpflegeeinrichtungen im Rahmen der Diensteinsatzplanung einen regelmäßig zu bewältigenden personellen Engpass dar. Dies wurde in der Ist-Erhebung zur Einsatzplanung der Pflegefachkräfte für die Wochenenden deutlich.

Die Auswertung der Daten der quantitativen Erhebung ergab, dass in den Einrichtungen für die Wochenenddienste regelmäßig eine Reduzierung der personellen Besetzung bei den Pflegefachkräften geplant wird.[171] Noch deutlicher werden personelle Engpässe für die Wochenenden durch Ergebnisse aus der qualitativen Studie belegt. Hier wurde festgestellt, dass in Einrichtungen zum Teil Teilzeitkräfte beschäftigt werden, die nur Wochenenddienste leisten oder die als Aushilfskräfte Dienste leisten.

Zum Teil zeigte sich, dass die Wochenenddienste auch durch eine verbindliche Einplanung von Altenpflegeschülern und -schülerinnen unterstützt werden.[172] Insgesamt wird von den Leitungskräften die Wochenendplanung mit einem höheren Aufwand und zum Teil durch gesondert gestaltete Dienstpläne verbunden. Auch kommt es dann häufig noch zu kurzfristigen Veränderungen, wenn zum Beispiel durch personelle Ausfälle bei gleichzeitig reduzierter planmäßiger Personalbesetzung am Wochenende Versorgungslücken entstehen.[173]

Entwicklungspotenziale

Es zeigt sich, dass die planmäßige personelle Besetzung an den Wochenenden häufig problembehaftet ist und der Verbesserung bedarf.[174] In den Pflegeeinrichtungen wird zunehmend darauf geachtet, dass alle Beschäftigen, insbesondere aber die Pflegekräfte regelmäßig bereit sind, Wochenenddienste zu leisten. Wünschenswert wäre der verstärkte Einsatz von Teilzeitkräften, gegebenenfalls auch in ständigen Wochenenddiensten.

---

171 Vgl. Kapitel 4, Gliederungspunkt 3.2.3.
172 Vgl. Kapitel 3, Gliederungspunkt 1.2.2.
173 Dies zeigt sich exemplarisch an den häufig gesondert erstellten Wochenenddienstplänen, vgl. Kapitel 3, Gliederungspunkt 1.4.2. Siehe hierzu auch die Ausführungen des DBfK LV Bayern zu den Reaktionsmöglichkeiten auf unvorhersehbare personelle Minderbesetzungen. Pruß, et al., Prioritäten setzen bei Personalmangel, In: Pflege Aktuell, September 2005, S. 480-481.
174 Aktuelle Studien zur Arbeitszufriedenheit von Pflegekräfte belegen, dass der Faktor »zu wenig Personal« zu einer höheren Arbeitsunzufriedenheit bei den Pflegekräften führt, vgl. Forschungsgesellschaft für Gerontologie e.V. (Hg.), Stationäre Altenpflege, S. 100 ff.

3 Ständige Nachtwachen

Resümee

Aus der qualitativen Studie wird die Zielsetzung der Leitenden erkennbar, die Nachtdienste, die bislang überwiegend durch ständige Nachtwachen wahrgenommen werden, in den Dienstplan der Wohnbereiche zu integrieren. Zentrale Gründe sind, dass bei Ausfällen einer Dauernachtwache ein hoher Aufwand bei der Vertretungsregelung besteht und die feststehende Planung der Nachtdienste als einengend und auch nicht vorteilhaft für eine kontinuierliche Versorgung der Bewohnerschaft gewertet wird. Ferner hindert der Einsatz von ständigen Nachtwachen einen Austausch zwischen den Tag- und Nachtdiensten und damit letztlich auch einen flexiblen Einsatz des Personals.[175]

Die Tendenz, die Nachtdienste in die Dienstplanung des Hauses und der Wohnbereiche zu integrieren, wird durch die quantitative Befragung in den niedersächsischen Pflegeheimen bestätigt.[176]

Die Ergebnisse beider Studien belegen direkte Auswirkungen auf die Dienstplanung der Wohnbereiche und die Arbeitszeitstrukturen in der Pflege, wenn die Nachtdienste in die Gesamtdienstplanung integriert werden. Dann könnten nämlich die traditionell getrennten Schichtdienste durch ein Drei- oder Vierschichtsystem in der Pflege abgelöst werden.[177] Allerdings ist diese Umsetzung mit Hindernissen verbunden: Die Einführung eines Drei-Schichtsystems fordert eine entsprechende Bereitschaft der Mitarbeiter, in diesem Schichtsystem zu arbeiten. Erkenntnisse aus der qualitativen Studie verweisen darauf, dass diese Forderung zum Teil mit den Wünschen des Personals kollidiert. Beispielsweise können Mitarbeiter nicht bereit oder nicht in der Lage sein, im Drei-Schichtsystem zu arbeiten.[178] Im Weiteren haben Beschäftigte, die ständig im Nachtdienst arbeiten, häufig eine entspre-

---

175 Vgl. Kapitel 3, Gliederungspunkt 1.4.3.
176 So beschäftigt jedes Vierte der in die Befragung einbezogenen Pflegeheime keine ständigen Nachtwachen, vgl. Kapitel 4, Gliederungspunkt 3.2.2.
177 Vgl. Kapitel 3, Gliederungspunkt 1.4.3 sowie Kapitel 4, Gliederungspunkt 3.2.2.
178 Vgl. Kapitel 3, Gliederungspunkt 1.5. Diese Feststellung wird durch weitere Studien belegt. Nachtdienste sind bei Pflegekräften keine bevorzugten Dienste. Bei einer Befragung von Pflegekräften in Pflegeheimen gaben 45 Prozent der Befragten, die Nachtdienste bevorzugten, an, als ständige Nachtwachen tätig zu sein. Vgl. Höpfner, Analyse zur Arbeitszeitgestaltung in der Altenpflege aus der Perspektive des Pflegepersonals, unveröffentlicht, S. 61. Eine europäische Studie zum Berufsausstieg von Pflegepersonal kommt zu dem Ergebnis, dass es einen Zusammenhang zwischen persönlicher Zufriedenheit der Pflegekraft mit ihrem Dienstplan und der Erwägung zur Aufgabe des Berufes gibt, vgl. Bundesanstalt für Arbeitsschutz und Arbeitsmedizin (Hg.), Berufsausstieg beim Pflegepersonal, 2005, S. 88 ff.

chende arbeitsvertragliche Festlegung auf diese Arbeitszeit und den Schichtdienst. Diese Rechte können dann nicht einfach durch das arbeitsrechtliche Direktionsrecht abgeändert werden, sondern bedürfen der Änderungskündigung bzw. der Kündigung des Arbeitsvertrages.[179] Es ist anzunehmen, dass diese Gründe die Ursache dafür sind, dass nach wie vor in vielen Einrichtungen ständige Nachtwachen eingesetzt werden.[180]

Entwicklungspotenziale

Es ist davon auszugehen, dass die noch weit verbreitete Form ständiger Nachtdienste die Entwicklung flexibler Dienst- und Einsatzpläne hemmt und behindert.

Aufgabe der Leitenden in den Einrichtungen muss es sein, diese Trennung und separate Gestaltung der Nachtdienste zu überwinden und die Tages- und Nachtdienste zu verknüpfen. Dabei müssen die ständigen Nachtwachen nicht zwangsläufig vollständig abgeschafft werden, was – wie dargelegt – ohnehin aus arbeitsrechtlichen Gesichtspunkten problematisch ist. Mögliche Schritte könnten darin bestehen, durch integrative Ansätze, z. B. durch Einbindung der Nachtdienste in die Dienstplanung der Wohnbereiche, und eine damit verbundene Vertretungsregelung, eine Einbettung zu erzielen. Dadurch könnte ein besserer Informationsaustausch zwischen dem Tag- und Nachtdienst und ein regelmäßiger Austausch und Tausch von Diensten erreicht werden. Mitarbeiter, die nur zur Wahrnehmung von Nachtdiensten bereit sind, müssen zumindest in die Wohnbereichsteams und deren Diensteinsatzplanung integriert werden.

Dies entspricht auch der Verantwortung der Pflegeheime, eine Rund-um-die-Uhr-Versorgung der Bewohner qualitätsgesichert sicherzustellen. Dabei gilt es dann auch, personelle Aspekte soweit wie möglich durch flexible Arbeitszeitformen zu berücksichtigen.[181]

4 Integration Hauswirtschaft und Pflege

Resümee

Eine weitere Erkenntnis der qualitativen Studie ist, dass die Integration der Hauswirtschaft in pflegerische Versorgungsprozesse defizitär ist und oft nur punktuell und nur teilweise in einzelnen Wohnbereichen erfolgt. Obwohl die Pflegeleistungen und die hauswirtschaftlichen Leistungen für die Qualität der personenorientierten Versorgung der Bewohner zentrale Bedeutung haben,

---

179 Vgl. die Aussagen der Leitenden in Kapitel 3, Gliederungspunkt 1.4.3.
180 So verfügten 71,1 Prozent der befragten Einrichtungen über ständige Nachtwachen, vgl. Kapitel 4, Gliederungspunkt 3.2.2.
181 Siehe hierzu beispielhaft ein beschriebenes Modell eines Krankenhauses, Zitzmann, Weg vom Dreischicht-System, In: Pflegezeitschrift, Heft 1, 2001, S. 43–45.

werden sie regelmäßig als getrennte Leistungs- und Kompetenzbereiche gesehen und auch so gestaltet. Dies zeigt sich zum einen in getrennten Organisations- und Funktionsbereichen, im Weiteren dann auch in einer Aufteilung der Verantwortungsbereiche sowie in einer getrennten Stellenverwaltung und in einer getrennten Arbeitszeit- und Dienstplanung. Den Analysen der qualitativen Studie zufolge liegt die Verantwortung für die Dienstplanung im Bereich der Hauswirtschaft in der Regel bei der hauswirtschaftlichen Leitung, während die Pflegedienstleitung jene Planung insgesamt oder zumindest abschließend für den Pflegebereich durchführt.[182] Diese Erkenntnis ist im Rahmen der quantitativen Untersuchung und deren Ergebnisse bestätigt worden.[183]

Außer der getrennten Personalplanung besteht in den Pflegeeinrichtungen nach den Erkenntnissen der qualitativen Studie eine klassische Aufgabentrennung zwischen dem Pflegedienst und der Hauswirtschaft.[184] Diese Aufgabentrennung wird in der Praxis allerdings bei akuten Ausfällen und Notfällen, insbesondere beim hauswirtschaftlichen Personal, durchbrochen. Dann müssen Pflegekräfte auch hauswirtschaftliche Tätigkeiten übernehmen. Dies wiederum bewirkt kurzfristige Änderungen in der Diensteinsatzplanung von Hauswirtschaft und Pflege, zeigt aber auch, dass es durchaus Schnittstellen gibt. Typische Tätigkeiten im Bereich der Verpflegung können u. a. neben dem Erfragen der Essenswünsche auch die mundgerechte Zubereitung des Essens sein.[185]

Im Interesse einer stabilen Einsatzplanung und einer konstanten bewohnerorientierten Versorgung sollten die Dienstpläne beider Aufgabenbereiche nicht völlig getrennt voneinander geführt und betrachtet werden.[186]

Die bislang bestehende Trennung spiegelt sich nach Erkenntnissen der Studie auch in einem sehr reduzierten Informationsaustausch wider. Hauswirtschaftskräfte nehmen nicht an Dienstbesprechungen der Pflege teil und erhalten für ihren Servicebereich kaum strukturierte Informationen über Bedürfnisse und Wünsche der Bewohner.

Auch ist in Studien zur Betreuung Demenzerkrankter nachgewiesen worden, dass der aktive Einsatz von hauswirtschaftlichem Personal in Wohnbereichsküchen der Verbesserung der Betreuung der Bewohner dient. Die Betreuungsqualität wird gesteigert, aber auch eine Entlastung des Pflegepersonals wird erreicht. Die spezifischen Betreuungskonzepte mit einer Integra-

---

182 Vgl. Kapitel 3, Gliederungspunkt 1.9.1.
183 Nur jedes vierzehnte befragte Pflegeheim gab an, die Dienstplanung für das hauswirtschaftliche Personal in die Dienstplangestaltung des jeweiligen Wohnbereichs eingegliedert zu haben. Vgl. Kapitel 4, Gliederungspunkt 3.3.3.
184 Beispielsweise obliegt die Zimmerreinigung dem hauswirtschaftlichen Dienst, vgl. Kapitel 3, Gliederungspunkt 1.9.1.
185 Vgl. Wiese, Rechtliche Qualitätsvorgaben in der stationären Altenpflege, S. 90f.
186 Vgl. Kapitel 3, Gliederungspunkt 1.9.1.

tion hauswirtschaftlicher Anteile in die Betreuung werden derzeit vor allem für gerontopsychiatrische Wohnbereiche mit Erfolg eingesetzt. Soziale Betreuung dürfen allerdings auch alle anderen Bewohner erwarten.

Insgesamt wird deutlich, dass im Interesse einer ganzheitlichen Versorgung der Bewohner die Aufgaben der Hauswirtschaft und des Pflegedienstes näher zusammengeführt werden müssen.[187] Dazu wäre allerdings eine stärkere Konzeptionierung der hauswirtschaftlichen Qualifikationen und deren Leistungen erforderlich, die mit dem pflegerischen Konzept korrespondiert.[188]

Entwicklungspotenziale

Es zeigt sich, dass die Zusammenarbeit zwischen Pflege und Hauswirtschaft insgesamt verbessert werden muss.[189] Dies verlangt, dass das gewachsene Planungsmuster aufgegeben wird, das darauf aufbaut, aufgrund tradierter Aufgabenzuweisungen und damit festgelegter Zuständigkeiten auch die Diensteinsatzplanung getrennt zu führen. Eine Zusammenführung der Personalplanung wäre zudem ein Schritt, der auch dem Ziel der Verbesserung der Versorgungs- und Betreuungsqualität dienen kann. Dies belegen die gewonnenen Erfahrungen im Bereich der Dementenbetreuung.[190] Eine konstante interdisziplinäre Zusammenführung von Pflege- und Hauswirtschaftskräften in den Wohnbereichen kann vor allem der Verbesserung der sozialen Betreuung dienen und damit die Sicherstellung einer ganzheitlichen Versorgung der Bewohner fördern. Ausgangspunkt ist die Tatsache, dass die Betreuung außerhalb der besonders geförderten Dementengruppen für die Bewohner häufig defizitär ist. Das Pflegepersonal kann sie zusätzlich nicht adäquat gewährleisten und Fachpersonal für die soziale Betreuung wird verstärkt abgebaut.

---

187 Vgl. Kapitel 3, Gliederungspunkt 1.9.1.
188 Tendenziell sich abzeichnende Veränderungen für die Hauswirtschaft ergeben sich aus den neuen Anforderungen für die MDK-Qualitätsprüfungen: Im Rahmen der Prüfungen wird künftig auch auf eine Überprüfung der Qualifikation des hauswirtschaftlichen Personals und der Qualität deren Leistungen geachtet werden. Vgl. dazu MDS e.V., Grundlagen der MDK-Qualitätsprüfungen in der stationären Pflege, 2005, S. 100.
189 Vgl. auch: Forschungsgesellschaft für Gerontologie e.V. (Hg.): Stationäre Altenpflege. Personalstrukturen, Arbeitsbedingungen und Arbeitszufriedenheit in der stationären Altenpflege. 2004, unter 6.6 der Handlungsempfehlung.
190 Zur qualitativen Studie vgl. Kapitel 3, Gliederungspunkt 1.8.2. Zur Bedeutung u. a. der materiellen und sozialen Umgebung, z. B. durch Gestaltung einer häuslichen Umgebung sowie weiteren konzeptionellen Anforderungen mit konstanten Teams, zusammengesetzt aus Pflege- und Betreuungskräften vgl. BMFSFJ, Vierter Bericht zur Lage der älteren Generation, 2002, S. 178 ff., Behörde für Soziales und Familie, Amt für Soziales und Rehabilitation, Besondere stationäre Dementenbetreuung in Hamburg, 2000, S. 27.

Hauswirtschaftliches Personal, das in den Wohnbereichen und in die Teams integriert ist, kann in seinen Kompetenzbereichen die soziale Betreuung der Bewohner unterstützen. Weitere damit verbundene Effekte können ein kontinuierlicher Informationsaustausch und eine konstantere Personal- und Einsatzplanung sein.[191]

5 Umsetzung einer Dienstvereinbarung

Resümee

Ausgehend von den Erkenntnissen der qualitativen Studie ist festzustellen, dass in der stationären Altenpflege im Umgang mit der Ansammlung von Zeitguthaben oder Zeitschulden unterschiedliche Praktiken bestehen. Wenn auch die Verfahren und Inhalte differieren, so zeigt sich doch zunehmend die Tendenz, so genannte Plus- oder Minusstunden zuzulassen und damit, wenn auch nicht explizit, so doch indirekt individuelle Arbeitszeitkonten zu führen.[192] Damit wird in den Altenpflegeeinrichtungen ein Modell zur Arbeitszeitflexibilisierung aufgenommen, dass im industriellen Bereich bereits weit verbreitet ist.

Im Rahmen der Erhebungen fiel eingangs die häufig eher unspezifische Kennzeichnung dieses Arbeitszeitmodells auf. Noch wesentlicher war, dass die Inhalte der persönlichen Arbeitszeitkonten kaum definiert wurden. Die Analysen der qualitativen Studie ergaben darüber hinaus, dass in der Praxis Betriebsvereinbarungen bzw. Dienstvereinbarungen zur Arbeitszeit – soweit vorhanden – nicht nach den rechtlichen Vorgaben umgesetzt werden. Nach den rechtlichen Anforderungen erfordert die Einführung und Umsetzung von persönlichen Arbeitszeitkonten in einem Betrieb den Abschluss einer Dienst- oder Betriebsvereinbarung. Diese Vereinbarungen sehen sowohl die einschlägigen Tarifverträge als auch die Richtlinien für Arbeitsverträge der kirchlichen Einrichtungen vor. Exemplarisch für Letztere zu nennen sind § 9 a i.V.m. § 3 der Anlage 5b der AVR in den Einrichtungen des Deutschen Caritasverbandes oder § 11 Abs. 5 der AVR-K.[193] Ferner erfordern die einschlägigen Rechtsregelungen eine schriftliche Vereinbarung bzw. eine

---

191 Auf der 31. Jahrestagung des Berufsverbandes Hauswirtschaft wurde die Bedeutung des kontinuierlichen Informationsaustausches zwischen Pflege und Hauswirtschaft betont und verschiedene Möglichkeiten der Zusammenarbeit diskutiert. Vgl. Flatt, Nahtstellen muss die Leitung schaffen. In: Altenheim 2003, Heft 7, S. 28-29. In Hausgemeinschafts-Konzepten wird ebenfalls eine enge Zusammenarbeit von Hauswirtschaft und Pflege gefordert. Vgl. Ebner-Breunig, Immer präsent, In: Beilage Altenheim 1/2003, S. 13.
192 Vgl. Kapitel 3, Gliederungspunkt 1.7.3.
193 AVR in den Einrichtungen des Deutschen Caritasverbandes, 2002; AVR-K der Konföderation evangelischer Kirchen in Niedersachsen für Einrichtungen, die sich dem ARRGD angeschlossen haben, Stand Januar 2004.

schriftliche Niederlegung und die Erfüllung von im Einzelnen detailliert aufgelisteten Regelungsinhalten, um wirksam zu sein.

Als Fazit wurde festgestellt, dass keine Einrichtung über entsprechende schriftliche Vereinbarungen verfügt, sondern dass lediglich formlose Absprachen mit Beschäftigten dem flexiblen Arbeitszeitmodell zugrunde liegen.[194] Diese Feststellungen wurden aufgrund der Ergebnisse der quantitativen Ist-Erhebung in niedersächsischen Heimen bestätigt: Jedes zweite an der Befragung teilnehmende Pflegeheim gab an, dass Arbeitszeitkonten für die Mitarbeiter bestehen, jedoch trafen auch 41 Prozent die Aussage, dass diese nur mündlich vereinbart wurden.[195]

Die Niederlegung einer Dienst- oder Betriebsvereinbarung dient der Transparenz und der Sicherheit der Beschäftigten. Dies gilt auch für die Fixierung der Regelungsinhalte, zum Beispiel zur Bestimmung der Ober- und Untergrenze für Plus- und Minusstunden. Die Ergebnisse der quantitativen Ist-Erhebung in niedersächsischen Pflegeheimen belegen auch für diese Bereiche eine unzureichende Umsetzung in der Praxis. Als Beispiel ist anzumerken, dass 55 % der an der Befragung teilnehmenden Pflegeheime keine Obergrenze für Zeitschulden und 64 % keine Obergrenze für Zeitguthaben vereinbart hatten.[196]

Entwicklungspotenziale

In erster Linie ist darauf zu verweisen, dass die praktizierte Form der formlosen Absprache zu keiner verpflichtenden Vereinbarung gereicht. Dies kann für beide Seiten zum Nachteil sein und schafft eher Intransparenz. Beim Abschluss einer Dienst- oder Betriebsvereinbarung sind so genannte Mindestregelungen zu beachten. Exemplarisch darzulegen ist dies an § 11 Abs. 5 AVR-K (Diakonie), der zehn Regelungsinhalte festlegt.[197] Regelungsinhalte – ergänzt durch Anmerkungen – sind:

a. die Möglichkeit der Ansammlung von Plus- und Minusstunden,
b. die Festlegung des Ausgleichszeitraums. Dieser kann bis zu einem Jahr betragen,
c. die Bestimmung der unteren und oberen Grenze für Plus- und Minusstunden; dabei darf nach dem AVR-K das Arbeitszeitkonto nicht mehr als 10 Minusstunden aufweisen. Als Obergrenze kann dagegen das dreifache der

---

194 Vgl. Kapitel 3, Gliederungspunkt 1.7.3.
195 Vgl. Kapitel 4, Gliederungspunkt 2.13.
196 Vgl. Kapitel 4, Gliederungspunkt 2.13.
197 AVR-K der Konföderation evangelischer Kirchen in Niedersachsen für Einrichtungen, die sich dem ARRGD angeschlossen haben, Stand Januar 2004. Im Gegensatz zum BAT sieht auch der TVöD detaillierte Regelungen zum zwingenden Regelungsinhalt von Dienst- oder Betriebsvereinbarungen in § 10 TVöD vor.

dienstvertraglichen Arbeitszeit festgelegt werden (bei Vollzeitkräften somit 120 Stunden),
d. die Führung des Arbeitszeitkontos durch den Arbeitgeber,
e. die Festlegung einer monatlichen Information über den Stand des Kontos. Die monatliche Information könnte beispielsweise zusammen mit der Gehaltsbescheinigung erfolgen,
f. die Verfügung über Zeitguthaben, die lediglich auf Antrag der Arbeitnehmerin/ des Arbeitnehmers erfolgen kann,
g. die Bestimmung der Antragsfristen, z. B. sechs Wochen als Antragsfrist bei einem Zeitausgleich von 80 Stunden und eine Woche bei einem Zeitausgleich von mehr als drei Tagen. Auch sollte ein Verfahren bei Ablehnung des Arbeitgebers geregelt werden.[198]
h. das Verfahren des Ausgleichs des Arbeitszeitkontos bei Ausscheiden des Arbeitnehmers aus dem Arbeitsverhältnis. Ansonsten werden nach AVR-K Plusstunden ausbezahlt,
i. die Berücksichtigung von Fehlzeiten,
j. die Vereinbarung, wie bei einer Erkrankung des Arbeitnehmers bzw. der Arbeitnehmerin im Rahmen des Freizeitausgleichs zu verfahren ist. Zum Beispiel könnte geregelt werden, dass eine während eines Freizeitausgleichs eintretende krankheitsbedingte Arbeitsunfähigkeit nach Ablauf von sieben zusammenhängenden Krankheitstagen zu keiner weiteren Minderung des Arbeitszeitkontos führt.[199]

6 Soziale Betreuung

Resümee

Nach Erkenntnissen dieser Studie innerhalb der qualitativen Erhebung ist die soziale Betreuung in Pflegeheimen sehr eingeschränkt.[200] Dies gilt vor allem für die Betreuung von Bewohnern, die nicht demenziell erkrankt sind. In den Einrichtungen ist entweder kein eigenes für die soziale Betreuung extra beschäftigtes Personal mehr vorhanden oder dieser Bereich ist personell minimal besetzt. Soweit Einrichtungen über kein ausgewiesenes Betreuungspersonal verfügen, ist die Betreuung dem Aufgabenbereich der Pflege zugeordnet worden. Die Betreuung soll dann im Kontext der Pflege mit erfolgen, wird allerdings nach Feststellungen früherer Untersuchungen aufgrund ohne-

---

198 Vgl. D.II.c., Muster einer Dienstvereinbarung über Arbeitszeitkonten, AVR-K, § 5.
199 Vgl. D.II.c, Muster einer Dienstvereinbarung über Arbeitszeitkonten, AVR-K, § 7.
200 Vgl. Kapitel 3, Gliederungspunkt 1.8.1. Die Pflegestatistik 2003 weist eine Personalquote im Bereich der sozialen Betreuung von drei Prozent in deutschen Pflegeheimen aus, vgl. Statistisches Bundesamt, 4. Bericht: Pflegestatistik 2003, S. 4.

hin bestehender Arbeitsbelastungen häufig vernachlässigt.[201] Eine soziale Betreuung ist damit konzeptionell nicht sichergestellt.

Diese Entwicklung wurde aufgrund der Auswertungen der quantitativen Ist-Erhebung in niedersächsischen Pflegeheimen eindeutig bestätigt.[202] Die Gründe für die Reduzierung der Betreuungsleistungen liegen darin, dass über das Versicherungssystem der Pflegeversicherung allgemeine soziale Betreuungsbedarfe, mit Ausnahme der Vereinbarungen zur Dementenbetreuung in den Leistungs- und Qualitätsvereinbarungen, nicht gesondert berücksichtigt und vergütet werden.[203]

Die Experteninterviews zeigten, dass vor allem durch den Einsatz ehrenamtliche Helfer und Angehöriger von Bewohnern Betreuungsangebote erst ermöglicht werden. Sie leisten damit wichtige Unterstützung vor allem auch für das pflege- und hauswirtschaftliche Personal. Allgemeine soziale Betreuungsangebote werden bislang vom pflege- und hauswirtschaftlichen Personal kaum geleistet. Im Gegensatz zu anderen Aufgaben, wie zum Beispiel administrativen Aufgaben oder Übergaben, sind sie auch dienstplanmäßig nicht berücksichtigt.[204]

Anders verhält es sich bei der Betreuung demenziell Erkrankter. Die Auswertungen ergaben, dass Pflegeheime der Betreuung ihrer demenzerkrankten Bewohner einen hohen Bedeutungswert einräumen.[205] Die quantitative Erhebung hat dies bestätigt.[206] Die Betreuung demenzerkrankter Bewohner stellt an die Pflegeeinrichtungen hohe Anforderungen an die Organisation, die Stellenbesetzung und die professionelle Gestaltung.[207] Nach Erkenntnissen dieser Untersuchung wird zur Sicherstellung einer qualifizierten Betreuung in zahlreichen Einrichtungen notfalls auch hausintern Personal aus anderen Wohnbereichen hinzugezogen und umgesetzt. Dies hat Auswirkungen auf die

---

201 Zu den Problemlagen der Betreuung vgl. Wiese, Pflegeversicherung und Pflegepraxis. Auswirkungen rechtlicher Regularien auf die Pflege, Pflegequalität und Qualitätssicherung, 2004, S. 182 ff. Zur Betreuung Demenzerkrankter: Wiese, Rechtliche Qualitätsvorgaben in der stationären Altenpflege, S. 51 ff.
202 Vgl. zur Bestätigung der Hypothese 3 in Kapitel 4, Gliederungspunkt 4.1.
203 Zur Problematik vgl. Wiese, Pflegeversicherung und Pflegepraxis. Auswirkungen rechtlicher Regularien auf die Pflege, Pflegequalität und Qualitätssicherung, 2004, S. 173 ff.
204 Vgl. Kapitel 3, Gliederungspunkt 1.8.1.
205 Vgl. Kapitel 3, Gliederungspunkt 1.8.3.
206 78 % der an der Befragung beteiligten Pflegeheime gaben das Vorhandensein einer/mehrerer Dementengruppen an, vgl. Kapitel 4, Gliederungspunkt 3.4.
207 Auf die Herausforderungen in der Versorgung dieser Bewohnergruppen sowie dafür erforderliche Personalressourcen verweist das Pflege-Thermometer, vgl. dip, Pflege-Thermometer 2003, S. 24.

Organisation und Dienstplanung für das gesamte Pflegepersonal und die Hauswirtschaft.[208]

Entwicklungspotenziale

Die Entwicklungen und Ergebnisse zur sozialen Betreuung verweisen auf einen dringenden Änderungsbedarf. Das Modell integrierter Wohnbereichsküchen, das bislang allerdings nur für eine bedürfnisorientierte Betreuung demenziell erkrankter Bewohner ausgebaut wird und zu neuen Formen der Zusammenarbeit von Hauswirtschaft und Pflege führt, zeigt auch Entwicklungspotenziale auf, wie für alle Heimbewohner das Betreuungskonzept verbessert werden kann.[209]

Ein weiterer Änderungsbedarf besteht darin, dass Aufgaben der sozialen Betreuung auch in die Diensteinsatzplanung Eingang finden müssen. Da diese Aufgabe vielfach ganz oder doch zumindest teilweise dem Aufgabenfeld der Pflege zugeordnet wurde, sollten dann auch Zeiträume für die Betreuung bewusst in den Dienstplänen eingeplant werden. Beispielhaft dafür ist die Berücksichtigung von Zeitanteilen für die Pflegeplanung oder die Übergabe, die von vielen Pflegeheimen bewusst geplant und in der Dienstplanbesetzung mit umgesetzt werden.

Auf diesem Wege könnte über die formale Zuordnung hinaus eine Integration sozialer Betreuungsdienste auch für nicht demenziell Erkrankte angestrebt und damit der Forderung nach einer ganzheitlichen bewohnerorientierten Versorgung nachgekommen werden.

7 Zuständigkeit der Planung

Resümee

Aufgrund der Erkenntnisse aus der hier erfolgten qualitativen Studie ist davon auszugehen, dass mit Einführung der EDV-gestützten Dienstplangestaltung die Dienstplanerstellung und -verwaltung als zentrale Aufgabe den Leitungskräften obliegt. Der Grund hierfür liegt in der Beschränkung des Zugriffsrechts auf das Dienstplanprogramm, das überwiegend bei den Leitungskräften liegt. Daraus ergibt sich, dass Pflegedienstleitungen neben dem Soll-Dienstplan auch sämtliche sich aus dem Ist-Plan ergebenen Änderungen nachträglich in die EDV eingeben müssen. Leitungskräfte erhalten somit auch eine verstärkte Kontrollmöglichkeit, da vormals die Änderungen von den Mitarbeitern selbst per Hand eingetragen wurden.[210]

---

208 Vgl. Kapitel 3, Gliederungspunkt 1.8.3.
209 Vgl. Kapitel 3, Gliederungspunkt 1.9.3. Vgl. im Weiteren zu den Entwicklungen: Trautwein, Den Alltag neu Entdecken, In: Altenheim 2004, Heft 10, S. 23.
210 Vgl. Kapitel 3, Gliederungspunkt 1.3.2.

Entwicklungspotenziale

Im Rahmen eines umfassenden Controllings sind die über die EDV erfassten und aufbereiteten Daten zur Personal- und Arbeitszeitentwicklung notwendig und für eine langfristige Planung dienlich. Jedoch sollte die Dienstplanerstellung sowie die Eingabe der Daten und die EDV-Verwaltung auf eine untere Leitungsebene delegiert werden. Das erfordert allerdings entsprechend qualifizierte Wohnbereichsleitungen.[211] Leitungskräfte sollten vor allem für die strategische Ausrichtung und die übergreifenden Planungen sowie Konzeptentwicklungen in ihrer Einrichtung verantwortlich sein, die hier exemplarisch anhand von Entwicklungspotenzialen aufgezeigt wurden. Dazu gehört auch die begleitende Überprüfung und Optimierung der Arbeitszeitorganisation an die sich stetig verändernden Gegebenheiten. Für die überwiegende Zahl der Einrichtungen wurde festgestellt, dass die bestehenden Arbeitszeitstrukturen vor mehr als drei Jahren eingeführt wurden. Am Beispiel der sich verändernden Beschäftigungszeiten, die mehr Teilzeitformen umfassen und den Bewohnerbedürfnissen wird dies deutlich.

---

[211] Vgl. Forschungsgesellschaft für Gerontologie e.V. (Hg.), Stationäre Altenpflege, 2004, S. 18.

Literatur

ALEWELL, D. (Hg.): Zwischen Arbeitslosigkeit und Überstunden. Personalwirtschaftliche Überlegungen zur Verteilung von Arbeitsvolumina, Frankfurt am Main, 2000.

Arbeitsrechtliche Kommission der Diakonie in Niedersachsen (Hg.): Arbeitsvertragsrichtlinien der Diakonie. AVR der Konföderation evangelischer Kirche in Niedersachsen für Einrichtungen, die sich dem ARRGD angeschlossen haben (AVR-K), 1. Auflage. Hannover, Stand Januar 2004.

BARTHOLOMEYCZIK, S.: Zusammenhänge zwischen Personal- und Bewohnerstruktur in Altenpflegeheimen. Zur Notwendigkeit einer analytischen Personalbemessung. In: PR-InterNet 2003, Heft 6, S. 73–81.

BAUER, F.: Probleme der Arbeitszeitgestaltung im Krankenhaus. Erfahrungen aus der Evaluation eines Modellprojekts. In: Arbeit, Heft 3, 2000, S. 191–203.

BAUER, F.; Groß, H.; Munz, E.; Sayin, S.: Arbeitszeit und Betriebszeiten 2001. Neue Formen des betrieblichen Arbeits- und Betriebszeitmanagements. Düsseldorf, 2002.

BAUMGART, Dinse: Mehr Flexibilität bei der Arbeitszeit. Dienstplangestaltung nach Maß. Altenheim 1997, Heft 10, S. 24 ff.

Bayerisches Staatsministerium für Arbeit und Sozialordnung, Familie, Frauen und Gesundheit; Arbeiterwohlfahrt Bezirksverband Oberbayern. e.V.: Kooperation von Hauswirtschaft und Pflege in stationären Einrichtungen der Altenhilfe – Ein Leitfaden zur Schnittstellengestaltung –. Ohne Ort, ohne Jahr.

BAYER-PETERS, D.: Schlechte Aussichten. In: Altenpflege 2005, Heft 4, S. 32–33.

BECKMANN, P.: Zwischen Wunsch und Wirklichkeit. In: Bundesarbeitsblatt 2002, Heft 11, S. 13–17.

Behörde für Soziales und Familie. Amt für Soziales und Rehabilitation: Besondere stationäre Dementenbetreuung in Hamburg, 2. Auflage, Hamburg, 2000.

BENDER, Trapp: Flexibel, effizient und mitarbeiterfreundlich. Erlösorientierte Einsatzplanung und flexible Arbeitszeitmodelle sinnvoll kombiniert, Altenheim 1999, Heft 10, S. 22.

Berufsgenossenschaft für Gesundheitsdienst und Wohlfahrtspflege; Deutsche Angestelltenkrankenkasse: BGW-DAK Gesundheitsreport 2003 Altenpflege. Arbeitsbedingungen und Gesundheit von Pflegekräften in der stationären Altenpflege. Hamburg, 2003. In: http://www.bgw-online.de [31.05.2005].

BEERMANN, B.: Leitfaden zur Einführung und Gestaltung von Nacht- und Schichtarbeit. 1. Auflage, Bremerhaven, 2004.

BEYER, N.; Papenheim, H.-G.: Arbeitsrecht der Caritas. Ein Praxiskommentar. Freiburg, 2004.

BLASS, K.: Gesund Pflegen in der Altenpflege. Analyse und Maßnahmenentwicklung zur Reduzierung der Arbeitsbelastung in der stationären Altenpflege. Bundesanstalt für Arbeitschutz und Arbeitsmedizin (Hg.), Dortmund, Dresden, 2005. In: http://www.inqa.de/Inqa/Redaktion/Service/Downloads/Gesund-Pflegen-in-der-Altenpflege-pdf,property=pdf,bereich=inqa,sprache=de,rwb=true. pdf [20.12.2005].

BLUM, A.; Zaugg, R. J.: Praxishandbuch Arbeitszeitmanagement. Chur, Zürich, 1999.

BRUNS, W.; Andreas, M.; Debong, B.: Festlegung der Arbeitszeiten. In: Die Schwester/Der Pfleger 2005, Heft 6, S. 488–489.

Bundesanstalt für Arbeitschutz und Arbeitmedizin (Hg.): Berufsausstieg beim Pflegepersonal. Arbeitsbedingungen und beabsichtigter Berufsausstieg bei Pflegepersonal in Deutschland und Europa. Dortmund, Berlin, Dresden, 2005.

Bundesministerium für Arbeit und Sozialordnung: Teilzeit – Neue Perspektiven. Bonn, 2001.

Bundesministerium für Familie, Senioren, Frauen und Jugend (Hg.): Vierter Bericht zur Lage der älteren Generation, Berlin, Bonn, 2002.

Bundesministerium für Familie, Senioren, Frauen und Jugend (Hg.): Altenhilfestrukturen der Zukunft. Abschlussbericht der wissenschaftlichen Begleitforschung zum Bundesmodellprogramm. Bonn, 2004.

Bundesministerium für Gesundheit und Soziale Sicherheit (Hg.): PLANUNGSHILFE Bezugs(personen)pflege. Personenzentrierte Pflege auch in »traditionellen« Pflegeeinrichtungen. Kuratorium Deutsche Altenhilfe, Köln, 2004.

Bundesministerium für Wirtschaft und Arbeit (Hg.): Teilzeit – Alles, was Recht ist. Aktualisierte Auflage, Berlin, 2004. In: http://www.bmwa.bund.de [27.09.2005].

BUSCHOFF, K.: Die Flexibilisierung der Arbeitszeit in der Bundesrepublik Deutschland. In: Aus Politik und Zeitgeschichte, Bd. 14–15/2000, S. 32–38.

DEINERT, O.: Neugestaltung der Arbeitsvertragsgrundlagen in Einrichtungen der evangelischen Kirche über den dritten Weg. Berlin, 2005. In: http://www.verdi.de [01.12.2005].

DENZLER, E.: Abkehr vom Tarifvertrag. In: Altenpflege 2004, Heft 11, S. 58–60.

Deutsches Krankenhausinstitut e. V.: Auswirkungen alternativer Arbeitszeitmodelle. Forschungsprojekt des Deutschen Krankenhausinstituts im Auftrag der Deutschen Krankenhausgesellschaft mit finanzieller Unterstützung des Bundesministeriums für Gesundheit und Soziale Sicherung – Abschlussbericht. Düsseldorf, 2004. In: http://www.bmgs.bund.de [24.05.2005].

Deutscher Industrie- und Handelskammertag (Hg.): Individuell und flexibel. Wettbewerbsfaktor Arbeitszeitgestaltung. Ergebnisse einer DIHK-Unternehmensbefragung Herbst 2004. Berlin, 2004. In: http:/www.dihk.de [27.09.2005].

Deutsches Institut für angewandte Pflegeforschung e.V. (dip): Pflege-Thermometer 2003. Frühjahrsbefragung zur Lage und Entwicklung des Personalwesens in der stationären Altenhilfe in Deutschland. Köln, Bermuthshain, 2003. In: http://www.dip-home.de [26.04.2006].

EBNER-BREUNING, S.: Immer präsent. Die Rolle der Hauswirtschaft im Lebensweltkonzept. In: Altenheim 2003, Heft 1, Beilage: Küche im Altenheim, S.11–13.

ENGELKAMP, G.: Beanspruchung und Belastung der Altenpflege bereits im Ausbildungsstadium? Eine prospektive Studie mit Altenpflegeschülerinnen und -schülern. Dissertation, Heidelberg, 2001. In: http://www.ub.uni-heidelberg.de/archiv/1827.

Europäische Stiftung zur Verbesserung der Lebens- und Arbeitsbedingungen: BEST Nr. 11: Kontinuierliche Schichtsysteme. Luxemburg, 1998. In: http://www.eurofound.eu.int/publications/files/EF9802DE.pdf [31.05.2005].

Europäische Stiftung zur Verbesserung der Lebens- und Arbeitsbedingungen: BEST Nr. 1/2000: Schichtarbeit und Gesundheit. Luxemburg, 2000. In: http://www.eurofound.ie/publications/files/EF0009DE.pdf [04.10.2005].

FLATT, B.: Nahtstellen muss die Leitung schaffen. In: Altenheim 2003, Heft 7, S. 28–29.

Forschungsgesellschaft für Gerontologie e.V. (Hg.): Stationäre Altenpflege. Personalstrukturen, Arbeitsbedingungen, Arbeitszufriedenheit. Dortmund, 2004. In: http://www.ffg.uni-dortmund.de/Publikationen/berichte.pdf [27.12.2006].

Friedrich-Ebert-Stiftung: Moderne Zeiten: Arbeitszeitflexibilität durch Arbeitszeitkonten. Electronic ed.: Bonn : FES Library, 2001.

GLASER J.; Höge, Th: Probleme und Lösungen in der Pflege aus Sicht der Arbeits- und Gesundheitswissenschaften. Dortmund, Berlin, Dresden, 2005. In: http://www.baua.de [20.12.2005].

GROß, H., Munz, E.; Seifert, H.: Verbreitung und Struktur von Arbeitszeitkonten. In: Arbeit, 2000, S. 217–229.

GROß, H.; Munz, E.: Arbeitszeit '99. Arbeitszeitformen und -wünsche der Beschäftigten – mit Spezialteil zu Arbeitszeitkonten –. Durchgeführt von ISO – Institut zur Erforschung sozialer Chancen. (Hg.: Ministerium für Arbeit, Soziales und Stadtentwicklung, Kultur und Sport des Landes Nordrhein-Westfalen). Düsseldorf, 2000. In: http://www.mwa.nrw.de/archiv/download/material/arbeitszeit_99.pdf [25.05.2005].

GRÜN, O.: Zukünftige Organisationsstrukturen für Alters- und Pflegeheime. In: Zeitschrift für Gerontologie und Geriatrie 1998, Heft 6, S. 398–406.

HAACK, B.: Zeitmanagement im Beruf Pflege. In: Pflege Aktuell 2004, S. 523–527.

Hessisches Sozialministerium: Arbeitsplatz Krankenhaus. Perspektiven für die Arbeitszeitgestaltung. Dokumentation der Fachtagung in Bad Nauheim am 5.12.2002. Wiesbaden, 2003. In: http://www.sozialnetz-hessen.de [12.09.2005].

HILLEBRAND, H.; et all.: Ressourcenfördernde Personalentwicklung und Optimierung der Organisationsstrukturen in Einrichtungen der stationären Altenpflege (REPOSTA) – Abschlussbericht zum Modellprojekt –. Projektdurchführung: Niedersächsische Akademie für Fachberufe im Gesundheitswesen e.V. Bad Laer, 2004. In http://www.bmfsfj.de [15.05.2005].

HÖPFNER, I.: Analyse zur Arbeitszeitgestaltung in der Altenpflege aus der Perspektive des Pflegepersonals. Osnabrück 2005, unveröffentlicht.

HOHAGE, R.; Prieß, T.: Verteilung der Arbeitszeit. BAG: Arbeitgeber muss familiäre Belange berücksichtigen. In: Altenheim 2004, Heft 11, S. 35.

Institut für Arbeitsmarkt- und Berufsforschung: Arbeitszeitpolitik. Mit längeren Arbeitszeiten aus der Beschäftigungskrise? IAB Kurzbericht Nr.10/2004. In: http://doku.iab.de/kurzber/2004/kb1004.pdf [27.09.2005].

Institut für Arbeitsmarkt- und Berufsforschung: Teilzeitarbeit. Ein Gesetz liegt im Trend. IAB Kurzbericht Nr.18/2004.
In: http://doku.iab.de/kurzber/2004/kb1804.pdf [27.09.2005].

JÜRGENS, K.: Familiale Lebensführung im Kontext flexibilisierter Arbeitszeiten: Auswirkungen der 28,8-Stunden-Woche bei der VW AG auf die alltägliche Verknüpfung von Erwerbsarbeit, Paarbeziehung und Elternschaft. Dissertation, Hannover, 1999. In: http://deposit.ddb.de/cgi-bin/dokserv?idn=95820599x [01.06.2005].

KELM, R.: Bei Anruf Dienst? Pflegende haben ein Recht auf ungestörte Freizeit. In: Pflegezeitschrift 2001, Heft 12, S. 905–908.

KELM, R.: Überstunden nur per Anordnung. In: Pflege Aktuell 2002, Heft 5, S. 296–297.

KELM, R.: Arbeitszeit- und Dienstplangestaltung in der Pflege. 2. Auflage, Stuttgart, 2003.

KOCH, F. W.: Qualität rauf, Kosten runter. Integrales Personalmanagement in der Pflege. In: Altenheim 2001, Heft 6, S. 32–36.

KRÄMER, K.: Lebensarbeitszeitgestaltung in der Altenpflege – Handlungsleitfaden für eine alternsgerechte Personalentwicklung. Informationen und Erfahrungen aus einem Beratungsprojekt. Stuttgart, 2002. In: http://www.demotrans.de [24.05.2005].

KREITZ, R.: Perspektiven fürs Personal. In: Altenpflege 2003, Heft 3, S. 61–62.

LANDENBERGER, M.: Innovatoren des Gesundheitssystems. Bern, 1998.

Landesanstalt für Arbeitsschutz (Hg.): EDITA 5 – Arbeitszeiten im Gesundheitswesen. Zusammenfassung der Ergebnisse des Teilprojektes »Arbeitszeit« aus dem Programm »Arbeitsschutz im Gesundheitswesen«. Düsseldorf, 1998.
In: http://www.arbeitszeiten.nrw.de [15.05.2005].

Länderausschuss für Arbeitsschutz und Sicherheitstechnik (LASI) (Hg.): LASI-Veröffentlichung – LV 30. Arbeitszeitgestaltung in Krankenhäusern – Arbeitszeitproblematik am Beispiel des ärztlichen Dienstes. 2. Auflage, Hamburg, 2005. In: http://lasi.osha.de/docs/lv30_0305.pdf [12.09.2005].

Landkreis Osnabrück: Örtlicher Pflegeplan gemäß § 4 Nds. Pflegegesetz (NdsPflegeG) für den Landkreis Osnabrück. Osnabrück, 2000.

LANGMAACK, S.: Teilzeitarbeit und Arbeitszeitflexibilisierung. Ein arbeitsrechtlicher Leitfaden für die betriebliche Praxis. Berlin, 2001.

Landesbetrieb Krankenhäuser Hamburg (LBK) (Hg.): Panda (Prozessorientierte Arbeitsorganisation/Neue Dienst- und Arbeitszeitmodelle), Abschied vom Bereitschaftsdienst. Hamburg, 2003.

LIECKENBROCK, A.: Mitarbeiterorientierte Dienstplangestaltung: Flexible Arbeitszeiten in der Praxis. In: Pflegezeitschrift 2001, Heft 11, S. 819–820.

LÜTKEFENT, Y.: Flexible Dienstplangestaltung in der Altenpflege. Überstunden abbauen – Personal effektiv einsetzen. Hannover, 2003.

MARR, R. (Hg.): Arbeitszeitmanagement. Grundlagen und Perspektiven der Gestaltung flexibler Arbeitszeitsysteme. 3. neu bearbeitete Auflage, Berlin, 2001.

MDS e.V.: Grundlagen der MDK-Qualitätsprüfungen in der stationären Pflege. Essen, 2005.

MEIFORT, B. (Hg.): Schlüsselqualifikationen für gesundheits- und sozialpflegerische Berufe. Darmstadt, 1991.

MERK, S.: Flexible Arbeitszeiten im Klinikum Saarbrücken. In: Das Krankenhaus 2004, Heft 8, S. 653–654.

MILLER, P: Flexible Arbeitszeiten im Unternehmen Krankenhaus. Resourchenoptimierung durch Arbeitszeitmodelle mit innovativen Arbeitszeiten. In: Die Schwester/Der Pfleger 2004, Heft 1, S. 32–35, Heft 2, S. 120–122.

MILLER, P.: Die intelligente Dienstplanung. Anforderungen an Softwarelösungen zur EDV-gestützten Dienstplanerstellung. In: Die Schwester/Der Pfleger 2005, Heft 7, S. 550–554.

Ministerium für Arbeit und Soziales, Qualifikation und Technologie des Landes Nordrhein-Westfalen (Hg.): Landesinitiative Moderne Arbeitszeiten NRW. Arbeits- und Betriebszeiten flexibel gestalten. Düsseldorf, 2000.

Ministerium für Arbeit, Soziales und Stadtentwicklung, Kultur und Sport des Landes Nordrhein-Westfalen: Arbeitszeitmodelle in Umsetzung des Arbeitszeitgesetzes als Beispiel moderner Arbeitsorganisation. Düsseldorf, 2000.

Ministerium für Arbeit und Soziales, Qualifikation und Technologie des Landes Nordrhein-Westfalen (Hg.): Arbeitszeitmodelle – Moderne Arbeitsorganisation im Gesundheitswesen. Rechtliche Grundlagen und organisatorische Erfahrungen. Düsseldorf, 2000. In. http://www.arbeitszeiten.nrw.de [25.05.2005].

Ministerium für Frauen, Jugend, Familie und Gesundheit des Landes Nordrhein-Westfalen (Hg.): Neue Organisationsformen bei Nacht- und Schichtarbeit. Beschäftigungswirksame und sozialverträgliche Arbeitszeitmodelle im Krankenhaus, Band 1. Düsseldorf, 2000.

Ministerium für Frauen, Jugend, Familie und Gesundheit des Landes Nordrhein-Westfalen (Hg.): Neue Organisationsformen bei Nacht- und Schichtarbeit. Beschäftigungswirksame und sozialverträgliche Arbeitszeitmodelle im Krankenhaus, Band 2. Düsseldorf, 2001.

MÜLLER, L.: Überstunden vermeiden. In: Altenheim 2004, Heft 4, S. 18–21.

NICKELS, A.: Mit der Stunde wuchern. Modell »Mobilzeit«: Flexible Konten für alle Mitarbeiter. In: Altenheim 2001, Heft 7, S. 26–29.

Niedersächsisches Landesamt für Statistik: Gesetzliche Pflegeversicherung. Ergebnisse der Pflegestatistik 2001 und 2003, Hannover, 2003 und 2005.

Niedersächsisches Ministerium für Soziales, Frauen, Familie und Gesundheit: Pflegerahmenplan nach § 3 des Niedersächsischen Pflegegesetzes (NPflegeG). Hannover, 2000.

OELKE, U.; Menke, M.: Qualifizierung des Personals. In: Igl, G., Schiemann, D., Gerste, G, Klose, J. (Hg.), Qualität in der Pflege. Kiel, Osnabrück, Bonn, 2002, S. 79–96.

PAETZOLD: Kein Traum – die 35 Stunden Woche, In: Heim+Pflege 2000, S. 194 ff.

PRUß, H.; et al.: Prioritäten setzen bei Personalmangel. In: Pflege Aktuell, September 2005, S. 480–481.

RICHARDI, R.: Arbeitsrecht in der Kirche. 4. Auflage, München 2003.

Robert Bosch Stiftung (Hg.): Pflege neu denken. Zur Zukunft der Pflegeausbildung. Stuttgart, 2000.

Runder Tisch Pflege, Arbeitsgruppe II: Empfehlungen und Forderungen zur Verbesserung der Qualität in der stationären Betreuung und Pflege. Deutsches Zentrum für Altersfragen, Geschäftsstelle Runder Tisch Pflege, 2005. In: http://www.bmfsfj.de/ RedaktionBMFSFJ/Abteilung3/Pdf-Anlagen/ergebnisse-ag2-verbesserung-der-qualitaet-in-der-betreuung,property=pdf.pdf [26.09.2005].

Sachverständigenrat für die Konzertierte Aktion im Gesundheitswesen: Sondergutachten 1997. Gesundheitswesen in Deutschland. Kostenfaktor und Zukunftsbranche. Band II: Fortschritt und Wachstumsmärkte, Finanzierung und Vergütung. Baden-Baden, 1998.

SCHEFFER, R. Th.; Mayer, R.: Kommentar zu den Arbeitsvertragsrichtlinien des Diakonischen Werkes der Evangelischen Kirche in Deutschland. 4. neubearbeitete Auflage 2003, Stuttgart, 2004.

SEIFERT, H: Zeitkonten: Von der Normalarbeitszeit zu kontrollierter Flexibilität. In: Marr, R. (Hg.): Arbeitszeitmanagement. Grundlagen und Perspektiven der Gestaltung flexibler Arbeitszeitsysteme. 3. neu bearbeitete Auflage, Berlin, 2001.

SCHNEEKLOTH, U./Müller, U.: Wirkungen der Pflegeversicherung. Forschungsprojekt im Auftrag des BMG (Hg.), Schriftenreihe des Bundesministeriums für Gesundheit. Band 127, Bonn, 2000.

SCHUBERT, M.; Schaffer-Witvliet, B.; De Geest, S.: Auswirkungen von Kosteneinsparungsstrategien und Stellenbesetzung auf die Ergebnisse von Patienten und Pflegefachpersonen. In: Pflege 18, 2005, S. 320–328.

SCHULZE BUSCHOFF, K.: Die Flexibilisierung der Arbeitszeit in der Bundesrepublik Deutschland. Ausmaß, Bewertung und Präferenz. In: Poltik und Zeitgeschichte 2000, Heft B14–15, S. 32–38.

Stadt Köln: Pflegebedarfsplan 2001–2006. Köln, 2002.

Statistisches Bundesamt: 4. Bericht: Pflegestatistik 2003 – Pflege im Rahmen der Pflegeversicherung – Ländervergleich: Pflegeheime. Bonn, 2005.

STECHEL, H.-A.: Teilzeit- und Aushilfskräfte. Freiburg i. Br., 1990.

TAMM, M.: TVöD und BAT: Was hat sich geändert und was bleibt? Personalvertretung 2006, S. 44–55.

TAT, U.; Bäume, P.: Automatisierte Dienstplanerstellung mit PepS2. In: PR-InterNet 2004, Heft 11, S. 600–604.

TRAUTWEIN, I.: Den Alltag neu Entdecken. Bewohnerorientierte Hauswirtschaft erfordert Perspektivwechsel in der Altenhilfe. In: Altenheim 10 / 2004, S. 23.

VER.DI – VEREINTE DIENSTLEISTUNGSGEWERKSCHAFT (Hg.): Dienstplangestaltung im Pflegedienst. Eine Arbeitshilfe zur Dienstplangestaltung in Krankenhäusern und Heimen, 5. Auflage. Berlin, 2004. In: http://www.verdi.de [31.05.2005].

VIETHEN, H. P.; Scheddler, A.: Zwei Jahre Teilzeit- und Befristungsgesetz. In: Bundesarbeitsblatt 2002, Heft 11, S. 5–9.

VOß, L.; Heitmann, B.: Jeder kommt zur rechten Zeit. In: Altenheim 2003, Heft 8, S. 18–22.

WALLRAFEN-DREISOW, H.: Zweifelhafter Nutzen. In: Altenheim 2005, Heft 1, S. 38–39.

WANK, R.: Kommentierung zu § 3 ArbZG. In: Dietrich, Müller-Glöge, Preis, Schaub, Erfurter Kommentar zum Arbeitsrecht, München 2006.

WENDERLEIN, F.: Fehlzeiten im Pflegebereich durch schlechte Organisation. In: Die Schwester/Der Pfleger 2005, Heft 3, S. 232–236.

WEYERER, S.; et al.: Evaluation der Besonderen Stationären Dementenbetreuung in Hamburg (Internetversion). Durchgeführt von der Arbeitsgruppe Psychogeriatrie am Zentralinstitut für Seelische Gesundheit in Mannheim. Mannheim, 2004. In: http://www.bmfsfj.de [25.05.2005].

WIESE, U. E.: U.: Pflegeversicherung und Pflegepraxis. Auswirkungen rechtsverbindlicher Regularien auf die Pflege, die Pflegequalität und die Qualitätssicherung – Erkenntnisse einer rechtstatsächlichen Studie zur Aufschließung eines Regulierungsphänomens in der Pflege. ZfSH/SGB 2002, S. 669– 674.

WIESE, U. E. (Hg.): Soziale Sicherung im Spannungsfeld von Recht, Pflege und Ökonomie, Tagungsbericht., Osnabrücker Studien, Bd. 19, Osnabrück, 2003.

WIESE, U. E.: Pflegeversicherung und Pflegepraxis. Auswirkungen rechtlicher Regularien auf die Pflege, Pflegequalität und Qualitätssicherung. Baden-Baden, 2004.

WIESE, U. E.: Rechtliche Qualitätsvorgaben in der stationären Altenpflege. Leitfaden durch den Gesetzesdschungel. München, Jena, 2005.

WINGENFELD, K.: Nachtdienste detailliert dokumentieren. In: Altenheim 2004, Heft 6, S. 40–43.

WINGENFELD, K.; Schnabel, E.: »Pflegebedarf und Leistungsstruktur in vollstationären Pflegeeinrichtungen«. Eine Untersuchung im Auftrag des Landespflegeausschusses Nordrhein-Westfalen. Düsseldorf, 2002.

WIPP, M.: Neue Wege gehen. Optimierung der Pflegeprozessplanung durch Umgestaltung der Dienstübergaben. In: Altenheim 2001, Heft 4, S. 20–23.

WIPP, M.: Dienstplan-Projekt der AWO Baden. Die Einsatzplanung optimal gestalten. In: Altenheim 2005, Heft 4, S. 48–52.

Wirtschafts- und Sozialwissenschaftliches Institut in der Hans-Böckler-Stiftung: Senioritätsregeln in Tarifverträgen. Eine Expertise für den 5. Altenbericht im Auftrag des deutschen Zentrums für Altersfragen (DZA). Düsseldorf, 2005. In: http://www.bmfsfj.de [08.06.2005].

WITZEL, A.: Das Problemzentrierte Interview. In: http://www.qualitative-research.net/fqs-texte/1-00/1-00witzel-d.htm [17.03.2006].

WOLKE, R.: Gesündere und leistungsfördernde Arbeitsbedingungen in der Stationären Altenpflege. In: Pflegemagazin 2005, Heft 6, S. 4–18.

ZELLHUBER, B.: Altenpflege – ein Beruf in der Krise? Eine empirische Untersuchung der Arbeitssituation sowie der Belastungen von Altenpflegekräften im Heimbereich, Dissertation, Dortmund, 2003. In: http://eldorado.uni-dortmund.de:8080/FB12/soz/forschung/2004/Zellhuber/Zellhuberunt.pdf [01.06.2005].

ZIMBER, A.; Weyerer, S.: Stress in der stationären Altenpflege, Arbeitsbedingungen und Arbeitsbelastungen in Heimen, Göttingen, Köln, 1998.

ZIMBER, A.; Weyer, S. (Hg.): Arbeitsbelastung in der Altenpflege, Schriftenreihe Organisation und Medizin, Göttingen, 1999.

ZITZMANN, H.: Weg vom Dreischicht-System. In: Pflegezeitschrift 2001, Heft 1, S. 43–45.

Anhang

Anhang 1: Angaben zur Teilzeitbeschäftigung in den Kooperationseinrichtungen

1. Bereich Pflege

Einrichtung	Beschäftigte in der Pflege:	davon Gesamtzahl Teilzeitbeschäftigte	mit weniger als 15 Wochenstunden	15 bis 24 Wochenstunden	25 Wochenstunden und mehr	ohne fest vereinbarte Wochenstunden
Einrichtung 1	48	32 (66,7%)	8 (16,7%)	9 (18,75%)	9 (18,75%)	6 (12,5%)
Einrichtung 2	68	56 (82,4%)	29 (42,6%)	19 (27,9%)	8 (11,8)	0
Einrichtung 3	78	35 (44,9%)	18 (23,1%)	10 (12,8%)	7 (9,0%)	0
Einrichtung 4	94	83 (88,3%)	28 (29,8%)	29 (30,9%)	26 (27,7%) [Hinweis: Erfasst wurden Beschäftigte, die der Stundenreduzierung von 38,5 auf 35 Std./wtl. zugestimmt haben.]	0
Einrichtung 5	46	30 (65,2%)	6 (13,0%)	9 (19,6%)	15 (32,6%)	0
Einrichtung 6	70	49 (70,0%)	26 (37,1%)	14 (20,0%)	9 (12,9%)	0
Einrichtung 7	44	29 (65,9%)	10 (22,7%)	5 (11,4%)	14 (31,8%)	0

Anhang 1: Angaben zur Teilzeitbeschäftigung in den Kooperationseinrichtungen

2. Bereich Hauswirtschaft

	Beschäftigte in der Hauswirtschaft	davon Gesamtzahl Teilzeitbeschäftigte	weniger als 15 Wochenstunden	15 bis 24 Wochenstunden	25 Wochenstunden und mehr	ohne fest vereinbarte Wochenstunden
Einrichtung 1	31 [1 VZ Haustechnik]	26 (83,9%)	0	9 (29,0%)	3 (9,7%)	14 (45,2%)
Einrichtung 2	18	11 (61,1%)	0	11 (61,1)	0	0
Einrichtung 3	26	14 (53,8%)	3 (11,5%)	4 (15,4%)	7 (26,9%)	0
Einrichtung 4	32	27 (84,4%)	12 (37,5%)	6 (28,6%)	9 (28,1%)	0
Einrichtung 5	18	16 (88,9%)	2 (11,1%)	12 (66,7%)	2 (11,1%)	0
Einrichtung 6	27	23 (85,2%)	16 (59,3%)	7 (25,9%)	0	0
Einrichtung 7	12	7 (58,3%)	4 (33,3%)	2 (16,7%)	1 (8,3%)	0

Anhang 1: Angaben zur Teilzeitbeschäftigung in den Kooperationseinrichtungen

3. Bereich soziale Betreuung

	Beschäftigte im Bereich Soziale Betreuung	davon Gesamtzahl Teilzeitbeschäftigte	weniger als 15 Wochenstunden	15 bis 24 Wochenstunden	25 Wochenstunden und mehr	ohne fest vereinbarte Wochenstunden
Einrichtung 1	2	2 (100%)	0	1 (50,0%)	0	1 (50,0%)
Einrichtung 2	0	0	0	0	0	0
Einrichtung 3	6	4 (66,7%)	4 (66,7%)	0	0	0
Einrichtung 4	0	0	0	0	0	0
Einrichtung 5	2	2	0	2 (100%)	0	0
Einrichtung 6	3	3 (100%)	1 (33,3%)	2 (66,6%)	0	0
Einrichtung 7	5	3 (60,0%)	1 (20,0%)	1 (20,0%)	1 (20,0%)	0

Anhang 2: Quantitative Befragung niedersächsischer Pflegeheime

– Fragebogen

Teil I: *Allgemeine Angaben zu der Einrichtung*

Frage 1: Welcher Trägergruppe gehört Ihre Einrichtung an?

☒ privater Träger

☒ freigemeinnütziger Träger

☒ öffentlicher Träger

Frage 2: Über wie viele verfügbare Dauerpflegeplätze verfügt Ihre Einrichtung?

☒ bis 50 Plätze

☒ 51 bis 100 Plätze

☒ 101 und mehr Plätze

Teil II: *Angaben zu den Arbeitszeitmodellen im Bereich der Pflege*

Frage 3: Welche Arbeitszeitmodelle im Bereich der Pflege sind im Dienstplan vorzufinden? *Mehrfachnennungen sind möglich!*

☒ Pflegekräfte arbeiten nur in der Nachtschicht (Dauernachtwachen).

☒ Pflegekräfte arbeiten nur zu einer bestimmten Uhrzeit (z. B. 7:30 bis 11:30 Uhr.)

☒ Pflegekräfte arbeiten nur in einer Früh- *oder* Spätschicht.

☒ Pflegekräfte arbeiten in Früh- *und* Spätschicht.

☒ Pflegekräfte arbeiten in Früh-, Spät- und Nachtschicht.

☒ Pflegekräfte arbeiten in einem unregelmäßigen Schichtsystem von mehr als drei Schichten (z. B. zusätzliche Zwischenschichten zu den vorhandenen Früh- und Spätschichten)

☒ _____

Frage 4: Sind die Früh- und Spätschichten in arbeitszeitlich unterschiedliche Dienste unterteilt, z. B.: F1 = 7.00 bis 13.00 Uhr, F2 = 7.30 bis 10.30?

☒ Ja

☒ Nein

Frage 5: Haben alle Schichten bzw. Dienste feste Anfangs- und Endzeiten?

☒ Nein, es existieren Schichten / Dienste mit Gleitzeit.

☒ Ja

Anhang 2: Quantitative Befragung niedersächsischer Pflegeheime

Teil III: *Angaben zur Arbeitsorganisation im Bereich der Pflege*

Frage 6:   Wie wird im Bereich der Pflege die Arbeit *montags bis freitags* organisiert?

- ☒ Funktionspflege (Zuordnung einer bestimmten Pflegekraft zu einer bestimmten Funktion, z. B. Blutdruckmessung, Verabreichung von Medikamenten)
- ☒ Bereichspflege (Zuordnung einer bestimmten Pflegekraft zu einer bestimmten Bewohnergruppe)
- ☒ Zimmerpflege (Zuordnung einer bestimmten Pflegekraft zu einem bestimmten Zimmer)
- ☒ _____

Frage 7:   Wie wird im Bereich der Pflege die Arbeit am *Samstag und Sonntag* organisiert?

- ☒ Funktionspflege (Zuordnung einer bestimmten Pflegekraft zu einer bestimmten Funktion, z. B. Blutdruckmessung, Verabreichung von Medikamenten)
- ☒ Bereichspflege (Zuordnung einer bestimmten Pflegekraft zu einer bestimmten Bewohnergruppe)
- ☒ Zimmerpflege (Zuordnung einer bestimmten Pflegekraft zu einem bestimmten Zimmer)
- ☒ _____

Frage 8:   Wie erfolgt der Einsatz von Pflege*fach*kräften *montags bis freitags*?

- ☒ Auf jeder Etage ist mindestens eine Pflegefachkraft in jeder Schicht vorhanden.
- ☒ In jedem Wohnbereich ist mindestens eine Pflegefachkraft in jeder Schicht vorhanden. *Der Wohnbereich kann organisatorisch über mehrere Etagen angelegt sein.*
- ☒ In der Einrichtung ist mindestens eine Pflegefachkraft in jeder Schicht vorhanden.
- ☒ _____

Frage 9:   Wie erfolgt der Einsatz von Pflege*fach*kräften am *Samstag und Sonntag*?

- ☒ Auf jeder Etage ist mindestens eine Pflegefachkraft in jeder Schicht vorhanden.

☒ In jedem Wohnbereich ist mindestens eine Pflegefachkraft in jeder Schicht vorhanden. *Der Wohnbereich kann organisatorisch über mehrere Etagen angelegt sein.*
☒ In der Einrichtung ist mindestens eine Pflegefachkraft in jeder Schicht vorhanden.
☒ _____
_____

Teil IV: *Besondere Angaben zum Bereich »Hauswirtschaft«*

Frage 10: Welche Dienstleistungen/Bereiche der Hauswirtschaft werden durch externe Dienstleister erbracht/ersetzt?
☒ Essensversorgung durch Cateringservice.
☒ Wäschepflege durch Großwäschereien.
☒ Hausreinigung durch externe Reinigungsfirmen.
☒ _____

Frage 11: Wird jedem Wohnbereich organisatorisch hauswirtschaftliches Personal fest zugeordnet?
☒ Nein, es gibt einen Personalpool für anfallende hauswirtschaftliche Tätigkeiten auf den Wohnbereichen.   *bitte weiter mit Frage 13*
☒ Ja
☒ _____

Frage 12: Ist das hauswirtschaftliche Personal in der Dienstplangestaltung des jeweiligen Wohnbereiches integriert?
☒ Nein, die Dienstplangestaltung des hauswirtschaftlichen Personals erfolgt zentral durch die hauswirtschaftliche Leitung.
☒ Ja
☒ _____

Frage 13: Welche Arbeitszeitmodelle im Bereich der Hauswirtschaft sind im Dienstplan vorzufinden?   *Mehrfachnennungen sind möglich!*
☒ Hauswirtschaftskräfte arbeiten nur zu einer bestimmten Uhrzeit (z. B. 8.00 bis 12.30 Uhr).
☒ Hauswirtschaftskräfte arbeiten nur in einer Früh- *oder* Spätschicht.
☒ Hauswirtschaftskräfte arbeiten in einer Früh- *und* Spätschicht.

Anhang 2: Quantitative Befragung niedersächsischer Pflegeheime

☒ Hauswirtschaftskräfte arbeiten in unregelmäßigen Schichtsystemen (z.B. zusätzliche Zwischenschichten zu den vorhandenen Früh- und Spätschichten).

☒ _____
   _____
   _____

Frage 14: Sind die Früh- und Spätschichten in arbeitszeitlich unterschiedliche Dienste unterteilt, z. B.: F1 = 7.00 bis 13.00 Uhr, F2 = 7:30 bis 10:30?
☒ Ja
☒ Nein

Frage 15: Haben alle Schichten bzw. Dienste feste Anfangs- und Endzeiten?
☒ Nein, es existieren Schichten / Dienste mit Gleitzeit.
☒ Ja

Teil V: *Besondere Angaben zum Bereich »Soziale Betreuung«*

Frage 16: Wenn Sie eine/mehrere Dementengruppen haben:
Bestehen hier im Bereich der Pflege abweichende Arbeitszeiten im Vergleich zu den anderen Wohnbereichen?
☒ Nein
☒ Ja, und zwar *(bitte beschreiben)*:

_____
_____
_____
_____
_____
_____

Teil VI: *Allgemeine Angaben zum Personal*

Frage 17: Wie viele Personen waren am 1. 5. 2005 in Ihrer Einrichtung beschäftigt? *Bitte beachten Sie, dass für die Antwort nicht Planstellen sondern »Köpfe« gezählt werden sollen, unabhängig vom Beschäftigungsumfang. So genannte Ein-Euro-Kräfte sind* nicht *mitzuzählen.*

Beschäftigungsbereich	Anzahl der Beschäftigten am 1. 5. 2005
Pflege	
Hauswirtschaft/Küche	
Soziale Betreuung	

Anhang 2: Quantitative Befragung niedersächsischer Pflegeheime

Frage 18: Wie viele Stunden betrug die vertraglich vereinbarte oder tarifliche Wochenarbeitszeit der Vollzeitbeschäftigten in Ihrer Einrichtung zum 1. 5. 2005?

Wochenarbeitszeit zum 1. 5. 2005: _____

Frage 19: Welche/r AVR/Tarif gilt für Ihre Einrichtung?

_____

Teilzeit
Zu den Teilzeitbeschäftigten gehören alle Arbeitnehmer/innen, deren individuell vertraglich vereinbarte Wochenarbeitszeit unter der vertraglich vereinbarten oder tariflichen Wochenarbeitszeit für Vollzeitbeschäftigte liegt, *einschließlich der geringfügig Beschäftigten* (400-Euro-Kräfte). Sogenannte 1-Euro-Kräfte sind *nicht* mitzuzählen!

Frage 20.1: Wie viele Teilzeitbeschäftigte arbeiteten jeweils am 1. 5. 2005 im Bereich der Pflege?

	Teilzeitbeschäftigte	*darunter Männer*
Gesamtzahl		
über 50 %		
50 % und weniger, aber nicht geringfügig beschäftigt		
geringfügig beschäftigt		

Frage 20.2: Wie viele Teilzeitbeschäftigte arbeiteten jeweils am 1. 5. 2005 im Bereich der Hauswirtschaft/Küche?

	Teilzeitbeschäftigte	*darunter Männer*
Gesamtzahl		
über 50 %		
50 % und weniger, aber nicht geringfügig beschäftigt		
geringfügig beschäftigt		

Anhang 2: Quantitative Befragung niedersächsischer Pflegeheime

Frage 20.3: Wie viele Teilzeitbeschäftigte arbeiteten jeweils am 1. 5. 2005 im Bereich der sozialen Betreuung?

	Teilzeitbeschäftigte	*darunter Männer*
Gesamtzahl		
über 50 %		
50 % und weniger, aber nicht geringfügig beschäftigt		
geringfügig beschäftigt		

Fachkräfte
Fachkräfte müssen eine Berufsausbildung abgeschlossen haben, die Kenntnisse und Fähigkeiten zur selbständigen und eigenverantwortlichen Wahrnehmung der von ihnen ausgeübten Funktion und Tätigkeit vermittelt. Altenpflegehelfer/innen, Krankenpflegehelfer/innen sowie vergleichbare Hilfskräfte sind keine Fachkräfte.

Frage 21.1: Wie viele Fachkräfte arbeiteten jeweils am 1. 5. 2005 im Bereich der Pflege?

	Fachkräfte im Bereich der Pflege	*darunter Männer*
Gesamtzahl		
Vollzeitbeschäftigt		
über 50 %		
50 % und weniger, aber nicht geringfügig beschäftigt		
geringfügig beschäftigt		

Frage 21.2: Wie viele Fachkräfte arbeiteten jeweils am 1. 5. 2005 im Bereich der Hauswirtschaft/Küche?

	Fachkräfte im Bereich der Hauswirtschaft	*darunter Männer*
Gesamtzahl		
Vollzeitbeschäftigt		
über 50 %		

Anhang 2: Quantitative Befragung niedersächsischer Pflegeheime

50 % und weniger, aber nicht geringfügig beschäftigt		
geringfügig beschäftigt		

Frage 21.3: Wie viele Fachkräfte arbeiteten jeweils am 1. 5. 2005 im Bereich der sozialen Betreuung?

	Fachkräfte im Bereich der sozialen Betreuung	*darunter Männer*
Gesamtzahl		
Vollzeitbeschäftigt		
über 50 %		
50 % und weniger, aber nicht geringfügig beschäftigt		
geringfügig beschäftigt		

Teil VII: *Allgemeine Angaben zu Arbeitszeitkonten.*

> *Arbeitszeitkonten*
>
> Mit Arbeitszeitkonten sind sämtliche Arbeitszeitmodelle (Überstundenkonten, Gleitzeitkonten, Jahresarbeitszeitmodelle, Arbeitszeitkorridore, Ansparmodelle usw.) gemeint, die es ermöglichen, *Zeitguthaben* (Plusstunden) und/oder *Zeitschulden* (Minusstunden) zu bilden, die zu einem anderen Zeitpunkt ausgeglichen werden. Meistens ist ein Ausgleichszeitraum vereinbart, innerhalb dessen die vertraglich vereinbarte oder tarifliche Arbeitszeit im Durchschnitt erreicht werden muss. Der Ausgleichszeitraum kann eine Woche, mehrere Wochen, ein Jahr oder mehr betragen.

Frage 22: Gibt es in Ihrer Einrichtung Arbeitszeitkonten?
    ☒ Nein.   *bitte weiter mit Teil VIII, Frage 27!*
    ☒ Ja, *mündlich* mit den Mitarbeitenden vereinbart.
    ☒ ja, *schriftlich* mit den Mitarbeitenden vereinbart.

Frage 23: Wie viele Zeitschulden (Minusstunden) können maximal angesammelt werden?
    ☒ Es können maximal _____ Minusstunden angesammelt werden.
    ☒ Es ist keine Obergrenze für Zeitschulden vereinbart.
    ☒ Es dürfen keine Zeitschulden gemacht werden.

Anhang 2: Quantitative Befragung niedersächsischer Pflegeheime

Frage 24: Wie viel Zeitguthaben (Plusstunden) kann maximal angesammelt werden?
☒ Es können maximal _____ Plusstunden angesammelt werden.
☒ Es ist keine Obergrenze für Zeitguthaben vereinbart.

Frage 25: Gelten die Arbeitszeitkonten für alle Beschäftigungsbereiche?
☒ Ja.
☒ Nein, sondern nur für
_____
_____
_____

Frage 26: Gibt es einen festgelegten Zeitpunkt, an dem die angesammelten Plusstunden verfallen?
☒ Ja.
☒ Nein, sondern
_____
_____
_____

Teil VIII: *Abschließende Fragen*

Frage 27: Wann haben Sie die bestehenden Arbeitszeit- und Dienstpläne eingeführt?
☒ Vor mehr als drei Jahren
☒ Vor mehr als zwei Jahren
☒ Vor mehr als einem Jahr
☒ _____

Frage 28: Bestehen Pläne zur Änderung der Arbeitszeiten und Schichtbesetzungen?
☒ Ja.
☒ Nein

Frage 29: Wenn Sie Frage 28 mit »Ja« beantwortet haben:
Welche Änderungen der Arbeitszeiten und Schichtbesetzungen planen Sie?
_____
_____
_____

Vielen Dank für Ihre Mithilfe!

Register

Abbildungen 23
Abkürzungen 15
Anhang 299
Arbeitschutz 42
Arbeitszeit 27
   Demenzerkrankte 184
   Einführungszeitpunkt 241
   Gesamtauswertung 243
   Höchstarbeitszeit 46
   regelmäßige 46
   und Dienstplangestaltung 241
   wöchentliche 59, 188, 190, 191
Arbeitszeitflexibilisierung 44, 55, 57, 121, 262, 283, 292
Arbeitszeitgesetz 27
Arbeitszeitkonten 56, 71
   Ampelkonten 56
   Besonderheiten 228, 230, 232, 234, 236, 238, 240
   Einführung 226, 229, 231, 232, 235, 237
   Gesamtauswertung 239
   Minusstunden 56, 57, 71, 86, 91, 98, 99, 108, 227, 229, 231, 233, 235, 237, 239, 244, 248, 250, 283, 284
   mündlich 227, 229, 231, 233, 235, 237, 239, 250
   Plusstunden 56, 57, 71, 86, 105, 227, 229, 231, 233, 235, 237, 239, 248, 249, 250, 251, 285
   schriftlich 227, 229, 231, 233, 235, 237, 239, 250
   Tarifvertrag 228, 230, 232, 234, 236, 238, 240
   Träger (freie, öffentliche, private) 228
   Verbreitung 227
Arbeitszeitmodelle 70
   flexible 56
   Gesamtauswertung 139, 181, 184
   Hauswirtschaft 164, 176
Arbeitszeitregelungen, spezifische 29
Arbeitszeitstrukturen 129, 131, 134, 136, 137, 275
Auftragsvergabe/Ausgliederung 164
Ausgleichszeitraum 42, 43
AVR 44, 245
AVR-Caritas 45
AVR-K 45
AVR-modern 45

BAT 43
BAT KF 45
Bereichspflege 72, 143
Betreuung
   soziale 108
Betreuungspersonal 186, 188, 189, 190, 191, 192, 193
Betriebsvereinbarung 107
Bezugspflege 255
Bundesangestelltentarif
   siehe BAT

Datenqualität 272
Dauernachtwachen 121, 130, 132, 134, 135, 137, 138, 140, 263
Demenzerkrankte 110, 281
Design 244
Dienstplan/-planung 74
   Kooperationseinrichtungen 74
Dienstplanung 61, 96
Dienstvereinbarungen 107
Drei-Schichtsystem 130, 132, 133, 135, 137, 138, 140

EDV 96
  Änderungsaufwand 97
  qualitative Studie 96
  Zugriffsrechte 97
Einsatzplanung
  siehe Dienstplanung
  Gesamtauswertung 162
  Größenkategorien 158, 160, 161
  Pflegekräfte 154
  Träger 154, 155, 156, 158
  Wochenenden (Sonnabend, Sonntag) 154
  Wochentage 154
Entwicklungspotenziale 275
Ergebnisse 244

Fachkraft 213
  Anteil, Quote 213, 224
  Arbeitszeitumfang 215, 216, 218, 219, 221, 223, 225
  Geschlechterverteilung 215, 217, 218, 220, 222, 224, 226
Fachkraftquote
  siehe Fachkraft: Anteil, Quote
Forschung 36
Funktionspflege 72, 143, 255

Geschlechterverteilung
  Fachkräfte 198, 215, 217, 220, 222, 224, 226
  Teilzeit 197, 201, 202, 204, 208, 210, 213

Hauswirtschaft
  Auftragsvergabe/Ausgliederung 164
  Auftragvergabe/Ausgliederung 176
  Dienstplan
  siehe Einsatzplan
  Einsatzplanung 164, 176
  Gesamtauswertung 170, 175
  Größenkategorie 167, 173
  Hauswirtschaftliche Dienste 164

hauswirtschaftliche Versorgung 64
Hauswirtschaftlichen Versorgung 74
Organisatorische Zuordnung 171
Schichtdienste 182
Trägerarten 164, 165, 166, 171, 172, 173
Heimgesetz 35
Hypothesen 119
Hypothesenbestätigung/-verwerfung 261

Inhaltsübersicht 7

Jugendarbeitsschutzgesetz 42

Kapazitätsgrößenklassen 122, 273
Kategorien
  Größenkategorien 127
KAT-NEK 45
Kirchliche Arbeitsvertragsrichtlinien
  Siehe AVR
Kooperationseinrichtungen 61

Mutterschutzgesetz 42

Nachtarbeit 50
Nachtdiensten 134
Nachtschichten 129, 131, 133, 136, 137, 139
Nachtwachen, ständige 130, 132, 134, 135, 137, 138, 140

Pausen 88
Pflegeheim
  freier gemeinnützig 122
  öffentlich-rechtlich 122
  privat 122
Pflegepersonal 74, 251
Pflegesysteme 143
  angewandte 143
  Bereichspflege 143

Funktionspflege 143
Gesamtauswertung 152
Größenkategorien 148, 149, 151
Träger 143, 145, 147
Zimmerpflege 143
Pflegeversicherungsgesetz 32
Projektbeschreibung 27

Qualitative Erhebung 91
Quantitative Erhebung 119

Rechtliche Rahmenbedingungen 41
Rechtsquellen
 Regelungsbereiche 28
 Übersicht 57
Resümee 275
Rücklaufquote 127
Ruhepausen 48
Ruhezeit 49, 89

Schichtarbeit 54
 Früh-, Spätschicht 130
Schichtdienste 140
 Planungskriterien 140
 Schichtsystem 129
stationäre Pflegeeinrichtungen
 siehe Pflegeheim

Tabellen 19
Tarifvertrag 245
Teambildung 68
Teilzeit- und Befristungsgesetz 28
Teilzeitbeschäftigung 54, 195
 Beschäftigungsbereich 195, 198, 201, 202, 205, 208

geringfügige 55
Gesamtauswertung 210
Geschlechterverteilung 197, 198, 201, 202, 204, 208, 210, 213
kurzfristige 55
Zeitumfang 200, 201, 204, 207, 209, 213
Teilzeitquote 195, 198, 201, 202, 205, 208, 210
TV-L 43
TVöD 43
TVöD-AT 105
TVöD-BT-K 49

Überstunden 52, 105
Überstundenzuschlag 53, 57

Vergleich der Arbeitszeitmodelle 267

Wechselschichtarbeit 54
Wochenarbeitszeit 186, 247
 AVR 186, 247
 Tarif 186, 247
Wochenenddienste
 Sonn- und Feiertagsarbeit 51

Zeitguthaben 56, 72, 227, 249
Zeitschulden 56, 72
Zeitzuschlag 50
Zimmerpflege 72, 143, 255
Zusammenfassende
 Darstellung 244
 Ergebnisse 244